예수님과 바울의 가르침에는 그림과 은유와 이미지들이 풍성하게 사용되고 있다. 그러나 우리는 성경의 이미지들을 어떻게 사용하고 있는가? 오용하고 있지는 않는가? 이런 문제와 관련하여 앤서니 티슬턴보다 더 좋은 안내자는 없다. 역사신학의 견고한 기반 위에서 우리 시대의 시의적절한 주제와 관련한 충실한 해설을 제공하는 그의 책은 분명 값진 선물이다. 이는 신학자들뿐만 아니라, 목회자들과 일반 교인들에게도 귀한 선물이 될 것이다.

재닛 소스키스 케임브리지 대학교 철학신학 교수

앤서니 티슬턴은 철학과 신학과 성경 본문 주해 전문가로서의 방대한 작업 영역을 바탕으로 우리가 너무 쉽게 간과하고 있는 중요한 주제를 심도 있게 탐구하고 있다. 그의 특징적인 통찰과 지혜를 담고 있는 이 책을 통해 신학을 전공하는 학자들뿐만 아니라, 오늘 이 시대 교회의 삶과 예배에 있어서 시각 이미지의 중요성에 관심을 가지는 모든 사람이 큰 유익을 얻을 수 있을 것이다.

데이비드 퍼거슨 에든버러 대학교 신학 교수

인간의 언어와 사고가 이미지와 근원적으로 깊이 결부되어 있다는 것은 누구도 부인하기 힘든 상식이다. 그런데 절대자의 모습을 시각적으로 표현하는 것을 금지한 구약성경의 명령 때문인지, 그리스도인이 성경을 읽고 설교를 듣고 신학을 공부할 때는 이 중요한 주제가 충분한 주목을 받지 못했다. 하지만 역설적이게도 무관심은 오용을 암암리에 허용하고 부추기는 역할을 하게 마련이다. 이러한 안타까움을 단번에 달래 주듯 티슬턴은 시각적 재현과 그림 언어에 관한 철학적, 성서적, 교회사적 고찰을 한 권의 책에 압축적이지만 친절한 방식으로 제시한다. 그는 한편으로 언어의 한계를 이미지가 보완할 가능성이 있음을 긍정하면서도, 다른 한편으로는 이미지를 잘못 이해하고 사용한 사례가 역사 속에 끊이지 않았음을 경고한다. 이 책은 이미지의 신학적 중요성 혹은 위험성을 연구하는 학자, 교회에서 이미지를 어떻게 활용할지 고민하는 목회자나 성도 모두에게 배움의 기쁨과 유익을 줄 것이다.

김진혁 횃불트리니티신학대학원대학교 조직신학 부교수

우리의 삶은 그림과 상징, 은유와 이미지로 가득 차 있다. 성경 안에도 여러 가지 그림 언어들이 나온다. 교회 역사에서 이런 요소가 끼쳤던 영향은 어마어마하다. 그런데 이

모든 주제들을 통합적 관점에서 일관성 있게 다뤄 주는 책은 많지 않다. 주제의 난이도가 높은 데다가 워낙 다양한 영역에서 사례들이 발견되기 때문이다. 하지만 티슬턴은 그 어려운 일을 매우 훌륭하게 해냈다. 이 책은 그림이나 상징이 갖는 힘을 생생하게 그려 낸다. 그것의 밝고 유익한 면뿐 아니라, 어두운 면 즉 오용과 남용과 오해의 역사도 보여 준다. 그림, 상징, 이미지, 은유라는 주제로 이렇게 훌륭하게 통합 신학을 성취할 수 있는 사람이 티슬턴 아니면 다른 누구겠는가? 읽는 내내 그의 해박한 지식과 번뜩이는 통찰력, 전체를 조망하면서도 세부 사항을 미묘하게 분별해 주는 능력에 거듭 탄복했다. 이 책을 완독하는 사람은 그림과 상징이라는 주제로 성경신학, 역사신학, 철학적 신학을 두루 여행하는 쾌감을 맛보게 될 것이다. 그림으로 치자면 시스티나 성당에 그려진 미켈란젤로의 '천지창조'에 비견할 수 있다.

우병훈 고신대학교 신학과 교수

그림 언어가 가진 강력한 힘과 동시에 그것이 가지는 한계를, 조밀한 논증과 풍부한 교회사적 자료를 통해 선명하고도 깊이 있게 보여 주는 귀한 책이다. 설교자는 언제나 그림 언어를 상대한다. 본문을 해석할 때 비유와 유비 등 성경이 사용하는 다양한 그림 언어와 씨름하고, 강단에 올라 설교할 때도 예화와 이미지 등 다양한 그림 언어를 동원한다. 본서를 통해 오해석의 가능성을 차단하면서도 그림 언어의 힘을 어떻게 활용할 수 있을지에 대한 귀한 통찰을 얻게 될 것이다.

채경락 샘물교회 담임 목사

인간의 언어로 기록된 성서는 독자들의 해석을 요청받는다. 이때 저자-텍스트-독자 간의 소통 관계 속에 필연적으로 발휘되는 요소가 상상력이다. 은유와 상징과 같은 수많은 '그림 언어들'로 형상화된 성서 읽기에 사려 깊은 해석과 분별력 있는 상상력이 함께 요구되는 이유가 여기에 있다. 성서 해석 분야의 권위자인 앤서니 티슬턴은 이 작품을 통해 성서의 그림과 상징과 이미지를 건강하게 해석하도록 도와줌으로써 결국 성서를 좀 더 바르게 묵상하고 적용할 수 있도록 안내해 준다. 학문적이면서도 실제적이기에 목회자뿐 아니라 신학생과 일반 성도 모두에게 읽는 재미와 지적 유익을 줄 것이 자명하다.

허주 아신대학교 신약학 교수, 한국복음주의신약학회 회장

성경의 그림 언어와 상징 해석

성경과 신학에 사용된 그림 언어의 힘과 오용

성경의 그림 언어와 상징 해석

: 성경과 신학에 사용된 그림 언어의 힘과 오용

초판 1쇄 발행 2021년 10월 11일
초판 2쇄 발행 2022년 1월 10일

지은이 앤서니 티슬턴
옮긴이 최승락

기획, 마케팅 김정태
편집 송혜숙, 오수현
총무 곽현자

발행처 도서출판 이레서원
발행인 문영이
출판신고 2005년 9월 13일 제2015-000099호

경기도 고양시 일산동구 백석로71번길 46, 1층 1호
Tel. 02)402-3238, 406-3273 / Fax. 02)401-3387
E-mail: Jireh@changjisa.com
Facebook: facebook.com/jirehpub

ISBN 978-89-7435-580-7 93230

The Power of Pictures
in Christian Thought

성경과 신학에 사용된
그림 언어의 힘과 오용

성경의 그림 언어와 상징 해석

앤서니 티슬턴 지음 | 최승락 옮김

이레서원

목차

한국어판 서문

우리는 백문(百聞)이 불여일견(不如一見)이란 말을 자주 사용합니다. 그림(또는 시각적 이미지)은 우리를 사로잡는 매우 강한 힘을 가지고 있습니다. 또 기억에 오래 머물기도 합니다. 그러면서도 그림과 이미지는 우리를 유혹하거나 때로 잘못된 길로 이끌기도 합니다. 그러므로 우리가 그림과 이미지의 유익을 최대한 누리는 반면, 그 달갑지 않은 해악을 피하고자 한다면, 우리는 어떻게 이를 바르게 해석할 것인지를 생각하지 않을 수 없습니다.

성경 본문이나 그 해석의 역사 속에서 우리는 그림의 유용과 오용 두 방향 모두의 예들을 수없이 많이 찾아볼 수 있습니다. 좋은 예의 도움을 많이 받되 나쁜 예의 전례에 빠지지 않는 것이 중요합니다. 이 책은 이런 분별의 지혜를 키우고 증진시키는 데 도움을 주고자 하는 목적으로 집필되었습니다. 이 책이 한국 독자들에게도 큰 도움이 되기를 바랍니다.

앤서니 티슬턴
FBA(영국 학술원 회원)
노팅엄 대학교 기독교 신학 명예교수

머리말

이 책은 마음으로부터 쓴 책이다. 교회의 가르침과 설교 사역을 위하여 우리는 더 많이 그림을 필요로 한다. 개념과 사상을 더 힘 있고 생기 넘치게 하며, 또한 더 분명하고 설득력 있게 전달하기 위해 우리는 그림을 통한 의사소통에 의존하게 된다. 그림이 개념이나 사상을 결코 희석시키지는 않는다. 이 책은 오늘날 사람들이 '이야기'를 개념이나 사상에 대한 '**대안**'으로 이해하는 경향에 발맞추지 않는다. 오히려 '이야기'는 사상이나 성경 해설을 '**보완**'한다.

성경의 전례를 볼 때, 예수님의 가르침 속에는 일상의 삶에 바탕을 둔 그림의 예들이 특히 그의 비유들 속에 가득한 것을 볼 수 있다. 이 책의 제2부에서 다루는 바울 서신 역시 예외가 아니다. 거기에도 그림과 이미지와 유비가 가장 복잡한 사상을 다룰 때 매우 빈번히 사용되는 것을 볼 수 있다. 요한계시록을 포함하여 성경 전체가 시각적 재현의 잔치를 이루고 있다.

한편, 그림은 우리를 미혹시키고 오도할 수도 있다. 앞에서 이 책을 마음으로부터 썼다고 말했지만, 이것이 전부는 아니다. 우리는 여기에 곧바로 우리의 머리가 온전히 개입되지 않으면 안 된다는 단서를 붙일 필요가 있다. 그림을 통해 많은 사람들이 도움을 받기도 하지만, 또한 많은 사람들이 그림 때문에 잘못된 길로 이끌리기도 한다. 어떤 부류의 사람들은 자신이 하나님으로부터 그림, 곧 환상이나 계시 등을 받았다고 주장한다. 그러면서 다른 사람이나 교회를 향해 그 그림이 담고 있다고 생각하는 뜻을 제시하고, 그것을 따라 행하라고 지시하거나 초청한다. 하지만 우리는 과연 그 그림이 하나님께로부터 온 것인지, 그 진정성을 물어야 할 뿐만 아니라, 그 그림을 어떻게 **해석**할 것인지를 또한 물어야만 한다.

이런 문제와 관련하여 철학자 비트겐슈타인(Ludwig Wittgenstein)의 지적이 매우 좋은 적실성을 가진다. 그의 초기 작업은 주로 언어의 '그림' 이론을 옹호하는 데 초점이 맞추어져 있었다. 그러면서도 그는 그림이 다양한 방식으로 해석될 수 있다는 것을 강조했다. 예를 들어 어떤 노인이 지팡이를 짚고 언덕을 올라가는 모습을 담고 있는 이차원 그림이 있다고 할 때, 이 그림은 언덕을 올라가는 모습을 묘사한 것일 수도 있지만, 보기에 따라서는 뒷걸음질로 언덕을 내려가는 그림이 될 수도 있다. 두 개의 별도 그림이 있는 것이 아니다. 그림은 하나뿐이다. 그러나 그 해석은 복수가 될 수 있다. 비트겐슈타인이나 또 다른 사상가들은 이런 애매성을 담고 있는 그림의 예들을 많이 제시한다. 처음 볼 때는 그 의미가 분명히 한 가지뿐인 것처럼 보인다. 그러나 다르게 보면 또 다른 의미들이 나타날 수 있다. 재스트로(Joseph Jastrow)의 '토끼-오리 머리'(우측 위를 보는 토끼의 머리인지, 좌측을 보는 오리의 머리인지), 네커(Albert Necker)의 정육면체(유리로 된 정육면체인지, 개봉된 상자인지), 라디오 회로도, 도표상의 삼각형, 사진 등 많은 예를 들 수 있을 것이다.

관점의 차이가 어떻게 급격하게 서로 다른 해석을 낳는지를 강조하는 사람은 비트겐슈타인만이 아니다. 해석학 차원에서 오래전부터 클라드니우스(Chladenius)는 '관점'의 중요성을 강조한 바 있다. 보다 최근의 문학 이론에서 관점은 더욱 중요한 주제로 부각되고 있다. 예를 들어 로버트 알터(Robert Alter)는 한때는 상충하는 자료에 속하는 것으로 무시되어 왔던 평행 기사들이 실제로는 서로 다른 관점을 반영하는 것일 수 있다는 점을 강조한다. 제1부에서 우리는 그림과 관련된 우리의 논의를 충분히 잘 이해하려면 철학, 해석학, 문학 이론에 대한 다소의 원리적인 이해가 필요하다는 것을 보여 주고자 한다. 여기에 더하여 상징과 은유에 대한 기본적인 이해가 또한 필요하다는 것을 제시한다.

제2부에서는 전적으로 성경적 예들에 초점을 맞추고자 한다. 구약성경에 사용된 그림과 상징, 은유의 예를 먼저 살펴보게 될 것이다. 선지자들의 상징주의 안에는 그림뿐만 아니라 상징적 행위까지도 포함된다. 예수님의 경우에는 갈릴리 시골 풍경과 일상의 삶에 기반을 둔 그림과 이미지들이 그의 가르침에 풍성하게 사용되는 것을 볼 수 있다. 예수님은 가르침의 대가였다. 바울 역시 빈번하게 유비와 이미지, 그림들을 사용한다. 그의 그림들은 대체로 시골보다는 도시의 삶을 배경으로 한다. 목회서신 안에도 매일의 실제적인 삶에 기반을 두는 많은 유용한 그림들이 나타나고 있다. 계시록은 우리가 특별히 주목할 필요가 있는 그림과 이미지와 시각적 재현물의 잔치를 제공한다. 다른 어느 곳보다 우리의 이중적인 논증이 잘 적용되는 곳이 계시록이기도 하다. 한 면에서 보면 그림은 매우 강력하고 생생하며 또한 꼭 필요한 요소로 성경 속에 자리 잡고 있다. 그러나 또 다른 한 면에서는 신중하고도 올바른 해석이 필수적이기도 하다. 바른 해석이 수반되지 않을 때 그림은 많은 사람들을 오도하거나 미혹시킬 수 있다.

제3부에서는 그림이 가지는 이와 같은 긍정적, 부정적 양면의 효과를 오늘날 기독교 의사소통의 상황에 적용하고 있다. 우리는 여기서 다시 한 번 "천 마디 말보다 그림 하나가 낫다"는 말을 재확인한다. 그러나 동시에 올바른 이해를 위해서는 많은 주의와 진실함이 필요하다는 것을 떠올리지 않을 수 없다. 우리는 영지주의 문헌에 나타나는 부정적인 예들, 일부(전부는 아닐지라도) 중세기와 중세기 이후의 신비주의자들에게서 찾아볼 수 있는 위험 요소들, 일부(전부는 아닐지라도) 현대 국지적 '은사주의' 운동에 나타나는 과도한 측면을 살펴보고자 한다. 우리는 계시록을 포함한 성경 텍스트의 해석 역사를 살펴보면서, 오늘날의 설교와 가르침에 꼭 회복되어야 할 것이 무엇인지를 생각해 보게 된다. 이 책은 그림의 힘이 가지는 긍정적 차원과 부정적 차원의 양면을 일관되게 견지하는데, 이는 대단히 큰 실제적 효과를 가진다. 이 양면성을 동시에 잘 보여 주는 책을 찾아보기가 쉽지 않다.

나는 이 책의 집필 과정에서 많은 도움을 받았던 분들의 수고에 감사를 돌리지 않을 수 없다. 그 누구보다 다시 한 번 나는 스튜어트 다이어스(Stuart Dyas) 목사와 그의 부인인 디 다이어스 목사(Dr. Dee Dyas)에게 깊은 감사를 표한다. 그들은 원고를 읽고 교정하는 과정에서 많은 도움을 주었을 뿐만 아니라, 더 나은 어휘와 스타일을 제안해 주면서 많은 도움을 주었다. 특히 중세기와 중세기 이후의 신비주의자들에 대해 그들은 말할 수 없이 값진 조언을 해 주었다. 많은 오류, 어색한 표현과 어휘를 지적해 준 그들의 꼼꼼한 도움이 이 책의 의미와 선명도를 높이는 데 매우 값진 기여가 되었음을 밝힌다.

앤서니 티슬턴, FBA

약어 표

1QS	*Rule of the Community* (Dead Sea Scrolls)
ANF	Ante-Nicene Fathers
BDAG	Danker, F. W., Bauer, W., Arndt, W. F., and Gingrich, F. W. *Greek-English Lexicon of the New Testament and Other Early Christian Literature.* 3rd edn. Chicago, 2000
BDB	Brown, F., Driver, S. R., and Briggs, C. A. *The New Hebrew and English Lexicon.* Lafayette, 1980
CUP	Cambridge University Press
ExpTim	*Expository Times*
Int	*Interpretation*
JBL	*Journal of Biblical Literature*
JSNT	*Journal for the Study of the New Testament*
JSNTSup	Journal for the Study of the New Testament: Supplement Series
LCC	Library of Christian Classics. Philadelphia, 1953-
LXX	Septuagint
NCB	New Century Bible

NIGTC New International Greek Testament Commentary

NovT *Novum Testamentum*

NovTSup Supplements to Novum Testamentum

NPNF Nicene and Post-Nicene Fathers

NTS *New Testament Studies*

OUP Oxford University Press

SBLDS Society of Biblical Literature Dissertation Series

SJT *Scottish Journal of Theology*

SNTSMS Society for New Testament Studies Monograph Series

TDNT *Theological Dictionary of the New Testament.* Edited by G. Kittel and G. Friedrich. Translated by G. W. Bromiley. 10 vols. Grand Rapids, 1964-76

WBC Word Biblical Commentary

WUNT Wissenschaftliche Untersuchungen zum Neuen Testament

제1부 철학, 해석학, 문학에서 보는 그림의 힘

1장 그림과 시각 이미지와 상징의 힘

그림 하나가 천 마디 말보다 낫다

우리는 종종 "그림 하나가 천 마디 말보다 낫다"라는 말을 할 때가 있다. 이 영어식 경구는 1911년에 미국의 한 신문에 처음 선을 보였다.[1] 이와 약간 다른 형태로 "한 번 보는 것이 천 마디 말보다 낫다"라는 말이 비슷한 시기인 1913년에 등장하기도 했다.[2] 원래의 문구 그대로의 표현이 샌 안토니오 라이트(San Antonio Light) 신문의 광고 문구로 1918년에 다시 등장하기도 했다.[3] 러시아 작가인 이반 투르게네프(Ivan Turgenev, 1818-83)는 이보다 더 전에 "그 그림은 나에게 책에서는 열 페이지에 걸쳐서 묘사해야 할 것을 한눈에 보여 준다"라고 말한 적이 있다.[4] 돈 그라이더(Dawn Grider)는 존 에가(Jon Egah)의 설교를 그림으로 재현

1 Tess Sanders (ed.), 'Speakers Give Sound Advice', *Syracuse Post Standard* (28 March 1911), p. 18.

2 Advertisement for Piqua Auto Supply House, in Piqua, Ohio, USA.

3 War advertisement, *San Antonio Light* (10 January 1918), p. 6.

4 Ivan Turgenev, *Fathers and Sons* (1862, Eng., e-books, University of Adelaide, 2016), ch. 16. 이는 바라조프(Barazov)가 안나 세르게예프나(Anna Sergeyevna)에게 하는 말이다.

한 바 있다. 여기에는 십자가 장면, 빈 무덤, 경배의 손 등이 포함된다. 이런 이미지들은 말로나 글로 여러 페이지에 걸쳐서 복잡하게 묘사된 개념들을 더 즉각적으로 전달해 준다.

그뿐만 아니라 그림은 더 쉽게 기억되는 효과도 있다. 정기적으로 예배에 참석하는 그리스도인들이라 할지라도 바울과 루터가 강조하는 믿음과 은혜 대 '행위'의 대비 관계를 설명하는 것이 쉽지만은 않을 것이다. 그러나 더들리-스미스가 말하는 것처럼, "이것이 의미하는 바가 무엇인지를 그들은 늘 부르는 노래를 통해 정확히 이해하고 있다.

빈 손 들고 나아와
십자가를 붙드네."[5]

그러면서 그는 버밍엄의 데일(R. W. Dale)의 말을 덧붙인다. "나로 하여금 교회의 찬양들을 쓰게 하라. 그러면 나는 누가 신학을 쓰든 개의치 않을 것이다."

그림은 주의 지속 시간과 관련된 문제를 즉시 해결한다. 우리는 한눈에 그림을 볼 수도 있고 시간을 두고 오래 생각하며 볼 수도 있다. 그림은 또한 감정을 전달하며, 깊은 차원의 헌신에 호소하기도 한다. 이는 많은 사람들이 자신이 선호하는 브랜드 이미지나 국기와 일체감을 느끼는 데서 잘 드러난다. 이런 현상은 식료품이나 잡화뿐만 아니라, 대학이나 기업체 같은 사회적 기관에도 적용된다. 그림은 우리로 하여금 애국심을 느끼게도 하고, 흥분하게 만들기도 하며, 혐오감을 느끼게도

5 Timothy Dudley-Smith, *A Functional Art: Reflections of a Hymn Writer* (Oxford: OUP, 2017), p. 4.

하고, 호기심을 자아내기도 한다. 물론 여기에도 어느 정도의 세대 간 차이는 작용한다. 잡지들이 독자를 확보하거나 구매 습관을 일으키기 위해 그림이나 이미지를 사용하는 것은 잘 알려진 일이다. 독자들의 자기 개입을 더 잘 이끌어 내고자 하는 것이 잡지들이 사용하는 전략이다. 우리는 국기를 당연한 것으로 여기지만, 해외에 나가거나 전쟁 상황을 만나게 되면 사정이 달라지는 것을 본다.

인쇄된 글과 영상 이미지 사이의 복잡한 관계를 어떻게 이해하든지 간에 우리는 말과 보여 줌 사이에는 차이가 있다는 것을 인정하지 않을 수 없다. 보도를 듣는 것과 목격자의 증언 사이에도 차이가 있으며, 어떤 주제에 대해 이야기를 하는 것과 그 내용을 직접 보는 것 사이에도 차이가 있다. 이 두 가지 유형의 전달 방식은 문화나 세대 차이와도 연결된다. 하나는 책과 학문의 세계이고, 다른 하나는 이미지를 중심으로 하는 대중문화의 세계이다. 오늘날에는 이것이 세대 간의 차이로 나타나기도 한다. 오늘날의 유년 및 청년 세대는 스마트폰과 태블릿 같은 영상 매체와 함께 자라나고 있다. 이에 반해 지난 세대의 사람들은 책과 사전으로 가득한 방에 더 익숙하다. 어쩌면 하나는 과거의 유산이요, 다른 하나는 미래의 약속으로 보일 수도 있다. 미국의 정치가인 에머슨(Ralph Waldo Emerson, 1803-82)은 자신이 속한 정당을 '미래당'이라 불렀던 적이 있다. 이는 사람들이 모든 좋은 것은 미래에 있고 모든 나쁜 것은 과거에 있다고 본 데서 기인한다.

디지털 시대의 도래와 함께 우리의 논의는 더욱 첨예한 문제가 되고 있다. 마틴 베라브스키(Martin Veravsky)는 500쪽짜리 책 한 권을 읽는 데 30시간이 걸리지만, 이 책을 영상으로 만들면 대략 두 시간 안에 그 내용을 다 전달할 수 있다고 말한다. 매 분당 책보다 훨씬 더 많은 정보를 전달할 수 있는 셈이다. 그뿐만 아니라 영상은 봄과 들음의 감각을 결합하여 제시할 수 있는 반면, 활자화된 글은 한 가지 감각만 사용할 수 있을 뿐이다. 오늘날 학생들은 부모 세대에 비해 책으로 둘러싸인 도서관을 덜 활용하는 반면, 다양한 형태의 영상 매체를 활용하는 데 더 많은 시간을 사용한다. 이런 변화가 가지는 의미는 단지 시간 효율성의 문제가 아니라 오히려 정보 세계에 대한 즉각적인 도달의 문제이다. 일순간에 전체의 정보 내용을 파악하는 것이 가능하게 되었다는 것이 중요하다. 일부 학자들은 그리스인들의 시각 개념과 들음에 우선권을 두는 히브리인들을 대비시키는 접근을 시도했던 적이 있다. 이는 과도한 단순화의 산물이며, 또한 철 지난 오해와 결함을 지닌 접근 방식임에도 불구하고, 보먼(Boman)은 그의 책 『히브리적 사유와 그리스적 사유의 비교 *Hebrew Thought Compared with Greek*』에서 이런 대비 관계를 강조하고 있다.[6]

영상물은 일반적으로 활자물보다 더 오래 기억에 남는다. 유신론자나 기독교인이 아닌 사람들의 경우에도 요한복음에 나오는 선한 목자와 포도나무의 이미지, 누가복음에 나오는 탕자와 잃어버린 양의 이미지를 오랫동안 잊지 않고 기억하는 경우가 많다.[7] 요한계시록에 나오는 생명나무 이미지나 하나님께서 모든 사람의 눈에서 눈물을 닦아 주시는 이미지도 마찬가지다. 우리는 이 책의 2부에서 이런 생생하고도 기억에 남는 다양한 부류의 이미지들을 더 상세히 살펴보게 될 것이다.

6 Thorlief Boman, *Hebrew Thought Compared with Greek* (Eng., London: SCM, 1954). 하지만 제임스 바는 이런 접근을 본질적으로 그리고 정당하게 잘 비판했다. James Barr, *The Semantics of Biblical Language* (Oxford: OUP, 1961), pp. 46-79, 96-100 등. 특히 제임스 바는 보먼이 개념을 개념의 '사용'과 혼동하고 있다고 지적하며, 또한 언어들 간의 비교의 중요성을 간과하고 있다고 지적한다.

7 요한복음 10:11-18과 누가복음 15:3-7, 11-32.

사진은 시각 이미지의 세계와 그 경험을 크게 확장시켜 놓았다. 영상 비평가인 앙드레 바쟁은 19세기 사진술과 관련하여 이런 말을 하고 있다. 처음으로 "세상의 이미지가 인간의 창조적 간섭 없이 자동적으로 재생되었다. … 사진은 자연현상 그 자체와 같은 방식으로 우리에게 영향을 미친다."[8]

그럼에도 불구하고 그림이나 시각적 이미지는 이를 둘러싸고 있는 언어적 텍스트의 맥락이나 전통 없이는 그 의미를 온전히 전달하지 못한다는 것을 많은 사람들이 지적하고 있다. 마틴 제이는 그의 인상적인 책 『눈의 폄하 *Downcast Eyes*』에서 시각적 인식과 인쇄된 문자 사이의 관계에 대한 매우 도전적이면서도 정확한 설명을 제시하고 있다.[9] 그는 이 주제와 관련한 많은 철학자들과 문화 역사가들의 서로 다른 입장을 주의 깊게 다루고 있다.

제이는 시각적 은유의 보편성에 주목하면서, 이것이 실재에 대한 우리의 지식에 도움이 될 수도 있고 또한 방해가 될 수도 있다는 것을 지적한다. 이와 같은 주의 깊은 양면적 시각은 우리가 이 책에서 다루고자 하는 방향과도 일치한다. 많은 문화가 한편으로는 "현미경과 망원경, 카메라, 영화 등을 통한 시각에 지배당했다."[10] 또 다른 한편으로는, 유대교는 우상을 금하고 이슬람 사상은 형상 재현을 거부하는 입장을 취한다. 8세기의 성상 파괴 논쟁이나 성 버나드의 시토 수도회 운동은 시각적 재현을 반대한 운동의 대표적인 예들이다. 현대에 와서 앙리 베

8 André Bazin, 'The Ontology of the Photographic Image', in Jean Renoir (ed.), *What is Cinema?* (Berkeley: University of California Press, 1967), p. 13.

9 Martin Jay, *Downcast Eyes: The Denigration of Vision in Twentieth-Century French Thought* (Berkeley: University of California Press, 1993).

10 Jay, *Downcast Eyes*, p. 3.

르그송이나 사르트르, 메를로퐁티, 레비나스, 미셸 푸코, 롤랑 바르트, 자크 데리다 등이 이런 반대 운동의 선봉에 서 있다. 프랑스에서는 패션, 영화, 그림 등에 대한 심취가 퇴조되고 있다는 것이 제이의 지적이다.[11] 프랑스 철학자인 자크 엘륄(1912-94)은 그의 책 『말의 굴욕 *The Humiliation of the Word*』에서 시각 이미지에 반대하는 강한 입장을 밝힌 바 있다.[12] 그는 프랑스 개혁교회의 전통에 속하는 사람이다. 그는 기술의 발전이 기록된 말의 지위를 격하시켰고, 시각적인 것을 개념적인 것보다 우선시하도록 이끌었다고 보고 있다. 헤겔은 "우리 사회에서 말이 처한 상황은 개탄스러울 지경이다"라고 말한 바 있다.[13] 이는 '봄'이 '들음'의 경험을 지배하는 문화를 두고 뱉어 내는 한탄이다.

우리는 이 책 2부에서 성경 속의 그림이나 이미지의 많은 예를 상세히 살펴보겠지만, 여기서는 성경의 그림 은유가 가지는 힘을 보여 주는 예 하나만을 우선적으로 생각해 보고자 한다. 감리교 계통의 신학자인 빈센트 테일러는 "그리스도의 피"라는 문구가 전통을 불문하고 수많은 그리스도인들에게 가지는 잊지 못할 영향과 힘에 대해 강조한 바 있다. 그는 이렇게 말한다.

> 단순히 '피'를 '죽음'에 대한 동의어로 설명하고자 하는 것은 잘못이다. "그의 피로 말미암아 의롭다 하심을 받았으니"(롬 5:9)라는 표현을 "못 박히신 그리스도로 말미암아 의롭다 하심을 받았으니"로 바꾸어 읽을 때 무언가 의미상의 손실이 일어난다는 것을 의식하지 못할 사람은 없다.[14]

11 Jay, *Downcast Eyes*, pp. 10, 14-15.

12 Jacques Ellul, *The Humiliation of the Word* (Grand Rapids: Eerdmans, 1985).

13 Ellul, *The Humiliation of the Word*, p. 155에서 재인용.

14 Vincent Taylor, *The Atonement in New Testament Teaching* (London: Epworth Press,

테일러는 유사한 종류의 많은 예를 제시하고 있다. 보다 최근의 작가들을 예로 들 수도 있다. 좀 더 최근에 플레밍 러트리지는 "그리스도의 피"에 대해 이야기하면서 조지 헌싱어(George Hunsinger)의 글을 인용한다.

> 그리스도의 피는 일차적으로 하나님의 고난당하시는 사랑을 나타내는 은유이다. 이 표현은 하나님께서 그리스도 안에서 세상을 그분 자신과 화해시키려고 하실 때, 그가 알지 못하시는 슬픔이 없다는 것, 그가 감당하지 못하시는 상실의 아픔이 없다는 것, 그가 지불하지 못할 대가가 없다는 것을 나타낸다.[15]

시각적인 것이 가지는 힘에 대해 가장 잘 알려진 역사적 예 중의 하나는 존 폭스(John Foxe)의 『순교자 열전 *Book of Martyrs*』이라는 책이다. 이 책은 1563년에 『행위와 기념비 *Acts and Monuments*』라는 이름으로 처음 출판된 이래 여러 판본으로 형태를 바꾸어 가면서 1570년, 1576년, 1583년에 차례로 출판되었다. 특별히 엘리자베스 1세 여왕(1588-1603)이 영국의 모든 대성당에 이 책을 한 부씩 비치하도록 명한 후로 이 책이 미친 영향은 대단히 컸다. 많은 교구 교회들이 뒤를 따라 이 책을 구비하였고, 그 결과 영국 대부분의 교회에는 책 세 권, 곧 성경과 공동기도서와 폭스의 『순교자 열전』이 구비되었다. 폭스의 책은 존 위클리프(1330-1384) 때로부터 메리 여왕(1553-1558) 때까지 개신교 신자들에 대

1940), p. 92.

15 Fleming Routledge, *The Crucifixion: Understanding the Death of Jesus Christ* (Grand Rapids: Eerdmans, 2015), p. 283.

한 박해의 역사를 다루고 있다. 이 책은 메리 여왕의 통치를 "끔찍하고 핏빛 어린" 통치라고 묘사한다. 이 책은 가톨릭 "우상 숭배"의 악함을 폭로하고, 개신교 순교자들이 당한 박해의 아픔을 가장 생생한 방식으로 보여 주고자 하는 목적이 있다.

그런데 이 책이 그토록 큰 성공을 거두고 또 큰 영향력을 행사할 수 있었던 것은 이 책의 출판자인 존 데이(John Day)가 제공한 수많은 목판화 때문이었다. 대략 153장에 달하는 삽화는 화형대에서 불타 죽은 순교자들(크랜머, 리들리, 라티머를 포함하여)의 고통을 시각적으로 생생히 전달한다. 많은 순교자들이 다양한 방식으로 극도로 잔인하게 고문당했으며, 말로 다할 수 없는 수모를 당했다. 이와 같은 생생한 시각적 재현의 힘은 그림이 그만큼 큰 힘을 가진다는 원리를 대표적으로 잘 예시한다.

시각적 재현: 플라톤에서 데카르트를 거쳐 오늘에 이르기까지

마틴 제이는 파르메니데스로부터 플라톤을 거쳐 데카르트에 이르기까지의 과정은 이와는 반대의 길이었다고 보고 있다. 독일의 저명한 문헌학자요 문학 비평가인 에리히 아우어바흐(1892-1957)는 그의 책 『미메시스 *Mimesis*』에서 엘륄과는 반대되는 관점을 취하여 고대 세계로부터 근대에 이르기까지의 시각적 재현에 초점을 맞춘다. 그는 이렇게 말한다. "뚜렷하게 틀이 잡히고, 밝고 통일되게 조명되어, 인간과 사물은 모든 것이 가시적인 영역 안에서 더욱 도드라진다."[16] 아우어바흐는 지금 호머를 논하고 있다. 제이는 헬레니즘 사상이 파르메니데스로부터 플라

16 Erich Auerbach, *Mimesis: The Representation of Reality in Western Literature* (Eng., Princeton: Princeton University Press, 1953), p. 2 (1967 edn, p. 3).

톤에 이르기까지 시각적 형태와 함께 가고 있다고 지적한다. 플라톤에게 있어서 진리는 경험적인 세상과 대조되는 에이도스(eidos) 곧 영원한 무시간적 이데아로 정의되고 있다. 동굴과 그 그림자에 대한 그의 비유는 감각을 통한 인식의 가치와 한계가 무엇인지를 보여 준다. 플라톤은 떼오리아(theōria, '명상'을 뜻하는 헬라어 — 역주)가 "철학자에게 현상 너머의 참된 아름다움을 볼 수 있는 기회를 제공했다"라고 보고 있다.[17]

제이는 아리스토텔레스가 은유를 "우리와 닮은 것을 보기"[18]로 이해하는 것도 그리스 사람들이 보는 것에 특권을 부여하는 경향과 관계된다고 말한다. 초대 기독교는 형상을 거부하는 입장을 취했지만, 그럼에도 불구하고 하나님을 인간의 모습으로 경험할 수 있게 하는 성육신 사상이 기독교 신앙의 중심에 자리 잡고 있었다. 아리스토텔레스는 또한 헬라어 판타시아(phantasia)를 상상의 산물, 정신적 그림, 혹은 환상으로 이해했다. 베리티 플랫(Verity Platt)은 이렇게 해설한다. "이처럼 판타시아는 … 신을 가시화하고 신과 소통하는 정신 그 자체의 힘을 나타낸다."[19]

중세기에 와서 토마스 아퀴나스(Thomas Aquinas, 1225-74), 단테(Dante, 1265-1321), 마이스터 에크하르트(Meister Eckhart, 1260-c.1325)는 시각적 재현의 중요성을 강조했다. 아퀴나스는 아우구스티누스를 인용하면서, 정신은 신체의 감각들을 통하여 물질에 대한 지식을 얻고, 유사한 방식으로 정신은 또한 육적인 것들을 알 수 있다고 그가 말했다고

17 Robyn J. Whitaker, *Ekphrasis, Vision, and Persuasion in the Book of Revelation* (WUNT 2, 140; Tübingen: Mohr, 2015), p. 55.

18 Aristotle, *Poetics*, 1459 A.

19 Verity Platt, 'Virtual Visions: *Phantasia* and the Perception of the Divine in the Life of Apollonius of Tyana', in E. L. Bowie and J. Elsner (eds), *Philostratus* (Cambridge: CUP, 2009), p. 152.

진술한다.[20] 아퀴나스는 형상 옹호에 있어서의 형상 숭모(veneration)와 우상 숭배에 있어서의 형상 예배(worship)를 구분한다. 노먼 브라이슨은 캔터베리 대성당의 스테인드 글라스는 시각적 이미지를 그것이 묘사하는 성경과 역사 속의 이야기들을 섬기는 자리에 서게 했다고 주장한다.[21] 르네상스 예술은 이런 시각화 작업에 큰 기여를 했다.

시각적 재현과 이미지의 역할에 대한 최고조의 관심은 르네 데카르트(René Descartes, 1596-1650)와 특히 그의 책 『방법서설 *Discourse on Method*』(1637)에서 찾아볼 수 있다. 그는 눈의 시각이 모든 신체 감각 중에서 "가장 종합적이고 또한 가장 고상하다"라고 믿었다. 이와 관련하여 마틴 제이는 이렇게 해설한다. "시각중심주의(ocularcentrism)의 장악이 프랑스보다 더 뚜렷하게 나타나는 곳은 없었으며, 이런 문화적 태도의 전환은 더욱 연구의 대상이 되고도 남는다."[22] 그는 "데카르트 철학의 고집스러운 세계"를 이야기하며, 또한 "데카르트는 전형적인 시각적 철학자로서, 관찰된 세상을 만들어 내기 위해 암실을 사용하는 원근법 화가의 입장을 은근히 취한 사람"이라고 평가한다.[23] 미국의 철학자인 리처드 로티는 이를 "시각적 모델의 패러다임"이라 부르며, "지성이 망막 이미지에 비친 실재를 들여다보고 있다"라고 말한다. 로티는 이것이 근대 인식론의 토대가 되었다고 보고 있으며, 그것의 특성은 "정신 속에 자리 잡은 재현물들"이다.[24] 그는 보다 최근의 책인 『진리와 진보 *Truth*

20 Aquinas, *Summa Theologiae* (Eng., [60 vols.] London: Eyre and Spottiswoode, 1963, vol. 12), Pt 1, Qu. 84, art. 2.

21 Norman Bryson, *Word and Image: French Painting of the Ancient Regime* (Cambridge: CUP, 1981), p. 1.

22 Jay, *Downcast Eyes*, p. 69.

23 Jay, *Downcast Eyes*, p. 69.

24 Richard Rorty, *Philosophy and the Mirror of Nature* (Princeton: Princeton University

and Progress』에서 데카르트의 철학을 "아리스토텔레스주의의 불행한 잔재"라 부른다.[25]

시각적 재현에 대한 데카르트의 관심은 시력 향상을 위해 고안된 광학 기구들에 대한 그의 관심에서도 잘 드러난다. 이런 점은 신체 감각 중 시각이 가장 고상한 감각이라고 말한 『방법서설, 광학, 기하학, 기상학』(『방법서설』의 확장판)에 잘 나타나고 있다.[26] 마틴 제이는 시각적 재현에 대한 데카르트의 영향력이 존 로크와 계몽주의 속에서 다소 변형된 형태로 어떻게 이어지고 있는지를 살핀다. 데카르트는 의심을 넘어서는 '확실한' 진리를 목표로 삼았다.[27] 이는 사실상 개인주의의 모습을 띤 합리주의다. 이 사상은 자아와 자아의 성찰, 그리고 시각을 철학적 사고의 출발점으로 삼는다. 정신과 육체를 구분하는 데카르트의 이원론 역시 정신적 성찰과 이미지와 아이디어를 포착하는 정신의 능력에 특권을 부여하는 결과로 이어지게 된다.

데카르트는 존 로크(John Locke, 1632-1704)와 그의 책 『인간 지성론 *Essay Concerning Human Understanding*』(1690)에 지대한 영향을 미쳤다. 비록 로크가 합리주의에 대립되는 영국 경험주의 전통을 대표하는 사람이긴 하지만, 그럼에도 불구하고 그는 이차적 견해가 아닌 '확실한' 지식을 추구한 면에서는 데카르트와 공조를 이룬다. 그러면서도 그는 데카르

Press, 1979), p. 45.

25 Richard Rorty, *Truth and Progress: Philosophical Papers*, vol. 3 (Cambridge: CUP, 1998), p. 113.

26 René Descartes, *Discourse on Method, Optics, Geometry, and Meteorology* (Cambridge, MA: Hackett Publishing, 2001), p. 65. 보다 접근하기 쉬운 책은 René Descartes, *Discourse on Method and the Meditations* (London: Penguin, 1968)이다.

27 Descartes, *Discourse on Method* (1968 edn), pp. 33, 38, 43.

트의 '타고난 사상'이라는 인식을 거부한다.[28] 로크는 『인간 지성론』 제2권에서 "사상은 사유의 대상"이라고 말하며, "모든 사상은 감각이나 성찰로부터 온다"라고 주장한다.[29] '경험'은 감각들을 통하여 세상 속에 있는 사물들을 직접 지각한다. 물론 정신은 이를 성찰하는 가운데 단편적인 것들을 종합하는 기능을 수행한다. 인간의 경험은 사물들의 '일차적' 특질(강도, 확장성, 기동성 등)과 '이차적' 특질(색깔, 소리, 맛 등)을 지각한다.[30] 이와 같은 감각적 지각이 이루어지는 과정을 로크는 정신과 백지상태(라틴어 tabula rasa)라는 유명한 유비를 통해 설명하고 있다. 이런 지각 과정이 이루어진 후에 정신적 성찰이 이 수집된 원래 자료를 처리한다. 로크의 경험주의 계승자인 조지 버클리(George Berkeley, 1685-1753)는 감각과 생각의 관계를 보다 강하게 강조했고, 데이비드 흄(David Hume, 1711-76)은 감각과 부유하는 지각의 문제를 부각하고 있다.

마틴 제이는 시각적 재현에 대한 계몽주의 사상가들의 관심에 대해서도 언급한다. 물론 여기에는 시각적 표현과 글 또는 듣기 사이의 변증법을 강조하는 역류도 있었다는 것을 고려해야 한다. 볼테르(1694-1778)는 "생각이란 무엇인가?"라는 자신의 질문에 이렇게 답변한다. "생각이란 나의 뇌 속에 그것이 그려 내는 이미지다. … 나의 머릿속에 이미지가 있기 때문에, 그 조건하에서만 나는 생각을 가진다."[31] 볼테르에게 있어서 '생각'이란 시각적 경험의 대상인 사물들이 내적 재현을 이룬 상태를 가리킨다. 이에 대해 제이는 "시각에 대한 데카르트식 태도

28 John Locke, *An Essay Concerning Human Understanding* (2 vols, Oxford: Clarendon Press, 1894), Essay I.4.3.

29 Locke, Essay II.1.1 and II.1.2.

30 Locke, Essay II.8, 9 and 10.

31 Voltaire, *Philosophical Dictionary* (Eng., New York: Knopf, 1924 and 1972), p. 256.

가 18세기 프랑스에서도 포기되지 않고 있다"라고 해설한다.[32] 스코틀랜드의 '상식' 철학자인 토머스 리드(1710-96) 역시 "오감이라 불리는 감각 기관들 가운데서도 시각은 의심의 여지 없이 가장 고상하다"라고 말한다.[33] 그는 아이작 뉴턴의 발견들에 호소하기도 하며 눈이 가진 엄청난 세밀함과 빠른 속도를 언급하기도 한다. 이에 반해서 귀는 믿음이 덜 가며, 때로 풍문에 노출되기도 한다.

계몽주의 사상가 가운데 드니 디드로(Denis Diderot, 1713-84)는 『백과전서 *The Encyclopédie*』 편집장이었고, 예술 평론가였으며, 프리드리히 그림(Friedrich Grimm)과 장 자크 루소(Jean-Jacques Rousseau, 1712-78)의 친구이기도 했다. 그가 쓴 그림에 대한 에세이를 괴테가 매우 높게 평가하고 있다. 시각 예술에 대해 그가 기여한 것 하나는 화가인 장 밥티스트 그뢰즈(Jean-Baptiste Greuze, 1725-1805)의 예술 세계를 잘 부각한 점이다. 철학에 있어서 그는 처음에는 볼테르를 따랐고, 뒤에 가서는 무신론자요 유물론자로 귀착했다. 루소 역시 시각적 투사를 탐구했다. 디드로와 루소는 이미지가 가지는 미혹시키는 힘에 대한 반감을 표현하기도 한다. 시각적 재현을 높이 평가하면서도 동시에 제이가 말하는 "계몽주의의 주류를 이루는 시각중심주의에 대한 역류"가 제시되기도 했다. 이는 직접적인 시각 재현을 유보하는 입장이다.[34] 디드로는 사물을 보고, 즉각적 감정으로 그것을 경모하고, 경험하고, 소유하고자 욕망하는 것에 대해 강조하는 것 외에도 촉각이 가지는 힘을 특별히 강조하기도 했다.

시각적 재현에 대한 관심은 19세기 후반에 이르러서도 여전히 존

32 Jay, *Downcast Eyes*, p. 85.

33 Thomas Reid, *An Enquiry into the Human Mind on the Principles of Common Sense* (Edinburgh: Bell & Greech, 1801), p. 152, and e-book (2015), p. 48.

34 Jay, *Downcast Eyes*, p. 98.

속했다. 하지만 그것이 주도적 자리를 차지하지는 못할 만한 몇 가지 도전적 요인들이 일어나기도 했다. 새로운 기술 차원에서 광학은 망막과 시각 작용의 복잡함을 보여 주었고, 또한 실제로 본 것을 형성하는 과정에 있어서 뇌 혹은 정신이 가지는 기능에 대한 이해도 증가했다. 철학에 있어서 프리드리히 니체(Friedrich Nietzsche, 1844-1900)는 진리와 해석 사이의 구분을 허물어 버렸으며, 루트비히 포이에르바흐(Ludwig Feuerbach, 1804-72), 카를 마르크스(Karl Marx, 1818-83), 지그문트 프로이트(Sigmund Freud, 1856-1939) 등과 함께 세상을 보는 '하나님의 눈'과 같은 인식을 부수는 데 전념했다. 헤겔은 다소 다른 입장을 취하긴 했지만, 키르케고르가 볼 때는 그 역시도 "영원한 것에 대한 명상"을 했고, 현실을 "신 중심적으로"(theocentrically) 보는 듯한 것일 뿐이다.[35] 앙리 베르그송(Henri Bergson, 1859-1941)은 다른 누구보다 분명하게 과정과 변화와 시간의 역할을 강조함으로써 무시간적이고 정적인 시각적 재현의 주도권을 폐하는 길로 나아갔다.

클라드니우스에서 하이데거에 이르는 대륙의 해석학적 전통은 시각적 측면들 혹은 관점들이 가지는 다층적 본질과, 시간 및 시간 내적 지속성의 차원을 뚜렷하게 부각했다. 해석학의 전체 흐름은 시간과 역사가 가지는 결정적 중요성을 드러냈다. 니체의 언어를 빌리자면 이 운동은 이전까지 자리 잡고 있던 "완전무결한 지각"이라는 환상을 깨트렸다.[36]

다음 장에서 우리는 이와 같은 반(反)시각적 접근에 대해 좀 더 자세히 살펴볼 것이다. 여기서는 루트비히 비트겐슈타인(Ludwig Wittgen-

35 Søren Kierkegaard, *Concluding Unscientific Postscript* (Eng., Princeton: Princeton University Press, 1974), p. 190.

36 Friedrich Nietzsche, *Thus Spoke Zarathustra* (London: Penguin, 1961), p. 149.

stein, 1889-1951)이 이런 흐름에 끼친 긍정적인 역할과 부정적인 역할을 일차적으로 간략히 소개하고자 한다. 비트겐슈타인에 대한 매우 단순한 이해를 바탕으로, 때로는 그가 초기 『논고 *Tractatus*』 시절에 언어에 대한 '그림 이론'을 취하고 있는 것으로, 따라서 "하나의 명제는 현실에 대한 하나의 그림"이라는 입장을 취하는 것으로 보려는 사람들이 있다.[37] 그러나 우리가 잊지 말아야 할 것은 수년이 지난 후에 비트겐슈타인이 『철학적 탐구 *Philosophical Investigations*』에서 자신의 초기 시절을 회고하면서 했던 말이다. "하나의 그림이 우리를 사로잡았다. 우리는 그것을 벗어날 수 없었다. 왜냐하면 그것이 우리의 언어 속에 놓여 있었고, 언어는 그것을 우리에게 가차 없이 되풀이하는 듯했기 때문이다."[38] 『논고』에서 비트겐슈타인은 "우리는 사실들을 우리 자신에게 그려 준다"라고 말하기도 했다.[39] 명제가 그림의 성격을 가진다는 초기 비트겐슈타인의 입장은 법정에서 장난감 자동차나 인형 등을 이용해서 교통사고 현장을 재현하는 데서 배웠다고 말한다. 후기 책들을 보면 이런 시각적 재현이나 그림은 특정한 경우에 한해서 적용되거나 아니면 말을 보완하는 차원에서 제한된 유용성을 가질 뿐이라는 입장을 취하는 것으로 보인다. 크리슈토프 니리(Kristóf Nyíri)와 앤서니 케니(Anthony Kenny), 그 밖의 많은 전문가들은 비트겐슈타인이 '그림'의 가치를 긍정하기도 하고 부정하기도 하는 양면적 애매성을 가진다고 입을 모은다.[40]

37 Ludwig Wittgenstein, *Tractatus Logico-Philosophicus* (Eng. and Ger., London: Routledge & Kegan Paul, 1922 and 1961), 4.01.

38 Ludwig Wittgenstein, *Philosophical Investigations* (Eng. and Ger., Oxford: Blackwell, 1958), sect. 115.

39 Ludwig Wittgenstein, *Tractatus*, 2.1.

40 예를 들어, Kristóf Nyíri, 'Wittgenstein's Philosophy of Pictures', Conference Paper at the HIT Centre, University of Bergen, December 2001, and 'Images and Metaphor in the

『철학적 탐구』 서문에서 비트겐슈타인은 자신의 사상이 길게 늘인 산문 에세이보다는 사진 '앨범'과 같은 형태를 가진다고 말한다. 앨범에는 에세이가 아니라 스냅 사진들이 담겨 있다. 이어서 그는 "언어 게임의 다중성"을 보여 주는 많은 예를 제시한다. 여기에는 "(도면에 따라) 물건을 만들기"도 포함된다.[41] 이 섹션(§ 23) 바로 앞의 각주에서 비트겐슈타인은 "특정한 자세를 잡고 서 있는 권투 선수를 묘사한 그림을 상상해 보라"라고 말한다. 이 그림은 많은 가능한 용도가 있을 것이다. 자세를 어떻게 잡아야 할지 말해 주기 위해서나, 어떤 사람이 한때 어떤 자세를 취했는지를 말해 주기 위해서 등이다.

비트겐슈타인은 우리가 정육면체 하나를 볼 때도 여러 가지 다른 방식으로 볼 수 있다고 말한다. 그러면서 그는 이렇게 말한다. "우리가 어떤 한 낱말을 이해한다고 할 때 우리 마음에 실제로 떠오르는 것은 무엇인가? 그것은 그림과 같은 어떤 것이 아닐까? 그것은 그림일 수가 없는가?" 같은 섹션에서 그는 이렇게 덧붙인다.

> '정육면체'라는 낱말을 들을 때 당신의 마음에 떠오르는 어떤 그림을 생각해 보라. 아니면 정육면체의 그림을 보고 있는가? 이 그림은 어떤 의미에서 '정육면체'라는 낱말이 내포하는 쓰임에 들어맞거나 들어맞지 않을 수 있는가? … 나는 그 그림이 어쨌든 잘 들어맞는지를 판단하게 하는 **투사의 방법을 쉽게 상상할 수 있도록** 의도적으로 그 예를 선택했다. 정육면체 그림은 분명 우리에게 어떤 쓰임을 **제시**했지만, 나에게

Philosophy of Wittgenstein', Paper at the 33rd International Symposium, *Image and Imaging in Philosophy, Science and Arts,* Kirchberg, Austria, August 2010; and Anthony Kenny, *Wittgenstein* (London: Penguin, 1973), 특히 pp. 224-27.

41 Wittgenstein, *Philosophical Investigations*, sect. 23.

는 그것을 다르게 사용하는 것도 가능했다.[42]

같은 섹션에서 비트겐슈타인은 또 다른 각주 하나를 첨가하고 있다(각주 b).

나는 그림 하나를 본다. 그 그림은 지팡이를 짚고 가파른 언덕을 오르는 한 노인을 묘사하고 있다. — 어떻게? 만일 그 노인이 같은 자세로 언덕을 미끄러져 내려오고 있었다 하더라도 그 그림은 꼭 같은 모습이지 않았을까? 아마 화성인이라면 그 그림을 그렇게 묘사했을지 모르는 일이다.

뒤에 가서 비트겐슈타인은 인간의 몸짓이나 도로 표지판의 화살표 등을 예로 들면서, 그것의 의미를 결정하는 것은 우리가 그것을 어떻게 사용하느냐에 달린 문제라고 말한다. 그러면서도 그는 그것들이 그림으로 구성된다는 것을 부정하지 않는다. 그는 이렇게 묻는다. "이 화살표는 어떻게 해서 **가리킬** 수 있는가?"[43] 화살표나 몸짓에 의미를 부여하는 것은 그림과 그 그림의 사용, 이 두 가지가 보완적으로 작용함을 통해서다. 시각적 재현(그림)과 특정한 방식으로 그것을 사용함, 이 두 가지가 함께 작용하지 않으면 우리는 어떤 몸짓을 한다고 해도 그것을 통해 우리가 원하는 것을 이룰 수 없을 것이다.

『철학적 탐구』 2부에서 비트겐슈타인은 그림에 대해 보다 자세히 다루고 있으며, 그 입장도 보다 긍정적이다. 그는 '그림-사물'이라는 용어를 도입한다. 예를 들어 그는 '그림-얼굴'에 대해 논하면서 이런 말을

42 Wittgenstein, *Philosophical Investigations*, sect. 139 (강조는 원문 그대로).

43 Wittgenstein, *Philosophical Investigations,* sects 432 and 454.

하고 있다.

> 어떤 점에서 나는 그것[그림-얼굴]을 사람의 얼굴을 대하는 것처럼 대한다. 나는 그 표정을 살피기도 하고, 사람의 표정에 반응하듯이 그 표정에 반응할 수도 있다. 어떤 아이는 그림-사람이나 그림-동물들과 이야기를 나눌 수도 있고, 인형을 다루듯이 이를 다룰 수도 있다.[44]

같은 페이지, 같은 섹션에서 비트겐슈타인은 유명한 '오리-토끼' 그림에 대해 이야기한다. 이 그림은 위를 쳐다보는 토끼의 머리로 볼 수도 있고, 아니면 어느 한쪽을 바라보는 오리의 머리로 볼 수도 있다. 우리는 이 그림에 대한 첫 해석이 무엇이었는지에 따라 이를 토끼의 머리로든지 아니면 오리의 머리로 줄곧 보게 될 공산이 크다.

비드겐슈타인은 한 측면(오리든 토끼든)의 "동틈"(반짝 떠올라 그렇게 보기 시작함)과 그 측면을 "지속적으로 그렇게 봄"을 구분한다. '지속적인 봄'은 때로 두 측면을 동시에 보기를 가능하게 한다. 도널드 에번스는 '여김'(onlooks)에 관해 논하는 자리에서 '~으로 보기'의 그림 혹은 유비를 활용한 바 있다. 필자는 바울의 이신칭의 가르침을 논하는 자리에서 하나님께서 믿는 자들을 의롭다고 보시는 일에 이 관점을 적용한 바 있다.[45] 비트겐슈타인은 그림의 철학과 어떤 측면의 '동틈'의 문제를 다루기 위해 20페이지 넘는 큰 섹션 하나를 할애하고 있다. 니리는 그림에 관한 비트겐슈타인의 입장과 관련하여 "『철학적 탐구』에서는 통일

44 Wittgenstein, *Philosophical Investigations*, Pt 2, xi, p. 194.

45 Donald Evans, *The Logic of Self-Involvement* (London: SCM, 1963), pp. 124-44; and Anthony C. Thiselton, *The Two Horizons* (Grand Rapids: Eerdmans, 1980), pp. 415-22, and *Systematic Theology* (Grand Rapids: Eerdmans, 2015), pp. 371-73.

된 그림 철학이 나타나지 않는다"라고 결론짓는다.[46]

비트겐슈타인은 『철학적 문법 *Philosophical Grammar*』과 『쪽지 *Zettel*』에서 그림의 의미에 대해 더 많은 것을 이야기한다. 『철학적 문법』에서는 "우리가 그림의 개념을 충분히 넓게 잡기만 한다면, 어떤 것이라도 무엇인가의 그림이 될 수 있다"라고 말한다.[47] "라디오 수신기의 내부를 나타내는 도면"은 어떤 사람에게는 "의미 없는 어지러운 선들"일 수 있지만, 또 다른 사람에게는 라디오를 만들어 낼 수 있는 "중요한 그림"이 된다.[48] 비트겐슈타인은 이어서 이렇게 말한다. "설계도는 기술자가 이것으로 뭔가를 만들어 낼 수 있는 어떤 사물의 그림이다. 우리는 기술자가 그와 같은 그림을 하나의 결과물로 바꾸어 놓는 방식을 '투사의 방법'이라 부를 수 있을 것이다."[49]

그림의 역할에 대한 씨름은 『쪽지』에서도 계속된다. 비트겐슈타인은 이렇게 말한다.

> 그 순간에 이 생각이 나의 마음 앞에 놓여 있었다. — 하지만 어떻게? — '나는 이 그림을 얻었다.' — 그러면 그 그림이 그 생각인가? 아니다. 내가 누군가에게 그 그림을 말해 주었더라면 그 사람은 그 생각을 가지지는 못했을 것이기 때문이다. 그 그림은 열쇠였다. 아니, 그것은 하나의 열쇠처럼 **보였다**.[50]

46 Nyíri, 'Wittgenstein's Philosophy of Pictures', p. 4.

47 Ludwig Wittgenstein, *Philosophical Grammer* (Berkeley: University of California Press, 1974), p. 163.

48 Wittgenstein, *Philosophical Grammer*, p. 176.

49 Wittgenstein, *Philosophical Grammer*, p. 213.

50 Ludwig Wittgenstein, *Zettel* (Oxford: Blackwell, 1967), sects 239 and 240.

다섯 섹션 정도 내려가서 비트겐슈타인은 이렇게 설명을 덧붙인다. "나는 그 그림을 내가 구상할 수 있는 꼭 그대로 이해한다. 나는 이 묘사를 정확하게 이해한다. 나는 그것을 가지고 하나의 구상도를 만들 수 있다."

이어서 그는 이렇게 말한다. "많은 경우에 우리는 이를 이해에 대한 하나의 기준으로 삼을 수 있을 것이다. 그것을 이해한 사람은 그 문장을 하나의 구상도로 그려 낼 수 있어야 한다."[51] 비트겐슈타인은 "중요한 그림은 단순히 그려 낼 수 있을 뿐만 아니라 또한 조형적으로 제시되어야 한다"라고 말한다.[52] "누군가가 '당신은 어떤 이미지를 가지고 있는가?'라고 물었을 때, 그 사람은 그림으로 답할 수 있어야 한다"라는 것이다.[53] 비트겐슈타인은 이런 원리를 영화, 미술 작품, 조각품뿐만 아니라, 어깨를 움츠리거나 머리를 젓거나 끄덕거리는 등의 제스처에도 적용한다.[54]

앤서니 케니는 비트겐슈타인이 말하고자 하는 요점을 이렇게 정리한다. "이 모든 논의는 그림이 잘못이라고 말하고자 하는 것이 아니라, 그림 이론은 보완을 필요로 한다는 것을 말하고자 한다. '사용으로서의 의미' 이론은 그림 이론의 경쟁적 대안이 아니라 그것의 보완물이다."[55] 우리가 비트겐슈타인을 이번 장에서와 이어지는 다음 장에서 가장 핵심적인 사상가의 한 사람으로 다루는 이유가 바로 여기에 있다. 오늘날에 와서는 이와 같은 접근을 수용하고 발전시킨 철학자들을 더 많이 찾아볼 수 있다. 주디스 제노바나 에른스트 곰브리치(Ernst H. Gom-

51 Wittgenstein, *Zettel*, sect. 245.
52 Wittgenstein, *Zettel*, sect. 246.
53 Wittgenstein, *Zettel*, sect. 621.
54 Wittgenstein, *Zettel*, sect. 651.
55 Kenny, *Wittgenstein*, p. 226.

brich) 등이 그 예다.[56] 주디스 제노바는 이렇게 말한다. "우리가 언어로 사고하는 한, 우리는 그림으로 사고한다."[57]

그림, 상징, 원형: 감정과 참여

지금까지 우리는 시각적 이미지의 본질과 그 범주가 무엇인지를 살펴보았다. 그러나 우리는 그림과 시각 이미지와 상징이 가지는 힘이 무엇인지에 대해서는 초반에 잠시 언급한 것 외에 아직 충분히 살펴보지 못했다. 비교 신화학과 비교 종교학 분야의 연구로 유명한 조지프 캠벨(Joseph Campbell, 1904-87)은 "상징은 에너지를 솟구치게 하고 한곳으로 집중하게 만드는 요인"이라고 주장한 바 있다.[58] 상징이 가지는 힘의 원천은 톨스토이가 강조하는 것처럼 인간의 감정을 개입시키는 상징의 작용 방식일 수도 있고, 크로체가 강조하는 상상력이나 융이 말하는 무의식, 또는 베번, 틸리히, 리쾨르, 포셋, 딜리스톤 등이 각기 다른 이름으로 말하는 것들과의 상호 작용에 의한 것일 수 있다. 일반적으로 상징은 은유와 마찬가지로 일종의 시각적 이미지를 함유한다. 딜리스톤은 많은 예 중의 하나로 기독교 성례전이 시각적 표현을 포함하는 상징이라고 제시한다. 이 상징은 기술(descriptive) 언어가 가지는 한계를 초월한다.

56 Judith Genova, 'Wittgenstein on Thinking: Words or Pictures?', in Roberto Casati and Graham White (eds), *Philosophy and the Cognitive Sciences* (Kirchberg am Wechsel, 1993), pp. 63-167, and *Wittgenstein: A Way of Seeing* (London: Routledge, 1995); Ernst H. Gombrich, *Art and Illusion: A Study in the Psychology of Pictorial Representation* (London: Phaidon Press, 1960); W. J. T. Mitchell, *Picture Theory* (Chicago: University of Chicago Press, 1994).

57 Genova, 'Wittgenstein on Thinking', p. 166.

58 Joseph Campbell, *The Flight of the Wild Gander: Explorations in the Mythological Dimension: Selective Essays*, 1944-68 (Novato, CA: New World Library, 1969), p. 143.

학술계 바깥의 작가들이나 심리학자들 중에는 상징이 작업을 수행하는 데 필요한 에너지를 발산한다고 말하는 사람들이 많이 있다. 때로 그들은 세대를 초월하여 거듭 작용하는 “에너지의 길”이라는 말을 사용하기도 한다. 우리가 깊은 개인적, 감정적 경험을 표출하고자 할 때는 단순히 말만을 가지고는 한계를 느끼게 된다는 것이다.[59] 이들은 상징이 단순히 문자적 차원을 넘어 많은 다른 의미의 층을 드러낸다고 강조한다.

피터 딘의 『상징의 힘 *The Power of Symbols*』(2010)은 이와 같은 보다 대중적인 접근이 어떤 것인지를 잘 보여 주는 책이다. 그는 상징과 이미지 배후에는 “숨겨진 에너지”가 놓여 있다고 주장한다. 상징은 “모두가 느낄 수 있는 힘을 발산한다”라는 것이며, 그는 “이 상징들 속에 숨어 있는 에너지를 밝혀내는 것”을 자신의 작업 목표로 삼고 있다.[60] 그가 볼 때 상징은 시간에 구애받지 않기 때문에 아무리 오래된 상징이라도 늘 살아서 그 힘을 발휘한다. 그는 꿈이 상징의 가장 강력한 예라는 융의 주장을 인용하면서 “상징이 우리의 무의식을 관통한다”라고 말한다.[61] 딘은 상징의 힘에 대한 입문적 소개에 이어서 선사 시대부터 켈트족, 이집트, 그리스-로마, 인도, 중국 문화에 이르기까지 구체적인 상징의 예를 광범위하게 소개하고 있다.

카를 구스타프 융(Carl Gustav Jung, 1875-1961)은 지그문트 프로이트와 알프레드 아들러와 함께 현대 정신분석적 심리학의 기초를 놓은 창시자이다. 그는 집단적 상징과 원형의 주요 원천인 ‘집단 무의식’의

59 Frederick W. Dillistone, *Christianity and Symbolism* (London: Collins, 1955), pp. 169-284.

60 Peter Dean, *The Power of Symbols* (William Pitt & Foursquare Books, 2010; e-books, 2013), p. 7.

61 Dean, *The Power of Symbols*, p. 8.

중요성을 강조했다. 그는 상징이 개념 형성의 단계보다 앞선다고 보았다. 폴 리쾨르와 마찬가지로, 그는 상징을 '이중 의미'의 표현이라고 생각한다. 상징을 통해 우리는 평소 우리가 억누르고 있었을 자신의 '그림자 측면'에 다가갈 수 있다고 융은 생각한다. 이런 면에서 융과 틸리히, 그리고 리쾨르는 상징이 인간 삶의 총체적 측면을 통합한다고 보고 있다. 틸리히는 자아의 파편화를 '마귀적'이라고 보기까지 한다. 프로이트와 달리 융은 자아의 깊은 영역 속에 종교가 자리 잡고 있다고 본다.

융은 인간 '생명의 힘'을 탐구하였고, 개인의 무의식 아래에는 인간의 전체 정신적 유산을 담고 있는 보다 중요하고 심원한 층 하나가 놓여 있다고 보았다. 융은 이 '집단 무의식'에 많은 의미를 두고 있으며, 이것이 그의 어린 시절의 꿈과 경험에서 영감을 받은 것이라고 말한다. 전 세계적으로 신경증 환자들이 만들어 내는 상징들이 신화와 동화들 속에 나타나는 것을 볼 수 있다고 그는 말한다. 그는 1912년도에 출판한 책 『리비도의 변환과 상징 *Transformations and Symbols of the Libido*』에서 프로이트의 리비도와 성적 충동 및 욕망의 개념을 보다 넓은 차원의 분화되지 않은 정신적 에너지라는 개념으로 대체했다. 그러면서 이 에너지는 꿈과 신화에 담긴 보편적 상징들로 '응집'될 수 있다고 보고 있다. 하지만 그의 심리학의 많은 부분이 이론적 가설 위에 서 있다. 예를 들어, 그는 영웅이 용을 죽이는 것은 성장기의 에고가 부모의 지배로부터 벗어나려고 몸부림치는 갈등을 표시하는 것이라고 보고 있다. 융에게 있어서 생명의 목표는 '개별화'인데, 이는 자기만의 진리 비전을 추구하는 것이며, 그렇게 하는 동안에 그 사람에게는 인간 존재로서의 자신의 온전한 잠재력이 실현되는 것이라고 보고 있다.

융은 1913년에 프로이트와 결별했다. 융은 '집단 무의식'을 모든 인간이 공유하면서도 무의식 차원에 놓여 있는 상징들의 집합체로 보았다. 이와 같은 집단 무의식의 상징들은 세대를 뛰어넘어 꿈을 통해 출현한다는 것이다. 융은 또한 이런 상징들이 살아남을 수도 있고 죽을 수도 있다고 주장한다. 예를 들어 그리스도인에게 있어서 십자가의 상징이 죽으면, 이 상징은 더 이상 변혁의 힘을 가지지 못하게 된다는 것이다. 융은 인간을 내향적 부류와 외향적 부류로 나누었으며, 또한 사람들을 생각하는 사람, 느낌을 중시하는 사람, 직관이나 감각을 중시하는 사람 등의 유형으로 나누었다.[62] 이는 마이어스-브릭스 기질 테스트의 기초가 되었다.

폴 틸리히(Paul Tillich, 1886-1965)는 융에게서 매우 많은 영향을 받았다. 틸리히는 프랑크푸르트에서 교수직을 수행하다가 아돌프 히틀러 정권이 부상함에 따라 라인홀드 니버(Reinhold Niebuhr)의 초청으로 미국으로 건너왔으며, 뉴욕의 유니온 신학교에서 16년간 교수로 일했다. 1955년에서 1962년까지는 하버드 대학교에서 가르쳤고, 그 이후 1965년에 작고할 때까지는 시카고 대학교에 몸담았다. 그의 주요 저작은 세 권으로 된 『조직신학 *Systematic Theology*』이지만, 그는 대중적으로 보다 더 잘 알려진 많은 책들을 저술했다. 여기에는 『존재의 용기 *The Courage to Be*』, 『흔들리는 터전 *The Shaking of the Foundations*』, 『프로테스탄트 시대 *The Protestant Era*』, 『신앙의 역동성 *Dynamics of Faith*』, 『문화의 신학 *Theology of Culture*』 등이 있다. 이 책들은 저마다 다른 부류의 독자들을 대상으로 한다. 『문화의 신학』에서 그는 이렇게 말한다. "나의 대부분의 책들은 … 기독교가 어떻게 세속 문화와 연관성을 가지는지를 규명하려는 시도를 담고 있다."[63] 세 권으로 된 그의 『조직신학』은 상관의 신학(a theology of correla-

62 Carl G. Jung, *Psychological Types* (London: Routledge, 1971).
63 Paul Tillich, *Theology of Culture* (Oxford: OUP, 1964), p. vi.

tion)을 중심으로 구성되어 있다. 세속 문화로부터의 다섯 가지 '질문들'이 기독교 신앙이 제시하는 다섯 가지 '대답들'과 상관관계를 이루는 방식이다. 첫 번째 책에서는 인간 이성에 대한 질문이 계시에 관한 '대답들'과의 상관관계 속에서 다루어지고 있다. 하나님과 관련된 대답들은 하나님을 가리키는 상징들을 통해서만 제시될 수 있다. 왜냐하면 틸리히가 볼 때 하나님은 개념적 생각을 초월하기 때문이다. 틸리히는 이렇게 말한다. "상관의 방법은 … 인간의 상황을 분석하며 … 기독교의 메시지에 사용된 상징들이 이 질문들에 대한 대답임을 보여 주고자 한다."[64]

틸리히는 상징의 기능에 대한 가장 간단명료한 설명을 그의 책 『신앙의 역동성』에서 잘 정리해 주고 있다. (1) 기호와 마찬가지로 상징은 그 자체 너머의 어떤 것을 가리킨다. (2) 그러나 기호와 달리 상징은 "그것이 가리키는 것에 참여한다."[65] 틸리히는 이를 국기가 가지는 **참여적** 기능에 견준다. 국기는 "그 나라의 힘과 존엄에 참여한다." (3) 상징은 "이것이 아니면 우리에게 닫혀 있는 실재의 층들을 열어 준다."[66] 상징은 이것이 아니면 다른 방법으로 도달할 수 없는 실재의 층들을 밝히는 기능을 가진다. 이런 점에서 "그림과 시"가 유사한 기능을 가진다고 틸리히는 말한다. (4) 상징은 이것이 아니면 감추어져 있는 실재에 해당하는 인간 영혼의 측면과 요소들을 열어 주는 기능을 가진다. 상징은 "우리 존재의 숨겨진 깊이를 열어 준다."[67] (5) 상징은 집단 무의식으로부터 자라난다. 상징은 개인이 자신의 뜻대로 선택할 수 있는 것이 아

64 Paul Tillich, *Systematic Theology* (3 vols, Chicago: University of Chicago Press, and London: Nisbet, 1953, 1957 and 1963), vol. 1, p. 70.

65 Paul Tillich, *Dynamics of Faith* (London: Allen & Unwin, 1957), p. 42; cf. pp. 41-43.

66 Tillich, *Dynamics of Faith*, p. 42.

67 Tillich, *Dynamics of Faith*, p. 43.

니다. (6) 따라서 상징은 개인의 욕망과는 상관없이 자라나기도 하고 죽기도 한다. '왕'이라는 상징은 시대와 문화에 따라 그 함유된 힘에 차이가 생긴다. 종교적 상징들은 유한한 실재의 영역을 초월한다. 상징은 궁극적인 것과 구체적인 것을 결합하는 특성을 가진다. "하나님은 신앙의 가장 기본적인 상징"이라는 것이 틸리히의 결론이다.[68]

상징은 셀 수 없이 많다. 틸리히는 상징이 우리의 매일의 경험에서 유래되는 것이라고 본다. 다비트 슈트라우스(David Strauss)와 마찬가지로 틸리히는 상징이 이야기로 엮어지기도 하고, 때로는 신화에서 도출되기도 한다고 말한다. 물론 그는 '비신화화'의 필요성을 주장하고 있으며, 더 정확하게 말한다면 차일즈나 케어드가 말하는 '떨어져 나온 신화'(broken myth)를 수용하고 있다. 이는 한때는 신화에 속했던 이미지들이 이제는 원래의 자리에서 떨어져 나와 다른 기능을 수행하는 경우를 가리킨다.[69] 틸리히는 상징이 신화와 동일하지 않다는 것을 강조한다. 상징은 고유하다. "신앙의 상징들은 다른 상징들로 대체될 수 없다"라고 틸리히는 말한다.[70]

종교적 상징들의 경우에 있어서, 우리는 상징들의 도움을 통해 궁극적인 것의 상징과 단순히 근사 궁극체에 지나지 않는 것의 개념적 형성물을 잘 구분할 수 있어야 한다. 하나님을 거칠게 개념화한 표현들, 이를테면 주일학교에서 배웠든지 아니면 썩 좋지 못한 방식으로 교회에서 가르침을 받은 개념들이 마치 "절대적으로 개념적 영역 너머에 존

68 Tillich, *Dynamics of Faith*, p. 47.

69 Tillich, *Dynamics of Faith*, p. 50; and B.S. Childs, *Myth and Reality in the Old Testament* (London: SCM, 1962), p. 42; George B. Caird, *The Language and Imagery of the Bible* (London: Duckworth, 1980), pp. 219-42.

70 Tillich, *Dynamics of Faith*, p. 53.

재하는 것의 표상"인 것처럼 받아들여지게 해서는 안 된다.[71] 하나님에 대한 왜곡된 그림을 예배하는 것은 우상 숭배와 다르지 않으며, 이런 무지는 훈련을 통해 고쳐져야만 한다.

틸리히는 그의 『조직신학』에서 "하나님은 존재 자체"라는 진술만이 유일하게 "비상징적 진술"이라고 말한다.[72] 『신앙의 역동성』에서와 마찬가지로 여기서도 틸리히는 상징이 기호와는 다르다는 것을 강조한다. 상징은 그것이 상징하는 것에 참여하는 자질을 가진다는 것이 그 이유이다. 그러면서도 상징은 기호와 마찬가지로 유한의 경험을 통해 궁극적인 것을 가리킬 수 있다.[73] 『조직신학』 제2권에서 틸리히는 예수에 대한 묘사가 상징적 성격을 가진다고 말한다. 그가 말하는 '기독론적 상징들'에는 "다윗의 아들, 인자, 하늘에서 내려온 사람, 메시아, 하나님의 아들, 주, 말씀" 등이 포함된다.[74] 『조직신학』 제3권에서 그는 역사의 의미에 대한 '질문'에 답하는 차원에서 '하나님 나라'의 상징을 살피고 있다.[75]

'시각 예술'과 '현대 시각 예술'이라는 제목의 에세이에서 틸리히는 1차 세계 대전의 참화 속에서 어떻게 시각 예술이 그의 취미가 되었는지를 회고한다. 시각 예술이 "전선에 가까운 곳에서의 엄청나게 추악한 삶의 현실에 대한 해독제" 역할을 했으며, 그것이 "심미적 영역"에 눈뜨도록 그를 이끌었다는 것이다.[76]

71 Paul Tillich, 'The Religious Symbol', in S. Hook (ed.), *Religious Experience and Truth* (Edinburgh: Oliver & Boyd, 1962), p. 303.

72 Tillich, *Systematic Theology*, vol. 1, p. 164.

73 Cf. Tillich, *Systematic Theology*, vol. 1, pp. 264-77.

74 Tillich, *Systematic Theology*, vol. 2, p. 125; cf. pp. 125-30.

75 Tillich, *Systematic Theology*, vol. 3, p. 381.

76 Paul Tillich, *On Art and Architecture* (New York: Crossroad, 1989), pp. 126 and 127; cf. pp. 45-80 and 126-38.

에드윈 베번(Edwyn Bevan, 1870-1943)은 틸리히보다 조금 더 나이가 많은 동시대인이다. 그는 런던의 킹스 칼리지에서 가르쳤고, 옥스퍼드 대학교와 세인트앤드루스 대학교에서 문학과 법학 박사 학위를 받았다. 그는 비교 종교학 및 연관된 분야에서 적어도 30권 이상의 저술을 남겼다. 그는 영국 학술원 회원(Fellow of the British Academy)이었고, 『스토아 철학자들과 회의주의자들 *Stoics and Sceptics*』(1913), 『헬레니즘과 기독교 *Hellenism and Christianity*』(1921), 『상징과 신앙 *Symbolism and Belief*』(1938), 『거룩한 이미지 *Holy Images*』(1940) 등을 집필했다. 특히 『상징과 신앙』이라는 책에서 하나님을 나타내는 종교적 상징들이 가지는 높이, 시간, 지속, 광채의 특성을 다루고 있다.[77]

베번은 틸리히와 많은 면에서 공통점을 보이고 있다. 특히 "아름다움을 느끼는 감정"이 그러하다. 그러나 그는 틸리히와 융과는 달리 "개념적 정의가 따르지 않는 상징"에 대해 강한 회의적 시각을 보낸다. 베번은 윌리엄 제임스(William James)의 글에서 좋은 인용을 하고 있다. 제임스는 그 자신의 심리학 경험을 바탕으로 "미친 사람들"(오늘날 정신적으로 병들었거나 타격을 받은 사람들)이 나타내는 현상을 이렇게 묘사한다.

> 그들은 자기 주위에 있는 사물들을 냉소적이거나 두려운 의미를 담아서 바라본다. 그들은 무엇을 두려워하는 것인지 알지 못한다. 그런데도 책상이나 문을 보면서 두려움에 사로잡힌다. … 눈에 보이는 사물은 순전히 그것이 자아내는 감정에 의해 그 성격이 규정되고 있다.[78]

77 Edwyn Bevan, *Symbolism and Belief* (London: Allen & Unwin, 1938), pp. 28-81, 82-124, 125-50 and 206-30.

78 Bevan, *Symbolism and Belief*, p. 275; cf. pp. 275-96.

베번은 이런 현상이 환각 등에 빠진 상태에서 "지적 내용이 결여되어 있음으로 인해" 생겨나는 문제라고 보고 있다.[79] 그는 상징이 자기 너머의 어떤 것을 가리킨다는 사실을 인정한다. 그러나 그렇다고 해서 상징이 반드시 비개념적일 필요는 없다. 상징은 언제나 "단순한 감정 그 이상이다."[80]

베번은 종교적인 것을 '성적 감정'에 비교하는 것이나 '전체'의 중요성에 대해 강조하는 면에 있어서 일부 틸리히와 유사성을 보인다. 그러면서도 그는 우리가 하나님에 대해서는 '전체'를 다 알 수 없다는 점을 인정하기도 한다. 또한 그는 "하나님은 사랑이시다"라는 진술이 단순히 상징적이기만 한 것은 아니라고 지적한다. 베번은 서구 고전 문화에 대한 깊은 지식과 유럽 외의 여러 문화권에 대한 폭넓은 지식을 바탕으로 상징에 대한 그의 작업을 전개해 가고 있다.

프레더릭 딜리스톤(Frederick W. Dillistone, 1903-93)은 상징과 관련된 여러 권의 책을 썼는데, 대표적으로는 『기독교와 상징 *Christianity and Symbolism*』, 『상징의 힘 *The Power of Symbols*』 같은 책들이 있다. 그는 토론토의 위클리프 칼리지 교수를 지냈고(1945-52), 리버풀 대성당의 주교 보좌직을 수행했으며(1956-63), 옥스퍼드 오리엘 칼리지의 펠로를 역임했다(1964-70). 『기독교와 상징』에서 그는 교회의 관점에서 상징의 세계에 접근하고 있다. 그러면서 그는 상징이 더 이상 의미 있는 것으로 다가오지 않는 사람들을 위해 어떻게 상징의 힘을 회복할 수 있을 것인지의 문제를 탐구한다. 그는 특히 수잰 랭어(Suzanne Langer)와 마틴 포스(Martin Foss)의 영향을 많이 받았다. 상징은 기호와 마찬가지로 반응을 "촉발

79 Bevan, *Symbolism and Belief*, p. 276.
80 Bevan, *Symbolism and Belief*, p. 287.

시키는" 힘을 가진다. 그러면서도 상징은 "대상의 포착을 가능하게 한다는 점에서 기호를 넘어선다"는 것을 그는 강조한다.[81] 특히 그는 기독교 성례전이 "하나의 외적, 가시적 실재"라는 점을 밝히고 있다.[82] 상징의 힘은 자연적인 것일 수도 있지만, 때로는 그 힘이 관습과 전통에서 유래하는 것일 수도 있다.[83] 딜리스톤은 데이 루이스(C. Day Lewis)의 말을 인용하여 상징이 "신선함과 강렬함과 탄원의 힘"을 가지며, 감정을 유발하고 심지어 참여를 가능하게 한다고 말한다.[84] 은유와 마찬가지로 상징은 의미의 확장을 가능하게 한다. 그러면서도 상징은 무의식적, 원형적, 심지어 유비적 차원을 포함한 다양한 경험 세계와의 사이에 지속적인 상호관계를 유지하는 특성을 가진다.[85]

베번과 마찬가지로 딜리스톤 역시 시간의 상징 세계를 탐구했다. 그는 플라톤과 아리스토텔레스가 시간을 "우주의 결점"으로 보았다는 것을 지적한다.[86] 그리스 사람들은 대체적으로 신을 영원한 무시간의 존재로 생각했다. 반면 히브리 사람들은 이와는 "매우 다른 태도"를 가졌다고 그는 지적한다.[87] 그들은 시간 속의 특정 순간들이 가지는 질에 더 무게를 두었다는 것이다. 그 하나의 예가 언약을 특정한 시간에 거듭 갱신하는 일이다.[88] 안식일을 지키는 것도 모든 시간이 하나님께 속한다는 것을 확인하는 하나의 상징에 해당한다. 후에 오스카 쿨만(Oscar

81 Dillistone, *Christianity and Symbolism*, p. 33.
82 Dillistone, *Christianity and Symbolism*, p. 15.
83 Dillistone, *Christianity and Symbolism*, p. 19.
84 Dillistone, *Christianity and Symbolism*, p. 21.
85 Dillistone, *Christianity and Symbolism*, p. 36.
86 Dillistone, *Christianity and Symbolism*, p. 81.
87 Dillistone, *Christianity and Symbolism*, p. 83.
88 Dillistone, *Christianity and Symbolism*, p. 85.

Cullmann)이 말한 것처럼, 그리스도인들은 시간을 하나님의 약속과 성취가 실행되어 가는 선형적인 실체로 이해했다. 이런 인식이 그리스도인의 연중 시간의 흐름 속에서 상징적 순간들을 기념하는 예전적 틀을 배태하기도 했다.[89]

딜리스톤은 틸리히와 마찬가지로 상징과 통전성을 이야기하며, 또한 상징적 행위에 대해서도 이야기한다. 그는 또한 기독교 세례식의 맥락 속에서 물이 가지는 상징적 의미를 논하기도 한다. 다소 논란이 될 수 있는 부분은 그가 세례의 물을 다음과 같은 진술과 연결하고 있다는 점이다. "심리분석적 탐구에 따르면 물이 가장 일반적인 무의식의 원형적 이미지라는 방대한 증거가 있다."[90] 딜리스톤이 물과 관련하여 그것이 "씻음과 정결케 함의 명시적이고도 분명한 자질"을 가진다고 언급하는 것은 루돌프 슈나켄부르크가 바울의 세례 사상을 주의 깊게 고찰한 것의 관점에서 수정되어야 할 필요가 있다.[91] 딜리스톤은 그리스의 문화적 전통과 로마의 문화적 전통, 히브리인의 문화적 전통, 예루살렘의 문화적 전통 등을 구분하는데, 오늘날에는 이런 구분을 따르는 사람이 그다지 많지 않을 것이다. 그렇지만 그가 성만찬이 예수 그리스도를 기념하는 보이는 상징적 언약의 행위라고 말하는 데에는 모두가 동의할 것이다.[92] 그는 이와 같은 가시적 상징 행위는 '죽음을 통한 삶'의 상징으로서의 의미를 그것이 간직하는 한 그 지위를 결코 잃어버리지 않는다고 주장한다.

89 Dillistone, *Christianity and Symbolism*, pp. 95-105.

90 Dillistone, *Christianity and Symbolism*, p. 183.

91 Dillistone, *Christianity and Symbolism*, p. 193; Rudolf Schnackenburg, *Baptism in the Thought of St Paul* (Oxford: Blackwell, 1964).

92 Dillistone, *Christianity and Symbolism*, pp. 264-84.

상징과 관련된 딜리스톤의 또 다른 책 『상징의 힘』은 그의 생애 후반기에 쓰였다.[93] 이 책에서 그가 제시하는 핵심 논제는 "상징은 엄청난 중요성을 가진다"라는 것이다.[94] 이 책에서도 그는 자신이 폴 틸리히와 수잰 랭어에게 빚지고 있을 뿐만 아니라 에른스트 카시러(Ernst Cassirer)의 『상징 양식의 철학 *The Philosophy of Symbolic Forms*』에도 빚지고 있음을 밝힌다. 그 외에도 딜리스톤은 머시아 엘리아데, 에드먼드 리치, 필립 휠라이트, 어윈 구디너프(Erwin Goodenough)의 『그레코-로마 시대의 유대인들의 상징 *Jewish Symbols in the Greco-Roman Period*』 등을 언급한다.[95] 특히 그는 어윈 구디너프의 외시적 혹은 문자적 의미와 내포적 혹은 연상적 의미의 구분을 받아들인다. (이 점에 대해서는 4장에 가서 재닛 소스키스의 지시적 은유와 관련하여 다시 살펴보도록 하겠다.) 딜리스톤은 이렇게 결론짓는다. "우리는 상징이 우리의 시야를 확장시켜 주고 우리의 상상력을 자극하며 우리의 이해를 깊게 해 주는 강력한 도구라는 데 대해 폭넓은 합의를 발견한다."[96]

딜리스톤은 앞의 책에서와 마찬가지로 자신이 베번의 "균형 잡히고 배울 것이 많은" 저작에 빚지고 있다는 것을 밝힌다.[97] 그는 상징에 대한 콜리지(Coleridge)의 이해가 틸리히를 예비한다고 보고 있다. 곧 상징은 그것이 드러내어 알리는 실재의 세계 속에 실제적으로 참여하게 하는 힘을 가진다는 것이다. 딜리스톤은 상징이 눈으로 볼 수 있고, 들

93 Frederick W. Dillistone, *The Power of Symbols* (London: SCM, 1986).

94 Dillistone, *The Power of Symbols*, p. 1.

95 Erwin Goodenough, *Jewish Symbols in the Greco-Roman Period*, vol. 4 (New York: Pantheon Press, 1953).

96 Dillistone, *The Power of Symbols*, p. 13.

97 Dillistone, *The Power of Symbols*, p. 23.

을 수 있고, 또한 때로는 만질 수 있는 성격이 있다는 것을 강조한다. 그는 상징이 가시적이고 극적이며, 또한 통상 자기초월의 자질을 가진다고 말한다. 상징에 대한 이와 같은 전반적인 설명에 이어서 그는 보다 구체적인 상징적 개념들, 곧 몸, 새로 태어남, 음식, 땅, 옷, 유대인의 유월절, 그리스도인의 성만찬 등을 살피고 있다. 이 모두는 "다른 존재 질서 속에 놓인 새로운 가능성들의 전망"을 열어 주는 기능을 가진다.[98]

딜리스톤은 자신의 책의 두 번째 부분에서 상징 이해에 많은 기여를 한 철학자들과 신학자들을 언급한다. 그 한 예로, 데이비드 트레이시(David Tracy)는 그의 책 『유비적 상상 *The Analogical Imagination*』에서 상징이 문자적 담화의 영역을 확장시킬 수 있다고 말한다. 그는 에른스트 카시러의 책을 언급하면서, 상징은 인간 언어의 딜레마와 달리 우리가 "실재의 새 차원 속에" 살아갈 수 있도록 인류를 돕는다고 주장한다.[99] 딜리스톤의 결론은 이것이다. "상징 양식들은 안전과 안정을 제공한다. 일부 상징은 새로운 발견과 자유로운 도전의 길을 가리키기도 한다."[100] 그는 다시 한 번 폴 틸리히를 언급하고, 마지막으로 폴 리쾨르를 다루면서 이렇게 말한다. "해석 작업에 있어서 시각적인 것이 때로 매우 큰 도움을 줄 수 있다. 단어들이 실제로 가장 최초의 상징적 의사소통의 도구였는지에 대해서는 질문을 던져 보아야 한다."[101] 나아가서 그는 상징의 초월 및 자기 초월의 성격을 칼 야스퍼스(Karl Jaspers)와 연관 지어 다루고 있다. 후반부에 가서 딜리스톤은 성경에 나타나는 상징들을 살

98 Dillistone, *The Power of Symbols*, p. 35; cf. pp. 39-75.

99 Dillistone, *The Power of Symbols*, p. 129; Ernst Cassirer, *An Essay on Man* (New Haven: Yale University Press, 1944), p. 24.

100 Dillistone, *The Power of Symbols*, p. 121.

101 Dillistone, *The Power of Symbols*, p. 129.

피고 있는데, 이는 이 책 2부에서 다루고자 하는 것과 연관된다.

프랑스 철학자요 해석학과 언어의 전문가인 폴 리쾨르(Paul Ricoeur, 1913-2005)는 다른 사람들보다는 훨씬 더 신중한 접근을 시도한다. 그는 상징과 은유가 가지는 창의성을 인정한다. 상징과 은유의 힘은 일부 이 창의성에서 도출된다. 리쾨르는 상징과 은유가 서로 뚜렷한 연관성을 가지는 것으로 보고 있다. 리쾨르는 상징이 가지는 '이중 의미'와 다층적 차원의 효과를 인정하며, 융이나 틸리히와 마찬가지로 무의식 세계의 작용 또한 인정한다. 그러면서도 리쾨르는 보다 넓은 관점과 다(多)학제적 도구들을 사용하여 이 주제에 접근하며, 이를 언어와 은유에 대한 보다 전문적이고 복잡한 논의와 통합하고 있다. 우리는 3장에서 상징과 특히 은유에 관한 리쾨르의 입장을 좀 더 상세히 살펴볼 것이다.

리쾨르는 1934년에 파리 소르본 대학에서 철학을 공부했으며, 초기에는 가톨릭 실존주의 철학자인 가브리엘 마르셀(Gabrielle Marcel, 1889-1973)의 영향을 많이 받았다. 이차 세계 대전으로 인해 1939년에 그의 학문적 경력은 잠시 중단되었고, 전쟁 포로로 독일에 잡혀 있는 동안 그는 야스퍼스, 후설, 하이데거와 같은 독일 철학자들의 사상을 탐구했다. 전쟁 후에 리쾨르는 개신교 신학부가 있는 유일한 프랑스 대학인 스트라스부르 대학에서 가르쳤다(1948-54). 시간이 지나면서 그는 매우 인상 깊은 저작들을 계속 내놓았는데, 그중에서도 가장 대작에 속하는 책들은 『시간과 이야기 *Time and Narrative*』, 『타자로서의 자아 *Oneself as Another*』 같은 책이며, 중요도는 뒤지지 않지만 여전히 발아적 성격을 가진 『프로이트와 철학 *Freud and Philosophy*』 같은 책도 있다.[102]

102 Paul Ricoeur, *Time and Narrative* (Eng., 3 vols, Chicago and London: University of Chicago Press, 1984-88; *Onself as Another* (Chicago: University of Chicago Press, 1992);

리쾨르는 1956년에 『악의 상징 *The Symbolism of Evil*』이란 책을 출판했다.[103] 이 책에서 그는 이후 저작에서도 자주 등장하는 "상징은 사상을 낳는다"[104]라는 경구 하나를 제시했는데, 이는 상징의 본질에 관한 그의 신념이 무엇인지를 압축적으로 잘 표현한다. 리쾨르는 상징이 세 가지 차원을 가진다고 말한다. 첫째는 우주적 차원으로, 이는 세상과 연관성이 있다. 둘째는 심리적 차원으로, 이는 꿈이나 상상력과 연관성이 있다. 셋째는 시적 차원으로, 언어적 표현 방식과 연관성이 있다. 상징은 문자적 의미를 가짐과 동시에 그 자신 너머의 것을 지시하는 기능이 있다. 성경에 나오는 **때**(얼룩)나 **짐** 같은 표현들이 악과 죄책을 나타내는 상징들이다. 얼룩이나 짐 같은 표현들은 처음에는 일상생활에서 가져온 은유로 출발했지만, 이것이 그 자체를 넘어 신학적, 도덕적 실체를 가리키는 기능을 할 때는 상징의 지위를 가지기도 한다. 악의 일차적 상징은 **오염**이다. 이는 주관적 차원에서는 공포의 경험과 같다.

리쾨르는 하나님을 대항하는 행위요 성향인 **죄**의 상징에 대해서도 탐구한다. '**하나님의 진노**'라는 상징은 죄가 하나님과 단절된 관계라는 것을 보여 준다. 이는 표적을 벗어나는 차원에서의 죄와 구별된다. 하나님의 진노는 하나님의 항구적인 속성이 아니라, 인간이 하나님의 뜻과 반대되는 방향으로 생각하고 행동할 때 일어나는 반응이다. 리쾨르는 죄가 가지는 이런 상이한 측면을 언약 곧 하나님과의 관계의 측면과 율법이나 계명의 측면과 각각 연결시키고 있다. 리쾨르는 이런 용어들이 가지는 공동체적 측면을 또한 바르게 잘 강조하고 있으며, 이를

and *Freud and Philosophy: An Essay on Interpretation* (Eng., New Haven: Yale University Press, 1970).

103 Paul Ricoeur, *The Symbolism of Evil* (Eng., Boston: Beacon Press, 1967 and 1969).

104 Ricoeur, *Freud and Philosophy*, p. 543.

극복하는 긍정적 차원의 상징 곧 **구속** 또는 '되사다'(buying back)와의 연관성도 잘 설명하고 있다. 리쾨르에게 있어서 상징은 문자적 의미를 넘어가는 잉여 의미를 항상 가진다. 리쾨르는 상징과 신화의 관계를 탐구하기도 하는데, 그는 신화를 상징의 한 유형으로 이해한다.

리쾨르는 그의 책 『프로이트와 철학』에서 상징에 관한 자신의 견해를 더 발전시킨다. 그는 언어의 세계 속에 환원적 설명 차원과 상징의 원래 의미의 건설적 복원 차원이 서로 대조를 이룬다는 것을 잘 알고 있다. 프로이트는 지속적으로 사람의 꿈에 관심을 가지는데, 그에게 있어서 꿈은 "인간의 바람 또는 욕망을 가려지고 대체되고 가상화된 방식으로 드러내는 표현의 모델"이다.[105] 프로이트를 기반으로 리쾨르 역시 꿈과 상징을 **이중 의미**(double-meaning) 표현으로 이해한다. 여기에는 해석의 필요가 따른다. 리쾨르는 해석학의 중요성을 이런 인식에서부터 도출해 내고 있다. 프로이트는 다중적 의미의 내적 혼합이나 겹침 현상을 나타내기 위해 '과잉 결정'(overdetermination)이라는 용어를 사용한 바 있다. 이는 언어의 '풍요함'이나 '다성적'(plurivocal) 성격과도 연결된다.[106] 꿈은 진술된 대로의 꿈(꿈 이야기 또는 꿈 내용)이 꾸어진 대로의 꿈(꿈 생각들)과 같지 않다는 특성을 가진다. 꿈은 본래 "짧고 빈약하고 간결한" 꿈 자체의 '응축'(condensation) 형태로 진술되며, 여기에는 본래 꿈의 이미지들이 변형되거나 '뒤섞이는' '전이'(displacement)가 포함된다.[107] 따라서 리쾨르는 "해석을 한다는 것은 이중 의미를 이해하는 것이다"라고 주장한다.[108]

105 Ricoeur, *Freud and Philosophy*, p. 5.
106 Ricoeur, *Freud and Philosophy*, p. 19.
107 Ricoeur, *Freud and Philosophy*, p. 93.
108 Ricoeur, *Freud and Philosophy*, p. 8.

이런 면과 관련하여 리쾨르는 해석에 관한 그의 주된 논제 하나를 이렇게 표현한 바 있다.

> 해석학은 내가 볼 때 이 이중적 동기를 가지고 정의할 수 있을 것 같다. 곧 의심하고자 하는 열망과 듣고자 하는 열망이다. 엄정에의 서약과 순종에의 서약이다. 우리 시대에 우리는 아직 우상을 다 없애지 못하였으며, 상징을 겨우 막 듣기 시작했을 뿐이다.[109]

상징은 진리에 이르는 우리의 길이다. 하지만 이것이 항상 그렇게 작용하지는 않는다. 그럼에도 불구하고 상징이 가지는 순전한 힘을 의심하지는 않는다. 좋은 방향으로든 나쁜 방향으로든 상징은 변혁적 힘을 가지며, 문자적 의미 너머의 잉여 의미를 전달한다. 상징은 숨기기도 하고 드러내기도 한다. 가리기도 하고 보여 주기도 한다. 감추기도 하고 나타내기도 한다.

은유도 역시 문자적 의미 너머로 의미의 확장을 이루어 내며 변혁적 힘을 가지기도 한다. 리쾨르는 먼로 비어즐리(Munroe Beardsley, 1915-85), 필립 휠라이트(Philip Wheelwright, 1901-70), 막스 블랙(Max Black, 1909-88) 등의 작업을 바탕으로 은유에 대해 그 자신의 연구를 더욱 발전시켜 갔다.[110] 이에 대해서는 은유를 다루는 3장에 가서 더 자세히 이야기하고자 한다.

1970년에 토머스 포셋(Thomas Fawcett)은 『종교의 상징 언어 *The Sym-*

109 Ricoeur, *Freud and Philosophy*, p. 27.

110 Paul Ricoeur, *Interpretation of Meaning: Discourse and the Surplus of Meaning* (Fort Worth: Texas Christian University Press, 1976), p. 49.

bolic Language of Religion』를 출판했다. 그는 체스터 대학교가 아직 교육 대학이었던 시절에 이 대학에서 강의를 했다. 그는 상징에 대한 장 다니엘루(Jean Daniélou)의 정의를 빌려, 상징이 우리를 보이는 세상을 통해 그 너머의 더 높은 존재의 지평으로 들어갈 수 있게 한다고 말했다.[111] 그는 또한 상징이 가지는 "의미의 다중성"을 강조했으며, "오랜 시간 동안 상징이 유지된다는 것은 상징이 만족스러운 본질을 가진다는 것을 보여 준다"라고 주장했다.[112] 그의 책의 마지막 장에서 그는 상징의 쇠퇴를 이야기한다. 이를 그는 신화론적 세계관과 결부시킨다. 인류가 "한때 가졌던 어떤 것을 잃어버렸다"는 것이다.[113] 우리는 그가 상징을 너무 쉽게 신화와 결부시키는 것을 비판하지 않을 수 없다.

순서에 따라 우리는 은유에 대한 논의를 이어 가고자 한다. 은유 역시 문자적 의미를 뛰어넘는 창조적 힘을 가지고 있다. 이는 그 어느 때보다 우리에게 더욱 필요하다.

111 Thomas Fawcett, *The Symbolic Language of Religion* (London: SCM, 1970), p. 30.
112 Fawcett, *The Symbolic Language of Religion*, p. 35.
113 Fawcett, *The Symbolic Language of Religion*, p. 122.

2장 그림과 이미지의 유혹

'그림 언어 이론'에 대한 부정적 반응

비트겐슈타인은 그림과 시각 이미지에 대해 많은 긍정적 언급을 함에도 불구하고, 그림의 의미가 항상 자명한 것은 아니라는 입장을 또한 분명히 밝힌다. 그림은 다양한 의미로 다르게 이해될 수 있다는 것이다. 우리는 1장에서 비트겐슈타인이 그림 언어 이론의 잠재적 유용성을 인정하고 있는 것을 보았다. 앤서니 케니가 잘 지적하는 것처럼 그는 그림이라는 개념을 매우 폭넓게 이해한다.

> 평면에 그려진 재현물들, 이를테면 회화나 드로잉, 사진 등만 아니라, 지도, 조각, 입체적인 모델, 심지어 악보, 레코드판 등도 다 여기에 포함된다. 그의 이론은 아마도 총괄적인 재현 이론이라고 보면 가장 적합할 것이다.[1]

1 Anthony Kenny, *Wittgenstein* (London: Penguin, 1973), p. 54.

이런 접근이 어떤 것인지를 가장 잘 보여 주는 전형적인 예는 『논고 *Tractatus*』 시절에 그가 인상 깊게 사용했던 예이다. 교통사고와 관련한 복잡한 법적 다툼이 생겼을 때, 상황을 가장 잘 보여 줄 수 있는 방법은 장난감 자동차나 트럭 등을 사용하는 방법이다. 이런 방법을 통해 언어가 사실을 묘사할 수 있다고 비트겐슈타인은 믿었다. 그는 이렇게 말한다. "그림에는 그것이 묘사하는 대상과 동일한 무언가가 있어야만 한다. 그래야만 하나의 그림은 다른 어떤 대상의 그림이 될 수 있다."[2] 그는 또 이렇게 말하기도 한다. "그림은 그것이 형상화하는 그 어떤 실재라도 묘사할 수 있다."[3]

한편, 비트겐슈타인은 그림 언어 이론이라는 이 의미 이론이 과연 **총괄성**을 가지는지에 대해 이내 의문을 표시하고 있다. 이와 관련된 분명한 출발점 가운데 하나는 지시적 정의 또는 실물 지시 정의(ostensive definition, 사물의 지시를 통해 그것의 의미를 정의하는 방식)가 한계를 가진다는 것을 명확히 밝힌 점이다. 지시적 정의는 모호함을 가지며, 상대적으로 그 범주가 제한된다는 것이다. 지시적 정의는 "이것은 코끼리다"와 같은 문장에 나오는 코끼리의 의미를 그림을 보여 주거나 대상을 가리키는 몸짓을 통해 설명하는 방식을 말한다. 비트겐슈타인은 이런 견해를 종종 아우구스티누스와 결부시킨다. 물론 이런 이론은 존 로크와 버트런드 러셀과도 연관성을 가진다. 우리는 사물에 이름을 줌으로써 지시적 정의를 사용한다. 하지만 비트겐슈타인은 이 이론이 **어떤 유형의 단어들에만** 적용된다는 문제점을 이내 발견한다. 『철학적 탐구』에서 비

2 Ludwig Wittgenstein, *Tractatus Logico-Philosophicus* (Eng. and Ger., London: Routledge & Kegan Paul, 1922 and 1961), 2.161.

3 Wittgenstein, *Tractatus,* 2.171.

트겐슈타인은 이런 접근이 적합성이 있기는 하지만, "다만 이와 같이 좁게 한정된 범위 안에서만 그러할 뿐, 당신이 묘사한다고 주장하는 모든 것에 다 해당하지는 않는다"라고 말한다. 그러면서 그는 "언어와 그것이 구성하는 행위들"을 지칭하는 "언어 게임"이라는 용어를 소개한다.[4] 언어는 공구함 속에 들어 있는 다양한 도구들이나 기관차의 많은 손잡이와 핸들이 가지는 다양한 기능들처럼, 그 사용하는 방식이 매우 다양하다.[5] 비트겐슈타인은 그의 중간기 책인 『청색 책 *Blue Book*』에서도 이렇게 주장한다. "보편성에 대한 우리의 집착은 또 하나의 주된 원천이 있다. 곧 우리가 과학의 방식에 사로잡혀 있다는 것이다. … 이것이 철학자를 전적인 어두움 속으로 몰아간다."[6]

조금 더 후기로 와서 비트겐슈타인은 다음과 같은 여러 가지 경우에 있어서 지시적 정의를 적용하기가 어렵다는 것을 예시한다. 이를테면 "명령을 주고 거기에 순종하기, 물건의 출현을 묘사하거나 그것의 치수를 밝히기, 묘사한 것을 바탕으로 어떤 물건을 조성하기, 어떤 사건을 미루어 생각하기" 등이다. "저리 가! 도와 줘! 아니야!" 등과 같이 명사 아닌 다른 단어들을 사용하는 경우에도 그 한계가 더욱 부각된다.[7] "지시적 정의는 어떤 경우에 있어서든 다양한 방식으로 해석될 수 있다"라는 것이 그의 결론이다.[8]

이는 그림에도 동일하게 적용된다. 우리가 그림을 어떻게 해석할

4 Ludwig Wittgenstein, *Philosophical Investigations* (Eng. and Ger., Oxford: Blackwell, 1958), sects 3 and 7.

5 Wittgenstein, *Philosophical Investigations,* sects 11 and 12.

6 Ludwig Wittgenstein, *The Blue and Brown Books: Preliminary Studies for the Philosophical Investigations* (Oxford: Blackwell, 2nd edn, 1969), p. 18.

7 Wittgenstein, *Philosophical Investigations,* sects 23 and 27.

8 Wittgenstein, *Philosophical Investigations,* sect 28.

것인가 하는 점은 다양한 상황에 따라 달라질 수밖에 없다. 비트겐슈타인이 사용하는 예를 하나 더 들어 보자. "종이 한 장을 가리켜 보라. 이제 그 모양을 가리켜 보라. 이제 그 색깔을 가리켜 보라. 이제 그 숫자를 가리켜 보라. … 당신은 그것을 어떻게 하였는가?"[9] 쉽게 말해서 '이것이 종이다'라고 말하지만, 종이의 모양이나 크기나 색깔이나 거기에 적힌 숫자는 천차만별이며, 그 하나하나가 다 다른 의미를 지닐 수 있다. 이런 다양한 것들을 '이것이 종이다'라는 말로 다 담아낼 수도 없으며, 또한 종이를 가리키는 하나의 행위는 상황에 따라 그 의미가 천차만별일 수 있다. 장기판 위의 왕(王)을 가리키면서 "이것을 왕이라고 한다"라고 말하는 것도 유사한 경우이다. 비트겐슈타인이 가리킨 것은 실제적인 왕이 아니라, 장기판 규칙 속에서의 '왕' 말의 **사용**에 관한 것이다.[10] 지시적 정의는 "언어가 휴가를 간" 것처럼, 다시 말해서 기계가 작동을 멈추고 쉬고 있는 경우처럼 정적이고 추상적이다.[11] 지시적 정의는 의미를 "특정 언어 게임 [안에서가 아니라] 바깥에서" 설명하려 한다.[12]

비트겐슈타인은 『철학적 탐구』 제2부에서 그림을 해석하는 일과 그것을 다양한 방식으로 보는 일 사이의 미묘한 차이를 고찰한다. 이를 위해 그는 인식과 시각적 혼동에 관해 연구했던 폴란드 출신의 미국인 심리학자 조지프 재스트로(Joseph Jastrow, 1863-1944)의 유명한 '오리-토끼' 그림을 사용한다. 이 그림에 있는 머리는 위를 쳐다보는 토끼의 머리로 볼 수도 있고, 아니면 왼쪽을 바라보는 오리의 머리로 볼 수도 있다. 이와 관련해서 비트겐슈타인은 "나는 어떤 한 모습을 '지속적으로 보는 것'과 한

9 Wittgenstein, *Philosophical Investigations,* sect 33.
10 Wittgenstein, *Philosophical Investigations,* sect 35.
11 Wittgenstein, *Philosophical Investigations,* sect 38.
12 Wittgenstein, *Philosophical Investigations,* sect 47.

모습이 '떠오르는 것'을 구분해야만 한다"라고 말한다.[13] 어떤 그림을 "지속적으로" 그렇게 본다는 것은 '오리-토끼' 그림의 경우 그것을 항상 토끼의 머리로만(아니면 다른 상황에서는 오리의 머리로만) 보는 것을 말한다. 일반적인 경우 사람들은 그것을 오리로 보거나 토끼로 보거나 한다.

비트겐슈타인은 '~으로 보기'(seeing as)가 '해석'(interpreting)과 모든 면에서 일치하는 것은 아니라고 생각한다. 필자는 다른 책(티슬턴의 『두 지평』 — 역주)에서 은혜로 인하여 믿음으로 말미암는 칭의와 관련하여 이 '~으로 보기'를 특징적으로 적용한 바 있다. 하나님은 인간을 어떤 맥락에서는 죄인으로, 또 다른 맥락에서는 의롭다고 보신다. 그러나 이것은 모순을 이루지 않는다. 왜냐하면 '~으로 보기'는 고정된 진술(statements)이 아니라 다른 맥락에서 다르게 선포되는 판정(verdicts)이기 때문이다. 비트겐슈타인에게 있어서 맥락은 대단히 중요한 의미를 가진다. 한스-요한 글로크는 비트겐슈타인의 핵심 용어를 해설하는 한 사전에서 '측면-인식'(aspect-perception)과 관련해서 다섯 페이지에 걸친 상세한 설명을 제시하는데, 여기서 이런 말을 하고 있다.

> 하나의 측면을 본다는 것은 … 하나의 상태를 가리킨다. … [반면] 해석은 하나의 행위이다. … 하나의 측면을 보는 것과 관련해서는 실수를 할 가능성이 없다. 측면-보기는 하나의 상태이다. 특히 그것은 진정한 지속성을 가진다. … 하나의 측면을 감지한다는 것은 우리가 인식하는 것을 다른 맥락 속에 둔다는 것을 말한다.[14]

13 Wittgenstein, *Philosophical Investigations,* Pt. 2, xi, p. 194.

14 Hans-Johann Glock, 'Aspect-Perception', in *A Wittgenstein Dictionary* (Oxford: Blackwell, 1996), pp. 38 and 39.

물론 우리는 둘의 구분이 뚜렷하지 않고 때로는 겹치거나 그 경계가 흐릿해지기도 한다는 것을 인정한다. 우리는 상이한 측면들에 대한 우리의 인식을 자명한 사실처럼 기술하지는(describe) 않는다. 다만 그것들을 '공언'으로 표현할 뿐이다. 비트겐슈타인은 '측면의 떠오름' 또는 '측면의 변화'(독일어 Aufleuchten eines Aspekts 또는 Aspektwechsel)라는 개념을 매우 중요하게 생각한다. 글로크는 "1947년에서 1949년 사이에 이 개념이 그의 글을 주도했으며, 여기에는 쾰러의 게슈탈트 심리학이 일부분 영향을 끼쳤다"라고 말한다.[15] 볼프강 쾰러(Wolfgang Köhler, 1887-1967)는 독일의 심리학자로, 다른 몇 사람과 함께 게슈탈트(Gestalt) 심리학파를 창시했다. 그는 사태를 부분들로 나누어 분석하기보다는 전체로 보는 것이 우선임을 강조한다.

비트겐슈타인은 『철학적 탐구』의 2부 6장에서 철사로 만든 속이 빈 정육면체를 소개한다. 이는 루이스 앨버트 네커(Louis Albert Necker)가 착시의 예를 들기 위해 1832년에 처음 사용한 바 있다. 이 정육면체는 아래쪽 왼쪽 면이 전면인 것처럼 보이기도 하고 위쪽 오른쪽 면이 전면인 것처럼 보이기도 한다. 이 '네커 정육면체'는 시각의 차이를 설명하기 위해 자주 사용된다. 비트겐슈타인은 "우리는 이 그림을 한 번은 이런 모습으로 또 한 번은 다른 모습으로 본다"라고 설명을 덧붙인다.[16] 이어서 그는 재스트로의 오리-토끼 그림을 소개한다. 이 그림을 다르게 보는

15 Glock, 'Aspect-Perception', p. 37; cf. pp. 36-40; and Wittgenstein, *Philosophical Investigations,* Pt 2, xi, pp. 193-229; Ludwig Wittgenstein, *Remarks on the Philosophy of Psychology* (2 vols, Oxford: Blackwell, 1980), 전체적으로; and *Last Writings on the Philosophy of Psychology* (2 vols, Oxford: Blackwell, vol. 1, 1982), 전체적으로; (vol. 2, 1992), pp. 12-17.

16 Wittgenstein, *Philosophical Investigations,* 2, xi, p. 193.

것은 그림과는 상관이 없고 그것을 보는 맥락과 훈련에 좌우된다. 이는 '관점'의 문제이다.[17] 세 번째로 비트겐슈타인은 퍼즐 그림을 어떻게 볼 것이냐와 같은 문제들을 다루는데, 이는 그림과 관련하여 지엽적인 문제들인가? 그는 내적 그림은 사람을 오도할 수 있다고 말한다. 어떤 '설명'도 단순히 보고가 아니다. "그것은 우리 자신으로부터 강압되었다."[18] 그는 이렇게 덧붙인다. "그것이 어떠하냐 무엇이냐 하는 것을 결정하는 것은 상황이다. 보다 상세하게 구체화하는 것이 필요하다."[19] 다음으로 그는 삼각형 재현, 그림 그리기 스타일, 입체적 구조 등에 대해 다룬다.[20] 그리고 다시 '얼굴 보기'의 주제로 돌아와서 이것이 삶 속에서 하는 역할이 무엇인지를 이야기한다. 우리로 하여금 특정한 방식으로 '보기'를 강압하는 것은 그 그림이 속해 있는 체계에 대한 우리의 인식이다.[21]

우리는 비트겐슈타인이 드는 더 많은 예들을 찾아볼 수 있다. 하지만 여기서 멈추고, 이런 관찰이 기독교 사상과 어떻게 연결되는지를 생각해 보고자 한다. 의미를 인간 내면의 그림이라고 생각하는 경향이 많은 중세 신비주의자들과 현대 은사주의자들에게 팽배해 있다. 12세기 신비주의자인 빙겐의 힐데가르트(Hildegard of Bingen, 1098-1179)는 '그림' 형태로 제시된 많은 환상 체험을 했다. 그 속에서 빛은 그리스도를 나타내고, 불과 화염, 붉은색, 타오르는 불 등은 성령을 나타낸다.[22] 시에나의 카타리나(Catherine of Siena, 1347-80)는 더 강력한 예들을 제시한

17 Wittgenstein, *Philosophical Investigations,* 2, xi, p. 195.
18 Wittgenstein, *Philosophical Investigations,* 2, xi, p. 197.
19 Wittgenstein, *Philosophical Investigations,* 2, xi, p. 199.
20 Wittgenstein, *Philosophical Investigations,* 2, xi, p. 202.
21 Wittgenstein, *Philosophical Investigations,* 2, xi, p. 208.
22 Hildegard of Bingen, *Scivias*; short for *Scito vias Domini* (Eng., Abbey of Regina Laudus, 1990), 2.2 and 3.8.

다. 리처드 포스터와 제임스 스미스는 카타리나의 글을 두고 이와 같이 설명한다. "여기에는 은유 사용이 포함된다. … 사다리, 성, 어두운 밤 등은 묘사할 수 없는 것을 묘사하기 위해 사용된다. … 카타리나는 다리의 은유를 사용하기도 하는데 … 이는 하늘에 이르는 길을 나타낸다."[23] 이 다리는 세 개의 계단 혹은 층계가 있는 것으로 묘사되는데, 이는 그리스도 사역의 세 국면을 나타낸다.[24] 노르위치의 율리아나(Julian of Norwich, 1342-1416)는 하나님의 사랑을 나타내는 열여섯 가지 계시 경험을 이야기하는데, 여기에는 종종 시각적 그림들이 포함된다. 노퍽 지역 킹스 린 출신의 마저리 켐프(Margery Kempe, c.1373-1458)는 시각적 형태로 신비적 환상을 경험한 것으로 잘 알려져 있다.[25] 마저리 켐프의 일부 그림들은 성경과 상관없는 것들도 있지만, 율리아나와 힐데가르트의 환상들은 충분히 성경과 교회 전통 속에 뿌리를 두고 있으며, 그림에 대한 통제된 설명을 제시하기에 큰 어려움이 없다. (우리는 이런 예들을 10장에 가서 보다 상세히 살펴보고자 한다.)

현대에 와서 일부 은사주의 운동으로 말미암아 보다 큰 문제가 야기되고 있다. 특히 은사주의자들이 말하는 '그림들'이 구속의 사건들과 상관이 없고, 다만 교회나 개인을 위한 인간적 안내 차원에 그치는 경우가 많다. (여기에 대해서도 우리는 10장에서 더 상세히 논의하게 될 것이다.) 여기에서도 우리는 비트겐슈타인이 말하는 맥락이나 전통의 필요성과,

23 Richard J. Foster and James B. Smith (eds), *Devotional Classics: Selected Readings* (San Francisco: Harper, rev. edn, 1990), p. 264; cf. pp. 264-70.

24 Catherine of Siena, *The Dialogue of Catherine of Siena* (Eng., London: Kegan Paul, Trench, Trübner, 1907), sect. 11.

25 Julian of Norwich, *Revelations of Divine Love* (London: Penguin, 1998), pp. 50-1; and Lynn Staley (ed.), *The Book of Margery Kempe* (Kalamazoo, MI: Mediaeval Institute Publications, 1996), Bk 1.

'그림'을 진리에 따라 '보는' 훈련이 필요하다는 경고가 적실하다는 것을 보게 된다. 하지만 비트겐슈타인도 전적으로 일관성을 가지지는 못하며 때로는 애매함을 나타내기도 한다는 것을 앤서니 케니, 크리슈토프 니리(Kristóf Nyíri), 글로크 등과 같은 비트겐슈타인 전문가들이 인정하고 있다. **진리를 따른** 재현을 이야기하는 것은 일반적인 차원에서 재현을 이야기하는 것보다 한 걸음 더 나아간다.

우리는 비트겐슈타인이 언급하는 퍼즐 그림, 착시, 측면-인식 등의 예들이 경계선상의 경우들에 해당한다고 본다. 이런 경우들에서는 일부 애매함이 나타나는 이유를 해명할 수 있겠지만, 지시적 정의나 다른 유형의 그림들이 다 여기에 포함되는 것은 아니다. 지팡이를 짚고 가파른 언덕길을 걸어 올라가는 한 노인의 그림을 두고 비트겐슈타인은 이렇게 묻는다. "그가 같은 자세로 언덕을 미끄러져 내려가도 같은 모습이 나타나지 않았을까?"[26] 이 그림은 퍼즐 그림이나 착시에 해당하지 않는다. 나아가서 그는 또 이렇게 묻는다.

> 우리가 **한순간에** 파악하는 것이 [오래 지속되어 온] 사용(쓰임)과 일치할 수 있는가? 그것은 사용에 들어맞는가, 아니면 들어맞지 않는가? 한순간에 우리 앞에 제시되는 것, 다시 말해서 우리의 정신 앞에 순간적으로 다가오는 것이 어떻게 오랜 혹은 습관적인 사용과 합치될 수 있는가?[27]

그림을 '한순간에' 보는 것은 그 그림과 관련한 사전의 훈련이나 맥락을 제거해 버리도록 만든다. 우리가 그림의 진리나 그림의 미혹 가

26 Wittgenstein, *Philosophical Investigations,* sect. 139 (b).
27 Wittgenstein, *Philosophical Investigations,* sect. 139 (강조는 원문 그대로).

능성을 고려할 때는 시간의 요소를 주요 고려 사항 가운데 하나로 보지 않을 수 없다.

측면-인식에 대한 비트겐슈타인의 상세한 언급은 대부분 그의 『심리 철학 *Philosophy of Psychology*』에 나타나지만, 이 자료의 가장 중요한 관찰들은 『철학적 탐구』 2부에 재수록되었으며, 우리는 이 부분을 충분히 살펴보았다.[28] 그는 한 그림을 다르게 보는 여러 가지 경우를 언급한다. "기하학 기호를 유리로 된 육면체나 뒤집힌 빈 상자로 보기 … 또는 삼각형을 … 산이나, 쐐기나, 화살이나 포인터, 또는 넘어진 물체로 보기" 등과 같은 경우다.[29] 여기에는 입체형 사물뿐만 아니라, 비교가 요청되는 상황들도 포함될 수 있다. 시버린 슈로더(Severin Schroeder)가 지적하는 것처럼, 비트겐슈타인은 시각적 유사점들을 분명히 염두에 두고 있다.[30] 유사점의 인지를 포함하는 '보기'를 슈로더는 '보기'의 두 번째 의미라고 부른다. 하나의 모형을 산으로 보는 것이나, 내가 아는 어떤 사람의 얼굴로 보는 것은 사전의 삶의 경험이 이와 결부되지 않고서는 불가능한 일이다. 슈로더는 "비트겐슈타인이 측면 인식의 서로 다른 두 설명 사이를 오가는 것으로 보인다"라고 주장한다.[31] 어떤 한 사람을, 또는 하나의 물체나 시각적 재현물을 삶에 있어서 진정 의미 있는 어떤 것으로 본다는 것은 분명 어떤 추상화된 즉각적인 그림을 보는 것과는 다른 차원을 포함한다.

28 Wittgenstein, *Philosophy of Psychology – A Fragment,* published in the fourth edition of *Philosophical Investigations* (Oxford: Blackwell, 2009), sects 111-366.

29 Wittgenstein, *Philosophy of Psychology – A Fragment*, sect. 116, p. 193 and sect. 162, p. 200.

30 Wittgenstein, *Remarks on the Philosophy of Psychology* (2 vols., Oxford: Blackwell, 1980), sect. 317; and Severin Schroeder, 'A Tale of Two Problems: Wittgenstein's Discussion of Aspect Perception', in J. Cottingham and P. M. S. Hacker (eds), *Mind, Method, and Morality: Essays in Honour of Anthony Kenny* (Oxford: OUP, 2010), pp. 352-71.

31 Schroeder, 'A Tale of Two Problems', p. 357.

해석학에 있어서 측면 또는 '관점'에 관한 논의

(1) '관점'과 관련된 초기 논의는 철학보다 해석학에서 먼저 일어났다. **요한 마틴 클라드니우스**(Johann Martin Chladenius, 1710-59)는 『합리적인 말과 글의 바른 해석에 관한 입문 *Introduction to the Correct Interpretation of Reasonable Discourses and Writings*』(1742년)이라는 책에서 '관점'(독일어 Sehe-Punkte)이라는 개념을 발전시키고 있다. 그는 하나의 텍스트 또는 서신을 온전히 이해하려면 그 배경과 맥락, 저자의 의도와 관련된 상세한 내용을 총체적으로 잘 알아야 한다고 주장한다.[32] 그는 계몽주의 시대가 요청하는 기준에 따라 역사적, 객관적 차원에서 해석이 무엇인지를 설명하고 있다. 그는 한 문서를 이해하는 것과 그 저자를 이해하는 것이 동일한 일이라고 본다.[33] 어떤 담론을 읽은 후에 그것을 해석해 줄 사람을 찾는다는 것은 그 문서를 아직 충분히 잘 이해하지 못한 증거라고 보는 것이다.

클라드니우스는 그의 책 제6장에서 "사람들마다 세상에서 일어나는 일을 서로 다르게 인식한다"라고 밝힌다.[34] 이런 차이가 일어나는 이유는 관점이 서로 다르기 때문이다. 잠정적으로 이런 현상은 모순을 야기하는 것처럼 보인다. 그러나 실제로는 '성급한 결론'에 도달했음을 보여 줄 뿐이다.[35] 물론 니체는 다르게 말하고 싶어 할 것이다. 그러나 클라드니우스는 그 사건이나 글 자체가 모순이라고 말하지는 않는다. 해석자

32 Johann Martin Chladenius, *Introduction to the Correct Interpretation of Reasonable Discourses and Writings* (Eng., Düsseldorf: Stern-Verlag, 1985), p. 176.

33 Chladenius, *Correct Interpretation*, ch. 4, p. 159.

34 Chladenius, *Correct Interpretation*, ch. 6, p. 308.

35 Chladenius, *Correct Interpretation*, ch. 6, p. 314.

는 끈기 있게 관점의 차이를 잘 살펴서, 충분한 비교 검토를 통해 어떤 해석이 취할 만하고 다른 것은 잘못되었다고 공정하게 평가할 수 있어야 한다.[36] 클라드니우스는 개개인의 관점이 한계를 가짐에도 불구하고 보편적, 객관적 해석은 가능할 수 있다고 믿었다. 돌출적 사고나 관점들은 하나의 단일 관점 안에서 그 적용점을 찾아야 한다는 원리를 제시하는데, 이것이 우리의 논의에 던지는 함의는 한 사람의 고립된 개인이 고립된 시선으로 어떤 그림을 보는 것으로는 그 그림에 대한 온전하고 진정한 이해에 도달하지 못한다는 사실이다. 우리는 제한되고 유한한 관점에서 보는 것을 다른 자료나 시각에서 보는 것과 비교해 보아야만 한다.

(2) 해석학의 주요 계승자인 **프리드리히 슐라이어마허**(Friedrich Schleiermacher, 1768-1834) 역시 일차적 이해(또는 '선이해', 독일어 Vorverständnis)의 필요성을 강조하고 있다. 물론 해석자는 여기에 머물러서는 안 되고, 이해되어야 할 본문과의 주의 깊은 대화를 통해 보다 온전한 이해로 나아가야만 한다. 슐라이어마허는 이렇게 이야기한다. "어떤 주어진 진술[Rede]의 이해는 언제나 두 가지 종류의 사전 지식에 기반을 두는데, 그 하나는 인간이 가진 일차적 지식이고, 다른 하나는 그 주제와 관련된 사전 지식이다."[37] 그는 또 이렇게 말하기도 한다. "해석에 있어서 필수적인 것은 해석자가 자신의 정신의 틀을 벗어나 다른 사람의 그것 속으로 들어가 볼 수 있어야 한다는 것이다."[38] 클라드니우스와 마찬가지로 슐라이어마허도 "모든 단어 의미에 있어서 보편적인 것과 개

36 Chladenius, *Correct Interpretation*, ch. 6, pp. 324-31.

37 Friedrich Schleiermacher, *Hermeneutics: The Handwritten Manuscripts* (Eng., Missoula: Scholars Press, 1977), p. 59.

38 Schleiermacher, *Hermeneutics*, p. 42.

별적인 것의 상호 내재"를 목표로 삼았다.[39] 온전한 이해는 한순간에 번쩍하고 오지 않는다. "온전한 지식은 언제나 하나의 분명한 순환의 과정을 포함한다. 각 부분은 그것이 속한 전체 속에서만 이해될 수 있고, 그 역도 마찬가지다."[40] 어떤 사물이나 텍스트, 또는 그림의 '예료적'(divinatory) 이해는 연구와 숙고와 인내를 필요로 하는 '비교의 방법'에 의해 보완되어야만 한다.[41] ('예료'는 직관적, 여성적 이해에 해당하며 '비교'는 분석적, 남성적 설명에 해당한다. — 역주). 시각적 재현물의 경우에 있어서도 이 원리는 동일하게 적용된다. 한 번 얼핏 보는 것을 가지고는 그림이 묘사하는 것을 온전히 이해했다고 말할 수 없을 것이다.

(3) **프리드리히 니체**(Friedrich Nietzsche, 1844-1900)와 **빌헬름 딜타이**(Wilhelm Dilthey, 1833-1911)는 해석학 이론의 연대기에서는 나란히 나타나는 인물들이지만, '관점'을 이해하는 방향에 있어서는 서로 극과 극의 대조를 이루고 있다. 니체는 그 어떤 일관된 지식이나 이해의 가능성을 부정하는 입장을 취하지만, 딜타이는 원리적 차원에서는 해석학을 하나의 객관적 '과학'으로 보고 있다. 해석학은 자연 과학과는 대조적으로 '인문 과학'(독일어 Geisteswissenschaften)에 속한다. 니체는 인간 개개인이 유한한 역사적 상황 속에 처해 있다는 것을 매우 신중하게 받아들인다. 이런 조건 때문에 한 개인은 전체에 대한 조망을 가지는 것이 불가능하다. 이런 점에 있어서 니체는 쇠렌 키르케고르의 실존주의 관점에 근접하고 있다. 니체는 인간의 급진적 제한성을 극복할 수 있는 길이 없는

39 Schleiermacher, *Hermeneutics*, p. 32.
40 Schleiermacher, *Hermeneutics*, p. 123.
41 Schleiermacher, *Hermeneutics*, p. 150.

것으로 보았다. 그런데도 많은 개별자들이 진리에 대한 더 넓은 지식을 가질 수 있다고 주장한다는 것이다. 이와 관련해서 니체는 이렇게 말한다. "진리는 어떤 인간 종이 그것 없이는 살 수 없는 그런 종류의 오류이다."[42] 동일한 논조로 그는 이렇게 말하기도 한다. "모든 존재하는 것은 해석들로 이루어져 있다." 그가 볼 때 진리라는 것은 그 본질이 환영임을 우리가 잊어버린 환영들로 이루어져 있다. 하나님에 대한 믿음도 각 사람이 가진 관점을 초월할 수 있게 해 주는 하나의 가상에 지나지 않는다. 그는 이렇게 말한다. "우리가 여전히 문법을 믿는 한, 결코 하나님에게서 벗어나지 못한다."[43] 니체가 믿었던 것처럼 하나님이 죽은 것이라면 어떤 것이든 다 허용될 수밖에 없으며, '객관적' 진리라는 것은 우리의 접근 너머에 놓여 있다. 니체는 관점주의에서 시작하여 급진적인 회의주의로 끝을 맺고 있다. 마틴 하이데거와 일부, 어쩌면 매우 많은 사회학자들이 니체의 전제를 여전히 이어 가고 있다고 볼 수 있다.

빌헬름 딜타이는 니체가 가는 길을 따르지는 않는다. 그는 바젤과 베를린에서 교수 생활을 했고, 슐라이어마허를 열렬히 추종하는 사람이었다. 해석학에 있어서 그는 슐라이어마허의 전통을 하이데거와 가다머에게 이어 준 고리 역할을 감당했다. 다만 가다머는 딜타이가 해석학을 지나치게 '과학적' 또는 '객관적' 작업으로 이해한다고 비판한 바 있다.

딜타이는 우선 이성의 측면에서는 클라드니우스와 헤겔의 주제를 발전시키지만, 그러면서도 그는 하이데거와 같이 모든 지식과 이해가 역사적으로 조건 지어져 있다는 것을 인정한다. 둘째로 딜타이는 헤르

42 Friedrich Nietzsche, *Complete Works* (18 vols, London: Allen & Unwin, 1909 to 1913), vol. 15: *The Will to Power*, vol. 2, aphorism 481.

43 Nietzsche, *Complete Works*, vol. 12: *The Twilight of the Gods*, p. 22, aphorism 5.

더와 슐라이어마허와 같이 이성에 대한 헤겔의 강조를 삶(독일어 Leben) 또는 '삶의 경험'에 대한 강조로 대체시키려 한다. 그는 데카르트와 로크, 흄, 칸트와 같은 철학자들과 관련하여 "인식 주체의 혈관에는 실제적인 피가 흐르지 않는다"라고 비판한다.[44] 셋째로, 딜타이는 다양한 삶의 경험들 배후에는 그 삶의 주체들이 상호 간 '연결되어 있음'(독일어 Zusammenhang)을 인정하지 않을 수 없게 하는 일종의 준체계 같은 것이 놓여 있다고 보았다. 해석이 목표로 삼는 것은 해석자가 다른 사람과의 공감 혹은 입장 바꾸기(독일어 Hineinversetzen)를 경험해 보기 위해 자신이 서 있는 자리에서 나와서 타인의 경험을 '다시 살아보는'(독일어 nacherleben) 일이다.[45] 딜타이의 결론은 이런 것이다. "이해[Verstehen]는 '너' 속에서 '나'를 재발견하는 것이다."[46]

딜타이의 해석학 이론이 시각 이미지와 그림에 대해 가지는 의의는 이런 것이다. 그는 순전히 내적 성찰을 통해 이해에 도달할 수 있다고 믿는 믿음을 버리고, 그 대신 '연결성'이나 주체 상호 간의 판단과 합의가 이해를 증진시키는 길이라고 제시했다. '그림'에 대한 이해도 마찬가지로, 고립된 자아의 자리를 버리고 보다 넓은 상호 간 의사소통의 자리로 나아올 때 해석자는 그림에 대한 보다 적절한 이해에 도달할 수 있다.

(4) 해석학의 연대기 속에서 우리가 다음으로 주목해야 할 중요한 이론가는 **마르틴 하이데거**(Martin Heidegger, 1889-1976)다. 그는 1923년부터 1960년대 후반까지 독일 철학을 주도했던 인물이다. 그의 대표적

44 Wilhelm Dilthey, *Gesammelte Schriften*, vol. 5 (Leipzig: Teuber, 1927), p. 4.
45 Wilhelm Dilthey, *Dilthey: Selected Writings* (Cambridge: CUP, 1976), pp. 226-27.
46 Dilthey, *Selected Writings*, p. 298.

인 저작은 『존재와 시간 *Being and Time*』(독일어판 1927년, 영역 1962년)이다. 하이데거는 불트만, 가다머, 요나스와 함께 해석학과 철학 세미나를 이끌었다. 그의 사상이 1930년대에 한 번의 '전환'을 거쳤는지가 논란의 대상이 되고 있지만, 이후 그의 저작들 속에 『형이상학 입문 *Introduction to Metaphysics*』(1959년)에서 볼 수 있는 것과 같은 색조의 변화가 있는 것은 사실이다. 그 자신은 그런 용어를 좋아하지 않았지만, 일반적으로 그는 키르케고르와 사르트르 같은 사상가들과 함께 실존주의 철학을 대표하는 사람으로 인식되고 있다. 그는 기본적으로 모든 이해가 시간의 틀 속에서 일어난다고 주장한다.

하이데거가 시각적인 것(일방적 봄과 관찰의 대상 — 역주)을 기록된 것(대화적 들음과 만남의 대상 — 역주)에 예속시켰다는 것은 의심의 여지가 없다. 한스 요나스(Hans Jonas)는 이렇게 말한다. "억압되었던 '들음'의 측면이 '보기'의 오랜 지배가 지나가고 또한 사상의 세계에 던져진 객관화의 주술이 지나간 후에 마침내 다시 들려오기 시작했다."[47] 여기에 더해서 마틴 제이(Martin Jay)는 이렇게 말한다. "시각에 특권을 부여하는 주체와 객체의 이원론에 대한 그의 거부 못지않게, 플라토니즘이 가지는 합리성 중심의 궤도에 대한 하이데거의 적대감 역시 뚜렷하다."[48] 이런 면은 특히 하이데거의 '눈 앞에 있음'(Vorhandenheit)과 '손 가까이 있음'(Zuhandenheit)의 구분에서 잘 드러난다.[49] 전자는 사물을 그 자체로 보려고 하는 입장이라면, 후자는 사물을 나의 세계 안에서의 관계 차원에서 이해하려는 입장이다. 하이데거에게 있어서 망치는 망치 자체로

47 Hans Jonas, *The Phenomenon of Life: Toward a Philosophical Biology* (Chicago: Northwestern University Press, 1982, reprinted 2001), p. 240.

48 Jay, *Downcast Eyes,* p. 270.

49 Martin Heidegger, *Being and Time* (Eng., Oxford: Blackwell, 1962), p. 67.

있는 것이 아니라 그것으로 내가 못을 박는 도구로 존재한다. 후자는 사물을 먼저 시각화하는 과정이 없이도 작용할 수 있다. 하이데거에게 있어서 사물을 단순히 '눈 앞에 있음'의 차원에서 보는 것은 이차적이고 파생적 개념화의 양식에 지나지 않는다.[50] 세상을 대상 차원의 시각적 실체로 보는 '유사 과학적' 관점은 하이젠베르크(W. Heisenberg), 막스 보른(Max Born), 폴 디랙(Paul Dirac) 이후로는 이미 옛것이 되고 말았다. 하이데거에게 있어서 이해는 실존적이며, 인지 이전의 하나의 선험(a priori)에 속하는 일이다. '현존재'(Dasein, 생각하고, 느끼고, 역사 안에 자리를 가진 주체)는 어떤 것들을 알기 전에 이미 그 자체의 가능성들을 지니고 있다. 따라서 하이데거에게 있어서 현존재는 '존재를 위한 잠재성'(독일어 Seinkönnen)을 가진다.[51] 그는 또 이렇게 말하기도 한다.

> 해석은 우리가 이미 가지고 있는 어떤 것, 곧 앞서 가진 것[Vorhabe] … 이미 본 어떤 것, 곧 앞서 본 것[Vorsicht]에 근거한다. 해석은 우리가 이미 파악한 어떤 것, 곧 앞서 파악한 것[Vorgriff]에 근거한다. … 해석은 우리에게 제시된 어떤 것에 대한 전제 없는 이해가 결코 아니다.[52]

해석에 대한 이와 같은 이해는 애스트(F. Ast)와 슐라이어마허가 이야기했던 '해석학적 순환'과 연결된다. 하이데거는 이렇게 말한다.

> 우리가 이 순환을 나쁜 것으로 보고 이를 피하는 길을 찾으려 한다면,

50 Anthony C. Thiselton, *The Two Horizons: New Testament Hermeneutics and Philosophical Description* (Grand Rapids: Eerdmans, 1980), p. 155 and pp. 151-58.

51 Heidegger, *Being and Time*, p. 183.

52 Heidegger, *Being and Time*, pp. 191-92 (Ger. p. 150).

… 이해의 행위는 그 근원에서부터 오해를 빚고 만다. … 이해의 과정에 있어서 이 '순환'은 의미의 구조 그 자체에 속한다.[53]

이를 기반으로 해서 본다면 하나의 그림을 한순간에 순전하게 보고 이해하는 일은 생각하고 통합하는 보다 복잡한 과정에 예속된다고 말할 수 있다.

하이데거의 후기 사상은 그가 겪은 소위 '전환'(Kehre) 이후의 산물이다. 이 속에서 그는 시와 예술을 통해 존재의 표출을 점차 더 많이 이야기하고 있다. 시간과 관련해서 그는 이것이 "속도, 즉각성, 그리고 동시성 이외의 어떤 것이기를 멈추었다"라고 말한다.[54] 이와 대조적으로 우리는 존재의 계시를 위해서는 "필요하다면 전 생애 동안" 기다려야만 한다.[55] 이는 단순에 그림이나 시각적 이미지를 보는 것과는 매우 다른 차원이다.

(5) 우리는 해석학에 대한 **루돌프 불트만**(Rudolf Bultmann, 1884-1976)의 기여를 간단하게 언급하고자 한다. 불트만은 하이데거와 가다머가 했던 것처럼 듣기를 보기보다 두드러지게 더 강조하지는 않았다. 이런 점은 '아담아, 네가 어디에 있느냐?'라는 그의 글에 잘 나타난다.[56] 이 글에서 그는 시간을 고려하지 않는 그리스식 '사상적 명상'과, 사건 속에

53 Heidegger, *Being and Time*, pp. 194-95.

54 Martin Heidegger, *Introduction to Metaphysics* (Eng., New Haven: Yale University Press, 1959), p. 38.

55 Martin Heidegger, *On The Way to Language* (Eng., New York: Harper & Row, 1971), p. 108.

56 Rudolf Bultmann, 'Adam, Where Art Thou?', in Bultmann, *Essays Philosophical and Theological* (Eng., London: SCM, 1955), pp. 119-32.

서 하나님과의 사건적 만남을 강조하는 히브리식 사고방식을 대비한다.[57] 그럼에도 불구하고 불트만은 시각적 재현과 예술에 대해 다른 사람들보다는 덜 부정적이다. 이는 그의 또 다른 글 '유대인들의 구약 전통'에 잘 나타난다.[58] 하지만 불트만은 '신화'에 대한 그의 글과 또 다른 곳에서 '객관화'에 대한 공격을 멈추지 않는다.[59] 하나님은 그저 하나의 주어진 대상이 아니라, 실존적 만남을 통해서만 알 수 있는 분이다. 더군다나 말씀을 '사건'으로 이해하는 그의 인식이 그의 글 전체를 관통하고 있고, 이는 그의 제자들의 사상에도 잔류하고 있다. 예를 들어 에른스트 푹스(Ernst Fuchs)는 하나님의 말씀을 듣는 것을 '언어사건'(Sprachereignis)이라 부른다.[60] 불트만이 그리스 전통보다 히브리 전통 안에서 강조되는 말 건넴과 듣기에 더 큰 무게를 두고 있다는 것은 분명하다. 인간은 존재 또는 하나님의 부름을 조용히 들어야만 한다.[61]

(6) 이어서 우리는 해석학에 큰 영향을 미친 **한스게오르크 가다머**(Hans-Georg Gadamer, 1900-2002)를 언급하지 않을 수 없다. 그는 하이데거의 제자요 나중에는 그의 동료였지만, 그 자신의 독창적인 사상을 발전시켰다. 그의 주 저작인 『진리와 방법』에서 가다머는 "누군가의 말을 듣고 순종하는 것[auf jemanden hören]은 타자에 대한 개방"을 의미하며

57 Bultmann, *Essays*, pp. 124-26.

58 Bultmann, *Essays,* pp. 262-72.

59 Bultmann, 'The Problem of Hermeneutics', in *Essays*, pp. 243-61, and 'New Testament and Mythology', in Hans-Werner Bartsch (ed.), *Kerygma and Myth* (2 vols, London: SCM, 1953), vol. 1, pp. 1-44.

60 Ernst Fuchs, *Hermeneutik* (Tübingen: Mohr, 1970), pp. 103-7.

61 Ernst Fuchs, *Studies of the Historical Jesus* (London: SCM, 1964), p. 129.

이것이 해석학적 이해의 기초라고 말한다.[62] 우리에게 건네어진 말을 듣기 위해서는 "데카르트식의 근대 과학의 토대와 … 그리스식 사고로부터" 우리 자신을 떼어 내어야 한다고 가다머는 역설한다.[63] 그는 자신의 자서전적 글에서 이 점을 더욱 분명히 부각하고 있다.

> 해석학은 무엇보다도 하나의 실천이다. … 이는 우리가 어떻게 철학을 할 것인가를 가르치는 모든 교육적 시도의 심장에 해당한다. 그 속에서 **우리가 가장 먼저 훈련해야 할 것은 귀다**. 개념들 속에 깃들어 있는 것을 … 감지하고자 하는 예민함이다.[64]

마틴 제이는 이 주제를 집중적으로 연구한 바 있다.[65] 자신을 열고 텍스트가 말하는 것을 대화하듯이 '듣는 것'이 가장 중요하다. 그러나 이것도 시각적 인식을 떠나 즉각적으로 이루어지는 일은 아니다.

(7) 보다 최근에 와서 해석학에 가장 영향력을 크게 행사하고 있는 사상가는 **폴 리쾨르**(Paul Ricoeur, 1913-2005)이다. 그는 상징과 은유에 대해 많은 글을 남겼다. 이를 볼 때 그가 시각적 의사소통에 대립각을 세우고 있다고 볼 수는 없다. 가다머와 달리 리쾨르는 '이해'와 '설명'이

62 Hans-Georg Gadamer, *Truth and Method* (2nd Eng. edn, London: Sheed & Ward, 1989), p. 361.

63 Gadamer, *Truth and Method*, p. 461.

64 Hans-Georg Gadamer, 'Reflections on My Philosophical Journey', in Lewis E. Hahn (ed.), *The Philosophy of Hans-Georg Gadamer* (La Salle, IL: Open Court, 1997), p. 17 (강조는 첨가).

65 Martin Jay, 'The Rise of Hermeneutics and the Crisis of Ocularcentrism' in *Force Fields: Between Intellectual History and Cultural Critique* (New York: Routledge, 1993), pp. 99-113.

상호 보완의 관계를 가진다고 보았고, 이와 마찬가지로 '듣기'와 '보기'에 대해서도 전적으로 긍정적인 입장을 취하고 있다. 우리는 3장에서 리쾨르를 보다 상세하게 다루고자 한다. 이번 장에서 우리가 강조하고자 했던 것은, 시각적 재현이 무가치하다는 것을 말하고자 함이 아니라, 오히려 그것이 **무오류의 지위**를 가지는 것은 아님을 확인하고자 하는 것이었다. 오히려 그림은 잘못 해석될 때, 우리를 미혹시킬 수도 있고 오도할 수도 있다. 그림의 의미는 특정 전통과 맥락을 벗어나 그 자체로 자명한 것은 결코 아니다.

'언어의 일부'로서 그림과 이미지가 우리를 사로잡는 힘

비록 비트겐슈타인이 그림과 시각적 의사소통에 관해 때로 애매한 태도를 가지기는 하지만, 그래도 우리는 다시 비트겐슈타인으로 돌아가서 몇 가지를 정리해 보고자 한다. 그가 『논고』를 썼던 초기를 회고하면서 다음과 같은 불평을 했다는 것은 매우 잘 알려진 일이다. "하나의 그림[ein Bild]이 우리를 사로잡았다. 우리는 그것을 벗어날 수 없었다. 왜냐하면 그것이 우리의 언어 속에 놓여 있었고, 언어는 그것을 우리에게 가차 없이 되풀이하는 듯했기 때문이다."[66] 엄격하게 말하면, 여기서 말하는 '그림'은 하나의 개념 또는 사고의 틀을 말한다. 하지만 빌트(Bild)라는 독일어 단어는 그림이나 시각적 재현물을 의미할 수도 있다. 실제로 이 단어는 『논고』에서 언어 그림과 관련하여 사용된 바 있다. 비트겐슈타인은 하나의 개념적 모델이 한동안 그를 지배하고 있었

66 Wittgenstein, *Philosophical Investigations*, sect. 115.

다고 말한다. 그 이유를 그는 이렇게 설명한다. "유리 같은 순수함에 대해 앞서 가졌던 생각들은 우리의 전체적인 탐구를 다 한 바퀴 돌려 봄으로써 제거될 수 있을 뿐이다."[67]

자신이 한 그림에 사로잡혀 있었다고 느끼게 된 이유 가운데 하나는 "무엇인가를 의미한다는 것은 어떤 사물에 이름표를 붙이는 것과 같다"라고 생각했기 때문이다.[68] 이것이 의미에 대한 순수하고도 자명한 이해 방식인 것처럼 보인 것이다. 그러나 뒤에 가서 그가 말하고 있는 것처럼, 이런 인식은 매우 단순화된 삶의 형태에만 적용될 수 있다. 예를 들어 두 사람의 건축업자가 함께 일을 하면서 한 사람이 다른 사람에게 '석판!' 또는 '벽돌!'이라고 말하는 것과 같은 단순한 언어 게임 안에서는 이것이 쉽게 적용된다.[69] 하지만 비트겐슈타인은 후기로 가면 언어 게임을 하나의 행위로 정의한다. 그는 이것을 "언어 안에 수많은 도구들이 있고, 수많은 종류의 단어와 문장이 사용되는 방식들이 있는 것"과 비교한다.[70] 언어는 단지 명사들로만 이루어져 있는 것이 아니라, "명령하고, 질문하고, 이야기하고, 담소하는" 등의 동사들로도 이루어져 있으며, 이런 행위들은 "걷고, 먹고, 마시고, 노는 우리의 자연적 역사의 한 부분"과 다르지 않다.[71] 여기서 다시 한 번 비트겐슈타인은 지시적 정의의 부적절함과 한계를 보여 준다.[72] 언어와 의미를 배우고자 하는 어떤 사람은 눈에 띄는 뭔가가 당장 "있어야만 한다"고 말하는 경

67 Wittgenstein, *Philosophical Investigations*, sect. 108.
68 Wittgenstein, *Philosophical Investigations*, sect. 15.
69 Wittgenstein, *Philosophical Investigations*, sects. 19-20.
70 Wittgenstein, *Philosophical Investigations*, sect. 23.
71 Wittgenstein, *Philosophical Investigations*, sect. 25.
72 Wittgenstein, *Philosophical Investigations*, sect. 28; cf. sects 29-42.

향이 있겠지만, 비트겐슈타인은 인내와 주의 깊은 관찰력을 가지고 사람들이 사용하는 다양한 언어 게임들을 지켜보고 이해하는 것이 필요하다고 말한다.[73] 그는 정육면체를 그린 그림에 대한 지시적 정의가 무엇인지를 이야기하면서, 그 정의는 하나 이상이 될 수 있다고 지적한다. 지시적 정의는 "어떤 경우에 있어서든 다양한 방식으로 해석될 수 있다."[74] 비트겐슈타인의 결론은 이것이다.

> 우리가 생각하는 대로의 이상(理想)은 확고한 어떤 것이다. 당신은 그것 밖으로 나올 수 없기 때문이다. 당신은 항상 되돌아와야만 한다. … 이런 생각은 어디서부터 오는 것인가? 그것은 마치 우리 코 위에 걸친 안경과 같아서 우리는 무엇을 보든 그것을 통해서 본다. 그것을 벗어 버리는 일은 우리에게 결코 일어나지 않는다.[75]

이와 같은 관찰의 마지막에 가서 비트겐슈타인은 앞에서 우리가 보았던 것처럼 "하나의 그림이 우리를 사로잡았다"라는 결론을 내린다.[76] 철학적 결과라는 것은 그 어떤 것이든 "언어의 한계에 머리[인간의 이해력]가 부딪혀서 생겨난" 산물이다.[77]

따라서 우리는 비트겐슈타인이 제안하는 것처럼 언어와 의미에 관한 우리의 탐구를 전체적으로 한 바퀴 돌려 보아야 한다. 그가 지속적으로 유지하고 있는 관심은 언어가 어떻게 삶과 관계되는가 하는 점

73 Wittgenstein, *Philosophical Investigations*, sect. 66.
74 Wittgenstein, *Philosophical Investigations*, sect. 28.
75 Wittgenstein, *Philosophical Investigations*, sect. 103.
76 Wittgenstein, *Philosophical Investigations*, sect. 115.
77 Wittgenstein, *Philosophical Investigations*, sect. 119.

이다. 그는 이렇게 말한다. "우리를 사로잡는 혼동은 언어가 일하고 있을 때가 아니라, 놀고 있는 엔진인 것 같을 때 일어난다."[78] 비트겐슈타인은 그림에 대한 다양한 해석의 가능성이 있다는 것을 보여 주는 예들을 소개하지만, 차츰 그의 관심을 읽기와 훈련으로 돌리고 있다.[79] 또한 다양한 형태의 가상적인 언어 게임에 대해 이야기한 후에 그는 이렇게 결론짓는다. "인류의 공통적인 행위 방식은 우리가 그것을 통해 어떤 낯선 언어를 해석하는 준거 체계이다."[80] 그는 또 이렇게 덧붙인다. "'하지만 분명 당신은 …을 볼 수 있다.' 이것이 바로 규칙의 강요 아래에 놓인 사람의 특징적인 표현이다."[81]

이어서 비트겐슈타인은 고통과 사랑을 표현하는 언어의 논리적 문법에 대해 대단히 심오한 진술들을 전개해 간다. 이 과정은 '사적' 언어 곧 가르칠 수 없는 언어에 대한 그의 공격 부분에 속한다. 사랑의 의미가 무엇인지는 실제적 삶 속에 그 모습이 드러날 때에만 알 수 있다. 그는 이렇게 묻는다. "누군가가 열렬한 사랑이나 희망의 느낌을 단 1초 동안 — 이 1초 전에나 후에 일어난 일이 무엇이든 간에 — 가질 수 있을까? … 상황이 그것에 그 중요성을 부여한다."[82] 언어를 이해하는 일은 어떤 그림을 한 번 보는 것 이상의 많은 요소를 포함한다는 것을 잘 알 수 있다. 우리는 이와 동시에 비트겐슈타인이 왜 과도하게 단순화되고 일반화된 모델 아래에서 언어를 볼 때 그것이 사람을 사로잡는 힘을

78 Wittgenstein, *Philosophical Investigations*, sect. 133.
79 Wittgenstein, *Philosophical Investigations*, sects 156-78 and 179-94.
80 Wittgenstein, *Philosophical Investigations*, sect. 206.
81 Wittgenstein, *Philosophical Investigations*, sect. 231.
82 Wittgenstein, *Philosophical Investigations*, sect. 583; cf. Ludwig Wittgenstein, *Zettel* (Oxford: Blackwell, 1967), sect. 491 and sect. 594.

가진다고 말하는지를 이해할 수 있다.

비트겐슈타인은 이와 반대되는 경험을 말하기도 한다. 어쩌면 이는 보완적인 한계라고 볼 수 있을 것이다. 이를 그는 '측면 맹(盲)'(aspect blindness)이라 부른다. 그는 이렇게 말한다. "'측면-맹인'은 그림에 대해 우리와는 전혀 다른 관계를 가질 것이다."[83] 예를 들어, 어떤 관객이 사극 분장을 한 배우들이 사극 연기를 하는 것을 보고 있다. 그러면서도 이 사람은 그들을 극 속에서의 인물들로서가 아니라 그저 배우들로 보고 있을 수도 있다. 또는 어떤 사람이 하나의 사진을 보면서 그것을 친구의 사진으로 보지만, 그러면서도 그것을 사진에 찍힌 친구로서가 아니라 그저 하나의 사진으로 볼 수도 있다. 어떤 이들은 이를 감정적 '맹(盲)' 상태라고 부르기도 한다. 이런 경우 그림은 그 의도된 기능을 수행하지 못한다. 소기의 효과가 일어나지 않게 되는 것이다.

비트겐슈타인이 그림을 어떻게 보고 있는지에 대해서는 학자들 간에 견해 차이가 나타난다. 미첼은 이렇게 주장한다.

> 비트겐슈타인의 성상공포증(iconophobia)과 시각적 재현에 관한 언어철학에의 전반적 불안은 [다른 관점에서 보면] 그림으로의 전환이 일어나고 있다는 신호일 수도 있다. … 의미에 대한 '그림 이론'으로 시작된 그의 철학적 경력이 … 일종의 성상 파괴로, 또는 초기의 자신의 그림주의를 버리도록 이끈 이미지 비판으로 종결되었다.[84]

83 Wittgenstein, *Philosophy of Psychology — Fragments*; *Philosophical Investigations*으로 재출간, Part 2, para. 258, p. 214.

84 W. J. T. Mitchell, *Picture Theory* (Chicago: University of Chicago Press, 1994), pp. 12-13.

그러나 이와는 다른 입장을 제시하는 학자들도 있다. 크리슈토프 니리(Kristóf Nyíri)는 비트겐슈타인이 그림을 의미의 '자연스러운' 전달자로, 다시 말해서 특별한 해석을 필요로 하지 않는 의미 전달자로 보고 있다고 주장한다.[85] 그림이나 시각적 재현물에 해석이 필요함을 우리가 강조했지만 이것이 하나의 보편적 요구는 아니다. 그러나 많은 경우에 있어서 그림은 적절한 해석이 필요하다.

85 Kristóf Nyíri, 'Image and Metaphor in the Philosophy of Wittgenstein', *Image and Imaging in Philosophy, Science and the Arts* (Symposium: Kirchberg, 8-14 August 2010), p. 8; cf. pp. 1-15; cf. also William M. Ivins, *Prints and Visual Communication* (Cambridge, MA: Harvard University Press, 1953).

3장 그림, 은유, 상징

은유의 유형: 장식 은유, 창조 은유, 상호 반응 은유

은유를 다루는 철학과 신학 분야의 주도적 사상가들은 장식을 위한 은유는 문학이나 수사적 장치로서의 기능을 제외하면 깊이 있는 사상을 다루는 자리에서는 별 소용이 없다는 데 거의 의견의 일치를 이룬다. 장식 은유는 새로운 진리를 전달하지는 않는다. 다만 이미 우리에게 익숙한 진리들을 보다 생생하게 만들거나 문체상의 개선을 이루기 위해 사용된다. 이런 차원에서의 고전적인 책이 레이코프와 존슨의 『삶으로서의 은유 *Metaphor We Live By*』라는 책이다. 그들은 은유를 이렇게 정의한다. "**은유의 본질은 하나의 사물을 다른 것의 관점에서 이해하고 경험하는 것이다.**"[1]

재닛 소스키스는 은유에 대한 정의가 소크라테스 이전 시대의 철학자들에 의해, 특히 아리스토텔레스 이래로 활발하게 제시되었다고 지적한다. 헤라클레이토스(Heraclitus)는 "시간의 강"이라는 은유를 처음

1 George Lakoff and Mark Johnson, *Metaphors We Live By* (Chicago: University of Chicago Press, 1980), p. 5 (강조는 원문 그대로).

말한 것으로 알려져 있는데, 비트겐슈타인은 이것이 우리를 잘못 이끄는 결과를 가져올 수 있다는 것을 잘 보여 준 바 있다. 시간을 흐르는 강으로 생각하게 되면 여기에는 우리가 답할 수 없는 질문들, 이를테면 "과거는 어디를 향하여 갔는가?" 같은 질문들이 따라오게 된다.[2] 은유의 역사는 고대 그리스 시대로부터 현대의 폴 리쾨르와 소스키스에 이르기까지 인류의 역사를 따라 계속 이어지고 있다.

소스키스는 은유의 유형을 몇 가지로 분류하는데, 이는 매우 유용하다.[3] 첫째, 우리가 일상적으로 사용하는 매일의 은유가 있다. 여기에는 '병목'(병의 목)이라든지 '하구'(강의 입) 같은 것들이 있다. 이런 은유들은 빈번한 사용으로 그 농도가 옅어져서 지금은 거의 '죽은 은유'로 남아 있을 뿐이다. 둘째, 소스키스는 은유에 대한 장식 이론 또는 대체 이론을 배격한다. 이런 이론은 은유가 "일차적, 문자적 이해를 감정을 자극하는 형태로 전환하는 것 이상이 되지 못하도록" 그 기능을 축소시킨다.[4] 이는 "그는 여우다"라는 표현을 "그는 교활하다"로 바꾸는 것과 유사하다. 대체 은유의 경우, 우리는 은유 대신 문자적 의미를 바꾸어 넣으면 되기 때문에 굳이 그것을 필요로 하지 않게 된다. 셋째, 소스키스는 감정적 효과 차원의 은유 이론을 또한 부정한다. 어떤 은유들은 때로 말하는 내용에 감정적 자기 개입의 효과를 더하기도 하는 것이 사실이다. 하지만 이런 이론은 지난 시절의 논리 실증주의에서 보는 것과 같은 종교적 언어에 대한 감정적 이론과 유사한 면을 가진다. 이런 이

2 Ludwig Wittgenstein, *Philosophical Investigations* (Eng. and Ger., Oxford: Blackwell, 1958), sect. 89.

3 Janet Martin Soskice, *Metaphor and Religious Language* (Oxford: Clarendon Press, 1985), pp. 24-53.

4 Soskice, *Metaphor*, p. 25.

론에 따르면 과학자들이나 신학자들은 은유를 사용할 수 없게 된다. 넷째, 소스키스는 새로운 인지적 의미를 가능하게 하는 '점증'(incremental) 이론들을 소개한다.[5] 여기에는 은유적 반전을 허용하는 비어즐리(M. Beardsley)의 '갈등' 이론과 막스 블랙의 '상호 작용' 이론, 소스키스 자신의 '상호 활성화' 이론이 포함된다. 소스키스는 두 의미 세계 사이의 긴장을 설명하기 위해, 더 나아가서 어떻게 은유가 **창의적**이면서 동시에 **인지적**일 수 있는지를 강조하기 위해 리처즈(I. A. Richards)의 원관념(또는 취의, tenor)과 보조 관념(또는 매체, vehicle) 개념을 채용한다.[6] 이에 대해서는 잠시 후에 다시 언급하고자 한다.

은유에 대한 두꺼운 책을 쓴 폴 리쾨르 역시 1950년대의 비어즐리와 휠라이트, 1960년대의 막스 블랙의 기존 연구들을 활용하고 있다.[7] 먼로 비어즐리(Munroe Beardsley, 1915-85)는 미학을 전공한 미국의 철학자다. 필립 휠라이트(Philip Wheelwright, 1901-70) 역시 미국의 철학자이면서 또한 문학 비평가로 활동했다. 막스 블랙(Max Black)은 영국에서 교육받았지만, 미국으로 이주하여 언어 철학을 전공했다. 이들은 상징과 은유에 관한 많은 선구적인 저술들을 남겼다.

리쾨르는 『은유의 규칙 *The Rule of Metaphor*』이라는 책에서 은유를 집중적으로 다루고 있지만, 『해석 이론 *Interpretation Theory*』이라는 책에서는

5 Soskice, *Metaphor*, pp. 32-51.

6 Soskice, *Metaphor*, pp. 47-51.

7 Monroe Beardsley, *Aesthetics: Problems in the Philosophy of Criticism* (Indianapolis: Harcourt, Brace & World, 1958; reprinted 1981); and Philip Wheelwright, *The Burning Fountain: A Study in the Language of Symbolism* (Tulamore: Midland Books, 1954); Max Black, *Models and Metaphors: Studies in Language and Philosophy* (Ithaca: Cornell University Press, 1962), and as editor the multi-authored book *The Importance of Language* (Englewood Cliffs, NJ: Prentice-Hall, 1963).

상징과 은유를 함께 다루고 있다.[8] 상징과 은유는 다 같이 '잉여 의미'를 낳으며, 또한 다 같이 '이중 의미'를 산출한다. 또한 이 둘은 다 같이 "한 이름의 의미 확장"을 공개적으로 이루어 낸다.[9] 리쾨르는 은유의 본질과 기능을 정의하면서 소스키스와 마찬가지로 문자적 용어의 대체 차원의 은유 이해를 거부한다. 오히려 은유는 "단어들 위에 일종의 반전을 부여하는 변화"를 제공한다.[10] 은유와 통상적인 문자적 의미 사이에는 상호 작용의 관계가 있다. 이런 경우 은유는 두 별개의 '세계' 혹은 담론 영역을 함께 묶어 낸다.

상징 역시 이와 유사하게 문자적 차원과 비문자적 차원의 두 담론 세계를 함께 묶는다.[11] 리쾨르는 상징이 "개념어를 통해 다 담아내지 못한다"라고 말하며, "상징에는 개념적 등가 표현 그 이상의 것이 있다"라고 말한다.[12] 이런 점에서 그는 틸리히와 유사한 측면이 있다. 물론 그는 틸리히보다는 더 조심스럽고 신중하게 이 주제에 접근하고 있다. 상징과 마찬가지로 은유 또한 "단어들이 가지는 문자적 의미로부터 이탈함으로써 하나의 이름의 의미를 확장시킨다."[13] 은유는 "단어들 위에 일종의 반전을 부여한다."[14]

리쾨르는 『은유의 규칙』에서 "은유가 스스로를 하나의 담론 전략

8 Paul Ricoeur, *The Rule of Metaphor: Multi-disciplinary Studies of the Creation of Meaning in Language* (London: Routledge & Kegan Paul, 1978); and *Interpretation Theory: Discourse and the Surplus of Meaning* (Fort Worth: Texas University Press, 1976), 특히 pp. 45-70.

9 Ricoeur, *Interpretation Theory*, pp. 45 and 49.

10 Ricoeur, *Interpretation Theory*, p. 50.

11 Ricoeur, *Interpretation Theory*, pp. 53-4.

12 Ricoeur, *Interpretation Theory*, p. 57.

13 Ricoeur, *Interpretation Theory*, p. 49.

14 Ricoeur, *Interpretation Theory*, p. 50.

으로 제시한다"라고 말하면서, 은유가 "언어의 창조적 힘을 견지, 발전시키는 동시에 **픽션**이 갖는 **발견케 하는**(heuristic) 힘을 견지하고 또한 중첩시킨다"라고 말한다.[15] 그는 로만 야콥슨(Roman Jakobson)이 말하는 '의미 분할'(split-sense)이라는 개념에 근거하여 '지시 분할'(split-reference)을 이야기한다. (예를 들어 "저녁은 하루의 노년"이란 표현과 "노년은 인생의 저녁"이란 표현에 나오는 '저녁'은 같은 단어이지만 은유 속에서는 그 지시하는 것이 달라지는 현상을 가리킨다. — 역주). 이를 바탕으로 가공적 재묘사가 이루어지게 된다. 리쾨르는 아리스토텔레스가 말하는 은유의 정의를 인용한다. 곧 은유는 "어떤 것에게 다른 어떤 것에 속하는 이름을 주는 것"이라는 표현이 그것이다.[16] 여기에는 개념의 이동이 포함되기 때문에 단순한 '대체' 이상의 작용이 일어난다.[17] 창의적 은유는 우리가 이미 알고 있는 것을 꾸밈이나 장식의 목적을 위해 단순히 대체해 넣는 표현 방식이 아니다. 은유의 힘은 문자적 언어가 표현해 낼 수 있는 것 이상을 표현할 수 있는 데서 비롯된다. 은유가 가지는 '잉여 의미'는 키르케고르가 말하는 '간접' 의사소통(저자가 자기 이름을 숨기고 다른 이름으로 글을 쓰는 경우 — 역주)이나 미하일 바흐친(Mikhail Bakhtin)이 말하는 '다중' 언어와 같이 다른 방식으로는 소통되지 못했을 것을 표현해 낼 수 있다는 데서 그 효력이 배가된다. 죽은 은유가 은유의 힘을 잃어버린 것과 달리, 살아 있는 은유는 담론의 두 영역을 창의적으로 함께 묶어 낸다. 리쾨르는 이를 "담론 영역의 교차"라 부른다.[18]

리쾨르는 휠라이트 등이 은유가 가지는 '긴장'의 요소를 강조하는

15 Ricoeur, *The Rule of Metaphor*, p. 6 (강조는 원문 그대로).
16 Aristotle, *Poetics*, 1456 B. 10.
17 Ricoeur, *The Rule of Metaphor*, p. 19.
18 Ricoeur, *The Rule of Metaphor*, pp. 295-303.

관점에 동조한다. 휠라이트는 이렇게 말한다. "서로 이질적인 요소들이 하나의 지배적인 이미지나 표현 속에서 서로 묶일 때 도출되는 긴장이 곧 은유의 본질이다."[19] 이 긴장은 수사학자인 리처즈(I. A. Richards, 1893-1973)가 은유의 두 '세계'를 구성하는 원관념(tenor)과 보조 관념(vehicle)이라 이름 붙인 이 두 요소의 상호 작용 속에서 발생한다. 보조 관념은 어떤 속성들을 빌려 오기 위해 사용하는 매개체를 말하며, 원관념은 그 속성들을 투여하는 주축 대상을 가리킨다. 휠라이트는 이런 구분을 그대로 수용한다.[20] 앨런 테이트(Allen Tate)는 이를 '집중 의미'라 부르며, 다른 사람들은 이를 '확장 의미'라 부른다.

수사적 비평가 가운데서도 학자요 시인이며 소설가로서의 다양한 얼굴을 가진 루이스(C. S. Lewis, 1898-1963)는 은유를 두 가지로 구분하는데, 하나는 우리가 "가르치기 위해 고안하는 … 선생의 은유"이고 다른 하나는 "그것으로부터 우리가 배우는 학생의 은유"이다.[21] 루이스는 '선생의 은유'가 세상을 이차원적인 평평한 땅으로 생각하는 사람들('Flalansferes')로 하여금 그것을 삼차원적으로 볼 수 있도록 가르치는 데 사용될 수 있을 것이라고 제시한다. 그는 이것을 칸트를 가르칠 때의 철학적 '선생의 은유'와 비교한다. 이를 위해 루이스는 푸른색 안경을 끼고 모든 것을 푸르게 보는 사람들('Bluspells')의 유비를 사용한다.[22]

막스 블랙이 편집한 책에는 루이스의 글과 함께 오웬 바필드(Owen Barfield, 1898-1997)의 글도 수록되어 있다. 바필드는 법철학자요

19 Wheelwright, *The Burning Fountain*, p. 101.

20 Wheelwright, *The Burning Fountain*, p. 103.

21 C. S. Lewis, 'Bluspells and Flalansferes', in Black (ed.), *The Importance of Language*, p. 39; cf. pp. 36-50.

22 Lewis, 'Bluspells and Flalansferes', pp. 43-6.

시인으로서, '시적 언어와 법적 픽션'이라는 글에서 은유를 통해 창의적인 의미 확장이 이루어진다는 점을 동일하게 지적한다.[23] 바필드는 재산 상속과 같은 분야에 있어서 은유적 의미 확장을 통해 새로운 용어들이 사용될 수 있다는 것을 보여 준다. 루이스와 바필드는 톨킨(J. R. R. Tolkien, 1892-1973)과 함께 옥스퍼드에서 문학 이론가와 작가들 중심의 비공식적 모임인 '잉클링스'(Inklings)를 결성했다. 바필드는 은유의 작용과 관련하여 '변혁' 대신에 '위장'(독일어 Tarnung)이라는 용어를 사용하는데, 이는 "하나의 의미를 다른 것 속에 숨김"을 가리킨다.[24] 바필드는 어떤 언어가 엄격한 의미에 따라서는 말할 수 없는 어떤 것을 확장해서 말해야 할 필요가 생기는 경우, 이때 도움을 주는 것이 법적 픽션이라고 말한다. 일상적인 용어들 속에 공상적 반전을 도입해서 하나의 확장된 의미를 부여하는 것이다. 예를 들어, "우리가 법적으로 수탁권이라고 부르는 공상적 차원의 소유권은 또 다른 형태의 공상적 확장을 가능하게 하는 매우 탄탄한 기제 역할을 한다."[25] 바필드는 재산의 상속 분야에서 사용되는 새로운 용어들이 이런 유형의 은유에 속한다는 것을 보여 준다. 이런 방식으로 법적 픽션은 고착된 문제에 대한 시원한 해방감을 제공할 수 있다.

앞에서 우리가 보았던 것처럼 리쾨르는 『해석 이론』에 수록된 '은유와 상징'이라는 글에서 상징과 은유가 다 같이 이중 의미나 잉여 의미의 생산을 통해 의미의 확장을 이룰 수 있다는 것을 강조한 바 있다. 때로 상징과 은유는 "생산적인 방식으로 애매함을 사용"하며, 언제나 "의

23 Owen Barfield, 'Poetic Diction and Legal Fiction', in Black (ed.), *The Importance of Language*, pp. 51-71.

24 Barfield, 'Poetic Diction and Legal Fiction', p. 55.

25 Barfield, 'Poetic Diction and Legal Fiction', p. 64.

미의 확장"을 이루어 낸다.[26] 리쾨르는 이와 같은 매우 중요한 결론을 제시한다. "**은유는 그 자체만으로 존재하지 않고, 해석 안에 그리고 해석을 통해 존재한다.**"[27] 은유는 길버트 라일(Gilbert Ryle)이 말하는 범주의 실수, 다시 말해서 서로 다른 의미론 영역에 속하는 단어들이 예기치 않은 이상한 방식으로 짝을 이루는 것에 가깝다. 상징과 관련해서는 더욱 그러하다. 상징 역시 더 복합적인 맥락 속에서 의미의 확장을 이루어 낸다. 은유와 상징은 "같음과 같지 않음의 상호 작용"을 보여 준다.[28] 리쾨르는 또한 상징이 개념어를 통해서는 온전하게 다 설명되지 않는다고 말하면서, 상징은 "끝없는 해설을 일으킨다"라고 주장한다.[29] 리쾨르는 막스 블랙의 관찰에 찬동을 표하면서 은유에 대한 그의 책을 이렇게 결론짓는다. "기억에 남는 은유는, 한 영역에 직접적으로 적합한 언어를 다른 것을 보기 위한 렌즈로 사용하는 방식을 통해, 두 별개의 영역을 인지적, 감정적 관계로 묶어 내는 힘을 가진다."[30] 리쾨르에게 있어서 은유는 "긴장감 있는 현실 개념을 유지하기 위한 긴장감 있는 언어의 사용"이다.[31]

이상의 논의를 바탕으로 우리는 은유와 상징의 사용 속에서 노출되는 애매함이 그림의 경우를 때로는 능가한다는 것을 볼 수 있다. **은유가 시각적 성격을 가지는지 아닌지의 문제를 떠나서, 그 의미가 의심의 여지 없이 보다 분명하게 이해되려고 하면 은유는 해석이 필요하다는 것이 분명한 사실이다.**

26 Ricoeur, 'Metaphor and Symbol', p. 47 and p. 49.
27 Ricoeur, 'Metaphor and Symbol', p. 50 (강조는 첨가).
28 Ricoeur, 'Metaphor and Symbol', p. 56.
29 Ricoeur, 'Metaphor and Symbol', p. 57.
30 Ricoeur, 'Metaphor and Symbol', p. 67; from Max Black, *Models and Metaphors* (Ithaca: Cornell University Press, 1962), p. 236.
31 Ricoeur, 'Metaphor and Symbol', p. 68.

은유에 대한 부정적 이론: 니체와 데리다

무신론 실존주의자요 준(準)허무주의자인 프리드리히 니체(Friedrich Nietzsche, 1844-1900)는 모든 부류의 언어에 대해 회의적인 시각을 가지고 있었다. 그는 "존재하는 모든 것은 **해석**으로 이루어진다"라고 주장했다.[32] 그렇다면 여기에 따른 니체의 결론은 "우리가 여전히 문법을 믿는 한 결코 하나님에게서 벗어나지 못한다"라는 것이다.[33] 따라서 그는 "망치를 들고 철학을 해야 한다"라고 주장했다. 『적그리스도 *The Antichrist*』라는 책에서 니체는 오늘날 우리가 종교 언어에 대한 반(反)신론적 '이데올로기 비판'이라 부를 만한 일을 시도하고 있다. 그는 이렇게 말한다. "신부나 교황은 실수를 범할 뿐만 아니라, 실제로 내뱉는 모든 말이 다 거짓말이다."[34] 또한 1873년의 『노트북 *Notebooks*』이라는 글에서 니체는 "진리란 무엇인가?"라는 질문에 대한 답으로, 진리는 "은유와 환유와 신인동성동형론적 언어로 이루어진 떠돌이 군대"라고 말한다.[35] 『권력에의 의지 *The Will to Power*』에서는 "진리란 어떤 부류의 사람들이 그것 없이는 살아갈 수 없는 그런 종류의 오류"라고 말한다.[36] 그가 볼 때 종교적 삶을 사는 신자들은 "그것이 망상이라는 것을 망각하게

32 Friedrich Nietzsche, *The Will to Power*, vol. 2, aphorism 493 (강조는 원문 그대로), in *The Complete Works* (18 vols, London: Allen & Unwin, 1909-13, vol. 15).

33 Friedrich Nietzsche, *The Twilight of the Idols* (London: Penguin Classics, 1990), p. 22, aphorism 5.

34 Friedrich Nietzsche, *The Antichrist* (London: Penguin Classics, 1990), p. 177, aphorism 38.

35 Friedrich Nietzsche, in W. Kaufman (ed.), *The Portable Nietzsche* (New York: Viking Press, 1968), p. 46.

36 Nietzsche, *The Will to Power*, vol. 2, aphorism 481.

된 망상" 없이는 살아갈 수 없는 사람들이다.[37] 이런 사람들은 "영혼의 구원"에서 위안을 찾는데, 실제로 이것은 "세상이 나 중심으로 돌아간다"라고 말하는 것일 뿐임을 깨닫지 못하는 착각이라는 것이다.[38]

니체는 은유를 조작과 망상의 도구로 생각한다. 많은 사람들이 니체의 부정적인 은유관을 비판한 바 있다. 특히 바르트파 신학자인 에버하르트 융엘(Eberhard Jüngel)은 니체가 은유를 높이면서 동시에 진리를 부정하는 길을 찾으려 한다고 주장한다. 니체의 시도는 "기만, 거짓, 망상, 험담, 잘못된 겉치레, 빌린 영광으로 살기, 가면 쓰기, 관습 뒤에 숨기" 등을 폭로하는 것이며, 이런 것들이 자기를 보존하는 길인 양 생각하는 것에 대한 공격이라는 것이다.[39] 융엘 자신은 은유를 현실 너머의 "발견을 표현하는 통로"로 본다.[40]

니체의 상대주의는 프랑스 포스트모더니즘 철학자인 자크 데리다(Jacques Derrida, 1930-2004)와 같은 사상가의 은유에 대한 부정적인 판단으로 이어진다. 실제로 데리다는 특히 철학과 같은 분야에서 은유를 과도하게 사용하는 것에 대해 비판적일 뿐만 아니라, 여러 종류의 시각 및 청각적 의사소통에 대해서도 비판적인 입장을 취한다. 데리다는 니체와 많은 면에서 일치점을 가지고 있다. 특히 진리와 언어에 대한 그의 회의적 입장도 여기에 포함된다. 그의 책 『글쓰기와 차이 *Writing and Difference*』에 수록된 '인문학 담론에 있어서의 구조, 기호, 그리고 유희'라는 글에서 데리다는 이렇게 말한다. "니체식 수용은 … 세상의 유희와 '되어 감'의 순수함에 대한 즐거운 수용이며, 오류도 진리도 없는 기호

37 Friedrich Nietzsche, *Notebooks* (Cambridge: CUP, 2003), p. 46.
38 Nietzsche, *The Antichrist*, p. 186, aphorism 43.
39 Eberhard Jüngel, *Theological Essays* (2 vols, Edinburgh: T&T Clark, 1989), vol. 1, p. 28.
40 Jüngel, *Theological Essays*, p. 51.

들의 세계에 대한 수용이다."[41] 이와 같은 인식은 비극에 관한, 그리고 펜테우스(Pentheus, 슬픔을 대표하는 테베의 왕 — 역주) 대 디오니소스(Dionysius, 술과 쾌락의 신 — 역주) 간의 대조에 관한 니체의 초기 및 이후의 지속적인 입장을 반영한다.

데리다는 삶을 있는 그대로 수용하는 디오니소스적 즐거움과 활력의 에너지와 추동력에 그 자신을 연결시키고 있다. 이는 금지와 중용 및 절제를 강조하는 아폴로식 원칙주의와는 반대된다. 이 둘 사이의 대조는 에우리피데스의 비극 『박코스 여신도들 *The Bacchae*』에 뿌리를 두고 있다. 이 극에서 펜테우스의 책임감 있는 절제는 디오니소스적 광기와 대조를 이룬다. 니체는 진리와 언어의 가치를 부인했고, 이는 점차 허무주의로 귀결되고 만다. 데리다 역시 표상적 언어와 진리에 대한 회의적 입장을 니체와 공유하고 있다. 이는 로고스 중심주의(logocentrism)에 대한 데리다의 공격에 잘 드러난다. 데리다는 니체와 프로이트, 후설, 하이데거 같은 사상가들의 영향을 많이 받았다. 그는 언어가 거의 무한대 차원에서 의미의 '연기'(deferral)를 낳는 것으로 보고 있다. 데리다는 롤랑 바르트와 함께 해체주의의 영향력 있는 주창자이다. 해체주의 안에서 언어는 언어 외적 세계와의 연결점을 거의 잃어버리고 있다.

데리다는 특히 은유를 문제 삼는다. 그의 책 『철학의 여백들 *Margins of Philosophy*』에 수록된 맹아적 성격의 글 '백색 신화: 철학 텍스트 안에서의 은유'에는 은유에 대한 데리다의 부정적인 관심이 잘 드러나 있다.[42] 그는 주로 플라톤, 아리스토텔레스, 데카르트, 헤겔을 공격 대상으로 삼

41 Jacques Derrida, *Writing and Difference* (Chicago: University of Chicago Press, 1978; Fr., 1967), p. 292; cf. pp. 278-94.

42 Jacques Derrida, 'White Mythology', in Derrida, *Margins of Philosophy* (Eng., New York: Harvester Wheatsheaf, 1982; Fr., 1972), pp. 207-72.

는다.[43] 그가 볼 때 은유는 "철학의 심장 속에 놓인 꿈"이다.[44] 그는 특히 '하나님', '영혼', '절대', '존재' 등과 같은 용어들을 예로 든다. 그는 이런 용어들이 **기호**라기보다는 **상징**이라고 보고 있다. 그러면서 그는 이렇게 지적한다. "형이상학적 은유는 모든 것을 거꾸로 뒤집어 버렸다. 비록 이런 은유가 축적된 물리적 담론들까지 다 지워 버렸을지라도, 우리는 항상 최초의 기록을 재활성화시킬 수 있어야 하고, 재사용된 양피지의 초기본을 재생시켜 내어야 한다."[45] 그러면서 데리다는 이렇게 덧붙인다. "형이상학은 서구 문화를 재구성하고 반영하는 백색 신화다. … 그[인류]는 여전히 이성을 찾고 싶어 할 것임이 분명하다."[46]

한 가지 점에 있어서는 동의하지 않을 사람이 거의 없을 것이다. 데리다는 지속적으로 '죽은 은유'를 염두에 두고 있고, 그것의 재활성화 가능성을 모색한다. 어떤 은유들은 "철학적 개념으로 유통되는 동안 닳고(프랑스어 usé), 지워지고, 반질반질한" 동전같이 변해 있을 수 있다.[47] 이런 은유들은 그 원래의 힘을 전적으로 잃어버렸지만, 때로는 매우 유혹적인 효과를 수반하고 재사용되기도 한다. 그 원래의 의미는 매우 감각적이고 실감 나는 것이었겠지만, 문제는 이 은유가 더 이상 주목을 받지 못한다는 것, 그리고 "그 자체로, 또한 그것과 관련하여 … 이중의 소멸"을 거치게 된다는 것이다.[48]

은유는 그것이 처음 가졌던 그림 같은 본질과 그 원래의 기발함이

43 Derrida, 'White Mythology', p. 266.
44 Derrida, 'White Mythology', p. 268.
45 Derrida, 'White Mythology', p. 212.
46 Derrida, 'White Mythology', p. 213.
47 Derrida, 'White Mythology', p. 211.
48 Derrida, 'White Mythology', p. 211.

시간이 갈수록 차츰 닳아서 그 특질을 잃어 가게 된다. 이와 관련하여 데리다는 이렇게 말한다. "위쥐르[usure, 사용을 통해 퇴화된 은유를 가리키는 프랑스어]의 가치는 해석에 달린 문제다. 이것은 은유적 관점과 체계적 결속을 가지는 것으로 보인다."[49] 데리다는 이전에 창의적으로 사용되던 단어들 속에 함유된 은유적 요소가 차츰 퇴색되고 관습화되면서 결국에는 은유적 표현이 문자적 표현으로 변한다고 지적한다.[50] 그는 특히 공간 은유들을 공격의 대상으로 삼는데, 이는 앙리 베르그송(Henri Bergson)이 의심의 대상으로 삼았던 것이기도 하다. ("A 성도가 시험에 빠졌다"라고 할 때 시험을 구덩이 같은 공간으로 보는 것이 공간 은유인데, 이는 은유이긴 하나 실제로는 그 은유성을 크게 자각하지는 못한다. — 역주).

수사적 은유는 다른 은유들보다는 덜 즉각적인 의심의 대상이 된다. 하지만 이와 관련해서도 데리다는 이렇게 말한다.

> 수사학이 은유를 정의할 때마다, 여기에는 **하나의** 철학이 함의될 뿐만 아니라 철학 **자체**를 구성하는 개념적 연결망 또한 함의된다. 더군다나 이 연결망 안의 각각의 실타래가 하나의 **회전** 또는 **움직임**(turn)을 이룬다. 다시 말해서 이런 인식이 여기서 너무 파생적인 것이 아니라면, 사람마다 은유를 말할 수 있다.[51]

20세기의 가장 영향력이 큰(옳든 그르든) 철학자들인 비트겐슈타인과 데리다는 두 가지 측면에서 공통적 견해를 공유한다. 비트겐슈타

49 Derrida, 'White Mythology', p. 215.
50 Derrida, 'White Mythology', p. 225.
51 Derrida, 'White Mythology'. p. 230 (강조는 원문 그대로).

인은 앞서 인용한 데리다의 언급과 유사하게 "철학의 전체 구름은 한 방울의 문법으로 압축된다"라고 말한다.[52] 두 사람은 또한 은유나 실물 지시 정의는 해석을 필요로 한다는 데 의견이 일치한다.[53] 데리다는 은유의 하부 체계가 "그 존재의 유비 이론, 그 논리, 그 인식론, 그리고 … 그 시학 및 수사학에 이르기까지 아리스토텔레스식 존재론의 거대한 이동 사슬에 속해 있다"라고 지적한다.[54] 은유와 관련하여 그는 "조금씩 조금씩, 그리고 천천히 나는 정신을 그 특권적 이미지에의 예속에서부터 풀어놓기를 시도했다"라고 이야기한다.[55] 데리다는 아리스토텔레스뿐만 아니라 플라톤, 데카르트, 헤겔을 주된 공격 대상으로 삼는다. 그의 결론은 이것이다.

> 은유는 철학에 의해 잠정적 의미 상실로 개념 설정된다. … 은유에 대한 철학적 평가는 항상 애매했다. 은유는 **위험하고** 낯설다. 왜냐하면 은유가 관심 가지는 것은 **직관**(봄이나 접촉), **개념**(포착 또는 기의의 적합한 현존), 그리고 **의식**(근접 혹은 자기 현존)이기 때문이다.[56]

은유의 인지적 힘과 언어 외적 지시: 리쾨르와 소스키스

우리가 위에서 살펴본 『은유의 규칙』과 이 주제를 다루는 다른 책들 외에도, 『세메이아 *Semeia*』 제4권에 수록된 리쾨르의 1975년도 논문

52 Wittgenstein, *Philosophical Investigations*, 2, xi, p. 222.
53 Wittgenstein, *Philosophical Investigations*, sect. 28.
54 Derrida, 'White Mythology', p. 236.
55 Derrida, 'White Mythology', p. 260.
56 Derrida, 'White Mythology', p.270 (처음 강조는 첨가, 나머지는 원문 그대로).

이 우리가 강조하고자 하는 요점과 관련하여 특별히 유용하다.[57] 리쾨르는 은유와 관련된 이 논문을 시작하면서 우리의 현재 논점을 정확하게 확인해 주는 두 가지 핵심을 제시한다. 그는 성경 담론에 사용된 은유와 관련하여 특별히 두 가지를 주장하는데, 그 하나는 "은유는 비유적인 표현 그 이상이고, 그 속에 **의미론적 혁신**을 담고 있다"라는 점이다. 또 다른 하나는 "은유가 토박이성 또는 지시적 차원을 가진다는 것, 다시 말해서 **현실을 재정의**하는 힘을 가진다"라는 점이다.[58] 은유는 단지 생각만 전달하는 것이 아니라 현실을 전달한다. 이런 측면을 강조하기 위해 리쾨르는 은유가 단어들 차원보다는 문장 또는 명제 차원과 연관성을 가진다는 점을 지적하고 있다.

첫 번째 논제와 관련하여 리쾨르는 은유가 비유적 어구 또는 "문자적인 것으로부터의 이탈을 통한 이름 짓기의 확장"이라고 주장한다.[59] 그가 볼 때 은유는 "오직 진술 속에서만 의미가 있으며, 은유는 술어화 현상의 하나이다."[60] 그러나 이렇게 말한다고 해서 그가 리처즈가 말하는 은유의 원관념과 보조 관념 사이의 긴장을 부정하는 것은 아니다. 은유적 차원에서의 작용을 통해 "은유적 해석은 느닷없는 자멸적 모순을 의미 있는 모순으로 변화시킨다. 이는 말에 일종의 '반전'을 부여하는 변화이다."[61]

리쾨르는 문학 이론과 특히 시적 담론에서 이런 인식이 너무 쉽게

57 Paul Ricoeur, 'Biblical Hermeneutics', in *Semeia: An Experimental Journal for Biblical Criticism* (1975), pp. 29-145, 특히 'The Metaphorical Process', pp. 75-106.

58 Ricoeur, *Semeia* 4 (1975), p. 75 (강조는 원문 그대로).

59 Ricoeur, *Semeia* 4 (1975), p. 76.

60 Ricoeur, *Semeia* 4 (1975), p. 77.

61 Ricoeur, *Semeia* 4 (1975), p. 78.

오해되고 있다는 것을 인정한다. 은유가 그 자체로 닫혀 있는 것처럼, 또는 순전히 **언어 내적** 현상인 것처럼 취급되고 있다는 것이다. 이런 경고는 철학이나 언어학보다 문학비평을 전문으로 하는 성경학자들에게 더 적실성이 있다. 리쾨르는 고틀로프 프레게(Gottlob Frege)의 의미와 지시(독일어 Sinn과 Bedeutung)의 구분을 활용하여 이와 같이 설명한다.

> 의미는 하나의 진술이 말하는 **내용**에 해당하며, 지시는 그것이 **무엇에 대하여 말하고 있는지**에 해당한다. 하나의 진술이 말하고 있는 내용은 그 진술 안에 내재한다. 그것은 그 진술의 내적 배열이다. 그 진술이 무엇에 대하여 말하는 것인지의 문제는 언어 외적 성격을 가진다. … 이는 세상에 대하여 말한 말이다.[62]

리쾨르는 구조주의에 대해서도 비판적인 입장을 취한다. 구조주의 역시 언어의 기능을 순전히 언어 내적 또는 내재적 차원에 국한시킨다고 보는 것이다. 모든 것을 차이의 상호 작용으로(데리다가 종종 그렇게 하는 것처럼) 보는 것으로는 충분하지 못하다. 심지어 노스럽 프라이(Northrop Frye)까지도 언어를 '자기 충족적'인 것으로 본다. 리쾨르는 시적 언어가 "모든 지시의 철폐를 의미하는 것은 아니"라고 주장한다.[63]

이런 주장을 뒷받침하기 위해 리쾨르는 로만 야콥슨과 그의 '지시 분할' 개념을 차용한다. 야콥슨의 주장은 이런 것이다. "지시적 기능을 능가하는 시적 기능의 우위가 지시(외연)를 지우지는 않는다. 오히려 그

62 Ricoeur, *Semeia* 4 (1975), p. 81 (강조는 원문 그대로).

63 Ricoeur, *Semeia* 4 (1975), p. 83.

것을 애매하게 한다." 다시 말해서 "지시를 둘로 분할한다."[64] 그것의 결과는 "현실에 대한 새로운 비전이 솟아난다"는 것이다.[65] 나아가서 리쾨르는 막스 블랙의 『모델과 은유 *Models and Metaphors*』, 메리 헤세(Mary Hesse)의 『과학 분야에서의 모델과 유비 *Models and Analogies in Science*』 같은 책을 통해 자신의 입장을 뒷받침한다. 과학 분야에서는 답을 찾아가는 발견의 한 방식으로 모델을 사용한다. 이 과정에서 부적절한 해석은 버리고, 보다 적합한 해석을 모색한다. 메리 헤세는 이런 과정에 사용되는 모델 또는 은유를 **재진술의 도구**라 부른다.

막스 블랙은 모델을 세 가지 부류로 구분한다. 모형 보트와 같은 모형 모델, 도형, 그리고 이론적 모델이 그것이다. 이론적 모델은 상상의 사물을 구상하여 이를 보다 복잡한 현실 속에 투영한다. 리쾨르는 이 세 모델을 다 발견법 차원의 모델로 보고 있다. 그는 블랙의 핵심 주제에 찬성을 표한다. "기억에 남는 은유는, 한 영역에 직접적으로 적합한 언어를 다른 것을 보기 위한 렌즈로 사용하는 방식을 통해, 두 별개의 영역을 인지적, 감정적 관계로 묶어 내는 힘을 가진다."[66] 이처럼 블랙은 은유가 가지는 상호 작용의 기능을 강조한다. 리쾨르와 블랙 모두는 넬슨 굿맨(Nelson Goodman)의 주장, 곧 시와 예술의 언어는 보다 '객관적'인 것으로 추정되는 과학의 언어와 무관하지 않다는 주장에 찬성한다. 이 두 영역 모두에 있어서 그림 언어는 현실을 재구성한다. 리쾨르는 이렇게 결론을 짓는다. "[과학이나 신학과 마찬가지로] 시적 언어 역시 현실을 이야기한다."[67] 이안 폴(Ian Paul)은 리쾨르가 은유를 "지각의

64 Ricoeur, *Semeia* 4 (1975), p. 84.

65 Ricoeur, *Semeia* 4 (1975), p. 84.

66 Ricoeur, *Semeia* 4 (1975), p. 85; and Black, *Models and Metaphors*, p. 237.

67 Ricoeur, *Semeia* 4 (1975), p. 87.

영역에서 인식의 영역으로" 옮겼다고 잘 평가한다.[68]

리쾨르의 『세메이아』 논문의 나머지 부분은 우리가 앞에서 이야기했던 주제들을 단순히 되풀이하고 있다. 그는 은유가 '재진술'을 통해 현실을 진술한다고 말한다. 그는 또한 비유 해석의 역사를 살피기도 하는데, 이는 이 책 6장에서 상세히 살펴보게 될 주제이다. 특히 리쾨르는 율리허(Adolf Jülicher)가 은유의 가치를 격하시킨다고 비판한다. 그가 볼 때 율리허는 은유에 대한 '대체' 이론을 견지하고 있는데, 이는 문자적 의미가 아무런 의미 변화 없이 은유로 대체될 수 있다고 보는 부적절한 은유 이론이다. 이에 비해 에버하르트 융엘은 은유의 창의적 힘을 잘 포착한다. 융엘은 율리허와 달리 은유가 가지는 긴장이나 '반전'을 잘 이해한다(6장 참조).[69] 나아가서 은유적 긴장에 대한 해석 또는 전용이 즉각적 효력을 일으키는 경우, 이는 비유가 계시의 '사건'으로 작용하는 것과 일맥상통한다. 일부 은유는 전통 속에서 '죽은' 은유로 퇴색하기도 하지만, 그러나 은유의 '존속'을 통해 이 은유들이 새로운 삶을 얻기도 한다. 이는 특히 구약에서 하나님을 왕, 아버지, 남편, 심판자, 바위, 산성, 구속자 등으로 표현하는 '뿌리' 은유들의 경우에서 그 예를 잘 찾아볼 수 있다. 이런 은유들은 "보다 더 개념적인 차원에서의 해석을 불러일으키는 잠재력"을 소지하고 있다.[70]

공상적 내러티브는 발견법 차원의 기능을 수행하는데, 이런 면과 관련해서 리쾨르는 존 도미닉 크로산(John Dominic Crossan)의 『비유로 *In*

68 Ian Paul, 'Metaphor', in Kevin J. Vanhoozer (ed.), *Dictionary for Theological Interpretation of the Bible* (London: SPCK, and Grand Rapids: Baker Academic, 2007), p. 507; cf. pp. 507-10.

69 Ricoeur, *Semeia* 4 (1975), pp. 91-3.

70 Ricoeur, *Semeia* 4 (1975), p. 94.

Parables』와 큰 일치를 보인다. 리쾨르는 내러티브가 가리키는 지시 대상에의 참여를 잘 강조한다. 그는 또한 은유와 플롯에 관한 댄 오토 비아(Dan Otto Via)의 글도 참조한다.[71] 복음서가 가리키는 보다 확대된 지시 대상은 "'예수의 비유'일 뿐만 아니라" "십자가에 달리신 분"이기도 하다는 것이 리쾨르의 결론이다.[72]

리쾨르에 이어서 재닛 마틴 소스키스 역시 은유가 가지는 인지적 힘, 은유의 언어 외적 지시, 종교적 은유와 과학적 은유의 유사성 주제를 탐구한다.[73] 이 마지막 주제와 관련해서는 특히 메리 헤세와 롬 하레(Rom Harré)의 작업을 활용하고 있다.[74] 이들은 은유가 하나의 모델을 제시한다고 보는 차원에서 "이론 구성적 은유"를 이야기한다.[75] 이안 램지(Ian Ramsey) 역시 과학이 사용하는 모델(예를 들어 물리학의 '파동')에 주목하며, 이를 신학에 적용한다. 모델은 당장 관찰이 가능하지 않은 어떤 것을 묘사하기 위해 사용된다. 이와 관련하여 소스키스는 이렇게 결론짓는다.

> 기독교 유신론자는 '하나님은 아버지다'라든지 '하나님의 나라'와 같은 모델을 단순히 인간 경험의 평가적 재묘사를 위해 취하는 것이 아니라, 그 자신으로서는 온전히 다 이해할 수 없으리라는 것을 아는 어떤 사태나 관계를 이야기하기 위해 이를 채용한다.[76]

71 Ricoeur, *Semeia* 4 (1975), pp. 96-9.
72 Ricoeur, *Semeia* 4 (1975), p. 105.
73 Soskice, *Metaphor*, 특히 pp. 97-161.
74 Mary B. Hesse, *Models and Analogies in Science* (Notre Dame, IN: Notre Dame University Press, 1966); and Rom Harré, *The Principles of Scientific Thinking* (London: Macmillan, 1970).
75 Soskice, *Metaphor*, p. 102.
76 Soskice, *Metaphor*, p. 102.

소스키스는 과학의 모델을 설명적인 것으로, 종교의 모델을 정서적 또는 감정적인 것으로 보는 전통적인 대조가 크게 과장되었다고 보고 있다. 그녀는 샐리 테셀(Sallie Teselle)에게서 이런 경향을 발견한다. 토머스 포셋(Thomas Fawcett)도 유사한 경향을 가지는데, 그래도 그는 중도적 입장을 취하려는 노력을 보인다.[77] 소스키스의 결론은 "과학에 있어서 모델은 없어도 무방하지만, 종교의 모델은 없어서는 안 된다"라는 것이다.[78] 특히 자신의 책에서 '은유, 지시, 현실주의'라는 제목을 붙인 장에서 소스키스는 이 문제를 집중적으로 다루고 있다. 소스키스는 로널드 헵번(Ronald Hepburn)의 말을 인용한다. "신학자들의 최대 관심은 … 신화, 은유, 상징의 원이 닫혔느냐[다시 말해서, 비지시적이냐] 아니냐 하는 것이며, 만일 닫혔다면, 어떤 방식으로 하나님에 대한 명제들을 이야기할 수 있느냐 하는 것이다."[79]

소스키스는 이 장의 대부분을 '순진한 현실주의'(naïve realism)의 부적절함을 공격하는 데 쏟고 있다. 이런 관점에 따르면 은유에 있어서도 "하나님이 화를 내신다"거나 "하늘의 왕"과 같은 표현들이 충분한 합당성을 가지지 못하는 것으로 평가될 것이다. 하레는 과학 분야에서 사용되는 은유와 모델을 두고 이런 유형의 지적을 하고 있다. 반면 "이론 구성적 은유는 … 단편적인 지시 용어들의 구성체를 제공한다는 점에서 유용하다." 소스키스는 새로운 은유들이 가지는 "바로 그 희미함"을 반

77 Soskice, *Metaphor*, p. 110; Sallie McFague Teselle, *Speaking in Parables: A Study of Metaphor and Theology* (London: SCM, 1975), pp. 43-89; and Thomas Fawcett, *The Symbolic Language of Religion* (London: SCM, 1970).

78 Soskice, *Metaphor*, p. 112.

79 Soskice, *Metaphor*, p. 118; Ronald Hepburn, 'Demythologizing and the Problem of Validity', in Antony Flew and Alasdair MacIntyre (eds), *New Essays in Philosophical Theology* (London: SCM, 1955), p. 237 and pp. 227-42.

기고 있다.[80] 이 점에 있어서 소스키스는 막스 블랙의 은유 이론에 대해 유보적 입장을 표명한다. '순진한 현실주의'의 관점에서라면 "유신론자가 하나님에 대한 이야기를 하고자 할 때, 하나님을 유한한 존재로 만드는, 그래서 그 자질을 우리가 제한하기도 하고 기술하기도 할 수 있는 사물들 중의 한 사물로 만드는 대가를 지불하고서만 그렇게 할 수 있을 뿐이다."[81] 이와 함께 소스키스는 한 면에서는 하나님에 대해 순전히 비대상화된 언어만을 사용하려는 돈 큐핏(Don Cupitt)과, 또 다른 한 면에서는 경험주의의 지배를 부르짖는 에이어(Alfred J. Ayer) 같은 공리주의자들을 공격한다.

소스키스는 결론부에 가서 '유용한 픽션들'이 하나님의 개념을 탐구함에 있어서 필요하다는 리쾨르의 입장에 동의를 표하면서도 하나의 단서를 제시한다.[82] 곧 "공동체가 필수적"이라는 것이다. "왜냐하면 화자는 저마다 특정 이해 공동체의 일원이며, 이 공동체는 화자의 지시적 주장들을 위한 맥락을 제공하기 때문이다."[83] 그러면서 소스키스는 이렇게 덧붙인다. "과학적 이해 공동체가 있는 것처럼 종교적 이해 공동체(예를 들어 기독교인들)도 있다. 이들은 공유된 추정, 이해, 해석의 전통으로 묶여 있으며, 하나의 진술적 어휘를 공유한다."[84] 조금 뒤에 가서 소스키스는 자신의 논의의 핵심에 해당되는 이런 말을 한다. "계시가 어디서나 무작위적으로 취할 수 있는 일단의 자유롭게 부유하는 진리들로 존재한다고 보는 사람들은 기독교가 '그 책의 종교'라고 하는 말의

80 Soskice, *Metaphor*, p. 133.

81 Soskice, *Metaphor*, p. 141.

82 Soskice, *Metaphor*, p. 147.

83 Soskice, *Metaphor*, p. 149.

84 Soskice, *Metaphor*, p. 150.

의미를 오해하고 있다."[85] 그녀가 제시하는 요한복음의 은유들(예를 들어 '생수'), 계시록의 은유들(예를 들어 '생명수의 강'), 존 뉴턴의 경건서에 나오는 은유들(예를 들어 '물을 내는 반석')은 하나님을 생수의 원천으로, 반석과 산성으로 묘사하는 은유들인데, 이들은 모두 기독교 전통 속에서 명백한 의미를 가지고 견고히 뿌리를 내리고 있다. 필자는 소스키스의 작업에 전적으로 동의를 표한다.

은유의 긍정적 측면에 대해 우리는 이런 결론을 내리고자 한다. 은유는 긍정적 진리 주장을 할 뿐만 아니라, 새로운 지평을 열기도 하며, '나의' 세계의 고집과 자기중심적 나르시시즘에 대한 해독제 역할을 하기도 하고, 죽은 과도-친밀화(이미 알려지고 한계가 정해진 것들에 대한 친숙함)를 피할 수 있게 하며, 아직 알려지지 않은 것이나 충분히 이해되지 못한 것에 대해 문을 열어 주기도 한다. 우리가 뒤에 가서 보게 될 계시록의 시각적 이미지들이 이에 대한 좋은 예가 될 것이다. 예수님과 바울의 가르침 역시 이를 잘 보여 준다.

85 Soskice, *Metaphor*, p. 154.

4장 그림과 시각 이미지 해석

해석의 틀로서의 '체계'

재닛 소스키스는 이 장에서 우리가 다루고자 하는 문제의 출발점으로 우리를 잘 인도한다. 소스키스는 그림과 시각 이미지를 '자유롭게 떠다니는' 부호들의 세계 속에 놓고 볼 것이냐, 아니면 그것들이 뿌리를 박고 있는 체계, 전통, 공동체, 혹은 경우에 따라서는 일정한 관습의 세계 속에 놓고 볼 것이냐 하는 것이 매우 중대한 차이를 만든다는 것을 잘 지적한 바 있다. 물론 일부 관습은 틀린 것일 수도 있다. 예를 들어 어떤 비유나 신학적 은유에 대한 인기 있는 오해가 대중에게 굳게 뿌리를 내리고 있는 경우가 있을 수 있다. 그러나 이런 부정적인 현상들이 있다고 해서 이것이 소스키스가 말하는 진정한 체계, 전통, 공동체의 중요성을 무효화하지는 않는다.

우리는 먼저 도널드 에번스가 말하는 '~으로 봄 또는 여김'(on-looks)의 개념에서부터 시작해 보고자 한다. 우리는 1장에서 이에 대해 간략하게 언급한 바 있다. 에번스는 "'x를 y로 봄'은 x를 하나의 **구조**, 기구, 또는 구도 **속에** 배치시킴을 포함한다"라고 진술한다.[1] 이는 어떤 사안을 두 가지 다른 체계 속에서, 혹은 두 가지 다른 관점으로 본다는 것을 말한다. 이런 측면은 해석학에 있어서 클라드니우스가 말하는 '관점'의 인식을 발전시킨 것이다. 필자는 이런 원리를 은혜와 믿음으로 말미암는 칭의의 주제에 적용한 바 있다.[2] 인간은 역사와 율법의 틀(혹은 체계) 속에서는 '죄인'의 판정을 받지만, 종말론 혹은 그리스도 안에 있음의 틀(혹은 체계) 속에서는 동시에 '의롭다 함'의 판정을 받는다. 이는 옛 가톨릭 학자들인 프랏(F. Prat)이나 아미옷(F. Amiot)이 주장하는 것처럼 경험상의 모순을 일으키지 않는다.[3] 왜냐하면 위 두 가지 측면은 두 가지 다른 체계와 연결될 뿐만 아니라, 주로 이들이 두 가지 신적 판정과 연결되기 때문이다. 이 둘은 단순히 두 개의 평면적 진술이나 명제가 아니다. 만일 그렇다면 서로 모순되는 두 가지 진술이 다 참일 수는 없을 것이다. 존 오스틴(John L. Austin, 1911-60)은 이 두 가지 판정을 '판정 행위'(verdictive) 화행으로 분류한다. '죄인'인 우리를 '의롭다'고 칭하시는 하나님의 말씀 행위가 곧 '판정 행위'에 해당한다.

비트겐슈타인은 '~으로 봄' 현상을 상세히 다룬다. 그는 라디오 회로도를 보는 일을 한 예로 들고 있다. 한 번은 이를 의미 없는 선들을 어지럽게 그려 놓은 것으로 본다. 또 한 번은 이를 자신이 받은 훈련에 따라 어떻게 특정 유형의 라디오를 조립할지 일러 주는 지시나 묘사로

1 Donald Evans, *The Logic of Self-Involvement* (London: SCM, 1963), p. 127 (강조는 첨가).

2 Anthony C. Thiselton, *The Two Horizons: New Testament Hermeneutics and Philosophical Description* (Grand Rapids, Eerdmans, 1980), pp. 417-22.

3 F. Prat, *The Theology of St. Paul* (Eng., 2 vols, London: Burns & Oates, 1945), vol. 2, p. 247; F. Amiot, *The Key Concepts of St. Paul* (Eng., Freiburg: Herder, 1962), pp. 120-25.

본다.[4] 심지어 예술에 있어서도, 어떤 그림을 처음 볼 때는 어지럽고 의미 없는 선들로 볼 수 있다. 그러나 두 번째로 볼 때, 아니면 두 번째 사람은 그 그림을 하나의 풍경화로 본다.[5] 비트겐슈타인은 또 다른 글에서 이렇게 말한다. "우리가 어떤 단어를 들을 때 동일한 사물이 우리 마음에 떠오르겠지만, 그 적용은 서로 다를 수 있다."[6] 이런 결과가 일어나는 이유는 우리가 그 그림 혹은 은유를 다른 체계, 혹은 다른 일련의 기대 속에 끼워 넣기 때문이다. 비트겐슈타인의 말처럼 "그것은 내게 매우 친숙한 사물을 재현한다."[7] 그는 하나의 그림을 바라보고 해석하는 데 영향을 미치는 16가지 종류의 상황(혹은 체계)을 비교해서 보여 주기도 한다. 그는 여러 가지 종류의 예들을 제시한다. 가령 어떤 사람이 시계의 표면을 바라보고 있다고 하자. 그 사람은 시계가 시간을 어떻게 알려 주는지의 관습을 잘 알지 못하는 사람이다. 그렇다면 이 사람은 시계 바늘을 무엇으로 볼 것인가? "이 모든 것이 그 기호가 속하는 **체계**에 달린 문제"라고 비트겐슈타인은 말한다.[8]

'체계'라는 개념은 삶의 정황으로부터 비롯된다. 비트겐슈타인은 "생각과 삶의 흐름 속에서만 말은 의미를 가진다"라고 말한다.[9] 이는 시각적 재현이나 그림에는 더욱더 잘 적용되는 말이다. 비트겐슈타인은 또한 "이해는 설명으로 말미암아 일어나지만, 훈련에 의해 이루어지기

4 Ludwig Wittgenstein, *Zettel* (Oxford: Blackwell, 1967), sect. 201.

5 Wittgenstein, *Zettel*, sect. 195.

6 Ludwig Wittgenstein, *Philosophical Investigations* (Eng. and Ger., Oxford: Blackwell, 1958), sect. 140.

7 Wittgenstein, *Philosophical Investigations*, sect. 197.

8 Wittgenstein, *Zettel*, sect. 228 (강조는 원문 그대로).

9 Wittgenstein, *Zettel*, sect. 173.

도 한다"라고 말한다.[10] 어떤 주어진 영역 속에서 오래 훈련을 받게 되면, 우리는 그림을 어디에 끼워 맞추어야 하는지를 알게 된다. 이는 역으로 왜 오해가 일어나는지에 대한 설명이 되기도 한다. 신학을 가르치는 사람으로서 필자가 겪었던 부정적인 경험 가운데 하나는 학생들이 좋은 신학 사전이 아니라 신학적 의미를 전혀 다루지 않는 일반 영어 사전을 들고 신학을 공부하려 할 때 일어났다. 신학에 있어서 어떤 개념을 전혀 이해하지 못하는 것보다 더 나쁜 것은 어떤 주어진 개념이나 그림의 일반적인 정의에 의해 그 정확한 신학적 의미가 가려지는 경우이다. 천국에 대한 일부 인기 있는 그림은 천상의 존재 양식을 정적인 '완전'의 상태로 이해한다. 이는 성경이 말하는, 늘 새롭게 하시는 성령의 일이나, 그가 부활 생명을 주관하신다는 사상(고전 15:44)과 거리가 멀다. 더 나쁜 것은 하나님의 '높으심'에 대한 일부 인기 있는 그림은 그분이 '저 높은 곳에' 있다는 의미로 이해한다는 것이다. 이안 램지(Ian Ramsey)가 잘 보여 주는 것처럼, 하나님에 대한 이런 형태의 모델은 다른 보완적 모델들에 의해 지원을 받는다. 하나님의 '높으심'은 그분의 '저 너머에 계심', '내부에 계심', '무한하심' 등의 자질들에 의해 지원을 받는다.[11]

우리가 사람의 얼굴을 볼 때, 어떤 무리의 친구들 속에 그 얼굴을 배치하느냐에 따라 그것이 말하는 의미가 달라진다고 비트겐슈타인은 말한다.[12] 우리는 "시각적 인상"이라는 개념을 말할 때에도 그것을 어떤

10 Wittgenstein, *Zettel,* sect. 186.

11 Ian T. Ramsey, *Religious Language: An Empirical Placing of Religious Belief* (London: SCM, 1957), pp. 49-89; cf. Ian Ramsey, *Models and Mystery* (Oxford: OUP, 1964); Ian Ramsey, *Christian Discourse* (Oxford: OUP, 1965); Ian Ramsey, *Models for Divine Activity* (London: SCM, 1973).

12 Wittgenstein, *Zettel*, sect. 198.

기존의 체계 속에 맞추어 넣을 수 없다면 과연 그것이 무엇인지를 이해하는 데 한계를 가질 수밖에 없다.[13] 어떤 것을 보는 방식이 갖추어지면 그것을 다르게 보기는 어려울 것이다. "우리는 중국인의 문장을 이해하지 못하는 만큼이나 중국인의 몸짓을 이해하지 못한다"라고 그는 말한다.[14] 어떤 때는 비트겐슈타인은 지도 읽기 관습에 대해 이야기하기도 한다. 지도 읽기는 그것을 읽는 사람이 지도의 규칙을 훈련받지 않는 한 애매할 수밖에 없다. 상상력을 동원하는 것으로는 충분하지 않다. "누군가가 무엇을 '상상'할 수 있다고 말한다고 해서 그것의 의미를 알게 되었다는 뜻은 아니다."[15] 비트겐슈타인은 사차원 큐브를 여러 가지 방식으로 활용하기도 한다. 얼굴 표정들과 관련해서 그것이 "놀랍도록 애매하다"고 말하기도 한다. 영화를 관람할 때도 그렇다. 적절한 체계 이해를 공유할 때, 우리는 어두운 극장 안에서 영화를 즐길 수 있게 된다. "그런데 이제 불이 켜지고 … 갑자기 우리는 그것[영화] 밖에 서서 그것을 스크린 위의 빛과 어두움이 뒤섞인 움직임으로 보고 있다."[16] 이는 마치 꿈을 꾸다가 깬 것과 같은 일일 것이다. 비트겐슈타인은 이렇게 설명한다. "**그림은**, 그것이 무엇이든 간에, **다양하게 해석될 수 있다**. 그림은 … **그 자체로서는 … 죽은 것이다**."[17]

여기서 '체계'란 엄격한 논리적 틀을 말하는 것이 아니다. 일상의 삶 속에서 그것이 의미하는 바는, 우리가 그 관점에서 어떤 그림의 의미를 이해할 수 있도록 '환경' 또는 '배경'을 만들어 주는 일련의 기대들,

13 Wittgenstein, *Zettel*, sect. 205.
14 Wittgenstein, *Zettel*, sect. 219.
15 Wittgenstein, *Zettel*, sect. 250.
16 Wittgenstein, *Zettel*, sect. 233.
17 Wittgenstein, *Zettel*, sect. 236 (강조는 첨가).

추정들, 신념들 등을 가리킨다. 철저하게 고립된 그림은 어떤 적절한 또는 부적절한 틀 속에 그것을 끼워 넣지 않는 한 그냥 죽은 채로 남아 있다. 비트겐슈타인은 『확실성에 관하여 *On Certainty*』라는 책에서 이렇게 말한다. "우리가 처음 어떤 것을 믿기 시작할 때, 우리가 믿는 것은 하나의 단일한 명제가 아니다. 그것은 전체 명제들의 체계이다."[18]

해석의 틀로서의 전통과 텍스트

은유와 관련하여 소스키스가 말하는 것처럼, 전통이나 공동체는 한 은유의 일관성 있는 해석을 위한 역사적 연속성을 보장하는 해석의 틀을 제공한다. 소스키스는 이렇게 말한다. "어떤 개인이 사용하는 기술(descriptive) 어휘는 조사와 확인의 특정 전통에 뿌리를 두는 … 이해의 공동체에 의존한다."[19] 그녀는 이 원리의 적용을 유전학자와 생화학자와 같은 과학적 이해 공동체와, 또한 특별히 그리스도인과 교회 공동체에서 찾고 있다. "확립된 신념 체계"와 "공유된 추정 및 전통"을 언급하는 것은 과학과 종교에 있어서 결코 낯선 일이 아니다. 소스키스는 기독교와 과학의 관계에 대한 진지한 토론의 예들을 토마스 아퀴나스, 잠바티스타 비코(Giambattista Vico), 토머스 쿤(Thomas Kuhn) 등의 사상과 저작을 통해 밝히고 있다. 심지어 "자연 신학의 추상 개념들"조차도 이 원리에서 벗어나지 않는다.[20] 십자가의 성 요한(St John of the Cross)이 "영혼의 어두운 밤"을 이야기할 때나, 또 다른 사람들이 "복된 환상"이나

18 Ludwig Wittgenstein, *On Certainty* (Eng. and Ger., Oxford: Blackwell, 1969), sect. 141.

19 Janet Martin Soskice, *Metaphor and Religious Language* (Oxford: Clerendon Press, 1985), p. 149.

20 Soskice, *Metaphor,* p. 150.

출애굽의 "신적 임재의 구름의 강림"을 이야기할 때, 은유는 일종의 교리문답서 기능을 수행한다고 소스키스는 주장한다. 신비주의자들의 언어조차도 신비주의 전통에 닻이 내려져야 한다는 것이다.[21] 우리는 이 주제를 이 책의 제3부에서 자세히 살피게 될 것이다.

소스키스는 우리가 지금 다루고 있는 문제와 연관성을 갖는 다른 많은 것들을 이야기하고 있다. 몇 가지를 더 소개해 보자면, 첫 번째로, 언어 외적 지칭 혹은 "사실주의"가 오류의 가능성을 안고 있다는 것을 그녀는 지적한다.[22] 이런 이유 때문에 우리는 그림 혹은 은유가 매우 강한 힘을 가지고 있다고 하더라도 그것이 바르게 해석되지 않을 때는 **우리를 미혹시키기도 한다**는 것을 강조하고 있는 것이다. 두 번째로, 은유는 "신념과 실천의 전통 속에서" 이해되어야 하고 "모델은 맥락 속에서 이해되어야만 한다"라는 것이다. 이는 이안 램지가 '영'과 관련하여 잘 예시한 바 있다.[23] 세 번째로, 은유와 모델은 세대를 거쳐 오면서 확립된 애호하는 개념들의 축적을 반영한다. 물을 내는 반석, 찔린 옆구리, 생명 샘 등은 세대를 거쳐 오면서 성경을 묵상하는 사람들에게 사랑받아 온 개념들이다. 이는 예표론(모형론)의 관점에서 성경을 읽는 것과도 연관성이 있다.

이런 면은 비트겐슈타인이 그의 책 『확실성에 관하여』에서 강조하는 것과도 일치된다. 그는 이렇게 말한다. "내가 굳게 붙잡는 것은 하나의 **단일** 명제가 아니라 명제들의 집단이다."[24] 어떤 개념들은 "우리 사상의 **발판**(scaffolding)에 속한다(모든 인간은 부모를 가진다)." 비트겐슈타

21 Soskice, *Metaphor,* p. 152.

22 Soskice, *Metaphor,* p. 152.

23 Soskice, *Metaphor,* p. 153; Ramsey, *Models for Divine Activity*, pp. 1-14.

24 Wittgenstein, *On Certainty,* sect. 225 (강조는 원문 그대로).

인이 예로 드는 것은 "기록되었으되" 같은 명제이다.[25] "지구가 존재한다" 같은 명제도 언급하고 있다. 이런 명제들은 다른 또는 이차적인 논의들이 작동하게 만드는 회전축의 역할을 한다.[26]

물론 전통에는 여러 가지 다른 형태들이 있다. 리처드 핸슨의 책 『초대 교회의 전통 *Tradition in the Early Church*』은 이런 문제를 다루기 위해 집필되었다.[27] 초대 교회의 주류 전통은 성경에 뿌리를 두고 있으며, 최대 AD 170년에 이르기까지 이어졌다는 것이 그의 주장이다.[28] 전통을 가리키는 헬라어 단어 파라도시스(paradosis)는 바울이 바울 이전의 공통 사도적 전통을 이야기할 때뿐만 아니라, 예수님께서 배격한 유대인들의 "장로들의 전통"을 이야기할 때도 사용되었다. 핸슨과 오스카 쿨만, 그리고 가톨릭 신학자인 이브 콩가르(Yves Congar) 등이 다 이런 점을 지적하고 있다.[29] 콩가르의 가장 특징적인 점은 이와 같은 진술에 잘 나타난다. "전통은 단지 하나의 보수적인 힘이 아니라, 이어지는 세대들 속에서 동일한 자세의 **연속성과 정체성**이 확보될 수 있게 하는 하나의 원리이다."[30] 전통을 이야기하는 것은 다른 사람으로부터 배울 것이 있고 또한 배워야 함을 함의하는 것이라고 그는 말한다.

"성경 대 전통"이라는 오래된 대립 구도는 심각한 오해를 불러올 수 있다. 이는 전통을 담고 있고 또 그것을 전수하는 성경에 대해서도

25 Wittgenstein, *On Certainty*, sect. 211, 216.
26 Wittgenstein, *On Certainty*, sect. 343 and sect. 655.
27 R. P. C. Hanson, *Tradition in the Early Church* (London: SCM, 1962), p. 7.
28 Hanson, *Tradition in the Early Church*, p. 9.
29 Hanson, *Tradition in the Early Church*, p. 11; Oscar Cullman, '*The Tradition*', *in The Early Church* (Eng., London: SCM, 1956), pp. 62-4; cf. 55-99; Yves Congar, *The Meaning of Tradition* (San Francisco: Ignatius Press, 1964), pp. 9-46.
30 Congar, *The Meaning of Tradition*, p. 2.

합당하지 못하며, 성경을 그 기반으로 삼는 전통에 대해서도 합당하지 못하다. 헬라어 파라도시스(paradosis)나 라틴어 트라디치오(traditio)는 다 같이 '넘겨주다, 이어 전하다'라는 의미를 가진다. 바울은 고린도전서 15:3-4에서 이와 같이 말한다.

> "내가 받은 것을 먼저 너희에게 전하였노니 이는 성경대로 그리스도께서 우리 죄를 위하여 죽으시고 장사 지낸 바 되셨다가 성경대로 사흘 만에 다시 살아나사"

헬라어 본문에는 죽으심과 장사 지냄과 살아남 각각의 항목이 호티(hoti, 영어의 that)에 의해 이끌리고 있는데, 이는 '설명의 호티'의 좋은 예라고 볼 수 있으며, 바울이 받고 전하는 전통의 내용을 진술하는 일종의 인용 부호 역할을 하고 있다. 바울은 '받았다'와 '전하였다'는 동일한 용어를 주의 만찬(고전 11:23)을 이야기할 때도 사용한다. 쿨만이 잘 지적한 것처럼 바울은 동일한 전승 양식을 주의 말씀을 인용할 때도 사용하고 있다(살전 4:15; 고전 7:10; 9:14).[31]

리처드 핸슨은 이렇게 덧붙인다. "제4복음서는 사도들을 통한 그리스도 사역의 연속을, 사도 이후 교회 속에서의 그 연속과 뚜렷하게 구분한다."[32] 그는 또한 예수님의 말씀을 전수하는 "전통의 법칙들"을 탐구하기도 하는데, 이는 일부 양식 비평학자들의 회의적인 접근과는 대조를 이룬다. 오늘날에 와서는 리처드 보컴(Richard Bauckham)의 연구가

31 Cullmann, *Early Church*, pp. 64-5; Hanson, *Tradition in the Early Church*, p. 11.
32 Hanson, *Tradition in the Early Church*, p. 13.

예르하르손(B. Gerhardsson)의 보다 이전 작업을 극복하고 있다.[33] 쿨만과 핸슨은 사도직의 고유성에 대해 서로 같은 입장을 표명한다. 콩가르와 매키(J. P. Mackey) 같은 가톨릭 학자들은 이와는 다른 입장을 취한다.

이레나에우스(Irenaeus, c.130-c.200)와 테르툴리아누스(Tertullian, c.150-c.225) 역시 전통, 특히 공적 전통에 관해 많은 긍정적인 것을 이야기한다. 이레나에우스는 '신앙의 규칙'이 사도적 전통에 뿌리를 두고 있다고 말한다. 그는 자신이 이단으로 규정하고 있는 영지주의자들의 사적 구두 전통의 수용에 맞서서 공적 사도적 전통을 옹호했다.[34] 그는 사도적 전통에 배아적 신조를 포함시킨다. 테르툴리아누스는 기독교적 전통이 성경의 기초 위에 서 있다는 것을 강조하면서 이를 '신앙의 규칙'(regula fidei)이라 불렀는데, 이는 마르시온파나 영지주의자들의 주장과는 대조를 이룬다.[35] 핸슨은 신조를 신약 전통의 일부로 보는 관점을 견지하면서, 이를 이그나시우스와 폴리갑을 거쳐 디다케(Didachē)와 교부들에 이르기까지의 과정을 따라 고찰하고 있다.[36] '신앙의 규칙'을 다루는 장에서 핸슨은 "오리게네스가 성경에 기초하여 이단들을 논박하기를 결코 단념하지 않았다"라고 주장한다.[37] 키프리아누스(Cyprian) 역시 "교리적 전통을 전적으로 성경에 제한했다"라고 말한다.[38] 전통에는 초기 사도적 선포와 관습이 포함되어 있다.

33 Richard Bauckham, *Jesus and the Eyewitnesses: The Gospels as Eyewitness Testimony* (Grand Rapids: Eerdmans, 2006).

34 Irenaeus, *Against Heresies*, 1, 9, 1-2 and 1, 1-4 (Eng., ANF, vol. 1, pp. 329-32); 3, 12, 1-15 (Eng. ANF, vol. 1, pp. 429-36).

35 Tertullian, *Prescription against Heretics*, 37-8 and 42 (Eng., ANF, vol. 3, pp. 262-4).

36 Hanson, *Tradition in the Early Church*, pp. 52-74.

37 Hanson, *Tradition in the Early Church*, p. 98.

38 Hanson, *Tradition in the Early Church*, p. 99.

시각 예술이나 그림의 해석은 그 이해의 정확성을 확인해 주는 해석의 맥락을 필요로 한다. 이레나에우스와 테르툴리아누스, 오리게네스, 키프리아누스 등은 성경적 전통 외의 다른 전통은 해석의 안전한 맥락을 제공해 주지 않는다고 못 박는다. 삼차원적인 예술 작품의 경우에 있어서는 이런 면이 더욱 시급한 요구 조건이 된다. 볼프강 이저(Wolfgang Iser)의 독자 반응 비평은 후설의 제자인 로만 잉가르덴(Roman Ingarden)에게서 많은 영향을 받았다. 인식의 대상이 되는 물체는 그것이 어떻게 제시되고 있는지에 따라서 해석이 좌우된다. 인식의 주체는 자신이 육안으로 볼 수 없는 것을 "채워 넣는다." 예를 들어, 탁자를 볼 때 탁자의 다리 가운데 하나는 우리 시각에 포착되지 않는다. 그러나 일반적으로 탁자의 다리는 네 개라는 기존의 인식을 가지고 있기 때문에 우리는 실제적으로는 보지 못하는 것의 "공백을 채워 넣는다."[39] 우리의 인식 기능이 우리가 실제로 보지 못하는 것을 "현실화한다." 이저는 이를 기록 텍스트를 읽는 일에 적용하고 있지만, 우리는 이것이 삼차원 물체를 볼 때 흔히 적용된다는 것을 잘 알고 있다. 이런 과정은 우리의 정신적 활동이 적절한 '체계' 혹은 기대를 인식하고 있다는 사실에 의존한다. 만일 이 체계가 적절하지 못한 것이라면, 우리의 시각이나 해석, 이해 등은 심각하게 훼손될 것이다. 그림의 인식이나 시각적 해석은 적절한 체계나 전통, 혹은 기대를 필요로 한다.

39 Wolfgang Iser, *The Act of Reading: A Theory of Aesthetic Response* (Baltomore: Johns Hopkins University Press, 1978 and 1980), p. 21 and pp. 182-83; also Iser, 'Indeterminacy and the Reader's Response in Prose Fiction' in J. Hillis Miller (ed.), *Aspects of Narrative* (New York: Columbia University Press, 1971), pp. 1-45; and Wolfgang Iser, *The Implied Reader* (Baltimore: Jonhs Hopkins University Press, 1974).

해석의 틀로서의 관습

신앙 공동체는 '전통'의 일부이다. 왜냐하면 전통은 주어진 공동체의 신념 체계요 행위 기반이며 기대의 맥락이기 때문이다. 그런데 공동체의 뿌리가 특성을 잃어버리고 의식에서 더 멀어지면 멀어질수록 세대를 거쳐 지켜 오던 연속성은 그저 당연하게 받아들여지는 하나의 관습으로 변하고 말 것이다. 우리는 이런 현상과 관련된 다섯 가지 구체적인 그림이나 이미지 혹은 상징의 예를 살펴보고자 한다.

(1) 우리의 첫 번째 주요한 예는 **십자가의 상징**이다. 기독교 전통상 그 기원을 두고 볼 때 십자가는 마르틴 헹엘(Martin Hengel)과 위르겐 몰트만(Jürgen Moltmann)이 지적하는 것처럼, 경멸과 공포의 표식이다. 십자가형은 로마의 점잖은 사람들 사이에서는 거론하는 것조차 기피되던 일이었다. 바울은 십자가를 "거리끼는 것"(헬라어 skandaldon, 고전 1:23)이라고 부르는데, 이는 넘어지게 만드는 것, 또는 수치와 모욕감을 일으키는 것을 가리킨다. 헹엘은 십자가형에 대해 이같이 진술한다.

> 그 집행 과정에는 … 먼저 매를 때리는 일이 포함됐다. 그 후에 수형자는 형틀을 십자가형 장소까지 짊어지고 가야 했다. 그곳에서 죄수는 조그만 나무판 위에 걸치고 앉은 상태에서 두 손을 위로 펼쳐 올린 채 못에 박혔다. … 십자가형의 집행 형태는 상당히 가변적이었다. 십자가형은 형 집행자의 변덕과 가학성이 마음껏 가미될 수 있는 형벌이었다. 십자가형에 대하여 고고학적으로 완전한 진술을 하려는 시도는 헛된 것이다. 집행자에 따라 너무나 많은 다양한 가능성이 열려 있었기 때문이다.[37]

헹엘은 이런 말도 덧붙인다.

> 십자가형은 벌거벗은 수형자를 눈에 잘 띄는 장소, 곧 대로변이나 극장, 높은 언덕, 범죄 현장 등에 공개적으로 매다는 형벌이기에 그 자체가 극도의 모욕감을 드러내는 일이기도 했다. … 특별히 유대인들은 이를 잘 알고 있었다.[41]

바울이 나무에 달린 자를 저주 아래 있는 자라고 부르는 이유가 여기에 있다(갈 3:13, 신 21:23을 근거로). 나아가서 그는 십자가에 달린 그리스도를 전하는 것이 "미련한 것"(헬라어 mōria, 고전 1:18)이라고 말한다. 히브리서 저자는 이를 "부끄러움"(헬라어 aischunē, 히 12:2)이라고 부른다.[42] 초기 기독교 작가인 유스티누스(Justin Martyr, 약 100-165)는 십자가에 달린 그리스도를 전하는 것이 고대 세계에서는 "미친 짓"(mania)으로 간주되었다고 말한다.[43]

십자가형에 대한 헹엘의 탁월한 연구는 오늘날 십자가에 대한 대중적인 전통과는 놀라울 정도로 차이가 있다. 위르겐 몰트만은 이반트(H. J. Iwand)의 말을 인용해서 이렇게 말한다. "우리는 그것[십자가]에 너무 익숙해져 버렸다. 우리는 십자가의 걸림돌을 장미로 덮어 버렸다."[44] 몰트만은 또한 이렇게 말한다. "이스라엘 사람들의 이해에 따르면, 누

40 Martin Hengel, *The Cross of the Son of God* (Eng., London: SCM, 1986), p. 117.
41 Hengel, *The Cross of the Son of God*, p. 179.
42 Hengel, *The Cross of the Son of God*, p. 99.
43 Hengel, *The Cross of the Son of God*, p. 93.
44 Jürgen Moltmann, *The Crucified God: The Cross of Christ as the Foundation and Criticism of Christian Theology* (Eng., London: SCM, 1974), p. 36.

군가가 이런 방식으로 십자가에 달리면 그 사람은 율법의 하나님에 의해 하나님의 백성 가운데서 저주를 당한 자로서 동족에게서 거부당했으며 생명의 언약에서 축출되었다."[45] 몰트만은 이렇게 덧붙인다. "예수님 자신이 예루살렘을 향해 나아갔고, 그 예상되는 고난을 능동적으로 자신의 것으로 취하셨다."[46]

오늘날 아무 생각 없는 서구 사회에서는 십자가가 하나의 장식용 장신구로 변질되어 버렸으며, 교회 안에서조차도 장식을 위한 상징물로 전락했다. 우리는 이를 통해 십자가의 이해와 해석에 있어서 두 가지 전적으로 상이하고 호환될 수 없는 관습이 부딪치고 있는 것을 볼 수 있다. 키르케고르는 이 중 하나를 기독교적 관점이라 불렀을 것이고, 다른 하나를 이교 신앙 또는 '교회교'(Churchianity)라고 불렀을 것이다. 그리스도의 십자가 예는 시각적 재현물이 그 자체로는 적합한 이해와 해석을 보장해 주지 않는다는 것을 잘 보여 준다.

(2) 이와 긴밀하게 연관된 두 번째 그림 혹은 이미지는 **십자고상**(十字苦像, crucifix)이다. 이 형상을 사용하는 전통과 관련해서는 로마 가톨릭교회와 개신교회가 전혀 다른 입장을 취한다. 십자가에 못 박힌 그리스도를 형상화하는 일은 5세기부터 시작되었으며, 중세기를 거치면서 매우 보편적인 현상으로 발전했다. 하지만 많은 개신교인들은 이 형상의 합당성과 적실성을 부인한다. 이 형상의 사용에 저항한 예는 철학자 헤겔(Georg Wilhelm Friedrich Hegel, 1779-1831)에게서 잘 찾아볼 수 있다. 그는 십자고상이 다만 죽은 그리스도의 그림과 굳어서 뻣뻣해진 전

45 Moltmann, *The Crucified God*, p. 33.
46 Moltmann, *The Crucified God*, p. 51.

통을 재현할 뿐이라고 항변한다. 이 전통을 지키는 가톨릭교회는 성령을 통해 살아서 임재하시는 그리스도를 가로막고 있다는 것이다.[47] 그는 이렇게 적고 있다. "이데아는 그 스스로를 … 자기 구별[성부 하나님과 아들과 성령으로]의 과정이라는 신적 역사 속에서 펼쳐간다."[48] 다시 말해서 하나님은 자신을 첫째, 창조를 통해 펼치시고, 둘째, 아들의 십자가에서 자신이 '죽으심'을 통해 펼치시고, 셋째, 아들의 권면과 교회를 세우시는 성령의 은사를 통해 자신을 펼치신다. 이런 관점에서 볼 때 로마 가톨릭교회는 정적인 십자고상을 고집함으로써 위 두 번째 단계에 머물 뿐, 성령의 종교를 향해 나아가지 않는다는 것이다. 성령은 "영적 공동체 형성"을 부여한다.[49] 물론 모든 개신교인들이 이와 같은 헤겔의 사상을 반기는 것은 아니다. 왜냐하면 이런 이해는 헤겔의 특정한 역사관과 삼위일체 신학을 조화시키는 시도이기 때문이다. 하지만 대부분의 개신교인들은 십자고상에 대해 부정적인 인식을 가지고 있다. 반면 로마 가톨릭 전통 안에서는 십자고상이 십자가에 달리신 그리스도의 상징으로 추앙을 받고 있다. 이 두 번째 예도 역시 시각 재현물이 서로 다른 전통 속에서, 또 그 하부 전통의 갈래를 따라 어떻게 서로 다르게 해석되는지를 잘 보여 준다.

(3) 시각 재현물이 여러 가지 다른 방식으로 해석된다는 것을 보여 주는 또 다른 예는 **세 잎 클로버**이다. 이를 가리키는 샴록(shamrock)이라는 이름은 여러 종류의 세 잎 클로버를 지칭하는 아일랜드식 이름

47 Cf. G. W. F. Hegel, *Lectures on the Philosophy of Religion* (3 vols, London: Kegan Paul, Trench, Trübner, 1895), vol. 3, pp. 103-8.

48 Hegel, *Philosophy of Religion,* vol. 3, pp. 2-3.

49 Hegel, *Philosophy of Religion,* vol. 3, p. 108.

이다. 아일랜드어 seamrog가 영어화된 형태이다. 기독교 전통에서는 5세기에 아일랜드에서 활동했던 패트릭 때문에 이것이 주목을 받게 되었다. 패트릭은 켈트인들에게 삼위일체를 어떻게 설명할지 고민하다가, 세 잎 클로버 하나를 들고 이렇게 말했다고 한다. "보시오! 잎이 세 개가 있지만 그러면서도 하나로 구성되어 한 잎을 이루고 있지 않습니까? 삼위일체도 동일합니다. 아버지와 아들과 성령이 계시지만, 그러면서도 한 하나님입니다." 그때 이후로 세 잎 클로버가 아일랜드 사람들에게 중요한 상징 또는 그림이 되었다.

하지만 이런 설명은 다른 전통에 속하는 사람들에게는 또 다른 문제를 불러일으켰다. 우선 어떤 사람들은 3이라는 숫자를 신성시하고 거의 주술적으로 이해했던 아일랜드의 기독교 이전 시대의 전통을 문제 삼는다. 3이라는 숫자는 하늘과 땅과 지하세계를 나타내기도 하고, 과거와 현재와 미래를 나타내기도 한다. 세 잎 클로버는 또한 치유의 능력을 가지는 것으로 인식되기도 했다. 그러나 다른 무엇보다 중요한 것은 니사의 그레고리우스(c.330-95)와 나지안조스의 그레고리우스(c.330-90)가 이와 반대되는 방식으로 삼위일체를 가르치고 있다는 점이다. 그들은 숫자가 삼위일체와 연관성을 가진다는 인식을 강하게 거부한다. 삼위일체를 그런 방식으로 이야기하는 것은 이 교리를 크게 왜곡하는 길이다. 니사의 그레고리우스는 "세 하나님이 아님에 관하여"라는 그의 창의적인 책에서 '3'과 같은 숫자는 오직 유한한 존재들에게만 적용될 수 있다고 주장한다. 우리는 "세 요한", "세 베드로", "세 탁자" 등과 같이 말할 수 있지만, 세 신적 존재라고 말할 수는 없다. 이렇게 하는 것은 하나님의 타자성을 감소시키고 그 품위를 떨어뜨리는 일이라는 것이다. 나지안조스의 그레고리우스도 비슷한 방식으로 수많은 성경 본문이 성령의 신성을 강조한다고 주장한다. 따라서 그 역시도 삼위일체를 말하거나 설명하기 위해 숫자를 사용하는 것을 거부한다.[50]

오늘날에는 성경 내러티브를 통해 삼위일체에 접근하는 방식이 선호되고 있다. 이는 위르겐 몰트만, 볼프하르트 판넨베르크, 유진 로저스(Eugene F. Rogers) 등이 취하는 방식이다.[51] 이런 관점에서 보면 세 잎 클로버는 전통적으로 생각했던 것과 달리 더 이상 유용한 그림이 아니라는 것이 분명해진다. 대중적인 이미지나 그림은 유명한 '그리스도인' 주창자를 가질수록 더 미혹시키는 힘을 가지는 경향이 있다. 우리가 기회 있을 때마다 강조했던 것처럼, 이런 현상은 되풀이해서 일어날 수 있다. 삼위일체를 설명하기 위해 사용하는 그림들은 성경 내러티브 자체에 비해 그 유용성이 떨어진다. 성경은 한 하나님께서 그의 은혜의 행위들을 수행하시되, 성부와 아들과 성령이 여기에 임재하시고 또한 구별되게 참여하신다고 가르친다. 대표적인 예를 우리는 예수님의 세례 장면에서 발견할 수 있다. 아버지는 아들에 대한 기쁨을 표현하시며, 아들은 세례에 순복하시고, 성령은 아들 위에 임하셔서 그의 사역을 도우신다.

(4) 네 번째 예로 우리는 창세기에 일찍 등장하는 규범적 시각 상징물인 **무지개**를 생각해 볼 수 있다. 창세기 9장에 보면 예고된 홍수가 일어난 후에 하나님은 노아에게 언약을 주시면서 그와 같은 홍수를 다시는 땅 위에 주지 않으시겠다고 약속하신다. 이것의 표시로 구름 속의 무지개가 하나님의 약속을 계속 떠올리게 하는 상기물이 될 것이라고

50 Gregory of Nyssa, 'On Not Three Gods' (Eng., NPNF, ser. 2, vol. 5, pp. 331-36, 특히 p. 334; and p. 334; and Gregory of Nazianzus, *Fifth Theological Oration: On The Holy Spirit*, 2-8, 12 and 19 (Eng., NPNF, ser. 2, vol. 7, pp. 318-23).

51 예를 들어, Eugene F. Rogers, *After the Spirit* (London: SCM, 2006), pp. 98-199.

말씀하신다(창 9:8-17). 물론 무지개가 이때에 처음 생겨난 것은 아니다. 무지개는 그 이전부터 있었던 하나의 자연 현상이다. 그러나 하나님께서 언약을 주신 그때로부터 무지개는 하나님의 자비와 언약적 약속의 상기물로 여겨지게 되었다. 무지개는 유대인의 탈무드에서도 큰 주목을 받고 있다. 무지개는 놀랍도록 아름다운 자연 현상이다. 무수히 많은 작은 물방울 속에서 빛이 반사되고 굴절되고 산개되어 하늘에 빛의 스펙트럼을 펼쳐 낸다.

일반적인 1차 무지개의 경우, 그 타원형의 바깥쪽에는 빨간색이, 안쪽에는 보라색이 자리하고 있다. 이는 빛이 물방울 속으로 들어와서 내부 반사를 이루고 물방울을 벗어나면서 다시 굴절되어 일어나는 현상이다. 이때 만들어지는 빛의 색깔은 무수히 많지만, 인간의 눈은 이를 하나의 스펙트럼으로 구분할 수 있을 뿐이다. 통상적으로 스펙트럼의 색깔은 빨강, 주황, 노랑, 초록, 파랑, 남색, 그리고 보라이다. 이중 무지개의 경우, 두 번째 타원형은 1차 무지개 바깥쪽에 형성되는데, 그 색깔의 순서는 역으로 이루어져서 빨간색이 타원형의 안쪽에 위치하게 된다. 무지개는 하나의 자연 현상이지만, 하나님께서 이를 통해 계시하신 의미로 말미암아 이것이 하나의 성경적 상징으로 자리 잡게 되었다.

구약에서 무지개는 매우 강력한 상징의 자리를 차지한다. 홍수의 물이 지나가고 노아와 그 가족이 다시 마른 땅을 밟게 되었을 때, 하나님은 그들과의 언약 관계를 다시 확인하셨다. 창세기에 보면 하나님께서 무지개와 관련하여 이와 같이 말씀하신다. "내가 나와 너희와 및 너희와 함께하는 모든 생물 사이에 대대로 영원히 세우는 언약(히브리어 berith)의 증거(히브리어 ōth)는 이것이니라"(창 9:12). 무지개를 나타내는 히브리어 케쉐트(qeshet)는 군사용 무기로 사용되는 활을 의미하기도 한다. 이 때문에 어떤 사람들은 하나님께서 자신의 심판 무기 중 하나를 사용하셔서 그것으로 "다시는 물이 모든 육체를 멸하는 홍수가 되지 아니" 하도록(창 9:15) 하나의 "증거" 또는 표시로 삼으셨다고 주장한다. 물론 히브리어 케쉐트의 가장 빈번한 용례는 전쟁 무기인 활을 가리키지만(창 27:3; 사 7:24; 욥 20:24 등), 그러나 이것이 전부는 아니다. 케쉐트가 무지개의 의미로 사용되는 또 다른 용례를 우리는 에스겔 1:28에서 찾아볼 수 있다.

기독교 전통에 있어서 무지개는 성경적 토대에 따라 사용되고 있다. 우스터(Worcester)의 주교요 에드워드 6세의 왕실 목사이면서 순교자로 생을 마감한 휴 래티머(Hugh Latimer, 1483-1555)는 무지개의 일차적인 적용 의미를 "하나님께서 그의 약속에 신실하시다"라는 것에서 찾고 있다. 이는 매우 중요한 요소이다. 왜냐하면 약속이란 것은 누군가가 자신이 약속한 그 일에 자신을 전적으로 드린다는 의탁의 행위이기 때문이다. 루터와 윌리엄 틴들(William Tyndale) 같은 종교 개혁자들은 약속을 기독교 신앙의 핵심적 가치로 이해하고 있다. 약속은 그리스도인의 구원 확신의 기초이다. 래티머는 무지개를 또 다른 방식으로 적용하기도 한다. 그는 무지개의 불같이 붉은색이 하나님의 심판을 상징하는 것이라고 보았다.[52] 이는 창세기에 나타나는 무지개의 주된 의미와는 거리가 멀다. 이와 대조적으로 웨일즈 출신의 형이상학적 시인인 헨리 본(Henry Vaughan, 1621-95)은 무지개를 "평화와 햇빛의 밝은 약조요, 그대의 주님의 확실한 손길"이라고 노래한다.[53] 존 밀턴은 『실낙원』에서 무지개의 상징을 언약적 약속의 맥락에서 이해한다.[54]

52 Hugh Latimer, *Sermons* (New York: Dutton, 1906), 14.2.

53 Henry Vaughan, 'The Rainbow', in H. C. Beeching (ed.), *Lyra Sacra: A Book of Religious Verse* (London: Methuen, 1903), now online since 2011.

54 John Milton, *Paradise Lost* (London: Simmons, 2017), Bk 11, lines 883-97.

성경을 잘 알고 있는 공동체나 전통은 이 무지개의 상징 또는 표시를 어떻게 해석하고 이해해야 할지를 잘 알고 있다. 그러나 오늘날과 같은 세속사회에서는 무지개가 그 성경적 목적과는 상관없이 그저 하나의 일반적인 소망이나 낙관주의의 상징으로 사용되고 있다. 경우에 따라서는 "무지개의 끝에"와 같은 대중적인 문구가 뭔가를 열심히 추구하지만 결국에는 도달할 수 없는 어떤 것을 나타낼 때 사용되기도 한다. 허황한 목표를 추구할 때 "무지개를 좇는다"라는 말을 사용하기도 한다. 정치학이나 사회학에서는 무지개 연합이라는 말이 서로 상이한 그룹이나 인종, 피부색이 다른 사람들과의 연대를 나타낼 때 사용되기도 한다. 이런 대중적인 용례들은 성경의 무지개 상징과는 아무런 연관성이 없다.

(5) **새 예루살렘**은 기독교 전통에서 매우 중요시되는 또 하나의 핵심적인 상징이다. 예루살렘의 이미지는 구약과 신약 모두에서 매우 중요한 위치를 차지한다. 그뿐만 아니라 모든 시대의 신자들의 의식 속에 이 이미지가 그 중심 자리를 점하고 있다. 요한계시록에서 새 예루살렘이라는 용어는 마지막 때 하나님의 거룩한 성과 동의어로 사용되고 있다. 요한은 이렇게 말한다. "또 내가 보매 거룩한 성 새 예루살렘이 하나님께로부터 하늘에서 내려오니 그 준비한 것이 신부가 남편을 위하여 단장한 것 같더라"(계 21:2; cf. 21:1-22:5). 이는 계시록에 나타나는 상징세계의 한 부분이다. 새 예루살렘은 지금껏 들어본 적이 없는 차원으로 묘사된다. 그 문들은 각각 하나의 단일한 진주로 이루어져 있고, 그 길들은 황금으로 포장되어 있다. 로버트 건드리는 이렇게 말한다. "요한은 지금 성도들을 위한 영원한 거처를 묘사하고 있는 것이 아니다. 그는 **그들**[거룩한 백성]을 묘사하고 있고, 오직 그들**만**을 묘사한다."[52] 새 예루살렘

이 거처라 할지라도 그것은 [성도가 아니라] **하나님의** 거처이다. 남편을 위하여 단장한 신부는 다름 아닌 성도들이다(계 19:7-8). 새 예루살렘이 거룩하다는 것은 그 속에 두려워하는 자들과 믿지 아니하는 자들과 가증한 자들과 점술가들과 살인자들이 섞여 있을 수 없기 때문이다.

하나님의 성은 에스겔서에서도 상징적 성격을 가진다. "그 사방의 합계는 만 팔천 척이라 그날 후로는 그 성읍의 이름을 여호와 삼마[여호와께서 거기에 계시다]라 하리라"(겔 48:35). 계시록 21:22은 "성 안에서 내가 성전을 보지 못하였으니 이는 주 하나님 곧 전능하신 이와 및 어린 양이 그 성전이심이라"고 말한다. 여기에 더하여 계시록 22:1-2은 이 성의 모습을 이렇게 소개한다.

> "또 그가 수정같이 맑은 생명수의 강을 내게 보이니 하나님과 및 어린 양의 보좌로부터 나와서 길 가운데로 흐르더라 강 좌우에 생명나무가 있어 열두 가지 열매를 맺되 달마다 그 열매를 맺고 그 나무 잎사귀들은 만국을 치료하기 위하여 있더라."

어떤 경우에는 예루살렘이 유대 민족주의적 또는 제국적 소망의 상징으로 사용되기도 했다. 예루살렘은 다윗이 그것을 점령하기 전까지는 '여부스'로 불렸다(삼하 5:6-10; 대상 11:4-9). 그 성은 또한 아브라함이 이삭을 드린 모리아 산으로 알려져 있다. 다윗은 그 성을 이스라엘의 수도로 삼았다(삼하 5:6-10; 대상 11:4-9). 다윗은 언약궤를 예루살렘으

55 Robert H. Gundry, 'The New Jerusalem: People as Place, Not Place for People', in Robert H. Gundry, *The Old Is Better: New Testament Essays in Support of Traditional Interpretations* (WUNT 17; Tübingen: Mohr, 2005), p. 400; cf. pp. 399-411 (강조는 원문대로).

로 옮겨 와 거기에 두었다(삼하 6:17). 따라서 유대인 전통과 기독교 전통 모두에게 있어서 '그 성'은 하나님의 임재와 관계된다. 이것이 아니라면 이 둘은 이를 이해하는 데 매우 다를 수밖에 없다. 예수님은 하나님의 백성을 포로에서 회복시키심을 선포하셨다(눅 4:18-19). 하지만 유대인과 그리스도인이 가지는 회복의 개념에는 큰 차이가 있다. 가장 초기 그리스도인들은 새 예루살렘을 여전히 '그의 조상 다윗의 위(보좌)'로 생각했다(행 2:29-36). 히브리서는 장차 올 그 성을 바라보고 있다. "그러나 너희가 이른 곳은 시온 산과 살아 계신 하나님의 도성인 하늘의 예루살렘과 축제 모임 중인 천만 천사"라고 말한다(히 12:22). 또한 "우리가 여기에는 영구한 도성이 없으므로 장차 올 것을 찾나니"라고 말하기도 한다(히 13:14).

새 예루살렘에 대한 그리스도인의 기대는 군사적 정복의 기쁨이 아니라, 하나님께 드리는 방해받지 않는 예배로 이루어진다. 새 예루살렘과 관련된 평화와 부요와 안전 등은 그 자체로는 큰 가치가 없다. 하나님의 방해받지 않는 임재의 결과인 한에서 그 가치가 있을 뿐이다.

아우구스티누스는 『하나님의 도성』에서 새 하늘과 새 땅에 대해 이야기한다. 그는 계시록 21:1-5과 15:2을 인용한다. 여기에 나타나는 "유리 바다"는 문자 그대로의 바다가 아니다. 왜냐하면 요한은 유리 바다 "같은 것"이라고 말하기 때문이다. 이에 대해 아우구스티누스는 이렇게 설명한다.

> 예언적 언어는 비유적인 것과 문자적인 것을 섞기를 좋아한다. 그렇게 함으로써 어떤 면에서 의미를 가린다. '바다도 다시 있지 않더라'라는 말도 그 앞에 나오는 '바다가 그 가운데에서 죽은 자들을 내주고'라는

말과 같은 의미로 읽어야 할 것이다. 그때에는 우리가 사는 이 세상이 더 이상 없을 것이며, 우리가 겪는 인간 삶의 괴로움과 안식 없는 분요함이 더 이상 없을 것이다. '바다'가 상징하는 것은 바로 이런 것이다.[56]

이와 대조적으로 암브로시우스는 "천상 도성의 기초석들"을 아주 상세하게 묘사하며, 이를 "신앙의 초석"이라 부른다.[57] 그의 해설은 성경적, 공적 교리와 어긋나는 것은 아니지만, 신약의 새 예루살렘에 대한 정확한 본문 이해와 꼭 일치하는 것도 아니다.

존 버니언은 멸망의 도성으로부터 천상 예루살렘을 향하여 나아가는 그리스도인의 여정을 풍유적 방식으로 묘사하였는데, 이런 시도를 그가 처음으로 한 것은 아니다. 초서(Geoffrey Chaucer, 1343-1400)가 일찍이 그의 『캔터베리 이야기』에서 '바벨론'으로부터 '천상 예루살렘'으로의 여행을 묘사한 바 있다. 그는 천상의 도성을 "하늘의 끝없는 복락"이라는 한마디 말로 대변한다. 그는 이렇게 적고 있다.

그곳은 기쁨만 있고 화나 근심이 없는 곳이요, 이 현재의 삶이 주는 모든 해가 다 사라진 곳이며, 지옥 고통으로부터 안전한 곳이고, 자기 스스로를 언제나 즐거워할 뿐만 아니라 다른 사람의 기쁨을 즐거워하는 복된 동행이 있는 곳이다.[58]

56 Augustine, *The City of God*, Bk 20, ch.16 (Eng., NPNF, ser. 1, vol. 2, p. 436).

57 Ambrose, *Of the Christian Faith*, Bk 2, Prologue, 5 (Eng., NPNF, ser. 2, vol. 10, p. 224).

58 In Chaucer's English: 'There joye hath no contrarioustee of wo, ne grevaunce; ther alle harmes been passed of this present lyf, ther as is the sikenesse fro the peyne on helle, ther as is the blissful cpmpaignye that rejoysen hem evermo everich of others joye' (Chaucer, *Canterbury Tales*, 10, line 1076).

이는 상징이 말하고자 하는 요점을 잘 포착한 진술이다.

십자군 전쟁 동안에는 군사적 정복이라는 유대식 인식이 더 지배적인 자리를 차지했다. 십자군 전쟁의 시기를 정확하게 특정하기는 쉽지 않다. 교황 우르반(1095)에 의해 처음 십자군이 일어난 뒤로 다섯 번의 십자군 전쟁 중 세 번은 12세기에서 16세기 사이에 일어났다. 월터 롤리 경(Sir Walter Raleigh)의 『세계사』(1614)에는 새 예루살렘의 하강이 역사의 정점으로 묘사되고 있다. 존 코튼(John Cotton, 1585-1652)은 '예루살렘'의 개념에 새로운 전기를 부여했다. 그는 캠브리지 대학의 트리니티 칼리지에서 공부한 청교도 설교자였다. 하지만 장로교 원리에 기반한 그의 신념 때문에 미국의 매사추세츠 베이 콜로니로 이주했고, 보스턴에 매우 강한 영향을 끼쳤다. 그는 동료 미국인들을 향해 "깨어라, 힘을 내라, 새 영국 시온의 주민이여! 그대의 아름다운 예복을 입으라, 미국 예루살렘의 백성이여!"라고 외쳤다. 미국을 새 예루살렘으로 보는 이와 같은 관점은 이 상징에 하나의 새로운 전기를 부여했고, 그때 이후로 이것이 일각에서 계속 영향력을 미치고 있다.

성경적 전통에 보다 충실한 입장을 우리는 제러미 테일러(Jeremy Taylor, 1613-67)에게서 찾아볼 수 있다. 그는 로드 대주교(Archbishop Laud)의 제자였다. 캠브리지 대학의 곤빌-카이우스 칼리지에서 공부했고, 성공회에서 안수를 받았으며, 후에는 옥스퍼드 대학 올 소울스 칼리지의 펠로가 되었다. 그는 다수의 문학 작품과 시를 출판했다. 『골든 그로브 *The Golden Grove*』라는 책에서 그는 네 가지 최후의 일, 곧 죽음과 심판과 천국과 지옥에 대한 묵상을 제시한다. '천국에 대한 묵상' 부분에서 그는 이렇게 말한다. "위대한 왕의 투명한 보좌는 전체가 벽옥으로 이루어져 있고 … 무엇보다 그분의 거룩한 얼굴이 영원한 밝음을 만들어 낸다."[59] 이는 계시록 21장의 종말론적 문맥에 기반을 두고 있다.

청교도 목회자요 다수의 시와 찬송시를 쓴 리처드 백스터(Richard Baxter, 1615-91)는 새 예루살렘을 은혜로 인해 시작된 여정의 정점이라고 보았다. 새 예루살렘에 대한 그의 관점은 동시대 청교도요 『천로역정』 작가인 존 버니언(John Bunyan, 1628-88)과 크게 다르지 않다. 버니언은 '기독도'가 멸망의 성을 떠나 시험과 시련과 유혹의 과정을 거쳐 천상의 도시를 향해 나아가는 과정을 그린다. 이 책의 마지막 부분은 다시 음미해 볼 만한 가치가 있다.

> 나는 꿈속에서 이 두 사람이 그 문을 들어가는 것을 보았다. 그런데 보라! 그 문을 들어서자마자 그들은 변모되었다. 그들은 금과 같이 빛나는 옷을 입고 있었다. 그곳에서 그들이 만난 사람들은 하프와 관을 가지고 있었는데, 그것을 두 사람에게 주었다. 하프는 찬양을 위한 것이고, 관은 그들을 높이는 표시였다. 이어서 나는 꿈속에서 그 도시의 모든 종들이 기쁨을 위해 다시 울리는 것을 들었다. 그리고 그들을 향해 누군가가 "우리 주님의 기쁨 속으로 들어오라"라고 말했다. 나는 또한 그 두 사람이 친히 큰 목소리로 "보좌에 앉으신 이와 어린양에게 찬송과 존귀와 영광과 권능이 세세토록 있을지어다"라고 노래하는 것을 들었다.[60]

이런 묘사는 계시록에 나타나는 새 예루살렘의 모습과 전적으로 일치한다.

59 Jeremy Taylor, *The Golden Grove* (London: Royston, 1665), 'A Meditation of Heaven'.

60 John Bunyan, *The Pilgrim's Progress* (London: The Religious Tract Society, 연도 미상), p. 169.

불행하게도 세속사회에서 예루살렘은 풀 길이 없는 갈등의 중심으로 인식되고 있다. 유대인들과 팔레스타인 사람들이 서로 자신의 대의가 옳다고 주장하면서 대립하고 있으며, 이것이 해소될 기미는 전혀 보이지 않는다. 예루살렘은 거의 통약불가능성(incommensurability)의 상징이 되어 버렸다. 아브라함 계열의 종교들(유대교, 기독교, 이슬람교) 바깥의 사람들은 대체로 예루살렘을 순전히 사회-정치적 시각에서 바라본다. 하지만 세 종교들 사이에서 예루살렘을 바라보는 관점은 매우 상이하다. 이 상징은 유대교와 기독교와 이슬람교의 해석 전통이 없이는 하나의 애매한 실체에 지나지 않을 것이다. 반면 이 해석 전통 속으로 들어오면 그 전통들 사이의 간극은 너무나 크다. 세속사회의 관점에서는 예루살렘이 세 아브라함 계열의 종교들이 서로 소중하게 여기는 도시 정도의 의미를 가진다. 그 종교들 안에서는 새 예루살렘이 급진적으로 서로 다른 세 가지 방식으로 해석되고, 그 의미의 차이도 매우 크다. 이런 예는 그림이나 상징이 적절한 체계나 전통, 또는 공동체의 맥락 안에서 해석되지 않으면 아무 의미나 붙이는 대로 그렇게 의미하는 것이 될 수도 있으며, 아니면 아무 의미 없는 것이 될 수도 있다는 것을 잘 보여 준다.

제2부 성경에 나타난 그림, 상징, 이미지

5장 구약에 나타난 시각 그림과 상징적 행위

구약성경에는 상징과 은유뿐만 아니라, 다양한 상징적 행위들도 많이 나타난다. 이 상징적 행위들은 공적, 물리적 성격을 가지며, 시각적으로 감지될 수 있는 행위들이다. 이를 보여 주는 좋은 예가 선지자들의 상징 세계인데, 그들은 때때로 물리적, 공적 행위로 그들의 뜻을 전달했다. 상징적 행위들은 언약의 징표로나 아니면 하나님의 약속 행위들을 공적으로 알리기 위해 사용되었다. 우리는 이와 관련된 많은 예들 가운데서도 특별히 다음과 같은 것들을 선별해서 살펴보고자 한다.

구약의 상징 및 상징적 행위의 발전 형태

구약에서 하나님과 인간 사이의 관계를 보여 주는 가장 본질적인 주제 두 가지는 약속과 언약이다. 아이히로트(Walther Eichrodt)가 잘 지적한 것처럼, 언약 속에서 사람은 자신이 하나님과의 관계에서 "정확히 어디에 서 있는지"를 알게 된다. 분명하고도 확고한, 또는 명시적인 관계 속에서 "신뢰와 안전의 분위기가 만들어진다."[1] 언약은 그 당사자인 하나님과 인간 모두에게 약조 또는 약속의 의무를 지운다. 약속은 하나의 생생한 화행(話行)이다. 약속의 발화자는 달리 가질 수 있는 가용한 선택들을 스스로 제한하며, 또한 약속된 것을 준행하기 위해 자신을 던져야 한다. 일상적인 예를 들어서 이야기해 보자. 내가 손자를 축구 경기에 데리고 가기로 약속했다. 그런데 그 시간에 다시 만나기 어려운 연주회가 열리고 그 티켓이 내 손에 들어왔다. 그러할지라도 나에게는 연주회에 갈 자유가 없다. 내가 어떤 선교회관에서 설교를 하기로 약속했는데, 같은 시간에 웨스트민스터 대성당에서 설교를 해 달라는 초청을 받았다. 이런 경우에도 나는 후자를 택할 자유가 없다. 이런 면을 생각한다면, 엄숙한 약속의 말이나 행위에는 그것의 중요성과 철회 불가성을 나타내기 위한 물리적, 공적 차원의 상징 행위들이 수반된다는 것이 전혀 이상한 일이 아니다.

하나님께서 아브라함과 언약을 맺으실 때 짐승을 잡아 이를 둘로 나누고 언약 당사자들이 그 사이로 지나갔던 것을 보는데, 이는 언약 당사자들이 그 언약을 어길 때 자신에게 유사한 파멸적인 결과가 임한다는 것을 나타내기 위함이었다. 창세기 15:8-19은 하나님과 아브라함 사이에 맺은 이 근본적인 언약을 재진술한다. 아브라함이 하나님께 "주 여호와여 내가 이 땅을 소유로 받을 것을 무엇으로 알리이까"라고 물었다(8절). 이에 대한 대답으로 하나님은 아브라함에게 암소 한 마리와 암염소, 숫양, 산비둘기와 집비둘기를 가져오라고 이르신다. 그러면서 "그 중간을 쪼개고 그 쪼갠 것을 마주 대하여 놓"으라고 명하신다(9-10절). 이와 관련하여 웨넘(Gordon Wenham)은 이렇게 해설한다. "만일 이것이 제사였다면 쪼갠 조각들이 제단 위에 놓이고 불태워졌을 것이다. 이와

1 Walther Eichrodt, *Theology of the Old Testament*, vol. 1 (London: SCM, 1961), p. 38.

달리 이 조각들은 마주 보고 배열되어 있다."[2] 해가 지고 나서 불타는 횃불이 그 조각들 사이를 지나간 후의 최종적인 상황을 창세기는 이렇게 진술한다. "그날에 여호와께서 아브람과 더불어 언약을 세워 이르시되 내가 이 땅을 애굽 강에서부터 그 큰 강 유브라데까지 네 자손에게 주노니"(18절). 그러면서 여부스 족속을 포함하여 아홉 족속의 이름을 거명하며 그들의 땅을 주시겠다고 약속하신다.

히브리어 사전(BDB)은 아브라함과의 언약을 다른 몇 구절들과 연결한다. 창세기 17:9-21에는 할례가 두 번째 상징으로 등장하며, 출애굽기 2:24에서는 하나님께서 아브라함과의 언약을 기억하사 이스라엘을 건지셨다고 진술한다. 이런 언급은 출애굽기 6:4-5, 레위기 26:42, 열왕기하 13:23에서도 되풀이되고 있다.[3] 예레미야 34:18-19은 갱신된 언약을 내다보면서 "송아지를 둘로 쪼개고"라는 상징적 장면을 언급한다.

때때로 맹세를 하는 사람은 상대의 허벅지 밑에 손을 넣기도 했다. 예를 들어 창세기 24:2에서 나이든 아브라함이 그의 종 엘리에셀에게 이삭의 아내를 찾는 일과 관련하여 자신의 허벅지에 손을 넣어 맹세하게 하는 것을 볼 수 있다. 창세기 47:29에서는 야곱이 자신의 장지와 관련하여 요셉에게 자신의 허벅지에 손을 넣고 맹세하게 하는 것을 볼 수 있다. 히브리어 야레크(yārēk)는 사전(BDB)에 따르면 "허벅지, 허리, 옆구리, 기저부"를 가리키는 단어이다. 하지만 이는 생식기에 대한 완곡어법으로 사용되기도 하는데, 이 경우 그 의미는 "생산적 능력의 좌소"가 된다.[4] 이런 행위 역시 짐승을 둘로 쪼개는 행위에 맞먹는 상징적

2 Gordon Wenham, *Genesis 1-15* (WBC 1; Texas: Word, 1987), p. 331.

3 Francis Brown, S. R. Driver, and Charles A. Briggs, *The New Hebrew and English Lexicon* (Lafayette, IN: Associated Publishers, 1980), p. 136.

4 Brown, Driver and Briggs, *The New Hebrew-English Lexicon*, pp. 437-38.

행위이다. 이와 같은 물리적 행위는 중요한 약속을 맺을 때 그 약속이 엄중하고 심각하다는 것을 확인하는 역할을 한다. 이는 글로 쓰는 것 이상의 의미가 있다.

"재산을 양도할 때 신발을 벗는 행위"는 사업상 쌍방 관계와 관련된 또 다른 상징적 행위 중의 하나이다.[5] 룻기 4:7-10이 이와 관련된 좋은 예를 보여 준다.

> "옛적 이스라엘 중에는 모든 것을 무르거나 교환하는 일을 확정하기 위하여 사람이 그의 신을 벗어 그의 이웃에게 주더니 이것이 이스라엘 중에 증명하는 전례가 된지라. 이에 그 기업 무를 자가 보아스에게 이르되 네가 너를 위하여 사라 하고 그의 신을 벗는지라. 보아스가 장로들과 모든 백성에게 이르되 내가 엘리멜렉과 기룐과 말론에게 있던 모든 것을 나오미의 손에서 산 일에 너희가 오늘 증인이 되었고 또 말론의 아내 모압 여인 룻을 사서 나의 아내로 맞이하고 그 죽은 자의 기업을 그의 이름으로 세워 그의 이름이 그의 형제 중과 그곳 성문에서 끊어지지 아니하게 함에 너희가 오늘 증인이 되었느니라."

이어서 우리는 선지자적 상징과 선지자들의 상징 행위들을 살펴보고자 한다.

(1) 초기 선지자적 상징 행위의 한 예를 우리는 사무엘이 사울에

5 Maurice H. Farbridge, *Studies in Biblical and Semitic Symbolism* (London: Kegan Paul, Trench, Trübner, 1923), p. 9.

게 이르는 다음과 같은 선언에서 찾아볼 수 있다.[6] 사무엘상 15:27-28은 이렇게 기록한다.

> "사무엘이 [사울을 꾸짖은 후] 가려고 돌아설 때에 사울이 그의 겉옷자락을 붙잡으매 찢어진지라. 사무엘이 그에게 이르되 여호와께서 오늘 이스라엘 나라를 왕에게서 떼어 왕보다 나은 왕의 이웃에게 주셨나이다."

사고처럼 일어난 이 행위가 하나의 상징적 행위가 되었다. 사무엘은 이 일을 사울의 왕국이 그에게서 찢어져 나가는 일을 가리키는 것으로 이해하고 있다.

(2) 열왕기상 14:2에 보면 선지자 아히야가 소개되고 있다. 여로보암은 솔로몬의 눈에 들어 높은 지위에 임명되었지만, 그 자신의 야심 때문에 반역을 일으킨다. 그는 매우 유능한 사람이었고(왕상 11:28), 결국에는 왕으로 다스리는 자리에 오르게 된다. 열왕기상 11:29-33에 보면 선지자 아히야가 새 의복을 입고 여로보암을 길에서 만나 "자기가 입은 새 옷을 잡아 열두 조각으로 찢"는 장면이 나타난다. 그러면서 여로보암에게 "너는 열 조각을 가지라 이스라엘의 하나님 여호와의 말씀이 내가 이 나라를 솔로몬의 손에서 찢어 빼앗아 열 지파를 네게 주"신다는 말씀을 전한다(30-31절). 열왕기상 14장에는 여로보암의 아들 아비야가 병들었을 때에 그가 자기 아내를 변장시켜 선물을 가지고 아히야를 찾아가게 만드는 장면이 있다. 아히야는 이때 나이 많아 눈이 멀

6 간단한 요약을 위해서는 다음을 참조하라. Farbridge, *Studies in Biblical and Semitic Symbolism*, p. 10.

어 보지 못하는 상태였지만 발소리를 듣고 그녀가 온 것을 알아차린다(6절). 아히야는 이스라엘을 "찢어내어" 여로보암에게 주리라 했던 그의 예언을 다시 언급한다(8-9절). 그의 새 의복을 찢었던 선지자적 상징 행위가 그대로 이루어졌음을 상기시키는 것이다.

(3) 유다 왕 여호사밧과 이스라엘 왕 아합의 통치 시기는 정치적 술수가 과열되고 있던 시대였다. 이 두 왕은 시리아로부터 길르앗 라못을 되찾고자 음모를 꾸몄다. 여호사밧은 먼저 하나님의 뜻이 무엇인지를 묻자고 요청했다(왕상 22:1-8). 아합이 불러 모은 사백 명의 '어용' 선지자들은 한결같이 이 싸움을 하나님께서 허락하신다고 입을 모았다(6절). 다른 선지자가 없느냐는 여호사밧의 추궁 앞에 아합은 마지못해 이 도모를 반대하는 참선지자 미가야를 불렀다. 그때 거짓 선지자 중 한 사람인 시드기야가 선지자적 상징 행위를 모방하는 행위 하나를 들고 나왔다. 그는 "자기를 위하여 철로 뿔들을 만들어 가지고 말하되 여호와의 말씀이 왕이 이것들로 아람 사람을 찔러 진멸하리라 하였다"라고 말했다(11절). 그러나 미가야는 이와 반대로 예언한다. "내가 보니 온 이스라엘이 목자 없는 양같이 산에 흩어졌"다는 것이다(17절). 미가야는 또한 아합과 여호사밧에게 거짓 선지자들이 두 왕을 "거짓말하는 영"(22절)으로 미혹시키려 한다고 경고했다. 그러자 시드기야가 미가야의 뺨을 치면서 "여호와의 영이 나를 떠나 어디로 가서 네게 말씀하시더냐"라고 말한다(24절). 두 왕은 변장을 하고 전쟁에 나갔지만, 결국에는 미가야가 예언한 것처럼 참패를 면하지 못했다.

(4) 스가랴 11장에는 선지자가 이스라엘의 불신실한 "목자들"을

향해 "그들의 목자들은 그들을 불쌍히 여기지 아니하는도다"라고 꾸짖는 장면이 나타난다(5절). 그러면서 스가랴는 막대기 두 개를 취하여 하나는 "은총"이라 하고 다른 하나는 "연합"이라 부른다. 그는 먼저 "은총"의 막대기를 부러뜨린다. 이는 모든 백성과 맺은 언약을 폐한다는 것을 상징한다(10절). 그 후에 또 "연합"이라는 막대기를 꺾는다. 이는 이스라엘의 두 왕국 "유다와 이스라엘 형제의 의리를 끊"는다는 것을 상징한다(14절).

(5) 이사야 20:2-5에는 앗수르 왕 사르곤이 정복 전쟁으로 제국을 확장해 가고 있던 때에 이사야로 하여금 벗은 몸과 벗은 발로 다닐 것을 하나님이 명하시는 장면이 있다. 하나님은 이와 같이 말씀하신다.

> "나의 종 이사야가 삼 년 동안 벗은 몸과 벗은 발로 다니며 애굽과 구스에 대하여 징조와 예표가 되었느니라. 이와 같이 애굽의 포로와 구스의 사로잡힌 자가 앗수르 왕에게 끌려갈 때에 젊은 자나 늙은 자가 다 벗은 몸과 벗은 발로 … 수치를 보이리니"(3-4절)

이어지는 21-24장은 여러 나라에 대한 어두운 경고의 말씀을 담고 있다. 여기에는 "내일 죽으리니 먹고 마시자"라는 유명한 문구가 있다(22:13). 선지자는 앗수르의 연속적인 정복 과정을 추적한다.

(6) 이와 같은 상징적 행위는 예레미야와 에스겔에게는 흔한 일이다. 예레미야 19:1-13에 보면 하나님은 예레미야에게 토기장이의 옹기를 사라고 명하신다(1절). 백성의 어른들과 원로 제사장들이 지켜보는

가운데서 예레미야는 이와 같이 선포한다.

"너희 유다 왕들과 예루살렘 주민아 여호와의 말씀을 들으라 만군의 여호와 이스라엘의 하나님이 이같이 말씀하시되 보라 내가 이곳에 재앙을 내릴 것이라 그것을 듣는 모든 자의 귀가 떨리니 이는 그들이 나를 버리고 이곳을 불결하게 하며 이곳에서 자기와 자기 조상들과 유다 왕들이 알지 못하던 다른 신들에게 분향하며 무죄한 자의 피로 이 곳에 채웠음이여"(3-4절)

몇 가지 더 책망의 말과 다가올 재앙에 대한 언급을 한 후에 예레미야는 "함께 가는 자의 목전에서 그 옹기를 깨트리라"라는 하나님의 명령을 듣고 이를 실행한다. 그리고 그들에게 "사람이 토기장이의 그릇을 한 번 깨트리면 다시 완전하게 할 수 없나니 이와 같이 내가 이 백성과 이 성읍을 무너뜨리리라"라는 하나님의 말씀을 전달한다(10-11절).

(7) 또 다른 상황에서 하나님은 예레미야에게 이와 같이 말씀하신다.

"너는 줄과 멍에를 만들어 네 목에 걸고 유다의 왕 시드기야를 보러 예루살렘에 온 사신들의 손에도 그것을 주어 에돔의 왕과 모압의 왕과 암몬 자손의 왕과 두로의 왕과 시돈의 왕에게 보내며 … 만군의 여호와 이스라엘의 하나님께서 이와 같이 말씀하시되 너희는 너희의 주에게 이같이 전하라 나는 내 큰 능력과 나의 쳐든 팔로 땅과 지상에 있는 사람과 짐승들을 만들고 내가 보기에 옳은 사람에게 그것을 주었노라 이제 내가 이 모든 땅을 내 종 바벨론의 왕 느부갓네살의 손에 주고"(렘 27:2-6)

예레미야는 이 말씀을 시드기야 왕에게도 전한다(12절). 예레미야 28:10에 보면 이 멍에가 거짓 선지자 하나냐의 손에 의해 꺾이는 것을 볼 수 있다.

(8) 아이히로트는 에스겔 4-5장과 관련하여 "상징적 행위와 그 의미"에 대한 자세한 논의를 제공한 바 있다.[7] 그는 이렇게 말한다.

> 선지자의 입장에서 상징적 행위는 단순히 자기 말을 행동으로 보완하는 정도의 의미로 그치는 것이 아니다. … 실제적인 어떤 사건을 예고적 차원에서 재현하고 현실화함으로써 하나님께서 행하신다는 사실을 보증하고 확립하며 제시한다. 이렇게 함으로써 구경꾼을 참여자가 되게 만든다.[8]

에스겔 4:1-3에 보면 에스겔이 흙으로 만든 토판 하나를 가져다가 그 위에 예루살렘이 포위되는 모습을 그리는 장면이 있다. 이 포위 작전에는 흙으로 쌓은 언덕과 진과 공성퇴 등이 포함된다(2절). 에스겔이 묘사하는 도시가 어떤 도시인지에 대해서는 히브리어 성경이나 영어 역본(NRSV)을 포함하여 대부분이 이를 예루살렘으로 보고 있지만, 아이히로트는 특이하게 이것이 바벨론을 가리킨다고 본다. 에스겔은 "이것이 이스라엘 족속에게 징조가 되리라"라고 경고한다(3절).

(9) 에스겔 4:4-8에 보면 하나님께서 에스겔에게 왼쪽으로 누우

7 Walther Eichrodt, *Ezekiel: A Commentary* (London: SCM, 1970), pp. 78-91.

8 Eichrodt, *Ezekiel*, pp. 81 and 82.

라고 명하시는 모습이 나타난다. 이는 그로 하여금 "이스라엘 족속의 죄악을 짊어지되 네가 눕는 날 수대로 그 죄악을 담당"하도록 하기 위함이다(4절). 에스겔은 이스라엘에게 징조를 보여 주기 위해 390일 동안을 가만히 누워서 지냈다. 아이히로트는 이것이 전신 강직증 환자의 모습을 재현하는 것이라고 보고 있다. 이런 모습을 통해 "포위당한 성의 이동 불가 혹은 마비 상태"를 보여 주는 것이다.[9] 에스겔 4:9-15은 포위당한 성 안에서 겪는 고통이 어떤지를 보여 준다.

(10) 에스겔 5:1-4에서 하나님은 에스겔에게 날카로운 칼 하나를 가져오라고 명하시면서 이와 같이 말씀하신다.

> "너는 날카로운 칼을 가져다가 삭도로 삼아 네 머리털과 수염을 깎아서 저울로 달아 나누어 두라. 그 성읍을 에워싸는 날이 차거든 너는 터럭 삼분의 일은 성읍 안에서 불사르고 삼분의 일은 성읍 사방에서 칼로 치고 또 삼분의 일은 바람에 흩으라."(1-2절)

이와 같은 행위는 예루살렘에 임할 일이 무엇인지를 생생하게 보여 준다. 첫 삼분의 일은 성읍 주민의 삼분의 일이 굶주림과 역병으로 죽을 것을 상징한다. 또 다른 삼분의 일은 전쟁에서 죽는 사람을 상징하며, 바람에 흩날리는 나머지 삼분의 일은 죽음을 피하기는 하지만 포로로 사로잡혀 흩어지게 될 사람들을 상징한다.

9 Eichrodt, *Ezekiel*, pp. 84.

하나님을 나타내는 상징: 하나님의 특성, 행위, 그리고 언약

우리가 이 책에서 다루고자 하는 것은 상징적 행위에 국한되는 것은 아니다. 구약성경에 나오는 수많은 상징들은 정해진 경로를 따라 해석할 필요가 있는 시각적 이미지나 그림들로 구성된다. 우리는 먼저 하나님에 대한 상징들을 생각해 보고자 한다. 이런 상징들은 하나님에 대한 추상적 진리가 전달하고자 하는 것을 대신하는 기능을 가진다. 하나님에 대한 상징은 선지자적 상징 세계에서 볼 수 있는 행위화된 상징과는 다소 다른 측면이 있다. 어떤 상징들은 언어적 상징이거나, 아니면 잠정적 그림 혹은 시각적 재현의 형태를 가진다.

(1) 하나님을 **목자**(히브리어 rā'ah 로에)로 나타내는 것은 고대 이스라엘 사회에 있어서는 매우 생생한 공명을 자아내는 상징이었다. 양을 치는 일이 이 사회에 있어서는 가장 근본적인 일 중의 하나였기 때문이다. 물론 오늘날에도 "여호와는 나의 목자시니"(시 23:1)라는 문구가 하나님에 대한 좋은 상징으로 작용한다. "그는 목자같이 양 떼를 먹이시며"(사 40:11)라는 문구도 마찬가지다. 여기에는 헨델의 '메시아'가 적지 않은 일조를 하기도 했다. 구약에는 자기 백성을 돌보시는 신실한 목자 하나님과 그 양을 흩어 버리는 거짓 목자들을 대비하고 있는데, 이런 대비는 신구약 전체에서 자주 등장하는 주제이다(렘 23:1-4; 겔 34:1-22; 요 10:11).

(2) 하나님을 목자로 나타내는 것과 대등한 위치에 놓인 상징이 **아버지**(히브리어 'āb 아브)라는 상징이다. 시편 103:13에 좋은 예가 나타난다. "아버지가 자식을 긍휼히 여김같이 여호와께서는 자기를 경외하

는 자를 긍휼히 여기시나니." 또 다른 예를 호세아 11:3의 "내가 에브라임에게 걸음을 가르치고"라는 표현에서 찾아볼 수 있다. 아버지로서의 하나님은 마태복음 6:9의 "하늘에 계신 우리 아버지"와 직결된다. 이 상징은 부성적 사랑과 돌봄과 훈육을 포괄한다. 이와 관련하여 판넨베르크는 이렇게 말한다.

> 예수님의 입에서 … '아버지'는 … 하나님을 위한 고유한 이름이 되었다. 다른 많은 칭호들 중의 하나로 그치는 것이 아니다. … '하나님'과 '아버지'는 우리가 그 안에서 알맹이 메시지를 도출해 낼 수 있는 시간에 매인 상황적 개념들이 아니다.[10]

(3) 하나님을 가리키는 상징 가운데 세 번째 자리에 합당한 상징은 **왕**(히브리어 melek 멜레크)일 것이다. "여호와께서는 영원무궁하도록 왕이시니"(시 10:16), "영광의 왕이 누구시냐 만군의 여호와께서 곧 영광의 왕이시로다"(시 24:10), "여호와는 우리의 왕이시니 그가 우리를 구원하실 것임이라"(사 33:22b)와 같은 구절들이 좋은 예이다. 왕이라는 개념에 거부감을 가지는 일부 탈식민주의 해석자들은 "아버지" 상징에 관한 판넨베르크의 관점에서 자신들의 입장을 재고해 볼 필요가 있다. 예수님의 하나님 나라 선포는 첫 세 개 복음서의 중심 사상을 이룬다. 시편 저자나 선지자들이 이야기하는 왕의 개념은 전능과 위엄의 측면만 아니라, 돌봄과 경세(經世), 가난한 자들과 고아와 과부를 보호함 등의 자질을 포함한다.

10 Wolfhart Pannenberg, *Systematic Theology*, vol. 1 (Eng., Edinburgh: T&T Clark, 1991), pp. 262-63.

(4) 위의 세 가지 상징에 더하여 우리는 또 다른 다양하고도 중요한 상징들을 살펴보고자 한다. 많은 예들이 있겠지만, 그중에서도 다섯 가지만 골라보도록 하겠다.

(a) **구름과 불 기둥**(히브리어 anān 아난, ēsh 에쉬)은 이스라엘이 애굽에서 구출된 이후 광야 생활 동안 하나님께서 그들을 인도하셨다는 것을 나타내는 상징이다. 출애굽기 13:21-22은 이렇게 기록한다.

> "여호와께서 그들 앞에서 가시며 낮에는 구름 기둥으로 그들의 길을 인도하시고 밤에는 불 기둥을 그들에게 비추사 낮이나 밤이나 행진하게 하시니 낮에는 구름 기둥, 밤에는 불 기둥이 백성 앞에서 떠나지 아니하니라."

브레바드 차일즈(Brevard Childs)는 그의 주석에서 출애굽 과정상 하나님의 인도가 왜 중요했는지를 출애굽기 13:17-18이 잘 설명해 준다고 지적한다. 애굽에서부터 약속의 땅까지의 여정은 우회로(18절의 "돌려")를 포함하는 과정이었다. 하나님께서 이런 방식으로 그들을 이끄신 목적은 이스라엘이 곧바로 적대적인 블레셋 사람들을 마주하게 되었을 때 겁을 먹고 애굽으로 돌아가려 할 것을 아셨기 때문이다. 차일즈는 이와 같은 인도를 "신적 계시 … 곧 신적 관점에서의 하나님의 계획"이라고 부른다.[11] 출애굽기 13:21-22에 이어 출애굽기 14:19에서도 구름 기둥에 대한 언급이 있고, 애굽 군대를 마주하고 있는 14:24의 상황에서도 불과 구름 기둥을 언급한다. 민수기 14:14에서는 회고의 형태

11 Brevard Childs, *Exodus: A Commentary* (Eng., London: SCM, 1974), p. 224.

로 이에 대한 언급이 나타나고 있다. 차일즈는 이 현상을 이렇게 해설한다. "하나님께서 이스라엘을 바다에서 기적적으로 구출하신 일은 하나님께서 그의 백성을 낳으신 사건으로 기억된다."[12]

(b) **나팔과 우레**(히브리어 shōphar 쇼파르, ra'am 라암)는 하나님이 말씀하심을 상징한다. 대표적인 예가 출애굽기 19:19에 나타난다. "나팔 소리가 점점 커질 때에 모세가 말한즉 하나님이 음성으로 대답하시더라." 시편 기자는 이와 같이 선언한다. "여호와의 소리가 물 위에 있도다 영광의 하나님이 우렛소리를 내시니 … 여호와의 소리가 힘 있음이여 여호와의 소리가 위엄차도다"(시 29:3-4). 신약에서 요한계시록 저자는 계시록 8:6-13에서 나팔의 상징을 취하고 있다. 우레는 무지개와 마찬가지로 하나의 자연 현상에 속하지만, 성경 속에서 그 이상의 부가적 의미가 부여되고 있다.

(c) **보좌**(히브리어 kissē' 키세)는 하나님의 영광을 나타내는 상징어이다. 이는 이사야의 소명 환상에 잘 드러난다. "내가 본즉 주께서 높이 들린 보좌에 앉으셨는데 그의 옷자락은 성전에 가득하였고"(사 6:1). 에스겔 역시 동일한 상징을 사용한다. "그 머리 위에 있는 궁창 위에 보좌의 형상이 있는데 그 모양이 남보석 같고 그 보좌의 형상 위에 한 형상이 있어 사람의 모양 같더라 … 이는 여호와의 영광의 형상의 모양이라"(겔 1:26-28). 에스겔은 하나님을 묘사하는 것이 인간 언어의 한계를 넘어선다는 것을 잘 알고 있다. 그러므로 그는 하나님의 초월적 타자

12 Childs, *Exodus*, p. 237.

됨을 나타내기 위해 "모양 같더라"와 같은 표현을 반복적으로 사용한다. 이는 그가 그리고 있는 시각적 재현을 문자적으로 이해해서는 안 된다는 것을 제시한다. 이에 대하여 아이히로트는 이같이 해설한다. "세상의 통치자는 이 세상 속에 거할 곳을 가지지 못하시기에 하늘의 반구 저 너머의 영광 속에 그의 보좌를 가지신다."[13]

(d) **바위**(히브리어 sela' 셀라)는 하나님의 신실하심과 안정성에 대한 상징이다. 시편 18:2은 이렇게 말한다. "여호와는 나의 반석이시요 나의 요새시요 나를 건지시는 이시요 나의 하나님이시요 내가 그 안에 피할 나의 바위시요 나의 방패시요 나의 구원의 뿔이시요 나의 산성이시로다." 피터 크레이기(Peter Craigie)는 여기에 사용된 상징들을 두 가지 부류로 구분한다. 하나는 바위와 산성과 절벽과 같은 범주이고, 다른 하나는 방패, 요새, 건지시는 이(구원자)와 같은 군사적 은유들이다.[14] 시편 40:2은 하나님께서 "웅덩이와 수렁"에서 "나"를 끌어올려 "반석 위에" 안전하게 세우신 일을 노래하고 있다.

(e) 하나님의 주권을 나타내는 상징으로 **규**(히브리어 shēbet 쉐베트)가 사용되고 있다. 시편 45:6-7은 그리스도와 관련하여 히브리서에서도 인용된 구절인데, 여기에 규에 대한 언급이 나타난다. "하나님이여 주의 보좌는 영원하며 주의 나라의 규는 공평한 규이니이다 왕은 정의를 사랑하고 악을 미워하시니"(비교, 히 1:8-9). 위에서 말한 목자, 아버지, 왕, 구름과 불 기둥, 나팔과 우레, 보좌, 바위, 규와 같은 상징들은 모

13 Eichrodt, *Ezekiel*, p. 58.

14 Peter Craigie, *Psalms* 1-50 (Waco: Word, 1983), p. 173.

두가 시각적으로뿐만 아니라 청각적으로도 묘사될 수 있다.

(5) 제의적 상징 가운데서 **무지개**(히브리어 qeset 케쉐트)는 노아와의 언약을 확증하는 상징으로 사용되고 있는데(창 9:12), 이에 대해서는 앞서 4장에서 설명한 바 있다. 이 경우 무지개의 의미는 무지개가 그때부터 생겨났다는 것을 말하는 것이 아니라, 그때부터 땅을 다시 홍수로 덮지 않으시겠다고 노아에게 약속하신 하나님의 언약적 약속의 상기물로 무지개가 사용되었다는 것을 이야기한다.

(6) **할례**(히브리어 mûlāh 물라)는 언약 관계를 나타내는 또 하나의 상징이다. 창세기 17:11에서 하나님은 아브라함에게 말씀하신다. "너희는 표피를 베어라 이것이 나와 너희 사이의 언약의 표징이니라." 이 일은 한 대에서 그치는 것이 아니라 "대대로" 이어져야 한다(12절). 할례의 상징은 명백하게 물리적이며 행위를 포함한다. 하지만 예레미야는 마음의 할례에 호소한다(렘 4:4).

(7) **진설병**(히브리어 lechem pānîm 레헴 파님) 역시 언약의 표시 중 하나이다. 이는 단순히 개념적 상징에 그치는 것이 아니라 물리적 상징의 성격을 가진다. 출애굽기 25:30은 이와 같이 말한다. "상 위에 진설병을 두어 항상 내 앞에 있게 할지니라." 이와 관련된 보다 상세한 규정이 레위기 24:5-9에 나타난다. 진설병은 고운 가루로 구운 떡 열두 개로, 지성소 앞에 놓인 상에 올려놓도록 되어 있었다. 이는 하나님과 맺은 영원한 언약의 상징이다. 윌리엄 틴데일은 진설병을 슈브레드(shewbread, 보임의 빵)로 번역했다. 브레바드 차일즈는 "성막을 향한 상징적 접근"에

강조점을 두고 있다.[15] 웨넘은 이 빵이 "금을 입힌 작고 낮은 상 위에 놓였으며 … 빵과 함께 다양한 작은 접시들이 상 위에 비치되었다"라고 해설한다.[16]

(8) **안식일**(히브리어 shabbāt 샤바트) 제정도 언약적 상징의 또 다른 예이다. 출애굽기 20:8-10과 23:12-17에는 안식일이 언약의 상징으로 제시되고 있다. 성경의 다른 곳에서는 안식일이 때로 인간을 위한 동기를 가지는 것으로 나타나기도 하고(신 5:15), 하나님께서 창조의 일곱째 날에 쉬신 것과 연관성을 갖기도 한다. 차일즈는 안식일에 대한 비평적 접근의 문헌 목록을 잘 정리해 주고 있다.[17]

(9) 이 밖에도 구약에는 다양한 형태의 상징들이 등장한다. (a) 학개 2:23에서는 **인장 반지**(히브리어 chōthām 호탐)가 권위의 상징으로 사용된다. 하나님께서 스룹바벨에게 하시는 말씀이다. "내가 너를 세우고 너를 인장으로 삼으리니 이는 내가 너를 택하였음이니라." (b) **야곱의 사다리**(히브리어 쑬람, 창 28:12) 역시 다소 논란이 있지만 하나의 상징 또는 그림으로 볼 수 있다. 중세 신비주의자들은 이를 하늘에 이르는 사다리로 보았던 반면, 다른 사람들은 이 사다리가 하늘과 땅을 이어 주는 매개체를 의미하는 것일 뿐이라고 보았다. 루터는 이 사다리와 관련해서 '아래로 내려오는' 하나님의 은혜를 배제하고 '위를 향해' 하나님께 올라가는 길로 보려 하는 관점을 강하게 논박했다. (c) 때로 **화살**(히브리

15 Childs, *Exodus*, p. 539.

16 Gordon Wenham, *The Book of Leviticus* (Grand Rapids: Eerdmans, 1979), p. 310.

17 Childs, *Exodus*, pp. 412-13.

어 헤쯔)은 하나님의 심판을 가리키는 상징으로 이해되기도 한다. 시편 38:2은 이런 의미에서 "주의 화살이 나를 찌르고"라고 노래한다.

(10) 하나님의 성품과 행위를 가리키는 상징에는 **기름 부음**(히브리어 마샤흐)도 포함시킬 수 있다. 이는 하나님께서 권세를 주심이나 위임을 하시는 행위를 나타내는 상징이다. 사무엘상 16:13에 보면 사무엘이 다윗에게 기름을 붓는 장면이 나온다. "사무엘이 기름 뿔병을 가져다가 그의 형제 중에서 그에게 부었더니 이날 이후로 다윗이 여호와의 영에게 크게 감동되니라." 이사야 61:1에도 기름 부음에 대한 언급이 나타난다. "주 여호와의 영이 … 내게 기름을 부으사 가난한 자에게 아름다운 소식을 전하게 하려 하심이라 나를 보내사 마음이 상한 자를 고치며 포로 된 자에게 자유를, 갇힌 자에게 놓임을 선포하며." 기름 부음은 왕과 선지자와 제사장을 그 직무에 세우는 행위인데, 좀 더 범위를 넓히면 대관식이나 임직식, 기타 하나님께서 주시는 공식 직무에 세우는 일과도 연관성을 가진다. 신약에서는 예수님께서 누가복음 4:18에서 이사야의 말씀을 자신의 사역에 접맥하시는 것을 볼 수 있다.

(11) **하나님의 얼굴**(히브리어 프네 엘로힘)은 하나님의 임재의 상징이다. 민수기 6:24-26에는 제사장들이 선포하는 축복의 말씀이 있다. "여호와는 네게 복을 주시고 너를 지키시기를 원하며 여호와는 그의 얼굴을 네게 비추사 은혜 베푸시기를 원하며 여호와는 그 얼굴을 네게로 향하여 드사 평강 주시기를 원하노라." 여기서 얼굴은 한 인격체 또는 그 인격체의 임재를 가리키는 환유적 표현이다. 역대하 30:9에 보면 "너희 하나님 여호와는 은혜로우시고 자비하신지라 너희가 그에게로

돌아오면 그의 얼굴을 너희에게서 돌이키지 아니하시리라"라고 말씀한다. 역으로 이사야 59:2에는 "너희 죄가 그의 얼굴을 가리"었다고 경고한다. 시편 기자는 "주의 얼굴을 내 죄에서 돌이키시고"(시 51:9)라고 기도하는데, 이는 죄를 용서하사 죄가 없는 듯이 보아 주시기를 바라는 기도이다. 시편 11:7에는 "정직한 자는 그의 얼굴을 뵈오리로다"라고 노래한다. 데이비드 포드는 그의 책 『자아와 구원 *Self and Salvation*』에서 얼굴의 중요성을 이와 같이 기록한다.

> 우리에게 중요한 어떤 사람의 얼굴은 … 지나간 일들과 이야기들, 연관 관계들, 의미의 세계를 불러낸다. … 누군가를 맺어 주고, 환영하고, 통합시키는 얼굴은 사회적 삶에 있어서 근본적 중요성을 가진다. 얼굴이 서로에게 활기를 주고 그러면서도 각자가 더 온전히, 그리고 독특하게 그 자신이 되게 하는 방식을 생각할 때, 우리는 단독성과 사회성이 서로 경쟁할 필요가 없다는 사실을 쉽게 간파할 수 있다.[18]

상징적 시각 묘사 및 동물과 식물 상징

때로 시각적 묘사(보통 유비나 은유를 통한)에는 동물을 상징으로 사용하는 전통적 방식이 매우 큰 지분을 차지하기도 한다.

(1) **독수리**(히브리어 네쉐르)는 빠름과 강한 힘의 동의어로 사용된다. 이사야 40:31이 대표적이다. "오직 여호와를 앙망하는 자는 새 힘을

18 David Ford, *Self and Salvation: Being Transformed* (Cambridge: CUP, 1999), pp. 18-19.

얻으리니 독수리가 날개치며 올라감 같을 것이요 달음박질하여도 곤비하지 아니하겠고 걸어가도 피곤하지 아니하리로다." 예레미야 49:22은 에돔에 대하여 이와 같은 경고를 주고 있다. "보라 원수가 독수리같이 날아와서 그의 날개를 보스라 위에 펴는 그날에 에돔 용사의 마음이 진통하는 여인같이 되리라." 에스겔 17:3과 7에는 독수리와 백향목의 알레고리가 나타난다. "큰 독수리가 레바논에 이르러 백향목 높은 가지를 꺾되 그 연한 가지 끝을 꺾어 가지고 장사하는 땅에 이르"게 된다는 것이 그 내용이다. 이와 관련하여 아이히로트는 이렇게 해설한다. "독수리는 힘과 빠름을 나타내기 때문에 정복자의 상징으로 매우 적합하다. 그래서 제2이사야서에서도 이런 의미로 독수리가 사용되고 있다(사 46:11)."[19] 에스겔 17장에서 독수리는 바벨론의 정복자를 의미하며, 백향목은 다윗의 집을 뜻한다. 하나님께서 마침내는 그것을 "이스라엘 높은 산에" 심으실 것이다(겔 17:23).

(2) **사자**(히브리어 아르예) 역시 "힘과 주권과 용기"의 상징이다.[20] 창세기 49:9에서는 사자가 유다에게 적용되고 있다. 또한 사자는 소와 그룹들과 함께 바다의 받침 수레 장식으로 사용된다(왕상 7:29). 요엘 1:6에서는 사자가 힘을 가리키는 은유로 사용되고 있다. 호세아 13:8에는 "내가 … 암사자같이 그들을 삼키리라"라는 말씀이 나온다. 동일한 은유가 이집트에서도 사용된 적이 있다. 투쿨티 니힙 1세(BC 1275)와 아멘호텝 3세가 그 예이다. 사자는 바빌로니아의 길가메쉬 서사시의 원통 인장 속에도 재현되어 있다.

19 Eichrodt, *Ezekiel*, p. 224.
20 Farbridge, *Studies in Biblical and Semitic Symbolism*, p. 69.

(3) **뱀**(히브리어 나하쉬)이 무엇을 상징하는지와 관련해서는 관점의 차이가 두드러진다. 파브리지는 "이집트에서는 집집마다 그 가정을 지켜 준다고 믿는 뱀 하나씩을 두고 있었다"라고 말한다.[21] 이집트인들은 뱀을 인간과 적대적 관계에 있는 것으로 보지 않았다. 모세의 놋뱀은 치료의 도구로 사용되기도 했다. 아랍인들은 뱀을 신성한 동물로 보기도 했으며, 바벨론 신화에도 유사한 관점이 나타난다. 페니키아와 동부 그리스에서는 뱀이 치료와 결부되기도 했다. 뱀에 대한 유대인들의 관점은 다양하다. 인간의 타락과 관련된 창세기 기사는 누구에게나 친숙한 이야기이다(창 3:1-15). 처음 창조된 두 사람은 하나님의 경고에도 불구하고 뱀의 유혹을 받아 "선악을 알게 하는 나무"의 열매를 따 먹었다. 창세기 3:4-5은 그 과정을 이렇게 말해 준다. "뱀이 여자에게 이르되 너희가 결코 죽지 아니하리라 너희가 그것을 먹는 날에는 너희 눈이 밝아져 하나님과 같이 되어 선악을 알 줄 하나님이 아심이니라." 이 유혹의 존재인 뱀에 대하여 하나님은 "네가 … 저주를 받아 배로 다니고 … 내가 너로 여자와 원수가 되게 하고 네 후손도 여자의 후손과 원수가 되게 하리니"라고 말씀하신다(14-15절). 파브리지는 일부 유대인 전통에서는 뱀이 "재생된 힘과 활력의 상징"으로 간주된다고 말한다.[22] 그는 이런 인식이 민수기 21:6-9의 모세와 놋뱀 이야기 배후에 놓여 있는 것으로 생각하지만, 이는 논란의 소지가 있는 관점이다.

(4) **말**(히브리어 쑤스)은 전쟁의 상징으로 폭넓게 받아들여지고 있다. 욥기 39:19-25이 대표적이다.

21 Farbridge, *Studies in Biblical and Semitic Symbolism*, p. 71.
22 Farbridge, *Studies in Biblical and Semitic Symbolism*, p. 76.

"말의 힘을 네가 주었느냐 그 목에 흩날리는 갈기를 네가 입혔느냐 네가 그것으로 메뚜기처럼 뛰게 하였느냐 그 위엄스러운 콧소리가 두려우니라 그것이 골짜기에서 힘 있음을 기뻐하며 앞으로 나아가서 군사들을 맞되 두려움을 모르고 겁내지 아니하며 … 땅을 삼킬 듯이 맹렬히 성내며 나팔 소리에 머물러 서지 아니하고 나팔 소리가 날 때마다 힝힝 울며 멀리서 싸움 냄새를 맡고 지휘관들의 호령과 외치는 소리를 듣느니라."

말과 병거는 성경에서 자주 만나는 은유들이다. 시편의 유명한 다음 구절이 이를 잘 보여 준다. "어떤 사람은 병거, 어떤 사람은 말을 의지하나 우리는 여호와 우리 하나님의 이름을 자랑하리로다"(시 20:7). 나훔 3:1-3은 전쟁의 피비린내 나는 장면을 생생히 묘사한다. "휙휙하는 채찍 소리, 윙윙 하는 병거 바퀴 소리, 뛰는 말, 달리는 병거, 충돌하는 기병, 번쩍이는 칼, 번개 같은 창, 죽임당한 자의 떼, 주검의 큰 무더기, 무수한 시체여 사람이 그 시체에 걸려 넘어지니"(2-3절). 말에 비해서 당나귀와 황소, 낙타 등은 상업과 평화의 동물들로 그려진다.

(5) 새들과 관련해서는 **비둘기**(히브리어 요나)가 까마귀와는 대조적으로 "순결과 순진함의 상징"으로 받아들여진다.[23] 파브리지는 산비둘기와 집비둘기가 새들의 영역에서는, 짐승들의 영역에서 양과 어린양이 가지는 상징적 지위에 맞먹는다고 지적한다. 탈무드에 보면 비둘기는 온유하고 참되며 사랑스러운 새인데 비해, 까마귀는 교활하고 거짓된 새로 묘사되고 있다. 산비둘기와 집비둘기는 새들 중에서는 유일하

23 Farbridge, *Studies in Biblical and Semitic Symbolism*, p. 80.

게 제사에 사용된다. 레위기 5:7에 보면 양이나 염소를 드리지 못하는 사람들은 비둘기를 드리도록 규정하고 있다. 마리아와 요셉도 이를 따라 비둘기를 드렸다(눅 2:24). 이런 규례는 레위기 12:6-8, 14:22에서 되풀이되고 있다.

(6) 나무와 풀과 꽃의 영역에서도 다양한 상징들이 사용되고 있으며, 많은 은유적 표현들이 만들어지기도 한다. "골짜기의 백합화, 가시밭 속의 백합화, 석류 과수원, 몰약과 장뇌, 감송과 계피" 등이 자주 사용되는 예들이다.[24] 풀을 인간 연약함의 상징으로 사용하는 것처럼, 식물이 자라고 변하는 특성이 자주 주목을 받는다. "모든 육체는 풀이요 그의 모든 아름다움은 들의 꽃과 같으니 … 풀은 마르고 꽃은 시드나 우리 하나님의 말씀은 영원히 서리라"(사 40:6-8). 이와 대조적으로 에스겔 47:12에는 나무와 관련하여 이와 같은 언급이 나타난다. "강 좌우 가에는 각종 먹을 과실나무가 자라서 그 잎이 시들지 아니하며 열매가 끊이지 아니하고 달마다 새 열매를 맺으리니." 성경에서 나무와 식물과 꽃은 여러 가지 다양한 현실과 연결되고 있다.

(a) **감람나무**(히브리어 자이트)는 긍정적인 의미를 가진다. 예레미야 11:16은 이렇게 말한다. "여호와께서는 그의 이름을 일컬어 좋은 열매 맺는 아름다운 푸른 감람나무라 하였었으나 큰 소동 중에 그 위에 불을 피웠고 그 가지는 꺾였도다." 호세아 14:6은 회복된 이스라엘을 가리켜 "그의 가지는 퍼지며 그의 아름다움은 감람나무와 같고 그의 향

24 Farbridge, *Studies in Biblical and Semitic Symbolism*, p. 28.

기는 레바논 백향목 같으리"라고 말한다. 감람나무와 관련하여 파브리지는 이와 같이 설명한다.

> 이 나무는 항상 푸르른 신선함을 유지하며, 엄청난 양의 기름을 산출한다. 음식으로서의 용도 외에도 불을 밝히거나 치료 목적으로도 그 기름을 사용하기 때문에 이 나무는 삶의 주요 필수품 가운데 하나로 여겨졌다. 그 목재는 짙은 황갈색을 띤다. 이 때문에 선지자들은 감람나무를 아름다움과 힘의 상징이라 말했던 것이다.[25]

열왕기상 6장에 보면 솔로몬 성전의 문과 문짝, 내소의 두 그룹을 모두 감람나무로 만들었음을 알 수 있다(23, 31-33절).

(b) **포도나무**(히브리어 케렘)는 이스라엘 전체를 가리키는 상징으로 자주 사용된다. 이사야 5:1-2에 보면 하나님께서 기름진 언덕에 포도원을 만드신다. 돌을 걷어 내고 망대를 세우며 잘 가꾸어서 좋은 포도가 열리기를 기대하신다. 그러나 기대와 달리 "들포도를 맺음은 어찌됨인고." 이런 부정적인 예가 있기는 하지만 그렇다고 해서 이스라엘에게 항상 이런 부정적인 그림만 돌려진다고 생각하면 잘못이다. 보다 일반적으로 포도나무는 아름다움과 부와 번영의 상징이다. 사람이 자기의 포도나무와 무화과나무 아래에 거하는 것은 평화와 번영을 누린다는 것을 의미한다(미 4:4; 슥 3:10). 포도나무는 가정의 행복을 가리키는 상징 내지는 은유로도 사용된다. "네 집 안방에 있는 네 아내는 결실한

25 Farbridge, *Studies in Biblical and Semitic Symbolism*, p. 41.

포도나무 같으며"(시 128:3). 포도나무의 이미지는 그 의미가 자유롭게 떠다니는 것은 아니다. 해석의 문맥적 틀에 따라 그 의미가 결정된다.

(c) **백향목**(히브리어 에레즈)은 우월한 높이와 왕성한 성장의 상징으로 사용된다. 에스겔 31:3-5은 백향목을 이렇게 묘사한다.

> "가지가 아름답고 그늘은 숲의 그늘 같으며 키가 크고 꼭대기가 구름에 닿은 레바논 백향목 … 키가 들의 모든 나무보다 크며 굵은 가지가 번성하며 가는 가지가 길게 뻗어 나갔고"

파브리지는 백향목에 대해 이와 같이 설명한다.

> 백향목은 그 중심에 이르기까지 매우 튼실하다. 뿌리는 넓게 퍼지며 땅속에 굳게 활착되어 있어서 거센 폭풍도 거뜬히 이겨 낸다. 종려나무와 마찬가지로 물을 좋아하며 사철 푸른 상록수다. 언제나 빼곡한 잎으로 덮여 있고, 껍질과 잎에서 강한 향기가 난다. 이 때문에 '레바논의 냄새'라는 말이 향기를 가리키는 말로 정착되었다.[26]

시편 92:12에는 "의인은 종려나무같이 번성하며 레바논의 백향목 같이 성장하리로다"라는 직유(은유가 아니라)가 나타난다. 민수기 24:6에서도 이스라엘을 가리켜 "물가의 백향목들 같도다"라고 표현한다. 바벨론과 앗수르 문학에서는 백향목으로 지은 궁전과 신전에 대한 언급이

26 Farbridge, *Studies in Biblical and Semitic Symbolism*, p. 63.

심심치 않게 등장한다. 아누 신전에 들어간 앗수르 왕 살만에셀 2세에 대한 묘사가 그 좋은 예이다.

(d) **상수리나무**(히브리어 에론)는 구약 초기 문헌에서 계시의 장소로 자주 언급된다. 하나님은 세겜의 상수리나무에서 아브라함에게 나타나셨고, 아브라함은 그곳에 제단을 쌓았다(창 12:6). 후에 세 천사들이 마므레 상수리나무 곁에서 자기 장막 문에 앉아 있던 아브라함에게 나타났다(창 18:1). 기드온에게 한 천사가 나타난 것도 기드온이 오브라의 상수리나무 아래에 앉아 있을 때였다(삿 6:11). 아모스는 상수리나무의 힘에 대해 언급한다(암 2:9). 스가랴 11:2은 "바산의 상수리나무들아 곡할지어다"라고 선언한다. 이사야 2:13에는 하나님께서 교만과 자고함의 상징인 "바산의 모든 상수리나무"를 치시는 말씀이 나온다. 상수리나무는 힘과 아름다움의 가치를 가지고 있다. 상징의 의미가 경우에 따라 자주 바뀌는 것을 보지만, 파브리지는 상수리나무의 경우 그 의미가 거의 변함없이 "힘과 보호, 충직함 … 신뢰, 명예, 용기"라고 말한다.[27] 그래서 여호수아는 "여호와의 성소 곁에 있는 상수리나무 아래에" 언약을 기념하는 큰 돌을 세웠다(수 24:26).

(e) **무화과나무**(히브리어 트에나)는 나라의 평화와 번영을 상징한다. 미가 4:4이 이런 점을 잘 보여 준다. "각 사람이 자기 포도나무 아래와 자기 무화과나무 아래에 앉을 것이라 그들을 두렵게 할 자가 없으리니." 무화과나무는 이스라엘에서 가장 흔하게 볼 수 있는 나무이다. 때

27 Farbridge, *Studies in Biblical and Semitic Symbolism*, p. 44.

로 무화과나무의 마름과 파멸이 하나님의 심판을 가리키기도 한다. 이사야의 예언이 좋은 예이다. "하늘들이 두루마리같이 말리되 그 만상의 쇠잔함이 … 무화과나무 잎이 마름 같으리라"(사 34:4). 무화과나무는 뽕나무과에 속한다. 그 열매는 달콤하고 부드러우며 씹는 질감이 좋다. 무화과는 민감하고 쉽게 물러지기 때문에 종종 이를 말려서 오래 보존하기도 한다. 무화과는 그 종류가 매우 다양하며, 색깔이나 질감도 차이가 많이 난다. 세상에서 오래된 나무들 중 하나인 무화과나무는 가장 이른 역사 문헌에서도 언급되고, 성경에서도 마찬가지로 눈에 띄는 자리에 놓여 있다. 무화과나무는 중동 지역과 지중해 연안이 그 본산지며, 그리스 사람들도 무화과나무를 높이 평가했다.

(f) **백합화**(히브리어 슈샨)는 그 상징적 의미가 매우 크다. 호세아는 이스라엘을 가리켜 "그가 백합화같이 피겠고 레바논 백향목같이 뿌리가 박힐 것이라"라고 말한다(호 14:5). 아가서의 노래 중에는 "입술은 백합화 같고 몰약의 즙이 뚝뚝 떨어"진다(5:13)는 표현이 있고, 정원에서 "내 사랑하는 자가 … 백합화를 꺾는구나"(6:2)라는 표현도 나타난다. "여자들 중에 내 사랑은 가시나무 가운데 백합화 같도다"(2:2)라는 유명한 유비는, 사랑받는 여자가 자신의 빛을 가리려 위협하는 모든 것 속에서도 그 아름다움을 두드러지게 드러낸다는 것을 표현한다. 후기 유대인들의 사상 속에서 이스라엘은 백합화에 비견된다.

(g) **살구**(아몬드, 히브리어 샤케드)는 예레미야를 부르시는 장면과 관련해서 잘 알려져 있다. 살구를 가리키는 히브리어 샤케드(shaked)는 '깨다, 지키다'를 뜻하는 단어와 음이 같다. 예레미야가 "내가 살구나무 가

지를 보나이다"(렘 1:11)라고 말하자 하나님께서는 "네가 잘 보았도다 이는 내가 내 말을 지켜 그대로 이루려 함이라"라고 대답하신다. 예레미야가 "내가 살구나무를 본다"라고 말하는 것은 "내가 지킴 나무를 본다"라고 말하는 셈이 된다. 살구나무는 겨울이 지난 후 처음 깨어나는 나무 가운데 하나이다. 성막 기물에 대한 자세한 묘사에도 살구나무에 대한 언급이 나타난다. 등잔대를 만들 때 "살구꽃 형상의 잔 셋"과 "살구꽃 형상의 잔 넷"을 각각 만들라는 지시가 그것이다(출 37:19, 20). 민수기 17:8에 보면 모세가 증거 장막에 들어갔을 때 아론의 지팡이에 "살구 열매"가 열린 것을 보았다는 진술이 있다.

(h) **화석류**(myrtle, 히브리어 하다쓰)는 기쁨과 평화와 행복을 상징한다. 이사야 41:19에 보면 황량한 사막이 "백향목과 싯딤 나무와 화석류와 들감람나무"의 처소로 변하게 될 것을 노래한다. 이사야 55:13에서도 "화석류가 찔레를 대신"하게 될 것을 노래한다. 스가랴 1:8-10은 붉은 말을 탄 한 사람이 "화석류 나무 사이에" 서 있는 것을 보여 준다. 화석류 나무는 색깔이 풍성하며, 그 잎은 반짝거리는 짙은 녹색을 띠고 있다. 그리스 사람들은 축제 기간 동안에 화석류 나무로 화환을 만들어 쓰기도 했다.

위에서 우리는 구약성경에 나타나는 다양한 상징과 이미지, 그림들을 비교적 상세히 살펴보았다. 이것을 통해 우리가 알게 된 것은 무엇인가? 첫째, 우리는 구약의 거의 모든 책에서 시각 이미지가 얼마나 다채롭게 사용되는지를 잘 볼 수 있다. 선지자적 상징 세계에서는 시각적 내용뿐만 아니라 상징적 행위가 매우 중요한 역할을 수행하고 있다는 점이 무엇보다 특이한 점이다. 최소한 이런 현상은 그림과 상징과 이미지가 의사소통의 다양한 방식 속에서 차지하는 위치와 중요성이 무엇인지를 잘 보여 주는 선례이다. 이런 그림들은 매우 큰 힘을 가지고 있으며 여간해서는 잊어버릴 수 없는 강한 인상을 남긴다. 이는 오늘날 의사소통에 있어서도 설교자들이나 교사들이 그림과 상징을 잘 활용할 줄 알아야 한다는 것을 제시한다.

둘째, 그림과 상징과 이미지는 자유로이 떠다니는 기호들처럼 그 의미가 독자들에 의해 임의로 부여되는 것이 아니라, 좋은 해석의 안내를 잘 따라야 한다는 것을 우리는 잘 배울 필요가 있다. 그림과 상징들은 대체로 특정 해석의 전통에 굳게 뿌리를 내리고 있다. 물론 이는 모든 그림이나 상징에 다 동일하게 적용되는 것은 아니다. 경우에 따라 문맥과 저자의 목표를 고려하는 것이 불가피하다. 어떤 때는 이미지나 상징에 대한 대중적인 이해가 문맥 속의 의미와 일치하지 않는 경우도 만난다.

구약성경에서의 그림과 상징 사용에 대한 우리의 관찰은 이 책의 양면적 목적과 잘 일치된다는 것을 볼 수 있다. 한 면에서 우리는 그림의 힘이 어떤지를 잘 볼 수 있고, 따라서 이를 잘 활용해야 한다는 것을 배운다. 또 다른 한 면에서 우리는 상징에 대한 섣부른 해석이 우리를 잘못된 길로, 때로는 미혹시키는 길로 이끌 수 있다는 것을 배우게 된다.

6장 예수님의 가르침에 나타난 그림과 이미지

갈릴리의 일상과 예수님의 생생한 시각 이미지가 가지는 힘

찰스 도드의 다음과 같은 말은 우리가 말하고자 하는 주제, 곧 그림의 힘이 가지는 긍정적인 측면과 부정적인 측면을 동시에 잘 요약하고 있다.

> 가장 단순하게 말해서 비유는 자연이나 통상의 삶에서 끌어낸 은유나 직유로서, 그 생생함이나 생소함을 통해 듣는 사람을 사로잡는 효과를 자아낸다. 그러면서도 비유는 듣는 사람의 마음을 활동적인 사유 속으로 인도하여 그것을 어떻게 정확하게 적용할 것인지 그 마음을 충분히 혼란스럽게 만들기도 한다.[1]

도드의 말은 그림의 힘이 가지는 긍정적 측면이 무엇인지를 잘 요약한다. 비유는 때로 생소한 면을 가지기도 하지만, 일단은 생생하고 생

1 Charles H. Dodd, *The Parables of the Kingdom* (London: Nisbet, 1953), p. 16.

동감이 있다. 그러면서도 비유는 듣는 사람의 마음을 흔들어서 그 정확한 적용과 관련된 신중하고도 오랜 생각을 하지 않을 수 없도록 만들기도 한다. 잘못된 해석은 우리를 미혹시키기도 하고 오도하기도 한다.

예수님의 그림과 이미지가 듣는 사람들이 속해 있던 '통상의 세계'로부터 흘러나온다는 도드의 지적 또한 정확하다. 이런 점은 에른스트 푹스 역시 동일하게 강조하고 있다.

> 의심의 여지 없이 예수의 가르침은 평화롭고 평범한 시대의 일상적인 가정 및 지역사회 삶의 배경을 바탕으로 한다. 이런 삶의 상황 속에서 일어나는 일들이 그의 비유의 소재가 되고 있다. 길거리를 걸어가 창문을 두드리는 사람들도 볼 수 있고, 축제일을 맞아 시끌벅적하게 떠드는 사람들의 목소리를 들을 수도 있다. 농부가 자기 밭에 나가 씨를 뿌리고 곡식을 거두어들이기도 한다. 주부가 자기 집에 딸린 조그만 땅에 식물을 심기도 한다. 부자도 있고 가난한 자도 있으며, 정직한 사람도 있고 사기꾼도 있다. 행복도 있고 궁핍도 있으며, 슬픔도 있고 감사도 있다. 하지만 이런 모든 것들이 단지 … '원자료'나 … 일종의 '접촉점'으로 그치는 것은 아니다. 오히려 예수는 정확히 이 '세상'을 그의 마음에 두고 있다.[2]

예수님은 청중이 그의 신학적 세계 속에 곧바로 들어오기를 기대하기보다, 오히려 그들의 세계 속에 온전히 들어감으로써 푹스가 말하는 "상호 이해"(Einverständnis)에 도달하고자 하셨다. 푹스는 이렇게 말

2 Ernst Fuchs, 'The New Testament and the Hermeneutical Problem', in James M. Robinson and John B. Cobb (eds), *New Frontiers in Theology, vol. 2, The New Hermeneutic* (New York: Harper & Row, 1964), p. 126; cf. pp. 111-45.

한다. "그는 믿음 곧 결단을 요구하신다. 이 결단은 이에 의거하여 들어가는 자로 하여금 하나님의 편에 서게 하며 또한 하나님의 행위의 기적 위에 서게 한다."[3] 이런 면에서 예수님께서 사용하시는 그림과 이미지는 삽화의 기능 그 이상을 한다. 이 그림은 하나님을 만나고, 이해하고, 순종하는 길을 보여 준다.

비유의 적용이 청중을 아리송함 속에 둔다는 도드의 지적은 또 다른 학자에게서도 찾아볼 수 있다. 로버트 펑크는 비유가 "명확히 규정되지 않은 면을 가지는 것은 듣는 사람으로 하여금 그 자신의 적용을 생각해 보도록 하기 위함"이라고 밝힌다.[4] 이런 지적은 크게 보면 맞는 말이긴 하지만, 그러면서도 '바른' 해석이 무엇인가의 문제를 야기하기도 한다.

이 문제는 비유의 본질과 관련해서 요아킴 예레미아스가 다음과 같이 말하고 있는 것과도 연관성이 있다. 예레미아스는 "은유, 직유, 비유, 유사, 알레고리, 예시 등"을 뚜렷하게 구분하려는 것은 "열매 없는 노력에 그치고 만다"라고 말하면서 그 이유를 이와 같이 제시한다.

> 왜냐하면 히브리어 마샬(māshāl)과 아람어 마틀라(mathla)는 이 범주들 모두를 아우를 뿐만 아니라 더 많은 것을 구분 없이 가리키기 때문이다. 이 용어는 … 비유, 유사, 알레고리, 우화, 잠언, 묵시적 계시, 상징, 위명, 가상적 인물, 예증, 논제, 논증, 변증, 논박, 만담 등을 가리킨다. 이와 유사하게 신약의 파라볼레(παραβολή)라는 말도 '비유'라는 단일한

3 Fuchs, 'The Hermeneutical Problem', p. 129.

4 Robert Funk, *Language, Hermeneutic and Word of God* (New York: Harper, 1966), p. 133.

의미만을 가지는 것은 아니고, '비교' … '상징' 등을 의미하기도 한다.[5]

파라볼레라는 단어가 누가복음 5:36과 마가복음 3:23에는 '비교'의 의미로 사용되고, 히브리서 9:9과 11:19에는 '상징'의 의미로, 누가복음 4:23에는 '격언' 또는 '상투어'의 의미로, 누가복음 14:7에는 '수수께끼'의 의미로 사용된다. 이 단어를 정확히 어떻게 번역할 것인가를 두고는 많은 의견 차이가 있을 수 있겠지만, 전반적인 원칙은 복잡할 것이 없다. 아모스 와일더가 잘 지적하는 것처럼, "예수께서는 비유적 표현을 매우 다양한 방식으로 사용하고 있다."[6] 이들의 공통적인 특징은 듣는 자들에게서 실제적인 반응을 불러일으키고자 함이 그 목적이라는 것이다. 이 때문에 예수님은 "들을 귀가 있는 자들은 들으라"라고 말씀하신다. 비유는 또한 '간접 의사소통' 수단이기도 하다. 이는 섣부른 대결과 어설픈 결단을 피하게 만든다.

비유를 단정적으로 정의하기는 어렵다 하더라도, 우리는 대부분의 비유에 적용될 수 있는 어떤 일반적인 특징을 정리해 볼 수는 있다. 물론 이것을 기계적으로 엄격하게 적용하기는 어려울 것이다. 알레고리가 다수의 별개 교훈 점들을 가지는 데 비해, 비유는 아돌프 윌리허(Adolf Jülicher)나 에타 린네만(Eta Linnemann)이 잘 지적하는 것처럼 하나의 단일 교훈 점을 가진다는 것이 그 한 가지 특징이다. 알레고리는 존 버니언의 『천로역정 *The Pilgrim's Progress*』에서 보는 것처럼 상대적으로 독립된 일련의 관점들을 제시한다. 그뿐만 아니라 알레고리는 린네만이 주장하는 것처럼 대체로 입문자나 내부자를 그 대상으로 한다. 알레고리

5 Joachim Jeremias, *The Parables of Jesus* (Eng., London: SCM, rev. edn, 1963), p. 20.
6 Amos N. Wilder, *Early Christian Rhetoric* (London: SCM, 1964), p. 81.

는 "사전 이해를 전제"하는 반면, 비유는 이해를 준비시키며, 때로는 반대자들을 무마하기 위한 목적으로 사용되기도 한다. 린네만의 말처럼 "비입문자에게 있어서 알레고리는 해석이 필요한 수수께끼와 같다."[7] '비유'(māshāl 또는 parabolē)라는 말을 다양하게 구분하여 사용할 수 있는 것은 사실이지만, 이런 사실이 비유와 알레고리 구분을 무의미하게 만들지는 않는다. 우리가 이 둘을 너무 엄격하게 구분해서 예수님은 알레고리를 전혀 사용하지 않으셨다고 말하는 것은 옳지 않다. 예수께서 대체로 알레고리보다는 비유를 선호하신다는 이유 때문에, 알레고리 성격을 가지는 왕의 혼인 잔치 비유(마 22:1-14)와 씨 뿌리는 자 비유에 대한 '해석'(막 4:3-9)을 예수의 진정한 말씀에서 제외해서는 안 된다. 하지만 대체적인 측면에서 볼 때, 예수님의 비유는 하나의 중심 교훈 점을 가지며, 내부자들보다는 외부자들이나 반대자들을 그 대상으로 삼는다.

비유의 구체적인 이미지 세계는 추상적 사상이나 원리와 대립되는 성격을 갖는다. 예를 들어 예수님은 "구제할 때에 … 너희 앞에 나팔을 불지 말라"라고 말씀하신다(마 6:2). 이를 "시혜가 과시가 되어서는 안 된다"와 같은 방식으로 말하는 것도 가능하겠지만, 이런 추상적인 표현에는 '한 방'이 없다. 또 다른 예로 "낙타가 바늘귀로 들어가는 것이 부자가 하나님의 나라에 들어가는 것보다 쉬우니라"(마 19:24)라는 말씀을 들 수 있다. 이런 이미지가 갖는 힘을 그 어떤 추상적 표현도 따라가지 못한다.

스토리텔링에 사용되는 일부 관습들이 예수님께서 사용하시는 이미지들의 힘을 더 증폭시키기도 한다. 때로 그는 세 등장인물의 관습을 사용해서 이야기를 클라이맥스 상황으로 이끌어 가기도 하신다. 제사

7 Eta Linnemann, *Parables of Jesus: Introduction and Exposition* (Eng., London: SPCK, 1996), p. 7.

장과 레위인과 사마리아인이 등장하는 선한 사마리아인 비유를 예로 들 수 있을 것이다(눅 10:29-37). 등장인물들을 대비해서 생생하고 기억에 남는 반제를 제시하는 방식도 사용되고 있는데, 우리는 그 예를 부자와 나사로 비유(눅 16:19-31), 탕자 비유에 나오는 첫째 아들과 둘째 아들의 대비(눅 15:11-32), 열 처녀 비유의 지혜로운 처녀와 어리석은 처녀의 대비(마 25:1-13) 등에서 찾아볼 수 있다. 대부분의 비유들은 단회적으로 일어난 일들을 다루고 있지만, 어떤 비유들은 정기적으로 일어나는 일이나 정기적 자연 현상의 '유사'를 다루기도 한다. 여기에는 마지막에 가서 큰 결과를 낳는 겨자씨 이야기(막 4:30-32) 등이 포함된다. 반면 동일하게 정기적으로 일어나는 사건을 다루는 씨 뿌리는 자 비유는 각기 다른 경우에 속하는 씨들이 맺는 결과의 차이보다는 한시적인 방해나 어려움에도 불구하고 계속해서 나아가야 함을 강조한다(막 4:3-8; 마 13:3-8; 눅 8:5-8).[8]

어떤 학자들은 예수님의 화술 기교에 대해 이야기하기도 한다. 내러티브가 가지는 경제성과 간결함은 그 여러 기법을 통해 비유에 사용된 보통의 이미지들을 기억에 남을 만한 강력한 이야기가 되도록 만든다. 불의한 청지기 비유(눅 16:1-9)나 열매 없는 무화과나무 비유(눅 13:6-9), 가라지 비유(마 13:24-30), 잃어버린 양 비유(눅 15:4-7) 등은 직접 화법과 독백의 기법을 사용하고 있다. 이런 기교는 단지 장식적 기능만을 가지는 것이 아니라, 비유를 힘 있게 하고 기억에 남도록 만든다. 비유 해석에서 통상적으로 받아들여지고 있는 해석 원칙은 각각의 이야기에서 하나의 핵심 교훈 점을 찾는 것이다.

8 Jeremias, *The Parables of Jesus*, pp. 149-51.

예레미아스는 공관복음서 전체를 통틀어서 39개 내지 40개에 이르는 비유 목록을 만들고 있다.[9] 여기에는 씨 뿌리는 자 비유(막 4:3-8; 마 13:3-8; 눅 8:5-8), 인내하는 농부 비유(막 4:26-29), 겨자씨 비유(막 4:30-32; 마 13:31; 눅 13:18-19), 악한 농부 비유(막 12:1-11; 마 21:33-44; 눅 20:9-18), 싹 트는 무화과나무 비유(막 13:28-29; 마 24:32-33; 눅 21:29-31), 깨어 있는 종 비유(막 13:33-37; 눅 12:35-38) 등이 포함된다. 전체 비유들 가운데 여섯 내지 다섯 가지 비유는 세 복음서 모두에 나타나며, 이들은 모두 마가복음서에 뿌리를 두고 있다. 비유 세 개는 마가복음서 앞부분에 수록되어 있다. 우리는 위에서 예레미아스가 사용하는 비유의 명칭을 그대로 사용했다. 그는 씨 뿌리는 자 비유가 마가의 최초 전승에 기초하는 것으로 보고 있다. 우리가 앞에서 이야기했던 것처럼, 이 비유의 초점은 하나님 말씀에 놓여 있다. 예레미아스는 서로 다른 종류의 땅에 초점을 맞추어 이 비유를 해석하는 통상적인 해석은 이 비유를 거의 알레고리로 만들어 버린다고 지적한다. 이런 전통적인 해석은 "이 비유의 종말론적 초점을 놓치고 있다"고 보는 것이다. 그렇게 되면 이 비유는 청중의 심리 상태에 대한 묘사로 전락하고 만다. 이 비유가 가지는 실제적인 의미는 예수님께서 반대에도 불구하고 그러하셨던 것처럼 말씀의 씨를 계속 뿌리라는 것이다. 그렇게 할 때 최종적으로는 기대에 부합하는 놀라운 결과가 일어나게 된다.[10] 이런 그림은 쉽게 잊힐 수가 없다.

예레미아스가 인내하는 농부 비유라 부르는 마가복음 4:26-29의 비유는 가만히 자라는 씨 비유로 더 잘 알려져 있다. 예레미아스는 이 비유를 대조의 비유라고 말한다.

9 Jeremias, *The Parables of Jesus*, pp. 247-48.
10 Jeremias, *The Parables of Jesus*, pp. 78-9.

> 씨를 뿌린 후에 농부가 아무것도 하지 않는다는 것이 생생히 묘사되고 있다. 농부의 삶은 밤과 낮에 자고 깨는 일과를 따라 흘러간다. 조바심을 가지고 걱정할 것도 없고 … 그 어떤 적극적인 행위를 하는 것도 없지만, 씨는 혼자서 가만히 자라 싹을 내고 이삭을 맺으며, 또 이삭에서 열매로 이어진다. 이 각각의 단계를 하나하나 거론함으로써 그 성장의 과정이 멈추지 않고 지속된다는 것을 나타낸다. 그러다가 마침내 인내하고 기다린 보람이 찾아온다. 열매가 익고 낫을 댈 때가 되면 '드디어 추수 때가 왔구나'라는 즐거움의 소리가 터져 나온다. 하나님의 나라가 이와 같다. 오래 참고 기다린 농부에게 추수의 시간이 반드시 오는 것과 마찬가지로 하나님의 때가 임할 때 하나님은 반드시 그와 같이 하실 것이다.[11]

예레미아스는 예수께서 나타내고자 하시는 그림의 힘을 생동감 있게 잘 전달해 주고 있다.

세 번째로 주목할 마가의 비유는 악한 농부 비유(막 12:1-11)이다. 이 비유는 마태복음과 누가복음에도 나타난다. 비유와 알레고리를 엄격하게 구분하려는 관점이 주도적인 것을 감안할 때, 다음과 같은 예레미아스의 언급은 매우 신선하다. "이 비유는 알레고리 성격을 가지는 점에서 예수의 비유들 중에서도 매우 특이하다."[12] 종들을 하나씩 차례로 보내어 긴장을 높여 가다가 클라이맥스에 도달하는 방식은 클라이맥스를 좋아하는 대중의 기호를 따르고 있으며, 마침내는 아들이 당할 고난이 무엇인지를 암시한다. 예레미아스는 여기에 선지자들과 그들의 운명에 대한 암시도 포함된다고 지적한다. 이 비유의 의미 역시 선명하

11 Jeremias, *The Parables of Jesus*, pp. 151.
12 Jeremias, *The Parables of Jesus*, pp. 70.

고도 기억에 남을 만하다.

예레미아스가 인용하는 열아홉 개 비유들이 마태복음에 기반을 두고 있으며, 이 중 아홉 개는 누가복음에도 나타난다. 특히 비유 다섯 개는 마태복음 13장에 나오는 마태 고유의 자료에 포함되어 있다. (예레미아스는 도마복음서에 나오는 평행 본문을 인용하기도 한다.) 마태복음 13장에는 가라지 비유(마 13:24-30), 누룩 비유(마 13:33; 눅 13:20-21), 감추인 보화 비유(마 13:44), 진주 비유(마 13:45), 그물 비유(마 13:47-48)가 포함되어 있다. 이 모두가(어쩌면 하나 정도는 제외하고) 교회에 대한 마태의 독특한 관심을 반영한다. 마태복음 13:24-30에서 예수님은 밤에 원수가 몰래 와서 좋은 곡식 사이에 가라지를 덧뿌리고 간 일에 대해 말씀하신다. 종들이 주인에게 이 가라지를 뽑아 버리기를 원하는지 물었을 때, 주인은 추수 때까지 기다리라고 대답한다. 많은 사람들은 이를 가시적 교회의 혼재 상태를 나타내는 것으로 해석한다.

그물 비유 역시 다른 그림 또는 이미지를 사용하여 유사한 강조점을 부각한다. 그물에는 "각종 물고기"가 들어온다. 그러나 "세상 끝에" 가서는 천사들이 "의인 중에서 악인을 갈라" 낼 것이다. 값비싼 진주 비유는 전심의 제자도라는 그림을 그리고 있다. 상인은 값비싼 진주를 얻기 위해 자신의 모든 것을 다 내놓는다. 밭에 묻혀서 감추어져 있는 보화는 그것을 찾기까지 인내하며 수고할 것을 요구한다. 이는 교회 안에 있는 신자들이나, 교회 안에 들어와 그리스도를 찾고자 하는 사람들에게 적용될 수 있다.

예수님은 우리가 '비유'라고 부르는 이야기 형태 속에서만 그림, 이미지, 상징, 유비 등을 사용하시는 것은 아니다. 보다 짧고 간결한 그림들이 마태와 누가가 공유하는 자료들 속에 나타난다. 이 공유된 자료는 흔히 Q 자료라 불리는데, 이에 대해서는 여전히 논란이 이어지고 있다. 누가의 '평지 설교'(눅 6:17-49)에는 짧고 간결한 그림이 다수 포함되어 있다. 소경이 소경을 인도하는 그림이 좋은 예이다. 그렇게 하면 결국 둘 다 구덩이에 빠질 수밖에 없다(눅 6:39; 마 15:14). 다른 사람의 눈에 있는 티끌은 뽑아내려 하면서, 자기 눈에 들어 있는 들보는 보지 못하는 사람의 그림도 있다(마 7:3-4; 눅 6:41). 가시나무가 포도를 맺고 엉겅퀴가 무화과를 맺는 이상한 그림을 통해 좋은 열매는 단발적인 행위에서가 아니라 좋은 성품에서 나온다는 것을 가르치기도 하신다(마 7:16; 눅 6:43-45). 그는 또한 표면적 선에 그치는 사람을 기초 없이 집을 짓는 사람에 빗대기도 하신다(눅 6:48-49; 마 7:24-27).

예수님은 그의 공생애 사역 초기부터 그림과 이미지와 유비들을 사용하셨다. 이를 살펴보기 위해서는 누가의 이야기 순서를 따라가는 것이 보다 유리하다. 왜냐하면 누가는 마태보다 더 빈번하게 스냅 사진 형태의 그림들을 제시하기 때문이다. 어떤 학자들은 마태와 누가가 Q 자료를 사용할 때 연대기적 순서를 더 정확히 따른 사람은 누가라고 보기도 한다.[13] 누가복음 4:23에서 예수님은 "너희가 반드시 의사야 너 자신을 고치라 하는 속담을 인용하"리라고 말씀하신다. 이어서 예수님은 하나님께서 자신의 놀라운 일들을 이스라엘 사람들에게만 제한해서 행하지 않으심을 유비를 통해 밝히신다.

13 Vincent Taylor, 'The Original Order of Q', in A. J. B. Higgins (ed.), *New Testament Essays* (Manchester: Manchester University Press, 1959), pp. 246-69; and Mark Goodacre, *The Case Against Q* (London: Continuum, 2002); John S. Kloppenborg, *The Formation of Q Transcripts in Ancient Wisdom Collections* (Philadelphia: Fortress, 1987); James M. Robinson, John S. Kloppenborg and Paul Hoffmann (eds), *The Critical Edition of Q* (Hermeneia; Minneapolis: Fortress, 2000).

> "엘리야 시대에 … 이스라엘에 많은 과부가 있었으되 엘리야가 그중 한 사람에게도 보내심을 받지 않고 오직 시돈 땅에 있는 사렙다의 한 과부에게뿐이었으며, 또 선지자 엘리사 때에 이스라엘에 많은 나병 환자가 있었으되 그중의 한 사람도 깨끗함을 얻지 못하고 오직 수리아 사람 나아만뿐이었느니라."

누가복음 5:10과 마태복음 4:19에서 예수님은 그를 따르는 제자들이 물고기가 아니라 사람을 낚을 것임을 말하면서 일종의 언어유희를 고안하기도 하신다. 누가복음 5:31(막 2:17; 마 9:12)에서 예수님은 "건강한 자에게는 의사가 쓸 데 없고 병든 자에게라야 쓸 데 있"다는 유비를 말씀하신다. 누가복음 5:36(막 2:21; 마 9:16)에서는 새 옷에서 한 조각을 찢어다가 낡은 옷에 붙이는 일의 부적절함에 대한 유비를 사용하신다. 때로 그는 구약 선지자들에게서 보는 것처럼 행위를 사용하기도 하신다. (이 경우 행위는 화행 차원이다. 말이 곧 하나의 행위에 해당한다.) 예를 들어 예수님은 중풍병자를 향하여 "일어나 … 집으로 가라" 또는 "일어나 걸으라"라고 말씀하신다(막 2:11; 눅 5:23; 마 9:6).

누가복음의 평지 설교에 이어지는 이야기에서 우리는 예수님께서 또 다른 많은 유비와 그림들을 사용하시는 것을 볼 수 있다. 무리가 세례 요한을 찾는 동기가 무엇인지를 질문하시면서 예수님은 "너희가 무엇을 보려고 광야에 나갔더냐 바람에 흔들리는 갈대냐 … 부드러운 옷 입은 사람이냐 보라 화려한 옷을 입고 사치하게 지내는 자는 왕궁에 있느니라"라고 말씀하신다(눅 7:24-25). 누가복음 7:31-34에서는 당대 사람들을 두고 이렇게 비교하신다.

> "아이들이 장터에 앉아 서로 불러 이르되 우리가 너희를 향하여 피리를 불어도 너희가 춤추지 않고 우리가 곡하여도 너희가 울지 아니하였다 함과 같도다. 세례 요한이 와서 떡도 먹지 아니하며 포도주도 마시지 아니하매 너희 말이 귀신이 들렸다 하더니 인자는 와서 먹고 마시매 너희 말이 보라 먹기를 탐하고 포도주를 즐기는 사람이요 … 하니"(32-34절)

누가복음 7:41-48에는 빚진 두 사람 이야기와 그 해설이 나온다. 8:5-15에는 씨 뿌리는 자 비유에 대한 해설이 나온다. 누가복음 8:16과 마태복음 5:15에서 예수님은 등잔을 말 아래나 침상 아래 두는 사람의 그림을 사용하신다. 예수님은 거라사의 귀신 들린 사람을 고쳐 주신 후에 한 가지 공적 행위를 행하신다. 돼지 떼가 비탈로 내리달아 호수에 빠져 죽도록 허락하신 행위가 그것이다(마 8:28-32). 누가복음 9:47에서 예수님은 어린아이 하나를 취하여 그의 말씀을 위한 시각적 효과를 높이는 데 사용하시는 것을 볼 수 있다. "누구든지 내 이름으로 이런 어린아이를 영접하면 곧 나를 영접함이요 또 누구든지 나를 영접하면 곧 나를 보내신 이를 영접함이라 너희 모든 사람 중에 가장 적은 그가 큰 자니라"(눅 9:48).

인내의 필요성을 말씀하시면서도 예수님은 짧은 유비 하나를 사용하신다. "손에 쟁기를 잡고 뒤를 돌아보는 자는 하나님의 나라에 합당하지 아니하니라"(눅 9:62). 쟁기를 잡은 자는 목표 지점을 계속 바라보고 나아가야 한다. 누가복음 10:3과 마태복음 10:16에서 예수님은 제자들을 세상 속으로 보내는 것이 "어린양을 이리 가운데로 보냄과 같"다고 말씀하신다. 이는 그들에게 용기와 인내가 필요하다는 것을 의미한다. 누가복음 11:5-8에서 예수님은 밤중에 찾아와서 떡을 구하는 친구의 이야기를 통해 끈기의 필요성을 가르치시면서, 11:9-13에서는 하나님의 후대가 인간 아버지의 그것을 능가한다는 것을 일러 주신다. 11:29-32에서 예수님은 감사할 줄 모르는 동시대 사람들을 시바의 여왕 및 니느웨 사람들과 비교하신다. 11:33에서는 등불을 말 아래에 두지 않는다는 유비를 반복한다. 또한 예수님은 외식을 잔의 바깥만 씻는 일과 비교하시며(11:39), 아무런 표시가 없어서 사람을 더럽히는 무덤과 비교하신다(11:44-48).

누가복음 12, 13, 14장에도 유비를 통한 예수님의 가르침이 계속된다. 하나님께서 자기 백성을 얼마나 아끼시는지를 보여 주시기 위해 예수님은 참새와 같은 지극히 작은 것들에 대한 하나님의 관심을 상기시키신다. 이 참새들은 겨우 "다섯 마리가 두 앗사리온에" 팔릴 만큼 보잘것없는 것들이다(12:6; 마 6:26). 또한 예수님은 "까마귀를 생각하라 … 백합화를 생각하여 보라"라고 말씀하신다(12:24, 27; 마 6:28). 자기를 따르는 자들에게 예수님은 "낡아지지 아니하는 배낭을 만들라"라고 말씀하신다(12:33). 미래에 그의 오심이 갑작스럽게 이루어지리라는 것을 경고하시기 위해 밤에 몰래 들어오는 도둑의 유비를 사용하신다(12:39-46). 예수님은 또한 날씨를 예견하는 일의 유비를 사용하기도 하신다(12:54-55).

예수님은 13:1-9에서 열매를 맺지 않아 잘라 버릴 수밖에 없는 무화과나무의 짧은 비유를 말씀하신다. 안식일에 병 고치는 것을 못마땅하게 여기는 자들에 대하여 예수님은 "외식하는 자들아 너희가 각각 안식일에 자기의 소나 나귀를 외양간에서 풀어내어 이끌고 가서 물을 먹이지 아니하느냐"(13:15)라고 말씀하신다. 일상의 유비를 사용하여 그들을 꾸짖으신 후에 예수님은 "열여덟 해 동안 사탄에게 매인 바 된 이 아브라함의 딸을 안식일에 이 매임에서 푸는 것이 합당하지 아니하냐"라고 물으신다(13:16). 그는 또한 하나님 나라와 겨자씨 사이에 유비가 있다는 것을 지적하시면서 "자라 나무가 되어 공중의 새들이 그 가지에 깃들였느니라"(13:19)라고 말씀하신다. 이어지는 구절에서는 하나님 나라를 주부가 가루 서 말 속에 갖다 넣어 전부 부풀게 한 누룩에 견주어 그 성장의 모습을 비교하신다. 13:34에서는 예루살렘을 향한 예수님 자신의 애타는 마음과 관심을 "제 새끼를 날개 아래" 모으는 암탉에 비교하신다.

예수님의 유비는 이어지는 장에서도 계속된다. 예수님은 곤궁에 빠진 사람을 향한 자신의 관심을 그 자녀나 소가 우물에 빠진 사람의 경우와 비교하시면서, "안식일에라도 곧 끌어내지 않겠느냐"라고 물으신다(14:5). 누가복음 14:25-33에는 제자 됨의 대가를 계산하는 일과 관련하여 두 가지 예가 사용되고 있다. 하나는 망대를 짓는 데 드는 비용이고(28절), 다른 하나는 적의 군대를 맞서기에 충분한지를 계산하는 일이다(31절). 누가복음 15장에는 잃었다가 찾는 일과 관련된 잘 알려진 비유 세 개가 나타난다. 잃어버린 양, 잃어버린 동전, 잃어버린 아들을 찾는 비유이다. 16장에는 불의한 청지기 비유(16:1-9)와 부자와 나사로 비유(16:19-31)가 담겨 있다. 17장에도 비유가 계속되고 있지만, 짧은 유비 하나가 눈에 띈다. 번개가 하늘 아래 이쪽에서 번쩍이어 저쪽까지 비친다는 것이 그것인데, 이는 예수님 자신이 장차 어느 누구도 놓칠 수 없는 공적 현시의 모습으로 오신다는 것을 의미한다. 18장에는 불의한 재판장과 과부 비유, 바리새인과 세리 비유가 소개된다. 그뿐만 아니라 부자가 하나님 나라에 들어가는 것이 "낙타가 바늘귀로 들어가는 것"만큼이나 어렵다는 생생한 그림도 포함되어 있다(25절). 19-21장은 수난받기 이전 마지막 한 주간의 활동을 소개하는데, 여기에도 악한 농부 비유(20:9-19)가 포함되어 있다.

비유의 진리 주장과 다양한 해석

비록 비유가 강력한 그림을 사용하지만, 그러면서도 비유는 예수님의 가르침이 가지는 특성이나 명료함을 조금씩 조금씩 반영한다는 사실을 우리는 인정하지 않을 수 없다. 이와 관련해서 예레미아스는 이렇게 말한다. "비유는 전승의 원래 바위에서 떨어져 나온 파편이다."[14] 비유가 선포적 기능을 가진다는 점은 그림과 이미지가 세상 속에서의 언어 외적 지시물을 가지며 따라서 인지적 진리 주장을 할 수 있다고 말하는 리쾨르와 소스키스의 견해를 뒷받침해 준다. 비유는 예수님의 가르침에서만 아니라, 랍비들의 가르침 속에도 빈번히 나타난다. 이와 관련해서 헌터(A. M. Hunter)는 이렇게 말한다. "위대한 비유들은 분명 만들기가 매우 어렵기 때문에 하나나 둘 이상의 좋은 비유를 역사상 특정 사람의 것으로만 생각하기는 어렵다."[15] 일부 비유들은 사람들이 잘 알고 있는 실제적인 삶의 사건들을 바탕으로 만들어지기도 했다.

예수님의 비유는 모든 차원의 인간 경험을 반영한다. 제레인트 존스(Geraint Vaughan Jones)는 일부 비유를 실존주의적 관점에서 해석하려 시도한 바 있다. 예를 들어 그는 탕자의 비유가 소외와 갈망과 향수 같은 실존주의적 주제들을 다루고 있는 것으로 이해했다. 그뿐만 아니라 여기에는 사람이 자신의 결단에 따라 어떻게 형성되며 그에 따른 결과가 무엇인지가 나타난다고 보았다. 탕자의 결핍과 소외, 버려짐의 상황은 그가 집을 떠날 때의 자신만만하고 독립적인 자아가 가졌던 기대와

14 Jeremias, *The Parables of Jesus*, p. 11.

15 A. M. Hunter, *Interpreting the Parables* (Philadelphia: Westminster Press, 1960), p. 18.

는 너무나 거리가 멀다.[16]

그렇다고 존스가 모든 비유를 다 실존주의 시각에서 해석한 것은 아니다. 그는 은유, 유사, 비유, 알레고리, 랍비들의 비유를 폭넓게 다루고 있다. 그는 헌터와 유사하게 이런 결론을 내린다. "예수의 비유와 랍비들의 비유 사이의 가장 큰 차이는 예수의 비유가 비길 데 없는 심오한 통찰을 공급하는 탁월한 창의적 상상력의 소유자에게서 비롯된다는 점이다."[17] 존스는 또한 비유 해석이 율리허의 접근이나 도드의 종말론적 해석과 같은 지나치게 경직된 규칙 중심의 해석을 따라서는 안 된다고 주의를 주기도 한다.[18] 그는 비유들 속에는 강한 기독론적 함의가 있다는 것을 지적한다.

교부들의 시대부터 이십 세기 초반에 이르기까지 비유 해석의 역사에는 많은 오석(誤釋)이 있어 왔다. 하나의 전환점이 일어난 것은 트렌치 대감독과 아돌프 율리허 어간의 시기에 와서였다. 이레나에우스(c.130-c.200)는 예수님의 비유를 "조심해서" 읽어야 한다는 주의와 함께, 비유들 속에서 "밭에 감추인 보화"이신 그리스도를 찾을 수 있어야 한다고 제시했다. 그러면서도 그는 비유들에 나오는 혼인 예복은 우리 위에 임하시는 성령을 가리킨다고 해석하고 있다. 하나님의 만찬에 부름을 받았지만, 자신의 악한 행실 때문에 성령을 받지 못한 사람은 "바깥 어두움에" 던져질 것이라고 말한다.[19] 이레나에우스는 포도원 품꾼의 비유(마 20:1-16)와 관련해서도 다분히 자유로운 방향으로 나가고 있

16 Geraint Vaughan Jones, *The Art and Truth of the Parables: A Study in Their Literary Form and Modern Interpretation* (London: SCPK, 1964), pp. 135-205.

17 Jones, *The Art and Truth of the Parables*, pp. 64-79.

18 Jones, *The Art and Truth of the Parables*, pp. 206-22.

19 Irenaeus, *Against Heresies*, 4, 36, 6.

다. 그는 이른 아침에 가장 먼저 데리고 온 품꾼들을 인류의 창조 시에 하나님을 섬긴 사람들로 보고 있다. 하루의 품삯으로 주어진 동전에 왕의 이미지가 새겨져 있었을 것이라고 보고, 그는 이를 "영원불멸의 하나님의 아들을 아는 지식"이라고 해석했다.[20]

테르툴리아누스(c.150-c.225)는 이런 방향으로의 해석을 더 끌고 나간다. 그 역시 오류들로부터 해석자들을 지켜 줄 수 있는 해석의 원칙들을 제시한다. 그러면서도 그는 "들을 귀 있는 자는 들으라"라는 말씀을 인용하면서 자기 점검의 필요성을 강조한다.[21] 테르툴리아누스는 탕자의 비유에서 통상적인 해석을 뒤집는다. 그는 첫째 아들을 유대인과, 둘째 아들을 그리스도인과 연결시키는 사람들의 해석을 문제 삼는다. 그는 자기 당대의 이단들의 근본적인 잘못은 비유들을 자기들의 가르침을 위한 지지대로 사용하는 것이라 보고 있다. 자기들의 사적인 비유 해석에 그들의 교리를 끼워 맞추려 한다는 것이다. 탕자 비유의 경우, 그는 해석의 관점을 뒤집는다. 첫째 아들이 유대인을 대변할 수 없고, 둘째 아들이 그리스도인을 대변하지 않는다는 것이다. 비유의 상세한 세부 항목에 들어오면, 돼지를 치도록 둘째 아들을 고용한 사람은 마귀 곧 "이 세대의 왕"을 가리키며, 아버지가 아들에게 준 반지는 세례를 상징한다고 보고 있다. 탕자를 위해 베푼 잔치와 살찐 송아지는 성만찬을 상징하는 것이 된다.

아우구스티누스(354-430)는 이보다 더 나쁜 방향으로 나간다. 특히 선한 사마리아인 비유(눅 10:29-37)에 대한 해석이 그러하다. 예루살렘에서 여리고로 내려가는 사람은 아담을 의미하며, 따라서 인류를 상

20 Irenaeus, *Against Heresies*, 4, 20, 7.

21 Tertullian, *Against Marcion*, Bk 4, ch. 19.

징하는 것으로 보고 있다. 여리고는 인간의 가멸성을 나타낸다. 이 여행자가 입은 상처는 용서가 필요한 죄를 의미한다. 도둑들은 마귀와 그의 부하 천사들을 뜻한다. 제사장과 레위인은 도울 힘이 없는 구약을 의미하며, 사마리아인은 예수 그리스도를 상징한다. 그는 선한 소망을 상징하는 기름과 용기의 권면을 뜻하는 포도주를 상처 입은 자에게 부어 준다. 여관은 교회를 뜻하며, 사마리아인이 여관 주인에게 주는 두 동전은 사도들의 사랑과 성령, 또는 현재와 미래의 삶에 대한 약속을 나타낸다.[22] 비유의 세부 항목 하나하나를 다 알레고리식으로 해석하는 이런 악명 높은 해석 방식이 아우구스티누스의 전형적인 비유 해석 방식은 아니다. 그는 예리한 성경적, 신학적, 철학적 정신을 가졌던 사람이고, 일반적인 성경 해석의 경우에 있어서는 잘 확립된 원칙을 따라 보다 주의 깊게 해석하고 있다.

우리는 모든 교부가 다 알레고리식 해석 방식을 취한 것으로 생각해서는 안 된다. 요한 크리소스토무스(John Chrysostom)는 "왜 이 비유가 만들어졌는가?"라는 질문에 큰 비중을 두고 있다. 이에 대해 그는 이렇게 답한다. "비유에 나타나는 단어들 하나하나에 호기심을 두고 파고들려 하는 것은 옳지 않다. 비유가 무엇 때문에 만들어졌는지 그 목적을 알게 되었다면, 이를 거두고 더 이상의 것을 캐려고 하지 않는 것이 합당하다."[23]

토마스 아퀴나스(1225-1274)는 많은 주석을 쓴 책임감 있는 성경 주해자이다. 하지만 비유와 관련해서는 그 역시 종종 알레고리적 해석

22 Augustine, *Sermons on Selected Lessons of the New Testament*, 81.6 and 7 (Eng., NPNF, ser. 1, vol. 6, p. 503).

23 John Chrysostom, *Homilies on the Gospel of Matthew,* Homily 64, sect. 3 (Eng., NPNF, ser. 1, vol. 10, p. 394).

과 맥락을 벗어난 세부 사항 설명에 빠져들었다. 씨 뿌리는 자 비유를 해석하면서 그는 삼십 배, 육십 배, 백 배라는 세 종류 결실을 상세히 설명하려 애쓴다. 대부분의 독자들은 이를 평균적인 영적 성장, 평균 이상의 영적 성장, 예외적으로 특별한 영적 성장을 가리키는 것으로 본다. 열 처녀 비유와 관련해서 아퀴나스는 등을 믿음으로의 조명을 뜻하는 것으로, 그리고 기름을 선한 행실을 의미하는 것으로 보고 있다.

종교개혁 시대에 와서 마르틴 루터(1483-1546)와 특별히 장 칼뱅(1509-1564)은 비유 해석에 있어서 보다 더 건전한 입장을 견지했다. 칼뱅은 이렇게 단호히 주장한다. "알레고리는 성경이 명시적으로 가는 그 이상을 가려 해서는 안 된다. 알레고리는 그 위에 교리를 세울 만한 충분한 기초를 결코 주지 못한다."[24] 웨스트민스터 수석 사제와 더블린 대주교를 지낸 리처드 트렌치(Richard Trench, 1807-1886)는 문헌학자이면서 다작 작가이기도 했는데, 비유에 관한 그의 책이 처음 1841년과 1848년에 출판되었다.[25] 그는 언어에 탁월한 학자였지만, 비유 해석과 관련해서는 하나의 핵심 명제를 중심으로 해석하려는 입장과 상세한 세부 사항까지 관심 가지는 입장 사이에서 중간의 길을 견지하려 했던 사람이다. 어떤 사람들은 그를 두고 그의 학식에도 불구하고 그가 우리를 칼뱅 이전의 중세 시대로 복귀시키려 한다고 평가한다. 예를 들어 선한 사마리아인 비유를 해석하면서 그는 여관이 교회를 의미한다고 보는 교부들의 견해를 여전히 선호하고 있다. 탕자 비유에 있어서 새 옷을 탕자에게 입힌 것은 그리스도의 의의 전가를 가리키는 것이라고 주장한다. 비유

24 John Calvin, *Institutes of the Christian Religion*, Bk 2, ch. 5, sect. 19 (Eng., 2 vols, London: James Clarke, 1957), vol. 1, p. 291.

25 Richard C. Trench, *Notes on the Parables of Our Lord* (Westwood, NJ: Revell, 1953).

에 관한 그의 책은 그 당시 사람들에게는 매우 큰 인기를 누렸다.

이런 점을 생각하면 비유 해석의 새 시대를 연 사람들로 글래스고의 신약학자 알렉산더 브루스(A. B. Bruce, 1831-1899)와 마르부르크의 신약학자 아돌프 율리허(1857-1938)를 꼽는 것은 결코 놀라운 일이 아니다. 그들은 비유의 정황과 비유가 가지는 하나의 핵심 요점에 주목했다. 브루스는 『그리스도의 비유적 가르침 *The Parabolic Teaching of Christ*』이라는 책을 1882년에 출판했고, 율리허는 『예수의 비유 *Die Gleichnisreden Jesu*』라는 책을 1886년에 출판했다.[26] 브루스는 예수를 선생 혹은 랍비, 전도자, 그리고 선지자로 이해했고, 그의 비유도 이 세 항목에 따라 구분했다. 첫째 그룹은 하나님 나라의 진리를 가르치기 위한 비유들이다. 이 그룹에는 씨 뿌리는 자 비유, 가라지 비유, 감추인 보화 비유, 값비싼 진주 비유, 겨자씨 비유 등이 포함된다. 전도자로서의 예수를 보여 주는 비유들로는 잃어버린 양, 잃어버린 동전, 탕자 비유가 대표적이다. 브루스는 '선지자적' 비유들로 두 아들 비유, 열 처녀 비유, 책임 맡은 청지기 비유 등을 드는데, 이 비유들은 하나님의 의와 윤리적 요구를 주제로 한다. 브루스는 알레고리적 해석을 거부한다. 그는 예수의 비유 속에 그의 친절한 유머와 심오하면서도 정곡을 찌르는 사상, 그리고 명료한 통찰이 묻어 있다고 평가한다.

비유 해석의 새 시대를 열면서 율리허는 유사와 비유를 구분한다. 유사는 되풀이해서 일어나는 상황을 이야기하는 반면, 비유는 특정 장소에서 일어난 특정 사건을 이야기한다. 비유와 관련하여 율리허는 이렇게 말한다. "청중은 누구나 행하는 일에 대한 이야기를 듣는 것이 아

26 A. B. Bruce, *The Parabolic Teaching of Christ* (London: Hodder & Stoughton, 1882); Adolf Jülicher, *Die Gleichnisreden Jesu* (2 vols, Freiburg: Mohr, 1888 and 1899).

니다. … 오히려 어떤 사람이 한 번 행한 일(다른 사람이 같은 방식으로 그 일을 하든 하지 않든 그것에 상관없이)에 대해 이야기한다."[27] 계속해서 그의 구분을 들어보자.

> 유사는 보편적으로 타당한 일에 호소하는 반면, 비유는 한 번 일어난 고유한 일을 이야기한다. … 유사는 확립된 사실들만을 이야기하기 때문에 그 어떤 반대도 일어나지 않는다. 비유는 듣는 사람이 반대할 생각을 못하게끔 그 이야기를 너무나 매력적으로, 너무나 따뜻하고 신선하게 말함으로써 모든 반대를 피하기를 꿈꾼다.[28]

이어서 율리허는 비유와 알레고리를 범주적으로 날카롭게 구분한다. 그는 일반적으로 비유를 예수께 돌리는 반면, 알레고리는 초대 교회의 전통에 속하는 것으로 보고 있다. 그는 은유와 알레고리 양자를 인위적, 또는 간접적인 담화 형태(독일어 uneigentliche Rede)로 보는 반면, 비유나 직유, 혹은 직접적 담화(eigentliche Rede)를 문학적 담화 형태로 보고 있다. 율리허가 볼 때 은유는 수수께끼 같은 성격을 가지고 있어서 해석이 필요하다. 반면 비유는 명료하며 해석을 필요로 하지 않는다. 율리허가 사용하는 간접적(uneigentliche)이라는 단어가 간접적이라는 의미와 동시에 비본래적이라는 의미를 가진다는 점에서 이 단어를 사용하는 것은 적절하지 못한 면이 있다. 율리허는 알레고리가 은유의 연장일 뿐이라고 보면서, 이를 초대 교회의 산물로 이해한다.[29]

27 Jülicher, *Die Gleichnisreden Jesu,* 1, p. 93.
28 Jülicher, *Die Gleichnisreden Jesu,* 1, p. 97.
29 Jülicher, *Die Gleichnisreden Jesu,* 1, pp. 52-8.

오늘날 많은 학자들은 율리허가 매우 유용한 새 전환점을 만들기는 했지만, 한 면에서는 너무 지나치게 나갔다고 평가한다. 가장 주목할 만한 평가자로 우리는 에버하르트 융엘(Eberhard Jüngel, 1934년생)을 들 수 있다. 그는 튀빙겐 대학의 교수를 역임하고, 튀빙겐과 하이델베르크 대학에서 연구소장으로 일한 바 있다. 그는 여러 책에서 은유가 가지는 창의적 힘에 대해 광범위하게 논의했다.[30] 그는 많은 면에서 에른스트 푹스의 영향을 강하게 받았다. 또 다른 예로 우리는 매들린 바우처(Madeleine Boucher)의 『신비로운 비유 *The Mysterious Parable*』(1977)를 들 수 있다. 사실 율리허의 접근에 우려를 표명하는 사람들을 두 그룹으로 나눌 수 있다. 이 두 그룹이 다 문학 이론과 은유의 힘을 강조한다. 한 그룹은 로마 가톨릭을 대변하는 매들린 바우처, 개신교와 루터파를 대변하는 융엘, 범보수권의 개신교를 대변하는 로버트 스타인, 크레이그 블롬버그 등이다. 또 다른 그룹은 대부분 미국인들로 자유주의적 성향을 가진 와일더, 페린, 크로산, 펑크, 댄 오토 비아 같은 사람들이다. 이들은 은유와 문학 이론의 중요성을 재확인한다. 이들 '미국파' 해석자들에 대해서는 다음 항목에서 별도로 다루어 보고자 한다.

매들린 바우처는 마가복음에 나타나는 아이러니와 역설에 주목하면서, 역설의 경우 진리 주장의 반대는 꼭 거짓인 것은 아니라는 물리학자 닐스 보어(Niels Bohr)의 견해를 인용하기도 한다. 문학 비평에 대한 관심을 바탕으로 바우처는 많은 비유들이 율리허가 말하는 것처럼 꼭 분명하고 명확한 것만은 아니라고 주장한다. 때로 비유들은 알쏭달

30 Eberhard Jüngel, *Theological Essays*, 특히 첫 번째 에세이 (London: Continuum, 1994); and in Jüngel, *Collected Works* (London: Bloomsbury/Clark, 2014); cf. Roland D. Zimany, *Vehicle for God: The Metaphorical Theology of Eberhard Jüngel* (Atlanta: Mercer University Press, 1994).

쏭한 현상과 알레고리에 근접하는 모습을 보이기도 한다. 바우처는 자신의 책에서 한 장을 숨김과 드러냄 관계의 문제에 할당한다.[31] 유사한 방식으로 로버트 스타인 역시 비유가 "항상 자명한 것은 아니"라고 주장한다.[32] 이런 반응들이 대체로 1970년대 후반에서 1990년대에 많이 나타났다.

이번 장에서 우리가 보여 주고자 했던 주된 관심은 생생하고 창의적이며 강한 이야기식 그림과 시각 이미지들은 유혹하는 힘이 매우 크며, 실제로 많은 해석자들을 유혹했고, 그래서 역사상 심각한 오독이 계속 있었다는 점이다. 또 다른 한편 우리가 강조하고자 하는 것은 이런 그림이나 이미지는 실제적 삶 속에 그 언어 외적 지시물을 가진다는 것이요, 그래서 그 속에는 감정 유발의 차원과 결단 및 행동의 촉구뿐만 아니라 인지적 진리의 요소가 포함된다는 점이다. 율리허와 도드 등의 비평적 비유 해석은 교회 교부들 이래 역사적으로 이어져 왔던 해석상의 실수들을 생각하면 충분히 이해할 만한 측면이 있다. 이런 실수들은 당연히 시정될 필요가 있었다. 제레인트 존스, 아모스 와일더, 노먼 페린, 로버트 펑크, 초기 크로산과 오토 비아 등에게서 비유 해석은 보다 덜 경직되고 교조적이지 않은 방향으로 좋은 쪽으로 선회했다. 물론 여기에는 또 다른 방향으로의 과도함이 따라오기도 한다. 포스트모더니즘의 덜 합리적 성향이 후기 크로산과 오토 비아 등에게서 강하게 나타난다.

31 Madeleine Boucher, *The Mysterious Parable: A Literary Study* (Washington, DC: Catholic Biblical Association of America, 1977), pp. 28-44.

32 Robert H. Stein, *An Introduction to the Parables of Jesus* (Philadelphia: Westminster John Knox Press, 1981), p. 27; cf. Craig L. Blomberg, *Interpreting Parables* (Leicester: Apollos, 1990), 특히 pp. 36-49, 309-28.

시적 은유로서의 비유: 와일더, 펑크, 크로산, 비아 등

종종 '미국인 학파'로 불리는 위에서 언급한 학자들은 문학 이론에 대한 공통적 관심을 공유한다. 와일더와 페린은 긴장을 일으키는 은유의 작용과 그 중요성을 강조한다. 아모스 와일더(Amos Wilder, 1895-1993)는 여러 가지 종류의 비유를 분류하는 작업을 시도한다. 그는 '비유'라는 말이 "다양한 형태의 은유들, 유사들, 수수께끼들, 신비와 예증 등을 포함한다"라고 말하면서, 이들 중 많은 것은 간단한 비유적 표현들(예를 들어 세상의 소금)이라고 지적한다. "반면 많은 유대인 비유들은 내러티브의 특성을 가지며, 복음서의 많은 비유들 역시 그러하다"(선한 사마리아인 비유, 어리석은 부자 비유, 바리새인과 세리 비유 등). 이들은 대체로 "상징적 내러티브가 아니라 '예로 드는 이야기들'"이다. "반면 잃어버린 양 비유에서는 … 확장된 이미지가 나타난다. 목자가 잃어버린 양을 찾고 기뻐하는 모습이 그것이다."[33] 와일더는 이렇게 결론짓는다. "예수는 비유적 표현을 매우 다양한 방식으로 사용한다."[34] 그림과 이미지가 가지는 힘과 생동감과 일상성과 관련하여 와일더는 에른스트 푹스의 글을 길게 인용한다. 그가 특별히 깊은 인상을 받은 부분은 은유의 힘에 관한 것이다. 은유의 작용은 단순히 설교의 예화 정도에 그치지 않는다. 은유는 매우 창의적인 차원을 가지며, "이미지의 창조자인 시인의 힘"을 가진 것으로 보고 있다.[35]

시카고 대학의 노먼 페린(Norman Perrin, 1920-76)은 와일더를 가깝

33 Wilder, *Early Christian Rhetoric*, p. 80.

34 Wilder, *Early Christian Rhetoric*, p. 81.

35 Wilder, *Early Christian Rhetoric*, p. 95.

게 추종했던 사람이다. 그는 예레미아스, 푹스, 리쾨르, 펑크, 비아 등에게서도 많은 영향을 받았다. 많은 저작들 가운데서 특별히 비유의 언어에 대한 그의 입장을 가장 잘 보여 주는 책이 『예수와 왕국 언어 *Jesus and the Language of the Kingdom*』(1976)라는 책이다.[36] 그는 비유가 "듣는 사람의 마음을 활동적인 사유 속으로 인도하여 그것을 어떻게 정확하게 적용할 것인지 그 마음을 충분히 혼란스럽게 만든다"라는 도드의 견해를 수용한다.[37] 그는 또한 은유로서의 비유에 대한 로버트 펑크의 입장을 채택하기도 한다. 펑크는 은유가 청중을 참여자로 바꾼다고 보는데, "비유는 그 은유로서의 힘을 통해 현실에 대한 새로운 시각을 청중에게 제공하며 … 새로운 의미의 가능성을 열고 … 상상력의 충격을 통해 … 그 관심의 방향을 바꾸어 놓는다"라고 말한다.[38] 페린이 볼 때 율리허는 과도하게 이상적인 방향으로 나가고 있다. 페린의 관점은 이런 것이다. "비유의 '세계'는 평범한 사람들의 일상의 세계이다. 그러면서도 비유는 그 일상성을 안과 밖으로, 위와 아래로 뒤집어 놓는 방식으로 작용한다."[39] 페린은 와일더와 비아, 크로산 등을 오늘날 대표적인 비유 해석자로 보고 있다. 그는 상징과 알레고리, 은유, 비유 사이의 세밀한 구분을 위해 문학 이론을 끌어들인다. 괴테, 콜리지, 예이츠, 엘리엇 등의 관점을 빌려 그는 이렇게 말한다.

알레고리는 현상을 추상적 개념으로, 또 그 개념을 이미지로 전환시키

36 Norman Perrin, *Jesus and the Language of the Kingdom: Symbol and Metaphor in New Testament Interpretation* (London: SCM, 1976).

37 Perrin, *Jesus*, p. 133.

38 Perrin, *Jesus*, p. 136.

39 Perrin, *Jesus*, p. 138.

는데, 이렇게 할 때 그 개념은 하나의 이미지 속에 포착되고 또한 표현될 수 있는 여지를 가지게 된다. 반면 상징은 현상을 사상으로, 또 그 사상을 이미지로 전환시키는데, 이렇게 할 때 그 사상은 그 이미지 속에서 무한히 활동적이고 도달 불가 상태로 남게 되며, 또한 표현 불가 상태가 된다. … [그러나 은유는] 바른 지식을 제공할 수 있으며 … 지시물에의 참여를 가능하게 한다.[40]

때로 페린은 은유나 비유를 대신해서 신화(myth)라는 단어를 사용하기도 한다. 필자가 다른 곳에서도 논한 바 있지만, 신화라는 단어는 그 의미가 매우 애매할 뿐만 아니라 오도할 가능성도 매우 크다. 따라서 꼭 필요한 경우이거나 그 의미가 정확히 정의된 경우가 아니면 되도록 사용하지 않는 것이 좋다.

존 도미닉 크로산(John Dominic Crossan, 1934년생)은 아일랜드계 미국인 신약학자이며, 로버트 펑크와 함께 SBL(Society of Biblical Literature)의 지저스 세미나를 시작한 사람이다. 이 운동의 결론은 매우 논란이 많으며, 특히 톰 라이트에 의해 공격을 많이 받았다. 비유에 관한 크로산의 초기 저작들과 특히 '반전의 비유'(parables of reversal)에 대한 그의 관점은 가치가 매우 높다. 그의 책 『비유로 *In Parables*』(1973)에서 크로산은 알레고리와 비유, 비유와 은유 등의 통상적인 구분을 먼저 시도한다.[41] 이 책에서 가장 두드러지고 통찰력 있는 장을 꼽으라면 단연 '반전의 비유'를 다루는 부분을 꼽을 수 있을 것이다.[42] 그의 접근 방식을 잘

40 Perrin, *Jesus*, pp. 156-57.

41 John Dominic Crossan, *In Parables: The Challenge of the Historical Jesus* (New York: Harper & Row, 1973), pp. 7-23.

42 Crossan, *In Parables*, pp. 53-78.

보여 주는 예로 선한 사마리아인 비유(눅 10:30-37)를 들 수 있다. 크로산은 이 비유가 "유대인이 사마리아인과 상종하지 아니한다"(요 4:9)라는 것을 보여 주는 하나의 예시용 이야기일 뿐이라는 관점을 거부한다. 그는 이 비유가 "두 가지 상반되고 융합될 수 없는 단어, 곧 '사마리아인'(10:33)과 '이웃'(10:36)을 한 동일한 인물에게 돌리도록 청중에게 도전을 던진다"라고 말한다. 이 이야기의 전반적 핵심은 "말할 수 없는 것을 말하도록, 다시 말해서 상충되는 두 용어 '선한'과 '사마리아인'을 함께 붙여서 말하도록" 요구한다는 것이다.[43] 만일 예수님의 목표가 단지 이웃 됨의 예를 제시하는 것이었다면,

> 그 목적을 위해서는 상처 입은 자를 사마리아인으로, 돕는 자를 성직과는 무관한 일반 유대인으로 그렸더라면 훨씬 더 좋았을 것이다. 그런데 선한 자(제사장)와 나쁜 자(사마리아인)가 각각 나쁜 자와 선한 자가 되는 순간, 세계는 혼란에 빠지고 우리는 극과 극의 반전을 직면하게 된다.[44]

문자적 층 아래에 은유의 층이 놓여 있다. 은유는 독자로 하여금 자신의 '세계'를 뒤바꾸도록 도전한다. 문자적 층은 불가능한 조합을 제시하며, 은유는 세계가 거꾸로 뒤집히게 만든다.

크로산이 제시하는 또 다른 '반전의 비유'의 예는 부자와 나사로 비유(눅 16:19-31)이다. 이 비유에서는 반전의 정점이 부활에서 이루어진다. 크로산은 이렇게 적는다. "이 비유의 은유적 핵심은 기대와 상황, 혹은 가치와 판단의 반전이다. 이 일은 그 나라의 도래와 함께 이루어

43 Crossan, *In Parables*, p. 64.
44 Crossan, *In Parables*, p. 64.

진다."[45] 또 다른 한 예는 바리새인과 세리의 비유(눅 18:10-14)이다. 이 비유는 고린도후서 1:9에서 바울이 "우리로 자기를 의지하지 말고"라고 말하는 것을 떠올리게 만든다. 크로산은 이렇게 말한다.

> 이 비유의 은유적 도전이 또다시 분명하게 드러난다. 인간적 판단, 특히 종교적 판단이 수용하고 높이는 것에 대한 완전하고도 급진적이고도 단적인 반전이 그것이다. 이를 통해 그 나라는 인간의 인식 속으로 강하게 진입해 들어왔다. 다르게 말해서, 하나님이 우리의 규칙에 따라 게임을 하지 않는다면 어쩔 것인가?[46]

이 밖에도 크로산이 제시하는 또 다른 반전의 비유에는 혼인 손님 비유(눅 14:1-24), 적합한 손님에 대한 비유(눅 14:12-14), 혼인 잔치 비유(마 22:1-10; 눅 14:16-24) 등이 있다.

크로산의 책에는 이 외에도 많은 유익한 부분이 들어 있다. 하지만 진정한 예수님의 말씀이 무엇인가에 대한 그의 판단과 관련해서는 논란의 소지가 크다. 그럼에도 불구하고 '반전의 비유'에 대한 그의 접근은 매우 독특하며 유익한 기여를 하고 있다. 이어서 나온 일련의 책들은 비유에 대한 포스트모던 관점에서의 접근에 공감을 가진 사람들이 주로 좋아할 만한 책들이다. 크로산은 1976년에 『말을 잃음: 예수와 보르헤스의 희극적 종말론 *Raid on the Articulate: Comic Eschatology in Jesus and Borges*』이라는 책을 출판했다.[47] 그가 다루는 웃음과 '놀이' 주제는 롤랑 바르트와 자

45 Crossan, *In Parables*, p. 68.

46 Crossan, *In Parables*, p. 69.

47 John Dominic Crossan, *Raid on the Articulate: Comic Eschatology in Jesus and Borges* (New York: Harper & Row, 1976).

크 데리다의 포스트모던 관점에서의 문학에 대한 접근과 많은 유사성을 가진다. 실제로 그는 이 책의 시작 부분에서 롤랑 바르트를 인용해서 "내 시간의 모순을 온전히 살아내기" 또는 "놀람의 힘" 사용하기 등을 이야기하고 있으며, 조금 뒤에 가서는 데리다를 인용한다.[48] 데리다는 "세상의 놀이에 대한 즐거운 인정"을 말한 바 있다.[49] 크로산은 이렇게 진술한다. "겁먹고 놀란 우리의 상상력에게 코미디는 모든 것이 놀이요 그것이 진리의 전부라고 속삭인다."[50] 그는 마태복음 5:39-41(눅 6:29)에 주목한다.

> "누구든지 네 오른쪽 빰을 치거든 왼편도 돌려 대며 또 너를 고발하여 속옷을 가지고자 하는 자에게 겉옷까지도 가지게 하며 또 누구든지 너로 억지로 오 리를 가게 하거든 그 사람과 십 리를 동행하고"

이에 대해 크로산은 이렇게 설명을 덧붙인다. "나 자신의 이론은 예수께서 제시하는 세 가지 상황이 균등률(a case parity)을 대표한다는 것이다. 이는 현명하고 신중한 판례법(case law)의 필요성을 의도적으로 코믹하게 뒤집는다."[51] 그러면서 크로산은 그가 역설이라 부르는 예수의 말씀, 곧 "무릇 있는 자는 받아 넉넉하게 되되 없는 자는 그 있는 것도 빼앗기리라"라는 말씀을 살피고 있다.[52]

48 Crossan, *Raid on the Articulate,* p.3 and p. 34.

49 Jacques Derrida, *Writing and Difference* (Chicago: University of Chicago Press, 1978; Fr., 1967), p. 292; cf. Roland Barthes, *The Pleasure of the Text* (Eng., New York: Hill & Wang, 1975).

50 Crossan, *Raid on the Articulate*, p. 23.

51 Crossan, *Raid on the Articulate,* p. 65 and p. 67.

52 Crossan, *Raid on the Articulate*, p. 70.

크로산의 전반적인 접근 방식은 리처드 로티를 연상시킨다. 진리와 '실재'에 대해 로티는 이렇게 진술한다. "실재를 옳게, 바르게 하는 작업" "그런 것은 없다. 세상이 어떤 식이어야 하는 그런 것은 없기 때문이다."[53] 그는 또 이렇게 말한다. "진리는 믿는 방식에 있어서 좋다고 판명된 모든 것을 가리키는 이름이다."[54] 로티의 책 제목 『우연성, 아이러니, 연대성 *Contingency, Irony, and Solidarity*』(1989) 자체가 그의 사고방식이 어떤 것인지를 잘 보여 준다. 그는 미국인 포스트모던 사상가로서, 자기 방식대로 롤랑 바르트와 자크 데리다 같은 프랑스 포스트모던 사상가들과 같은 길을 걷고 있다. 크로산은 세 사람 모두의 뒤를 따라 고전적인 서구 사상의 전통을 폐위시키는 일에 합류하고 있다.

크로산은 1979년에 『발견이 맨 처음 행위 *Finding Is the First Act*』라는 책을 출판했다.[55] 이 책에서 그는 "예수의 보화 이야기는 그래서 비유의 혼란이다. 그런데 그것이 실패하는 꼭 그만큼 성공하는 역설적 걸작이다"라고 말한다.[56] 이런 문장은 전형적인 포스트모던 식의 표현처럼 보이며, 또 그렇기도 하지만, 이를 통해 크로산이 목표하는 것은 하나님의 나라가 언어를 초월하며 개념적 논의를 넘어선다는 것을 보여 주고자 하는 것이다. 크로산이 1970년대에 감행한 포스트모더니즘에로의 이전은 실험적 저널인 세메이아(*Semeia*) 편집장으로서의 그의 활동에 비하면 약과에 불과하다. 그가 편집장으로 있는 동안에 기획한 논문들은 두드러

53 Richard Rorty, *Truth and Progress: Philosophical Papers*, vol. 3 (Cambridge: CUP, 1998), p. 25.

54 Rorty, *Truth and Progress*, p. 21.

55 John Dominic Crossan, *Finding Is The First Act: Trove Folktales and Jesus' Treasure Parable* (Philadelphia: Fortress, and Missoula: Scholars Press, 1979).

56 Crossan, *Finding Is The First Act,* p. 120.

지게 포스트모던 방향으로 기울고 있다. 수전 비티히(Susan Wittig), 메리 톨버트(Mary Tolbert), 댄 오토 비아의 기고 논문들이 다 이런 성향을 보이고 있다.[57] 톨버트는 탕자 비유가 "소원 성취의 꿈을 반영한다"고 보면서, 비유 속의 두 아들이 "복합적 통합성의 일면들"을 드러낸다고 주장한다. 큰아들은 프로이트가 말하는 초자아의 경직된 도덕성을 드러내고, 아버지는 통합의 중심 역할을 하고 있고, 둘째 아들은 통합성과 통전성을 추구하는 인물로 그려지고 있다는 것이다.[58] 톨버트와 비티히는 하나의 비유 속에 다중적 의미가 들어 있다고 주장한다. 톨버트와 나란히 기고한 한 글에서 비티히 역시 복잡한 기호학 체계에 의존하여 비유를 다루고 있으며, 비아는 이들과는 다른 책에 기고한 한 논문에서 심리학자 칼 융의 이론에 기반을 둔 해석 방식으로 비유에 접근하고 있다.[59]

포스트모더니즘과 해체주의의 영향이 확산되기 전에 다수의 미국인 학자들의 저작들 속에서 보다 긍정적인 측면에서의 기여가 많이 나온 것을 볼 수 있다. 로버트 펑크(1926-2005)의 책 『언어, 해석학, 하나님의 말씀 *Language, Hermeneutic, and Word of God*』에서 우리는 많은 긍정적인 통찰을 만날 수 있다.[60] 그는 은유가 문자적 표현 이상의 강한 힘을 가진다는 것을 잘 간파한다. 그는 이렇게 말한다. "은유는 새로운 비전의 입지를 위해서 술어의 관습들을 부수어 버린다. … 은유는 전통을 수정하는

57 Mary Ann Tolbert, 'The Prodigal Son: An Essay in Literary Criticism from a Psycho-Analytical Perspective', *Semeia* 9 (1977), pp. 1-20; cf, M.A. Tolbert, *Perspectives on the Parables* (Philadelphia: Fortress, 1979).

58 Tolbert, 'The Prodigal Son', *Semeia* 9, pp. 7-8.

59 Dan Otto Via, 'The Parable of the Unjust Judge: A Metaphor of the Unrealized Self', in *Semiology and the Parables* (Pittsburg: Pickwick, 1976), pp. 1-32.

60 Robert Funk, *Language, Hermeneutic and Word of God* (New York: Harper & Row, 1966).

하나의 수단이다."[61] 그는 은유의 참여적, 변혁적 효과를 강조한다. 탕자 비유를 예로 들자면, 바리새인들은 자신들이 예수에 대한 심판자의 자리에 앉아 있다고 생각한다. 그러나 이 비유는 해석학적 동력을 거꾸로 뒤집어서 실제로는 그들 자신이 하나님의 말씀에 의해 심판받고 있다는 것을 보여 준다.[62] 주체에서 객체로의 흐름이 뒤집어지고 있는 것이다. 펑크는 그의 책 첫 부분에서 하이데거, 불트만, 푹스, 에벨링을 다루고, 2부에서는 비유와 은유에 대한 논의를, 3부에서는 바울의 유비를 포함하여 좀 더 폭넓게 언어에 대한 논의를 펼치고 있다. 푹스는 비유의 설명 부분을 교회에 의한 후기 창작으로 돌려서는 안 된다고 주장한다. 이것이 정경에 포함되고 있는 것을 존중해야 한다고 보는 것이다. 율리허와 도드의 접근 방식에 대해서는 그들이 비유를 사상의 전달 수단으로 본다는 점을 문제로 지적한다. 비유는 듣는 사람을 행동으로 이끄는 내러티브요 그림 혹은 이미지이다. 펑크는 '말함과 봄'이라는 글에서 이를 더 상세히 설명한다.[63] 그는 율리허가 은유와 직유를 대조적으로 보는 것에 대해 이의를 제기하면서 이 문제를 새롭게 검토하고 있다. 그가 볼 때 직유는 예시적 성격을 가지는데 비해 은유는 의미의 창조를 도모한다.[64] "은유는 비유와 마찬가지로 듣는 사람이 참여자로 그 속에 개입되기 전까지는 미완성으로 남는다"는 점을 그는 특별히 강조한다.[65] 이런 측면은 리쾨르 등이 늘 되풀이해서 강조하는 점이기도 하다.

61 Funk, *Language, Hermeneutic and Word of God*, p. 139; cf. pp. 133-62.

62 Funk, *Language, Hermeneutic and Word of God*, pp. 16-17.

63 Robert Funk, 'Saying and Seeing: Phenomenology of Language and the New Testament', *Journal of Bible and Religion* 34 (1966), pp. 197-213.

64 Funk, *Language, Hermeneutic and Word of God*, pp. 136-37.

65 Funk, *Language, Hermeneutic and Word of God*, p. 143.

이 장을 마감하기 전에 우리는 지금까지 우리의 논의가 주로 공관복음서에 나타난 예수님의 비유나 가르침에 집중되어 있었다는 것을 기억할 필요가 있다. 따라서 잠시만이라도 제4 복음서에 나타나는 유사한 측면을 언급하는 것이 좋겠다고 본다. 몰턴과 기든스(Moulton and Gedens)의 『신약 헬라어 콘코던스 *Concordance to the Greek Testament*』에 따르면 요한은 '보다'(헬라어 horaō 호라오)라는 단어를 그의 복음서에서 약 30차례 사용한다.[66] 그중에서도 특별히 중요성을 가지는 경우를 몇 가지 예로 들면, "내가 보매 성령이 비둘기같이 하늘로부터 내려와서 그의 위에 머물렀더라"(요 1:32), "성령이 내려서 누구 위에든지 머무는 것을 보거든 그가 곧 성령으로 세례를 베푸는 이인 줄 알라"(1:33), "하늘이 열리고 하나님의 사자들이 인자 위에 오르락내리락 하는 것을 보리라"(1:51), "이는 그 행위가 하나님 안에서 행한 것임을 나타내려 함이라"(3:21), "내가 행한 모든 일을 내게 말한 사람을 와서 보라"(4:29) 등과 같은 본문이다.

이에 더하여 "나는 ~이다"(헬라어 egō eimi 에고 에이미)라는 일곱 번의 표현 전체가 비록 상상 차원이긴 하지만 잠재적으로 시각적 상황 묘사의 특성을 가진다. 그 일곱 번의 에고 에이미 표현은 이와 같다. "나는 생명의 떡이니"(요 6:35), "나는 세상의 빛이니"(8:12), "나는 양의 문이라"(10:7), "나는 선한 목자라"(10:11), "나는 부활이요 생명이니"(11:25), "내가 곧 길이요 진리요 생명이니"(14:6), "나는 참포도나무요"(15:1). 요한의 이야기 스타일의 특성이 그러한 것처럼, 이 일곱 가지 표현의 대부분은 이를 둘러싸고 있는 사건이나 행위들에 의해 예시되

66 W. F. Moulton and A. S. Geden, *A Concordance to the Greek Testament* (Edinburgh: T&T Clark, 1899), p. 702.

거나 해석된다. 예를 들어 "나는 부활이요 생명이니"라는 말씀은 요한복음 11장의 죽은 나사로를 다시 살리신 일 속에서 예시된다. "나는 참 포도나무요"라는 말씀이 의미하는 바는 "가지가 포도나무에 붙어 있지 아니하면 스스로 열매를 맺을 수 없음같이 너희도 내 안에 있지 아니하면 그러하리라"(15:4)라는 해설에 나타난다. 유대인 독자들(그리고 이후의 이방인 독자들도) 가운데 구약에서 포도나무가 이스라엘의 상징으로 사용된다는 것을 모를 사람은 거의 없다. 유사한 방식으로 "나는 생명의 떡이니"라는 말씀 역시 오천 명을 먹이신 일(6:5-14)과 연결되어 있다. 공관복음서 저자들은 예수님의 말씀과 행위를 따로 분리하여 묘사하는 경향이 있는 반면, 요한은 행위로 이루어진 '표적'을 이를 해설하는 긴 담화와 연결시키는 경향이 있다.

결론적으로, 이 장에서 우리는 예수님의 가르침이 추상적 산문 형태의 담화가 가지는 힘을 능가하는 구체적 그림과 이미지의 생생함과 힘을 가진다는 것을 살펴보았다. 그러면서도 동시에 이런 이미지들은 우리를 쉽게 미혹시키기도 하며, 그 목적과 의도를 벗어나게 될 때는 오해의 대상이 되기도 한다는 것을 살펴보았다. 해석의 역사와 그 속에 나타나는 많은 예들이 이런 측면을 잘 보여 준다. 초대 교회의 알레고리 해석 경향이나, 율리허와 도드의 단일 포인트 해석 원칙, 포스트모더니즘과 해체주의가 강조하는 과도한 다성적 해석의 위험성을 우리는 경계할 필요가 있다. 그림은 바르게 잘 해석되기만 하면 쉽게 기억에서 사라지지 않는 대체할 수 없는 강한 인상을 우리에게 남긴다.

7장 바울의 초기 서신에 나타난 그림과 유비

: 데살로니가전서, 갈라디아서, 고린도전서

바울이 자주 사용하는 그림과 유비들은 예수님의 가르침에 나타나는 이미지나 비유들과는 큰 차이가 있다. 예수님은 갈릴리의 농경 생활을 기반으로 하는 그림들을 주로 사용하셨다. 여기에는 농사와 관련된 일, 집안을 돌보는 일, 시골 생활과 관련된 일 등이 포함된다. 이와 대조적으로 바울은 도시 거주자였고, 수시로 먼 곳을 다니는 여행자였다. 그는 항구나 배, 큰 건물들, 상업 중심지들의 바쁘고 다채로운 삶 등에 익숙했다. 하지만 예수님과 바울의 차이는 표현 형식이나 소재와 관련된 것일 뿐, 영적인 비전은 유사하다.

예수님의 가르침이 수많은 그림으로 가득한 것과 대조적으로 바울은 추상적 이야기체와 논증 방식의 글을 선호했다고 보는 것은 사실과 다르다. 이 주제와 관련된 표준적인 책 중의 하나가 허버트 게일의 『바울 서신에 나타난 유비의 사용 *The Use of Analogy in the Letters of Paul*』이다.[1] 게일은 바울의 유비 사용을 연대기적으로 추적하면서 일반적으로 바울

1 Herbert M. Gale, *The Use of Analogy in the Letters of Paul* (Philadelphia: Westminster Press, 1964).

의 진서로 논쟁 없이 받아들여지고 있는 서신에서 대표적인 예 34개를 제시하고 있다. 그는 대부분의 그림들이 하나의 포인트를 나타내기 위해 사용되고 있으며, 가끔씩은 바울의 신학을 이해하는 데 적용하기 곤란한 요소들을 포함하기도 하지만, 우리는 문맥을 떠나서 이를 사용해서는 안 된다는 것을 강조한다.[2] 게일은 '그림'이라는 단어를 자주 사용한다. 이는 바울의 후기 자료인 목회서신에 나타나는 은유를 집중적으로 연구하는 월터 부처(Walter Butcher)의 경우도 마찬가지다.[3] 부처의 글에도 많은 은유의 예들이 소개되고 있는데, 그는 이를 몇 개의 범주로 구분하여 다루고 있다. 제국 시대의 전쟁, 고전 건축물, 고대 농업, 그리스 경기 대회, 로마의 법률, 의학, 항해, 새 사냥꾼의 기술 등이 그것이다. 그는 총 아홉 개의 범주 안에 몇 개씩의 예들을 제시하는데, 이는 게일의 34개 유비 또는 은유보다 그 숫자가 좀 더 많다.

빅터 피츠너는 『바울과 분투 모티프 *Paul and the Agon Motif*』라는 책에서 경주 또는 싸움이라는 한 가지 주제에 자신의 책 전체를 할당하고 있다.[4] 그는 바울 서신에 나타나는 그리스 경기 대회의 이미지들을 추적한다. 특히 고린도전서 9:24-27이 집중적으로 주목을 받고 있다.[5] 좀 더 오래된 책이긴 하지만 그 상세한 묘사가 뛰어나다는 점에서 여전히 참고할 만한 가치가 있는 책이 또 하나 있다. 베르너 스트라우브의 책인데, 스트라우브는 바울의 '그림' 사용을 보다 세밀하게 여섯 가지 유형으

2 Gale, *The Use of Analogy*, pp. 223-28, cf. p. 81 등.

3 Walter A. Butcher, "The Metaphors of St. Paul", *Baptist Quarterly* 9 (1939), pp. 484-87.

4 Victor Pfitzner, *Paul and the Agon Motif: Traditional Athletic Imagery in the Pauline Literature* (NovTSup 16; Leiden: Brill, 1967).

5 Pfitzner, *Paul and the Agon Motif*, pp. 16-38, 82-109.

로 구분한다.[6] 여기에는 이미지 혹은 그림 단어들(Bildwörter), 그림을 그리는 듯한 그래픽 문구들(bildhafte Redewendungen), 비교(Vergleiche), 은유(Metaphern), '다소 굴절된 반영' 곧 수수께끼 같은 방식의 발화나 판정 속에 이미지들이 사용되고 있는 경우(Bildsprühe), 비유나 직유, 수사적 표현(Gleichnisse)이 포함된다.[7] 스트라우브는 각각의 범주 속에 최대한 많은 예들을 선보이려 하고 있다. 예를 들어 그는 첫 번째 범주(그림 단어)와 관련하여 최소한 100개 이상의 예를 제시하고 있다.

게일이 제시하는 주요한 예들이 스트라우브의 예와 일정 부분 겹치는 것을 보는데, 예를 들면 스트라우브의 18번째 예인 잠듦과 깸(살전 5:6), 38번째 예인 달음질(갈 5:7), 41번째 예인 승리 행진(고후 2:14) 등이 그것이다. 스트라우브는 15개 그래픽 문구들의 예를 제시한다. 여기에는 산을 옮김(고전 13:2), 눈을 빼어 냄(갈 4:15), 그리스도의 십자가를 게시함(헬라어 κατ' ὀφθαλμοὺς προεγράφη 카트 오프딸무스 프로에그라페, 갈 3:1, 한역 "눈앞에 밝히 보이거늘"; NRSV "publicly exhibiting") 등이 포함된다. 그는 또한 그림과 같은 발화나 판정의 예들을 상당수 제시하는데, 예를 들면 어그러지고 거스르는 세대 속의 흠 없는 자녀(빌 2:15) 등이 그것이다. 그가 제시하는 32개 은유들 속에는 빛과 어둠(고후 6:14), 젖과 단단한 음식(고전 3:2) 등이 포함된다. 그는 또한 28개 비유나 비교 표현들을 제시하는데, 여기에는 심고 물 주기(고전 3:5-9), 몸과 그 지체들(롬 12:4-5; 고전 12:12-27) 등이 포함된다.

우리가 잘 아는 것처럼 바울은 그가 세운 이방인 교회들과 지속적으로 교신 활동을 이어 갔다. 그가 이방인들에게 잘 알려진 비유나 그림

6 Werner Straub, *Die Bildersprache des Apostels Paulus* (Tübingen: Mohr, 1937).
7 Straub, *Die Bildersprache des Apostels Paulus*, pp. 20-97.

언어를 즐겨 사용한 것은 그의 목회 전략의 한 부분에 속한다. 우리는 여기서 중요한 단서 조항 하나를 정해 놓고 지나갈 필요가 있다. 곧 바울의 유비 모두가 다 그림(특히 상상 차원의)으로 구성되지는 않는다는 것이다. 우리는 고린도전서 2:11의 잘 알려진 유비("하나님의 일도 하나님의 영 외에는 아무도 알지 못하느니라", 사람의 생각과 하나님의 생각 사이의 유비)가 그림을 예시하는 것으로 분류하지는 않을 것이다. 물론 성령에 관한 '그림들'을 소홀히 취급해서는 안 된다는 점을 경고로 첨부해 둘 필요는 있다.

바울의 최초 서신: 데살로니가전서

(1) 바울의 가장 잘 알려진 그림 형태의 유비는 **데살로니가전서 2:7**에 나타난다. "우리는 … 너희 가운데서 유순한(헬라어 ēpioi 에피오이) 자가 되어 **유모**가 자기 자녀를 기름과 같이 하였으니." 데살로니가전서 2:1-12은 바울과 데살로니가 교회의 관계를 목회자와 친구의 관점에서 접근한다. 돈프리드는 이를 화행(speech-act)으로 보면서 동시에 '우정의 편지' 전형으로 보고 있다.[8] 바울이 데살로니가를 급히 떠날 수밖에 없었지만, 두고 온 교회를 진정한 애정으로 그리워하고 있다는 것을 그 교회가 알기를 바라는 것이다. 그가 어쩔 수 없는 상황에서 급히 그 교회를 떠난 것은 새로 회심한 데살로니가 교인들을 '고아들'과 같은 처지에 빠지게 한 것과 같다. 말레르브는 바울이 여기에서 사용하는 유비는 견유 철학자들이 소피스트들의 한 입으로 두 말 하기에 맞서 진실함과

8 Karl R. Donfried and Johannes Beutler (eds), *The Thessalonians Debate: Methodological Discord or Methodological Synthesis?* (Grand Rapids: Eerdmans, 2002), p. 5.

정직에 호소하던 것과 유사성을 보인다고 주장한다.[9] 오토 메르크 역시 이를 바울의 목회적 애정과 지속적 관심의 표현으로 보고 있다.[10]

알렉산드리아의 클레멘스(c.150-215)는 에피오이(ēpioi 유순한)와 네피오이(nēpioi 아이들) 사이의 언어유희를 염두에 두면서, 바울이 유모 혹은 설교자를 유아적이기보다는 부드럽고 조용하다고 말하는 것으로 보고 있다. 그러면서 바울의 설교 전략이 어떤 것인지를 이야기한다.[11] 클레멘스는 고린도후서 6:4, 10, 11에서도 바울의 동일한 모습을 볼 수 있다고 말한다.[12] 그가 볼 때 바울은 아첨하는 말을 싫어한다. 이런 점은 우리 시대에 포골로프와 클라크 같은 사람들이 강조하는 내용이다.[13] 오리게네스(c.185-c.254)는 바울이 말한 것처럼 사도나 감독은 어린아이 같이 겸손하고 '작은 자'가 되어야 한다고 말한다.[14] 요한 크리소스토무스(c.347-407)는 이 구절이 "우리는 그 어떤 도발을 하거나 짐을 부과하지 않았다"라는 것을 강조한다고 해설하면서 "유모가 아이에게 영광을 얻기 위해 아첨을 하는가? 아이들에게서 돈을 요구하는가? 아이들에게 도발적이거나 부담을 지우는 일을 하는가?"라고 묻는다.[15] 그러면서 그

9 Abraham Malherbe, 'Gentle as a Nurse: The Cynic Background of 1 Thess. 2:2', *NovT* 12 (1970), pp. 203-17; Malherbe, *The Letters to the Thessalonians* (Anchor Bible; New Haven: Yale University Press, 2000), pp. 140-53; and Malherbe, *Paul and the Thessalonians: The Philosophic Tradition of Pastoral Care* (Philadelphia: Fortress, 1987), pp. 9 and 18-33.

10 Otto Merk, '1 Thessalonians 2:1-12: An Exegetical-Theological Study', in Donfried and Beutler (eds), *The Thessalonians Debate*, pp. 89-113.

11 Clement of Alexandria, *The Instructor*, 5 (Eng., ANF, vol. 2, p. 214).

12 Clement, *Stromata*, 1,1 (Eng., ANF, vol. 2, p. 300).

13 Stephen Pogoloff, *Logos and Sophia: The Rhetorical Situation of 1 Corinthians* (SBLDS 134; Atlanta: Scholars Press, 1992), pp. 71-172; Andrew D. Clarke, *Secular and Christian Leadership in Corinth* (Leiden: Brill, 1993), pp. 9-58 and 109-28.

14 Origen, *Commentary on Matthew*, sect. 29 (Eng., ANF, vol. 4, p. 492).

15 John Chrysostom, *Homilies on Thessalonians*, Homily 2 (Eng., NPNF, vol. 13, p. 330).

는 "이와 같은 [바울의] 사랑보다 더 달콤한 것은 없다"라고 덧붙인다. 아우구스티누스(354-430)는 여기에 나타난 바울의 유비를 "그리스도의 사랑이 우리를 강권하시는도다"(고후 5:13-14)라는 말씀과 연결한다.[16] 비드(673-735)는 유모가 "자기 자녀"를 기름과 같이 한다는 말에 주목하면서, 이는 바울이 데살로니가 교인들을 낳았기 때문이라고 지적한다.[17] 토마스 아퀴나스(1225-74)는 유모와 같이 행함은 "바울의 겸손의 증거"라고 말한다.[18]

지금까지 살펴본 교회 역사상 저명한 주석가들은 바울의 유모 유비가 가지는 핵심 요점인 우정과 배려심, 부드러움에 초점을 맞추고 있다. 존 위클리프(c.1333-84)는 목회직, 특히 설교의 우위성에 초점을 맞추어 이 본문을 보고 있다.[19] 그의 주석 작업에서 위클리프는 다양한 신학적 주제들을 다룬다. 마르틴 루터(1483-1546) 역시 초점이 폭넓게 옮겨 가고 있다. 반면 장 칼뱅(1509-64)은 "사람을 기쁘게 하려" 하지 않는다거나 "아첨하는 말"을 피한다는 바울의 말에 초점을 맞춘다.[20]

윌리엄 로(William Law, 1686-1761)와 존 웨슬리(John Wesley, 1703-91), 그리고 쇠렌 키르케고르(Søren Kierkegaard, 1813-55)에게 와서는 그 초점이 다시 넓어지고 있다. 그러나 19세기 말에 와서는 석의의 원칙들이 보다 엄격하게 준수되고 있으며, 벤저민 조잇(Benjamin Jowett, 1817-

16 Augustine, *On the Catechizing of the Uninstructed*, 10, 15 (Eng., NPNF, ser. 1, vol. 3, pp. 293-94).

17 Bede, *Excerpts from the Works of St. Augustine*, ed. David Hurst (Cistercian Publications, 1999), p. 285.

18 Aquinas, *Commentary on St Paul's First Letter to the Thessalonians and Letter to the Philippians* (Albany: Magi Books, 1969), p. 15.

19 John Wycliffe, 'On the Pastoral Office', in Matthew Spinka (ed.), *Advocates of Reform* (LCC 214; London: SCM, 1963), 2,2, p. 39 and pp. 48-9.

20 John Calvin, *1 and 2 Thessalonians* (Wheaton, IL: Crossway, 1999), p.26.

93)은 이 유비의 중심 요점에 집중하고 있다. 이는 대부분의 20세기 주석가들도 마찬가지다. 게일은 이렇게 말한다. "한 문장 안에서 바울은 자신을 아이와 아이를 기르는 엄마에 동시에 비교하는 능력을 보이고 있다. 몇 줄 더 내려가면 그는 자신을 아버지라 부르며(11절), 더 내려가서는 자신을 고아에 비교한다(17절)." 게일은 이와 같은 그림의 목적이 "권위적 태도 부재"와 "겸손하고 뻐기지 않는 성향"을 보여 주고자 함이라고 덧붙인다.[21]

이 주제와 관련된 현대 주석가들의 입장을 하나하나 소개할 필요를 느끼지 않는다. 일반적으로 현대 주석가들은 이 유비의 중심 포인트에 잘 집중하고 있다. 스트라우브는 이 그림을 그의 세 번째 범주인 '비교'에 포함시킨다. 바울이 그의 청중 혹은 독자들을 새로 태어난 아이에 견주고 있다는 것이다.[22] 어니스트 베스트(Ernest Best)는 바울이 자신을 청중의 수준 곧 믿음 안에서의 어린아이들의 수준으로 맞추고 있다고 말한다.[23] 말레르브는 바울의 유모 언어에 주목하면서 이를 구약성경의 알이나 새끼를 품는 새(신 32:6; 욥 19:14)의 유비와 연결하고 있다.[24] 그가 견유 철학자들의 목회적 돌봄의 전통에 대해 언급했던 것은 이미 살펴본 바 있다.

위에서 간략하게 살펴본 해석의 역사를 통해 우리가 알 수 있는 것은 바울의 그림에 대한 정확한 해석은 독립적이거나 산발적인 사상가들의 독자성을 따르기보다 합당한 전통의 맥락을 따라 이루어진다는

21 Gale, *The Use of Analogy*, pp. 22 and 23.

22 Straub, *Die Bilderspracher des Apostels Paulus,* p. 49.

23 Earnst Best, *The First and Second Epistles to the Thessalonians* (London: Black, 1972), p. 101.

24 Malherbe, *The Letters to the Thessalonians*, p. 146.

것이다. 이것이 이 책에서 우리가 제시하고자 하는 중심 논점 가운데 하나이다.

(2) 바울의 초기 서신 가운데서 게일이 예로 드는 두 번째 유비는 **데살로니가전서 5:1-11**에 나오는 **도둑**(헬라어 kleptēs 클레프테스)의 그림 혹은 유비이다. 이 유비의 중심 포인트는 파루시아 곧 마지막 때에 그리스도께서 다시 오심이 갑작스럽게, 기대치 않은 상황 속에서 일어나리라는 것이다. 게일은 바울의 종말론적 언어에는 "유비적 표현들이 이상하게 섞여 있다"고 지적한다. 시기와 때, 주의 날, 해산의 고통 등이 그것이다. 이와 같은 게일의 판단은 부분적으로는 옳다. 게일이 잘 지적한 것처럼 도둑의 은유는 원시 혹은 초대 기독교 사상에 보편적으로 널리 통용되고 있었는데, 이는 마태복음 24:42-44을 통해 잘 알 수 있다.

> "그러므로 깨어 있으라 어느 날에 너희 주가 임할는지 너희가 알지 못함이니라 너희도 아는 바니 만일 집주인이 도둑이 어느 시각에 올 줄을 알았더라면 깨어 있어 그 집을 뚫지 못하게 하였으리라 이러므로 너희도 준비하고 있으라 생각하지 않은 때에 인자가 오리라."[25]

이와 거의 유사한 문구를 베드로후서 3:10("주의 날이 도둑같이 오리니")과 계시록 3:3("만일 일깨지 아니하면 내가 도둑같이 이르리니 어느 때에 네게 이를는지 네가 알지 못하리라")에서도 찾아볼 수 있다. 베드로후서는 그리스도의 마지막 재림을 가리키는 것이 분명하지만, 계시록 3:3에서의

25 Gale, *The Use of Analogy*, p. 27.

'옴'이 마지막 공개적 파루시아를 가리키는지에 대해서는 논란이 있다.

공관복음서의 예수 그리스도와 마찬가지로 사도 바울도 데살로니가전서 5:3에서 해산 고통이 임한 여인의 유비를 사용한다. 출산의 순간이 임신한 여인에게 임할 텐데, "그날과 그때는 아무도 모르나니 하늘에 있는 천사들도, 아들도 모르고 아버지만 아"신다(막 13:32). 이 유비 역시 구약성경에서 유래한 은유이다(욥 30:5; 렘 2:26; 49:9; 욜 2:9). 말레르브는 이 유비가 가지는 아이러니를 이렇게 표현한다. "지금 당신이 실제로 아는 것은 당신이 알고자 하는 것을 알 수 없다는 사실이다."[26] 바울이 평안과 안전("평안하다, 안전하다")을 이야기하는 것은 아모스 5:18-20의 "너희가 어찌하여 여호와의 날을 사모하느냐"라는 질책을 상기시킨다. 바울은 그의 독자들을 "빛의 자녀"라 부르며, "그날"이 이렇게 갑작스럽게 임할지라도 그들은 이 마지막 일들에 대해 두려워할 것이 전혀 없다고 말한다. 바울은 "빛의 자녀들"에 관하여 5:4-11에서 보다 상세히 이야기한다. 다른 곳에서 그는 "밤이 깊고 낮이 가까웠으니 그러므로 우리가 어둠의 일을 벗고 빛의 갑옷을 입자"라고 말한다(롬 13:12). 바울은 성도의 새 삶과 옛 삶을 표현하기 위해 빛과 어둠의 은유를 자주 사용한다. 또한 그는 주의 날이 어둠에 감추인 것들을 빛으로 드러내리라고 말한다(고전 4:5). "어두운 데에 빛이 비치라" 말씀하셨던 하나님께서 "빛을 우리 마음에 비추셨"다(고후 4:6). 이처럼 바울은 구약성경에서와 같이 빛과 어둠의 성경적 상징을 백분 활용하고 있음을 볼 수 있다. 이는 요한(요 12:36)과 쿰란 공동체(1QS 3:13-4:26)도 마찬가지다.

26 Malherbe, *The Letters to the Thessalonians*, p. 290.

게일이 도둑의 은유가 단독으로 사용되기보다는 다른 일단의 은유들, 이를테면 해산하는 여인, 빛과 어둠, 잠과 깸, 깨어 지킴과 잠듦 등의 은유들과 함께 사용된다고 본 것은 옳다. 다만 우리가 그의 입장에 동의할 수 없는 것 한 가지는 "이상하게"라는 말을 그가 사용하고 있다는 점이다. 이런 은유적 표현들은 구약의 전통에 이미 그 전례가 나타나기 때문에 이상할 것이 전혀 없다. 이레나에우스는 예레미야와 계시록 속에서의 이 은유들의 사용을 비교한 바 있다.[27] 클레멘스는 데살로니가전서 5장의 도둑 은유와 잠과 깸의 은유에 호소하면서 성도들에게 깨어 있기를 요청한다.[28] 키프리아누스(Cyprian, 258년 사망) 역시 바울의 도둑 유비를 사용한 바 있다.[29] 니사의 그레고리우스(Gregory of Nyssa, c.330-90)는 "빛의 자녀"와 "낮의 자녀" 같은 용어들을 사용하여 그리스도인의 특성이 무엇인지를 이야기한다.[30] 암브로시우스(Ambrose, c.338-97)는 바울과 꼭 같은 맥락에서 우리가 그리스도께서 오실 시간을 정확히 알지 못한다는 것을 강조하기 위해 도둑의 은유를 사용하고 있다.[31] 크리소스토무스(John Chrysostom, c.347-407) 역시 바울이 사용하는 도둑과 날, 어둠과 빛, 해산의 고통과 같은 그림들을 그와 꼭 같은 맥락 속에서 사용하고 있다.[32] 아우구스티누스는 빛이 어둠과, 깸이 잠과 구분된다는 것을 강조하기 위해 데살로니가전서 5:5-8을 인용한다.[33]

27 Irenaeus, *Against Heresies*, 5, 50, 2 (Eng., ANF, vol. 1, p. 559).
28 Tertullian, *On the Resurrection*, 24 (Eng., ANF, vol. 3, p. 563).
29 Cyprian, *Treatises*, 89 (Eng., ANF, vol. 5, p. 553).
30 Gregory of Nyssa, *Against Eunomius*, 3, 6 (Eng., NPNF, ser. 2, vol. 5, p. 148).
31 Ambrose, *Of the Christian Faith*, 5, 17, 211 (Eng., NPNF, ser. 2, vol. 10, p. 311).
32 Chrysostom, *Homily on Thessalonians*, 9 (Eng., NPNF, ser. 1, vol. 13, p. 360).
33 Augustine, *City of God*, Bk 11, ch. 7 (Eng., NPNF, ser. 1, vol. 2, p. 209) and Bk 11, ch. 33 (Eng., p. 224); and *On the Trinity* 15, 9 (Eng., NPNF, ser. 1, vol. 3, p. 207).

중세 시대에 와서는 이 그림들의 사용이 또다시 종잡을 수 없는 방식으로 흩어지고 있다. 링컨의 감독을 지낸 로버트 그로스테스트(Robert Grosseteste, c.1170-1253)는 빛의 그림을 사용하긴 하지만, 이를 "진리의 지식"으로, 그리고 어둠은 "법을 어김"으로 풀이한다. "빛"은 알레고리 차원에서는 "영적 지도자(고위 성직자)"와 "진리의 자각"을 가리키는 것이 가능할 수도 있다. 그러나 이것이 데살로니가전서 5장에서 말하는 것과는 잘 맞지 않는다.[34] 토마스 아퀴나스는 재림의 시간과 관련해서 그의 주석에서 보다 정확한 설명을 제시한다. 그의 『신학대전 *Summa Theologiae*』에서도 보다 광범위하긴 하지만 건전한 석의를 바탕으로 한 해설을 제시한다.[35] 루터와 칼뱅은 바울의 종말론적 맥락을 잘 고려한다. 루터는 1533년에 쓴 '미카엘 슈티펠에게 보내는 편지'에서 이 문제를 가장 상세하게 다루고 있다. 슈티펠은 재림이 1533년 10월 19일에 일어난다고 예언한 사람이다. 루터는 이에 대해 질색을 하면서, 예수님 자신도 그날을 알지 못한다고 말씀하셨던 사실과 바울 역시 이를 알고 싶어 안달하는 사람들을 잠잠하게 만들었던 사실을 부각했다.[36] 칼뱅은 재림의 시간을 계산하려는 것이 "호기심에 이끌린 무익한 탐구"라고 말하면서 "진정 주의 날은 밤의 도둑과 같이 온다"라고 못을 박았다.[37] 제러미 테일러(Jeremy Taylor, 1613-67)는 그의 『거룩한 생활 *Holy Living*』(1650)이란 책에서 이 주제를 보다 넓고 느슨하게 다루고 있으며, 존 질

34 Robert Grosseteste, *On Six Days of Creation* (London: British Academy, 1996).

35 Thomas Aquinas, *Commentary on Thessalonians,* p. 41; and *Summa Theologiae*, Pt. 3 (suppl.) qu. 73, arts. 1-2.

36 Martin Luther, *Letters of Spiritual Counsel* (ed. T. G. Tappert; London: SCM, 1965), pp. 301-2.

37 John Calvin, *1 and 2 Thessalonians*, p. 51; and John Calvin, *Of the Institutes of the Christian Religion*, Bk 4, ch. 19, sect. 34.

(John Gill, 1697-1771)은 데살로니가전서 5:1-2을 베드로후서 3:10, 고린도전서 1:8, 5:5, 그 밖의 여러 성경 구절들과 함께 인용한다. 헤르만 올하우젠(Hermann Olhausen, 1796-1839) 이후 오늘에 이르기까지 이 주제를 책임 있게 적용하려 시도하는 많은 주석들이 출판되었다. 이런 해석의 흐름에서 우리가 얻을 수 있는 결론은 바울의 그림에 대한 합당한 해석은 학적으로 훈련된 석의의 전통에서 잘 발견되는 반면, 이런 전통을 벗어나면 합당치 못한 해석들이 나오기 쉽다는 점이다.

현대 학자들 가운데 스트라우브는 데살로니가전서 5:2을 그의 세 번째 범주인 '비교' 그룹에 포함시키는데, 그중에서도 이 '도둑' 주제는 열한 번째 예에 해당한다. 바울의 종말론적 '그림'은 마태복음 24:43-44, 베드로후서 3:10, 계시록 3:3에 나타나는 '주의 날'과 연관성이 있다.[38] 베스트의 주석은 설명이 훨씬 더 상세하다. 그는 2절(도둑)과 3절(해산의 고통)에 "두 개의 생생한 은유"가 사용되고 있다고 말하면서, 이 두 가지 모두가 "예측 불가능성과 그러면서도 그 불가피성"을 나타낸다고 잘 지적한다.[39] 이를 바탕으로 바울은 그의 독자들이 깨어 있기를 요청하는 것이다. 데살로니가 교인들이 걱정하고 있었던 것은 만일 재림이 연기되면 자기들이 거기에 참여하지 못할지도 모른다는 것이었다. 만일 재림이 기대하지 않은 때에 일어난다면 바울의 생전에 그 일이 일어나지 않을 수도 있음을 걱정하는 사람들이 있었던 것으로 보인다.

두 번째 은유인 해산의 고통은 재림의 예측 불가능성과 그 불가피성이라는 이중적 성격을 가장 잘 집약한다. 이 은유가 공관복음서 전승에도 사용되고 있다는 점을 근거로 말레르브는 바울이 이 전승을 알고

38 Straub, *Die Bildersprache des Apostels Paulus*, pp. 50-1.

39 Best, *First and Second Thessalonians*, p. 203.

있었을 "개연성이 크다"고 주장한다.[40] 위더링턴은 "바울이 여기서 묘사하는 것은 이 현상이 인간의 역사 속에 급작스럽게 침입하여 의식하지도 못하고 준비되지도 못한 많은 사람들을 사로잡게 되리라는 것"이라고 통찰력 있게 잘 지적한다. 그에 따르면 밤중에 오는 도둑 은유는 예수의 전승에 기인하며(마 24:43; 눅 12:39-40; 벧후 3:10; 계 3:3, 16:15), "그 사건의 급작스러움뿐만 아니라 알려지지 않은 시간에 일어남"을 강조한다.[41] 무어는 "도둑같이 이를 줄을"에서 미래 형태로 번역된 "이를"이 헬라어 원문에서는 현재 시제로 표현되어 있는 것에 주목하면서 그 이유를 재림의 생동감과 근접성을 강조하기 위함이라고 설명한다.[42] 마지막으로 브다 리고(Beda Rigaux)의 주석은 마태복음 25:6과 같은 표준적인 성경 본문과 히에로니무스, 프레임, 스트라우브 등의 해설을 언급하면서 무어가 말하는 에르케타이(erchetai) 동사의 "예언적 현재 시제"를 예측하는 설명을 제시하고 있다.[43] 바울은 재림과 관련하여 하나의 독점적인 은유만 사용하는 것이 아니라, 서로 연관된 일단의 은유들을 사용한다.

갈라디아서의 그림 언어

(3) 게일이 드는 세 번째 예는 **갈라디아서 3:15-18**에 나오는 **언약**이라는 단어이다. 헬라어 디아떼케(diathēkē)는 유언과 언약의 의미를 동시에 가지기 때문에 언어유희가 가능한 단어이다. 17절에서는 바울이

40 Malherbe, *The Letters to the Thessalonians*, p. 190.

41 Ben Witherington III, *1 and 2 Thessalonians: A Socio-Rhetorical Commentary* (Grand Rapids: Eerdmans, 2006), p. 14.

42 Arthur L. Moore, *1 and 2 Thessalonians* (NCB; London: Nelson, 1969), p. 73.

43 Beda Rigaux, *Les Épitres aux Thessaloniciens* (Paris: Gabalda, 1956), p. 557.

언약을 의도한 것이 분명한데, 15절에서는 논란이 있을 수 있다. 17절에서 말하는 언약은 하나님께서 아브라함과 그의 자손에게 주신 약속을 가리킨다. 율법이 차후에 들어왔다고 해서 이 언약은 폐기된 것이 아니다. 이것이 바울이 사용하는 언약 그림의 중심 요점이다.[44] 버턴은 이 그림이 히브리어 브리트(bᵉrîth)와 칠십인경 번역어 디아떼케(diathēkē)가 잘 보여 주는 것처럼 하나님과 우리의 관계를 잘 집약한다고 지적한다.[45] 스트라우브는 갈라디아서 3:15-18을 그의 다섯 번째 범주인 직유 혹은 비유의 범주에 포함시키며, 그중에서도 27번째 예로 제시한다.[46]

"사람의 예대로"에 해당하는 헬라어 카타 안뜨로폰(kata anthrōpōn)은 영어 번역에서 "매일의 삶 속에서의 예"(NSRV) 또는 "일상의 삶으로부터"(NEB) 등으로 번역된다. 하지만 "인간적 말로 나타내자면"(NJB)이라는 번역이 로마서 3:5과 고린도전서 9:8의 용례와도 일치되고, 신적 진리를 인간의 말로 표현한다는 점에서 본문이 가지는 유비나 그림의 성격을 잘 보여 주기도 한다. 스트라우브는 이 표현을 단수로 사용된 "자손"이라는 용어와 함께 법적 용어로 보고 있다.

한스 디터 베츠는 일차적으로 히브리어 혹은 유대적 의미를 가진 언약이라는 용어가 어떻게 이방인 독자들에게 쉽게 수용될 수 있었을 것인지를 질문한다. 그의 대답은 에른스트 바멜(Ernst Bammel)이 이야기한 것처럼 언약의 의미가 일반적으로 생각하는 것보다 더 광범위하게 퍼져 있었기 때문이라는 것이다.[47] 그는 유사한 법적 용어들인 '승인하

44 Gale, *The Use of Analogy*, pp. 41-2.

45 Earnst de Witt Burton, *The Epistle to the Galatians* (ICC; Edinburgh: T&T Clark and New York: Scribner, 1920), p. 497; cf. 'Appendix on *diathēkē*, pp. 496-505.

46 Straub, *Die Bilderspracher des Apostels Paulus*, pp. 95-6.

47 Hans Dieter Betz, *Galatians* (Hermeneia; Philadephia: Fortress, 1979), pp. 155-59.

다, 재가하다, 확약하다' 등의 경우를 들어 이런 결론을 확실히 하고 있다. 바울은 창세기 15:4-6, 18-21; 17:1-14; 22:16-19 등에 나타나는 아브라함에게 주신 언약의 약속(헬라어 epangelia 에팡겔리아)에 모든 초점을 집중시키고 있다. 아브라함과의 언약은 모세 시대에 이스라엘과의 사이에서 새롭게 확인되었다(출 19:5-6; 24:3-8; 34:10; 신 29:1). 바울은 단수 "자손"(헬라어 sperma 스페르마, 씨)이 그리스도를 가리키는 것이라고 말한다. 17절에서 그가 "내가 이것을 말하노니"라는 말을 쓰는 것은 특별한 주의가 필요하다는 표현이다. 율법(토라)은 아브라함에게 주신 약속보다 사백삼십 년 후에 가서야 주어졌다. 이는 아브라함이 율법으로 말미암아 의롭게 될 수 없었다는 것을 보여 준다.

바울이 사용하는 "유업"(헬라어 klēronomia 클레로노미아)이라는 단어는 그의 구원론에 있어서 핵심적으로 중요한 용어이다. 브루스는 하나님께서 유언에 일종의 추가 조항(헬라어 epidiathēkē 에피디아떼케)을 더하시는 것과 같은 행위를 하신 것으로 보면서, 이것의 선례를 로마법과 그리스 파피루스 자료에서 제시한다.[48] 그는 이렇게 설명한다. "바울이 성경 텍스트에 스페르마티(spermati, 단수 형태로)가 있다고 말한 것을 두고 과도하게 반응할 필요는 없다. … 성경 텍스트는 집합적 단수를 사용하고 있으며 … 이는 단수 후손이나 다수의 후손들을 다 가리킬 수 있다."[49] 유업이라는 이 용어가 엄밀한 차원에서 '그림' 혹은 시각적 재현의 범주에 들어올 수 있을지에 대해서는 독자가 판단할 문제이겠지만, 게일은 이를 유비의 한 예로 보고 있으며, 스트라우브는 비교의 범주에 이를 포함시킨다.

48 F. F. Bruce, *The Epistle to the Galatians: A Commentary on the Greek Text* (Grand Rapids: Eerdmans, 1982), p. 171; and Papyrus 21 in E.P. Grenfell, *An Alexandrian Erotic Fragment and Other Greek Papyri* (Oxford: Clarendon Press, 1896), pp. 44-6.

49 Bruce, *Galatians*, p. 172.

(4) 게일이 제시하는 네 번째 예는 좀 더 분명하게 하나의 그림으로 시각화된 용어이다. 갈라디아서 3:24에서 바울은 "율법이 우리를 그리스도께로 인도하는 **초등교사**(헬라어 paidagōgos 파이다고고스)가 되어"라고 말한다. 초등교사라는 용어는 영어 번역본에서 다양한 방식으로 번역되어 있다. "일종의 교사"(NEB), "노예로 섬겨"(NJB), "맡아"(NIV), "학교 교사"(KJV/AV) 등이 그것이다. 헬라어 사전(BDAG)은 이를 이렇게 설명한다. "노예로서 … 소년이나 아이를 학교에 데려가고 데려오는 일과 그 행동을 살피는 역할을 수행한다." 엄밀한 의미에서 교사는 아니며, 따라서 "안내가 필요한 사람을 책임지는 사람, 보호자, 인도자, 또는 안내자 … 갈 3:24"를 의미한다.[50] 이 사전의 편집자인 단커가 제시하는 고대 그리스-로마 세계의 관습에 대한 설명이 이 용어의 의미를 잘 보여 준다. 현대 서구 사회에서는 이와 정확하게 일치하는 직능을 찾아보긴 어렵지만, 고대 사회의 배경을 잘 이해하면 우리는 바울이 이 용어를 통해 무엇을 말하고자 하는지 그의 의도를 쉽게 시각화할 수 있다. 영어 역본들도 이 헬라어 단어의 의미를 정확히 드러내지는 못하지만, 나름대로는 그 의미를 잘 전달하고 있다. 게일은 이 단어가 가지는 다섯 가지 측면을 제시한다. (a) 그 기능은 한시적이다. (b) 보호자 또는 관리자를 의미한다. (c) 훈육적 기능을 포함한다. (d) (일반적 차원에 국한된 범위 안에서) 가르치는 기능을 가지기도 한다. (e) 보호하고 지키는 책임이 있다. 단커와 게일의 설명은 이런 복합적 성격을 가진 그림은 적절한 해설이나 사회-역사적 맥락에 대한 이해가 없이는 그 작용을 정

50 Frederik W. Danker (with Walther Bauer, W. F. Arndt and F. W. Gingrich, eds), *A Greek-English Lexicon of the New Testament and Other Early Christian Literature* (Chicago: University of Chicago Press, 3rd edn, 2000), p. 748.

확히 가늠하기가 어렵다는 것을 잘 보여 준다.

일단 이 그림이 가지는 다각적인 측면들을 잘 이해하고 나면 우리는 바울이 율법에 대해 말하는 다측면적 관점을 더 잘 포용할 수 있다. 예수님의 대부분의 비유들과는 달리 이 그림은 C. S. 루이스가 말하는 "선생 은유" 곧 이해의 급을 높이는 은유가 아니라 하나의 유용한 "학생 은유" 곧 설명과 교육의 기능을 가지는 은유이다. 스트라우브는 이를 "비교"의 범주에 포함시킨다. 이는 고린도전서 4:15에 나오는 파이다고고스를 "은유"의 범주에 포함시키는 것과 사뭇 차이를 보인다.[51] 이 구절은 율법이 죄를 억제하는 기능을 가진다는 칼뱅의 강조와 잘 연결된다. 율법은 교육 혹은 훈계의 도구이며, 우리의 약함과 의존성을 가르치는 방도이며, 하나님의 뜻이 무엇인지를 보여 주는 거울이다. 이와 같은 율법의 기능은 그리스도께서 오심과 함께 폐지될 수밖에 없다.[52]

F. F. 브루스는 율법의 교육적 기능에 대해 비슷한 견해를 표현한다. 율법의 기능은 자유자의 집안에 속하는 소년이 어디를 가든지 그와 동행하며 감독하는 종의 훈육의 기능에 비견된다. 이 기능은 소년이 성년에 이를 때까지 지속된다.[53] 제임스 던은 오늘날의 '베이비시터'가 여기에 가장 근접하는 기능일 것이라고 제시한다. 그러면서 그 역할의 초점은 억압보다는 보호에 더 맞추어진다고 보고 있다.[54] 베츠 역시 이 보

51 Straub, *Die Bilderspracher des Apostels Paulus*, pp. 55 and 61.

52 Calvin, *Institutes of the Christian Religion,* Bk 2, ch. 8, 특히 sects 3, 5, 6, 8, 11, 18 등.

53 Bruce, *Galatians*, p. 182.

54 James D. G. Dunn, *The Theology of Paul the Apostle* (Edinburgh: T&T Clark, 1998), pp. 140–43; Dunn, *Paul and the Mosaic Law* (WUNT 89; Tübingen: Mohr, 1996); and Dunn, 'Was Paul Against the Law? The Law in Galatians and Romans: A Test Case of Text in Context', in T. Fornberg and D. Hellholm (eds), *Texts and Contexts: Biblical Texts in Their Textual and Situational Context* (Oslo: Scandinavian University Press, 1995), pp. 455–75.

호의 역할에 초점을 맞춘다. 그는 이렇게 설명한다. "이 종의 역할은 아이를 치한으로부터 보호하고 사고가 생기지 않도록 돌보는 일이며, 나아가서 이 아이가 좋은 예절을 배우도록 살피는 일이다."[55] 베츠는 파이다고고스를 두는 예를 아리스토텔레스에게까지 거슬러 추적한다. 존 블라이는 이 그림이 오늘날 그리스도인들에게 어떻게 적용될 수 있는지를 묻는다. 딱 맞아 떨어지는 그림이 없다는 것을 인정하면서도, 그는 그리스도인이 자유를 얻었으면서도 여전히 마지막 때를 기다리며 살아가야 하는 중간 시대의 상황에 이를 적용시키려 한다.[56] 이 측면과 관련해서 우리는 율법의 역할에 대한 다양한 해석상의 관점들이 있다는 것을 잘 안다. 종교개혁 전통 안에서만 해도 루터는 그리스도인이 율법으로부터 자유롭게 되었다는 점에 더 무게를 두는 반면, 칼뱅은 모든 인간을 위한 하나님의 뜻이 무엇인지를 밝히는 차원에서 율법이 지속적인 보호 및 훈육의 역할을 가진다는 점을 강조한다. 이 부분은 이 책에서 우리가 제시하는 논점과 긴밀한 연관성을 가진다. 게일은 "이 그림의 의의는 그것이 놓여 있는 사상의 맥락에 의해 결정되는 반면, 이 그림이 제시하는 모든 함의들이 그 사상을 결정하는 것은 아니다"라고 말한다.[57] 파이다고고스라는 이 그림을 어떻게 적절히 해석할 것인가의 문제는 본문에 대한 건전한 석의와 바울의 율법관에 대한 정확한 이해에 달려 있다. 이를 위해서는 갈라디아서와 로마서에 대한 심도 있는 연구가 필요하다.

55 Betz, *Galatians*, p. 177.

56 John Bligh, *Galatians: A Discussion of St Paul's Epistle* (London: St. Paul Publications, 1969), p. 319.

57 Gale, *The Use of Analogy*, p. 49 (강조는 원문 그대로).

(5) 갈라디아서 4:19-20에서 바울은 자신을 **해산의 수고를 하는 어머니**에 견주고 있다. "너희 속에 그리스도의 형상을 이루기까지 다시 너희를 위하여 해산하는 수고를 한다"라는 본문을 한 영역 성경(NRSV)은 "너희 속에 그리스도가 형성되기까지 내가 다시 해산의 고통을 가진다"라고 번역한다. 게일이 잘 지적한 것처럼, 이 직유 혹은 그림의 주된 요점은 그리스도와 닮은 자들인 하나님의 자녀를 생산하는 과정에서 불가피한 요소인 수고 혹은 고통에 대한 강조이다. 산고와 관련된 이 그림의 목적은 데살로니가전서 5:3에서와 같은 예고 없는 갑작스러움에 놓여 있기보다는 그 고통과 수고의 불가피성에 놓여 있다. 브루스가 잘 지적한 것처럼 그 수고의 목적은 "갈라디아 교인들 속에 그리스도께서 가시적인 모습으로 살아 있는 것을 보고자 함"이다.[58]

바울은 자신을 영적 아버지에 비유하기도 한다(고전 4:15). 그러면서도 바울은 빈번히 자신을 어머니나 유모, 또는 '유모로서의 어머니'(살전 2:7)에 견주기도 한다. 비켄하우저의 말처럼 "공동체는 개개인 속에 그리스도가 자라감을 통해 태어난다."[59] 우리는 바울의 '아버지' 이미지를 애정과 부성적 돌봄의 관점이 아니라 권위의 관점에 치우쳐서 이해하려 하는 와이어와 카스텔리의 반가부장적, 반권위적 논의 때문에 이 그림 사용을 기피해서는 안 된다.[60] 와이어는 바울이 아버지 됨에 대해 호소하는 것은 조작적 수사의 목적을 위함이라고 해석한다. 카스텔리는 바울을 미셸 푸코의 권위적 사람이나 기구에 대한 포스트모던 차원

58 Bruce, *Galatians*, p. 212.

59 Alfred Wickenhauser, *Pauline Mysticism* (Edinburgh: Nelson, 1960), p. 44.

60 Antoinette Wire, *The Corinthian Women Prophets* (Minneapolis: Fortress, 1990), pp. 45-7; Elizabeth A. Castelli, *Imitating Paul: A Discourse of Power* (Louisville: Westminster / John Knox, 1999), pp. 1-58.

에서의 거부라는 관점에서 보려 하고 있다. 앞서 보았던 예에서 드러나는 것처럼 권위적 주체는 율법의 기능에 더 적합하다. 와이어와 카스텔리와는 달리 버턴은 19-20절을 "깊은 애정과 감정의 언어"라 부르며, "이는 그의 독자들의 애정을 되살리기 위한 그의 열심 어린 노력을 이어 갈 권리가 그에게 있다는 바로 앞의 언급에 이어진다"라고 말한다.[61]

베츠는 갈라디아서 4:19을 개념들의 복합체로 이해해야 한다고 주장한다. 여기에는 하나 이상의 은유적 암시가 포함되어 있다고 보는 것이다. '출생', '자녀', '태어나고 형성됨'과 같은 개념들이 여기에 포함된다. 그는 일부 주석가들이 "어림짐작에 불과한" 방식으로 이 본문을 대한다고 공격한다.[62] 은유들이 혼합되어 있는 본문을 다룰 때는 좀 더 분명하고 정보를 잘 갖춘 해석이 필요하다. 19-20절을 지배하는 주도적인 은유는 오디노(ōdinō)라는 단어인데, 헬라어 사전은 이 단어에 "출산과 관련된 고통을 겪다, 산고를 치르다"의 의미를 붙이고 있다.[63] 이것과 연관된 단어가 출산의 고통을 의미하는 오딘(ōdin)이다. 스트라우브는 오디노를 자신의 열여덟 번째 은유로 정리하고 있으며, 데살로니가전서 2:7-8과 연결시켜 오딘을 "비교"의 범주에 넣고 있다.[64] 그는 두 단어가 모두 "영적 출산"을 가리키는 것으로 보고 있다. 게일이 단일 그림으로 분류하는 것을 스트라우브는 복합 은유로 취급한다. 출산 고통의 은유는 필론에게서도 찾아볼 수 있다. 그는 시간이 지나 온전한 모습으로 자라갈 배아와 아직 모양을 갖추지 못한 불분명한 것을 구분한다.[65] 출산

61 Burton, *Galatians*, p. 248.

62 Betz, *Galatians*, p. 236.

63 BDAG, p. 1102.

64 Straub, *Der Bilderspracher des Apostles Paulus*, pp. 61 and 48.

65 Philo, *On Mating*, 135-6.

은유의 배경에는 예수님께서도 그러셨던 것처럼 하나님을 아빠(Abba, 갈 4:4-7)로 부르는 일과 관련된 바울의 하나님 이해가 놓여 있다.

(6) **갈라디아서 4:21-31**은 **하갈과 사라**의 그림 또는 알레고리를 제시한다. 바울은 이 이야기의 역사적 배경을 구약에서 취한다. 그러면서도 24절에서는 자신의 접근을 알레고리(헬라어, allēgoroumena 알레고루메나)라 부른다. 이 표현을 어떻게 이해할 것인지는 논란의 대상이다. 고펠트(Leonhard Goppelt)는 바울이 갈라디아서 4:21-31에서 구약의 역사적 내러티브를 해설하는 것이 넓게 보면 알레고리라 할 수 있겠지만, 실제로 그가 하고 있는 일은 "전적으로 모형론적 해석에 속한다"라고 말한다.[66] 고펠트는 아브라함을 예수 그리스도의 모형으로 보고 있으며, 하갈과 사라의 비교는 "그 관계가 하나님에 의하여 정하여졌고(롬 4:11 이하, 23; 갈 3:8), 그리스도를 통해 중재되었기 때문에(갈 3:17) 모형론이 된다"라고 보는 것이다. "모형론적 정점은 중보자이신 그리스도의 지위로부터 자동적으로 흘러나온다."[67]

알레고리와 모형론을 대략적으로 구분해 본다면, 알레고리 해석은 일반적으로 사고(idea)와 사고(idea) 사이의 연결점에 초점을 맞추는 반면, 모형론적 해석은 역사적 사건과 사건 사이의 연결점에 초점을 맞춘다. 이런 구분을 지지하는 학자로 우리는 리처드 핸슨(Richard Hanson)을 들 수 있다.[68] 브루스는 핸슨과 고펠트에 동의하는 입장을 취한다. 그

66 Leonhard Goppelt, *Typos: The Typological Interpretation of the Old Testament in the New* (Eng., Grand Rapids: Eerdmans, 1982), p. 139; cf. pp. 136-51; and 'tupos' in G. Kittel and G. Friedrich, *TDNT*, vol. 8, pp. 236-60.

67 Goppelt, *Typos,* p. 137.

68 Richard P. C. Hanson, *Allegory and Event: A Study of the Sources and Significance of Ori-*

가 볼 때 바울은 필론이 생각하는 것과 같은 방식으로 알레고리를 이해하는 것은 아니다.

> 필론식의 알레고리는 오리게네스와 그의 후계자들에 의해 기독교적 해석에 도입되었다. 비울은 통상 **모형론**이라 불리는 형태의 알레고리를 염두에 두고 있다. 구약 역사에 나오는 내러티브를 그는 새 언약의 관점에서 해석한다. … 모형론은 구원 역사가 반복적인 방식으로 **신적 행위**를 드러낸다고 본다. … 특히 출애굽 모형론이 신약 시대에 널리 통용되고 있었다(비교, 히 3:7-4:6; 유다 5).[69]

브루스는 바울이 보다 정교한 형태의 해석의 예를 고린도후서 3:3-4:6에서 제시한다고 덧붙인다. 그는 계속해서 이렇게 말한다.

> 현재의 이 '알레고리'[갈 4:21-31]에는 바울 서신의 다른 곳에서 찾아볼 수 없는 강력한 유비의 반전 현상이 나타난다. … 여기에 나타나는 모형과 대형 사이의 독특한 충돌에 대해서는 설명이 필요하다. … 아브라함의 두 아들 이야기는 갈라디아의 바울 대적자들이 **자기들의** 입장을 지지하기 위해 사용했던 것으로 보인다. 바울은 그들의 주장을 반박하기 위해 이를 뒤집어서 이 사건은 오히려 육신과 영의 대립 관계를 통해 값없는 은혜의 복음을 뒷받침하고 있다는 점을 보여 준다.[70]

gen's Interpretation of Scripture (London: SCM, 1959), p. 7.

69 Bruce, *Galatians*, p. 217 (강조 첨가).

70 Bruce, *Galatians*, p. 218 (강조는 원문 그대로).

많은 주석가들은 이 본문의 유형을 알레고리로 본다. 예를 들어 버턴은 바울이 추가적인 생각을 덧붙인 것으로 보면서 이렇게 말한다.

> 그는 아브라함과 그의 두 아들 이스마엘과 이삭의 이야기에 대한 알레고리적 해석을 통해 자기 생각을 좀 더 확실하고 설득력 있게 만들려 하고 있다. 한 아들은 자연적 방식을 통해 태어났고 다른 아들은 약속의 성취로 태어났다. 나아가서 두 어머니도 두 언약, 곧 율법 언약과 약속 언약을 대변하는 것으로 해석한다.[71]

버턴은 두 아들과 그 후손들 사이의 적대 관계 속에서 바울이 유대 그리스도인들에게 핍박을 당하는 이방인 그리스도인들의 모습을 찾고 있는 것이라고 설명한다. 아브라함의 가족에는 두 지류가 있는데, 아브라함에 대한 우리의 관계는 육적 관계가 아니라 영적 관계이며, 또한 우리는 종의 자녀가 아니라 자유자의 자녀라는 것이다.

주석가들에 따라 이 본문을 모형 혹은 알레고리로 보는 관점이 서로 갈린다. 블라이의 경우는 "율법에 의거한 이 논증은 모형론"이라고 보면서, "아브라함의 집안에서 일어난 이 위기는 [1세기] 교회에 일어나고 있는 위기의 전조를 이룬다"라고 말한다.[72] 이 위기에 대한 해결은 "여종과 그 아들을 내쫓으라"(갈 4:30; 창 21:10-12)라는 하나님의 말씀 속에 담겨 있다. 블라이는 아브라함 집안의 이야기와 1세기 교회 사이의 "모형론적 상응들"이 무엇인지를 보여 준다. "이 이야기가 모형인가, 아니면 알레고리인가?"라는 문제와 관련하여 블라이는 알레고리를 어

71 Burton, *Galatians*, p. 251.

72 Bligh, *Galatians*, p. 391.

떻게 정의할 것이냐의 문제에 많은 것이 달려 있다고 잘 지적한다.

> 알레고리는 하나의 확장된 은유이다. … 이 이야기를 알레고리로 읽으면 저자는 한 사람의 예언자 혹은 교회인의 지위에 서서 이 글을 쓰는 격이 되는데, 그 자신은 이방인 그리스도인을 인정하지 않지만, 모든 유대 그리스도인들의 일치를 보존하기 위해서는 이들에게 관용을 베풀어야 한다는 입장을 표명하는 셈이 된다.[73]

이어서 블라이는 이렇게 자신의 입장을 밝힌다.

> 반면 '모형'은 하나의 역사적 사건으로서, 또 다른 역사적 사건을 예고한다. 민수기 21:8-9에 나오는 놋뱀 이야기는 알레고리가 아니라 모형이다. 모세가 실제로 놋뱀을 세웠다는 것을 저자가 말하고 있다. 갈라디아서 4:25에서 바울은 사라와 하갈 이야기에 알레고리라는 이름을 붙인다. 그러나 그가 우리가 여기서 말하는 알레고리를 의도한 것이었다면, 그는 이 두 여인의 이야기가 과거에 실제로 일어난 사건이 아니라, 하나의 예언적 묘사로서, 일련의 확장된 은유일 뿐이라고 말하는 것이 된다.[74]

이어서 블라이는 이 본문에 대한 안디옥 교부들의 해석과 알렉산드리아 교부들의 해석을 비교한다. 크리소스토무스는 안디옥 학파의 입장에 서서, "바울이 실제로는 모형에 해당하는 것을 알레고리라고 부

73 Bligh, *Galatians*, p. 395.
74 Bligh, *Galatians*, p. 395.

정확하게 진술했다"라고 말한다.[75] 반면 알렉산드리아 학파에 속하는 사람들은 이를 알레고리로 본다. 이처럼 3세기 이래로 일어난 논쟁이 오늘날까지도 계속되고 있다.

게일은 구약의 이야기가 알레고리 방식으로 해석됨으로써 하나의 유비를 형성하게 되었다고 결론짓는다. 그러면서 그는 이렇게 말한다. "이 이야기에 나오는 하나의 인물이 어떤 때는 이런 사안 또는 사상을 가리키는 데 사용되었다가 다음 순간에는 전혀 다른 어떤 것을 나타내는 데 사용되고 있다." "서로 상응을 이루는 연관점들도 완전한 결론에 이르기까지 발전되거나 전개되지 않는다."[76] 그는 우리의 논지와도 연관성이 있는 두세 가지 요점을 제시한다. 첫째, 이 본문은 하나의 단일 그림이나 은유를 제시하는 것이 아니라, 복합적인 그림들 또는 은유들을 하나로 엮어 내고 있다는 점이다. 둘째, 이 그림 또는 은유들을 어떻게 해석할 것인가 하는 문제는 논란의 대상으로 남으며, 어느 정도는 난제에 속한다는 점이다. 이는 그림의 해석과 관련된 신학 및 석의의 전통과 연관된 문제이기도 하다. 게일은 하갈과 사라의 그림이 서로 경쟁 관계에 있는 두 가지 언약을 나타내는 것이라고 보는 관점이 전혀 적절하지 못하다고 인정하기까지 한다.[77] 그림은 힘이 있고 또 생생함이 있지만, 적절하게 해석되지 못하면 우리를 미혹시키고 오도하기도 한다.

75 Chrysostom, *Patrologia Graeca*, vol. 61, line 662 B.
76 Gale, *The Use of Analogy*, pp. 67 and 68.
77 Gale, *The Use of Analogy*, p. 71.

고린도전서: 가장 풍성한 예들을 보여 주는 서신

(7) 바울의 유비에 대한 게일의 순서를 따르면, 고린도 서신에서 가장 먼저 나타나는 유비의 예는 **고린도전서 2:11**이다. 여기에는 사람의 생각과 **하나님의 영의 생각** 사이의 유비가 있다. 이 유비는 그림일까, 은유일까? 바울은 오직 성령만이 하나님의 목적을 온전히 안다고 말하는 자리에서, 이를 사람의 영이 그 자신의 목적을 잘 아는 일과 견주고 있다. 게일은 이 유비의 목적은 분명하다고 말한다. 하나님의 지혜가 하는 일이 무엇인지를 보여 주고자 하는 것이 그 목적이다. "하나님의 깊은 것들(헬라어 ta batha 타 바따)은 … 오직 하나님의 계시로만 알 수 있다. 왜냐하면 오직 하나님 자신만이 하나님의 '일들'을 온전히 아시기 때문이다."[78] 문제는 바울이 사용하는 이 유비가 어떤 그림을 제시하는가 하는 점이다. '영'이라는 용어만 해도, 그것이 사람에게 적용될 때(spirit)와 하나님께 적용될 때(Spirit)의 용례가 정확히 일치하지 않는다. 불트만에서부터 보다 근래의 주잇(Jewett) 등에 이르기까지 인간의 영은 삼분법적 인간관에서 보는 인간의 한 구성 요소가 아니라, 단순히 한 '인격'을 가리키는 용어로 통상 이해되어 왔다. 게일도 이를 인식하고 있고, 심지어 불트만의 말을 뒷받침하는 말로 인용하기도 한다.[79] 그러면서도 게일은 "이 유비가 세세한 부분까지 다 일치하는 것은 아니"라고 인정한다.[80] 그는 이것을 인간 존재를 나타내는 "그림"이라고 부르면서, 다른 곳에서 나타나는 바울의 관점과 대체로 일치한다고 보고 있다.

78 Gale, *The Use of Analogy*, p. 76.

79 Gale, *The Use of Analogy*, p. 77; Rudolf Bultmann, *Theology of the New Testament*, vol. 1 (Eng., London: SCM, 1952), p. 206.

80 Gale, *The Use of Analogy*, p. 77.

바울은 인간이 완전한 자기 이해를 가지지는 못하는 것으로 보고 있다는 것이다.

바울은 영이 인간의 몸 '내부'에 존재한다고 보는 이원론적 견해를 보이지는 않는다. 바울이 지금 사용하고 있는 유비는 인간 지식의 한계와 하나님의 계시의 필요에 대한 강력한 논증이다. 이와 관련하여 필자는 2000년에 출간한 고린도전서 주석에서 이와 같이 언급한 바 있다.

> 이 유비의 핵심은 인간 안의 영과 하나님 안의 영을 대비시키는 데 있는 것이 아니라, **자신의 생각이나 계획, 입장, 태도, 의도 등을 드러냄에 있어서의 배타적 주도권이 외부로부터는 감추어져 있다는 의미에서 자신 '안에' 있다는 것을 말하고자 하는 데에 있다. 이 경우 '안'은 장소적 의미에 국한되지 않는다.**[81]

이 유비를 이와 다른 방식으로 이해하려는 것은 현대 심리학을 바울에게 주입하는 꼴이 된다. 우리는 바울이 그리스-로마 전통에 빚지고 있다고 무비판적으로 받아들여서는 안 된다. 이런 이해는 바울과 그의 구약적 뿌리를 무시하는 일이다. 바울에 대한 이상주의적 관점은 19세기에 가서 뤼데만(H. Lüdemann) 같은 사람에게서 두드러지게 나타난다. 칼 바르트는 우리가 다루고 있는 이 구절의 핵심을 "하나님은 하나님으로만 알 수 있다"라는 말로 요약한다.[82] 이와 같은 하나님의 지혜는 십

81 Anthony C. Thiselton, *The First Epistle to the Conrinthians: A Commentary on the Greek Text* (NIGTC; Grand Rapids: Eerdmans, 2000), p. 258; cf. pp. 255-86 (강조는 원문 그대로).

82 Karl Barth, *Church Dogmatics* (Eng., 14 vols, Edinburgh: T&T Clark, 1957-75), vol. 3 (Ger., II.1), sect. 27, p. 179.

자가에 집중되고 있다. 바울은 이 핵심적인 내용을 확증하기 위해 성령이 하나님으로부터(헬라어 ek 에크) 나온다는 것, 또는 '유출한다'는 것을 강조하는데, 이는 스토아 철학자들이 말하는 내재적인 세상의 영혼이라는 개념과는 전적으로 반대된다. 성령은 초월적이다. 성령은 세상의 영이 아니다(12절). 바울이 사용하는 '토 프뉴마 토 에크 투 떼우'(to pneuma to ek tou theou)라는 표현은 대단히 강한 표현이다.[83] 하나님의 영은 세상 '너머'의 존재이다. 필자는 이와 관련된 해석의 역사를 아타나시우스와 루터, 칼뱅에 이르기까지 추적하면서, 이들이 계시된 진리와 이에 부합하는 인식론에 관한 바울의 관심을 잘 포착하고 있다는 것을 다른 글에서 논의한 바 있다.[84]

설명이 다소 길어졌지만, 우리가 지금 다루고 있는 질문은 바울이 여기서 하나의 그림이나 시각적 형상을 제시하고 있는가 하는 점이다. 그런 것 같아 보이지는 않는다. 이 예는 모든 유비가 다 그림의 지위를 가지는 것은 아님을 보여 준다. 그럼에도 불구하고 위의 설명은 시각적 형상에 대한 문제에 예기치 않은 방식으로 영향을 주고 있다. 성령의 초월성과 타자성에 대한 강조나 성령과 하나님의 친밀성에 대한 강조를 염두에 둔다면, 성령을 이야기할 때 흔히 사용하는 많은 통속적인 그림들이 과연 적합한지를 돌아보지 않을 수 없다. 삼위일체를 설명할 때 사용되는 세 잎 클로버나 성령을 나타내는 비둘기 같은 그림들이 성경적 전통과 분리되어 해석되면 성령에 대한 우리의 개념이 신인동성동형론적 환원주의에 빠질 위험이 있다. 성령을 나타내는 일부 인기 있는 이미지들이 과연 적합한 것인지를 우리는 계속 질문해 보지 않으면 안 된다.

83 Thiselton, *First Corinthians*, pp. 260-63.
84 Thiselton, *First Corinthians*, pp. 279-86.

(8) **고린도전서 3:5-17**에서 바울은 쉽게 그림이 그려지는 몇 가지 유비를 사용한다. 일차적으로는 농업에서 가지고 온 유비들인데, **씨를 심고**, **물을 준다**는 표현이나, 하나님께서 자라게 하신다는 표현이 그것이다(고전 3:6). 바울은 이렇게 기록한다. "나는 심었고 아볼로는 물을 주었으되 오직 하나님께서 자라나게 하셨나니 그런즉 심는 이나 물 주는 이는 아무것도 아니로되 오직 자라나게 하시는 이는 하나님뿐이니라"(6-7절). 바울이 여기서 사용하는 유비의 핵심은 두 가지 함의가 있다. 하나는 하나님과 성령께서 자라게 하지 않으시면 인간 주체들의 수고가 아무 효력이 없다는 점이다. 또 다른 하나는 바울과 아볼로가 서로 경쟁하는 라이벌이 아니라, 동일한 과업을 위해 협력하고 보완하는 동료 사역자라는 점이다.

바울은 이 유비들과 함께 또 다른 몇 가지 그림을 제시한다. 우선 고린도의 성도들이 **밥**(단단한 음식, 헬라어 brōma 브로마)이 아니라 아이처럼 **젖**(헬라어 gala 갈라)을 먹어야 하는 상태라고 말한다(2절). 또한 바울은 **우두머리 건축자**(헬라어 architektōn 아르키테크톤)와 다른 동료 건축자들을 언급한다(10절). 또한 바울은 3:12-15에서 **불이 건축물을 태운다**(헬라어 en puri apokaluptetai 엔 퓌리 아포칼뤼프테타이)는 유비를 사용한다. 그리고 3:17에서는 **성전**(헬라어 naos 나오스) 유비를 사용한다. 앞에서 언급한 농부의 유비까지 다 합친다면 바울은 전부 다섯 개 내지 여섯 개 유비를 사용한 셈인데, 이들은 모두 시각적 재현 혹은 그림에 해당되는 이미지들이다.

씨 뿌리기와 물 주기는 유용성이 큰 그림들이다. 바울은 "나는 심었고(헬라어 ephuteusa 에퓌튜사)" "아볼로는 물을 주었다(헬라어 epotisen 에포티센)"라고 할 때는 단회적 동작을 가리키는 단순과거 시제를 사용하고 있다. 그러나 "하나님께서 자라나게 하셨다(헬라어 ēuxanen 에욱사넨)"라고 할 때는 지속적 동작을 가리키는 미완료 시제를 사용한다. 이와 같은 시제의 차이는 인간 사역자들이 하는 일과 하나님께서 하시는 일이 다르다는 것을 나타낸다. 인간 사역자들은 오기도 하고 가기도 한다. 그러나 생명과 성장의 원천이 되시는 하나님의 주권적 사역은 변함없이 지속된다. 스트라우브는 고린도전서 3:2, 6-9, 10-15, 26-27에서 여섯 개 이상의 은유들을 식별해 낸다. 젖과 밥(헬라어 gala/brōma 갈라/브로마), 씨 뿌리기와 물 주기(헬라어 phuteuō/potizō 퓌튜오/포티조), 밭(헬라어 geōrgion 게오르기온), 세움과 불(헬라어 oikodomē/pur 오이코도메/퓌르), 성전(헬라어 naos 나오스)이 그것이다.[85] 앞에서 다루었던 고린도전서 2:11(사람의 영과 하나님의 영)이 그림 아닌 유비의 용례를 보여 준다면, 고린도전서 3:5-17은 다양하고도 구체적인 시각적 그림들의 용례를 잘 보여 준다.

고린도전서 3:1-2에 사용된 젖의 은유는 고린도 교인들이 아직 성숙의 단계에 도달하지 못하고 유아기에 머물러 있는 상태임을 나타낸다. 바울은 이들을 "성령의 사람으로 대할 수가 없다"(필자의 사역)고 밝힌다. 그들의 상태는 젖이나 묽은 음식을 먹기에 적합하다. 그들의 미성숙한 상태는 서로를 향한 시기와 교회 안에서의 경쟁적인 분열의 지지를 통해 잘 드러나고 있다(3-4절). 그들은 스스로 되었다고 생각하는 2장의 "영적인 사람들"에 아직 미치지 못하고 있다.

바울의 밭과 일꾼의 은유는 '일꾼들' 곧 지역 교회의 지도자들이 후원자의 자리에 서 있는 사람들이 아니라는 것을 보여 준다. 클라크가 잘 지적한 것처럼, "바울은 의도적으로 그리스-로마 세계의 가치의 저

85 Straub, *Die Bilderspracher des Apostels Paulus*, pp. 57-8, 72-3 and 85-8.

울을 뒤집어 놓고 있다. … 바울은 교회의 일꾼들을 디아코노이(섬기는 자들)라 부른다(고전 3:5-8)."[86] 물론 바울이 이 직분을 경시하는 것은 아니다. 바울은 심는 자와 물 주는 이가 "한가지"라고 말하는데(8절), 이는 지위가 동등하다는 의미일 수도 있고, (가능성이 더 크기로는) 그 과업과 목표가 동일하다는 의미일 수도 있다. 씨 뿌리는 일과 물 주는 일은 두 가지 모두가 절대적으로 필요하다. 우리 시대의 말로 바꾸어 표현하자면, 기독교 공동체를 세우는 전도 사역과 이 공동체를 돌보고 유지하는 목회 사역은 둘 다 꼭 같이 필요하다. 이 두 가지 사역 모두가 수고(8절의 "일", 헬라어 kopos 코포스)를 요한다. "각각 자기가 일(수고)한 대로 자기의 상을 받으리라"고 할 때 "상"에 대한 언급은 독립적인 은유가 아니다. 하나님을 위하여 일하는 데에는 그 자체의 보상이 따른다는 의미에서 상은 '내재적' 의미를 가지는 것으로 보인다. 15절에서 "불 가운데서 받은 것 같으리라"고 말하는 것은 '겨우' 혹은 '간신히'를 의미하는 은유적 관용어이다.

고린도 사람들은 여러 가지 재료를 사용해서 건물을 세우는 일(헬라어 oikodomē 오이코도메)에 익숙해 있었을 것이다. 뭄미우스(L. Mummius) 장군에 의해 BC 146년에 패망한 이후 고린도는 거의 폐허 상태로 버려져 있었다. 율리우스 카이사르 때(BC 44년)에 로마 식민 도시로 재건되면서 고린도에서는 폐허 위에 멋진 건물들을 새로 건축했다. 하지만 일부 건물들은 대리석 뼈대에 진흙이나 나무토막, 심지어 짚 같은 것을 덧댄 형태로 짓기도 했다. 불이 일어날 가능성은 당시 도시 거주자들에게는 실제적인 두려움의 요소였다. 하지만 게일이 잘 지적한 것

86 Clark, *Secular and Christian Leadership in Corinth*, pp. 19-20; cf. pp. 31-6.

처럼, 상세한 요소들 하나하나가 다 의미를 가지는 것은 아니지만, 세부 묘사가 잘된 그림의 힘은 첫 독자들의 경험과 공명 관계를 이룬다는 것이 분명하다.

많은 주석가들은 바울이 16절에서 언급한 여섯 가지 건축 재료(금, 은, 보석[아마도 값비싼 대리석], 나무, 풀, 짚)는 불에 타는 것과 타지 않는 것의 두 가지 범주로 나눌 수 있다고 입을 모은다. 이 은유 또는 그림의 요점은 우리의 건축 작업이 과연 하나님의 시험을 견딜 수 있는가 하는 점이다. 사람의 평가는 가변적이지만 하나님의 판단은 결정적이다. 셰너(J. Shanor)는 건축과 관련된 세부 사항 한 가지를 더 제시한다. 고대 비문 기록에 따르면 건축 '일'(헬라어 ergon 에르곤, 13절의 "공적")과 관련된 계약 조건에는 벌금이나 부과금 같은 손해 또는 벌칙 조항이 포함되어 있었다.[87] 이런 점은 바울의 유비와 잘 맞아 떨어진다. 물론 세부 사항 하나하나를 다 적용할 것을 권하는 것은 아니지만, 이런 세부성이 그림의 힘과 생동감을 더 증진하는 것은 사실이다. 예수님의 비유에서도 일부 비유들은 실제적인 삶을 반영한다는 것을 볼 수 있다. '세움'이라는 용어 자체가 그림 또는 은유의 함의를 가진다. 많은 주석가들이 인정하는 것처럼 이 '세움' 용어는 고린도 서신의 중심 주제이다.[88]

실제로 랜시(J. R. Lanci)라는 학자는 이 '세움' 용어가 하나님의 백성을 그의 성전으로 묘사하는 그림에서 그 정점을 맞고 있다고 말한

87 J. Shanor, 'Paul as Master Builder: Construction Terms in 1 Corinthians', *NTS* 34 (1988), p. 461; cf. pp. 461-71.

88 Margaret M. Mitchell, *Paul and the Rhetoric of Reconciliation* (Tübingen: Mohr, and Louisville: Westminster/Knox, 1992), pp. 98-111; P. Vielhauer, *Oikodomē. aufsätze zum N. T.,* II, Theologische Bücherei, vol. 65 (Munich: Kaiser, 1979), pp. 1-168, 특히 pp. 74-82.

다.[89] 고린도전서 3:16-17에서 바울은 앞의 논의에 이어서 나오스(naos, 성전의 내실)라는 용어를 세 번 사용한다. 이 용어는 성전 구역 전체를 가리키는 히에론(hieron)과는 구별된다. 일부 영어 역본들(NRSV, REB, NJB)은 나오스를 '성전'이라 번역하는데, 이는 헬라어의 어감을 잘 살리지 못한다.[90] 바울이 "~을 알지 못하느냐"라는 문구를 사용하는 것은 바울이 가지는 관심의 밀도를 잘 보여 줌과 동시에 이 가르침이 고린도 교회에도 이미 익숙하다는 것을 보여 준다. 라이어널 손턴(Lionel Thornton)이 잘 요약해 준 것처럼, "고린도 교인들은 그 속에 성령께서 거주하시는 하나님의 거룩한 처소이다."[91] 바울이 '멸한다'(헬라어 phtheirō 프떼이로)는 용어를 사용한 것은 셰너가 벌칙 조항에 대해 언급한 것을 상기시킨다. 하나님의 내실 곧 그의 백성에게 해를 입히는 것은 신성한 것을 범하는 일에 해당한다. 고린도전서 3:2-17에는 위에서 본 것처럼 매우 인상적인 다양한 은유 혹은 그림들이 담겨 있다.

(9) 게일이 제시하는 또 다른 그림의 예는 **고린도전서 4:9**에 나타나는데, 이는 15:30-32과도 연결된다. 고린도전서 4:9에는 사도가 자신을 **경기장에서 죽도록 정해진 글래디에이터**로 그리는 모습이 나타난다. 이는 고린도 교인들 중 일부 또는 다수가 '왕 노릇' 하는 데 관심을 쏟고 있는 것과 대조를 이룬다(4:8). 가스통 델루즈는 이런 상황을 조소적 어조를 담아 다음과 같이 잘 요약한다.

89 J. R. Lanci, *A New Temple for Corinth: Historical and Archaeological Approaches to Pauline Imagery* (New York and Bern: Lang, 1997).

90 Otto Michel, *'naos'*, in TDNT, vol. 4, pp. 880-90를 보라.

91 L. S. Thornton, *The Common Life in the Body of Christ* (London: Darce Press, 1950), p. 14.

> 지금 이 고린도 교인들은 매우 운이 좋다. 그들은 사도가 소망 속에 품고 있을 뿐인 모든 좋은 것을 **이미** 누리고 있다. 그들은 더 이상 '의를 위하여 주리고 목마른' 일과 상관이 없다. 그들은 이미 **배부르다**. 자신들의 성령론에 도취하여 그들은 이미 배부르도록 먹었다. … 간단히 말해서 메시아 왕국이 고린도에 임했고, 그들은 자신의 보좌를 차지하고 앉아 있다. 반면 사도는 그들을 즐겁게 하는 자로 하인들과 함께 서 있다.[92]

고린도 교인들은 잘못 정의된 '영성' 개념, 혹은 성령의 특급 은사를 받았다는 생각을 바탕으로 과도 실현 종말론(over-realized eschatology)에 사로잡혀 있었다. 이 상황을 배럿(C. K. Barrett)은 이와 같이 설명한다.

> 고린도 교인들은 마치 장차 올 세대가 이미 완전히 종국을 맞은 것처럼, 마치 성도들이 그 나라를 이미 차지한 것처럼(단 7:18) 행동하고 있다. 그들에게는 '이미' 실현된 종말론과 짝을 맞추어야 할 '아직 아니'의 요소가 결여되어 있다.[93]

볼프는 이런 사상의 배후에 '지혜 그노시스'와 '성령 중심적 열광주의'의 영향이 있다고 주장한다.[94]

92 Gaston Deluz, *Companion to 1 Corinthians* (Eng., London: Darton Longman & Todd, 1963), pp. 46-7 (강조는 원문 그대로).

93 C. K. Barrett, *A Commentary on the First Epistle to the Corinthians* (London: Black, 2nd edn, 1971), p. 109.

94 C. Wolff, *Der erste Brief des Paulus an die Korinther* (Leipzig: Evangelische Verlagsanstalt, 1996), p. 86.

지금 우리가 다루고 있는 이 예는 대단히 흥미롭다. 바울은 아이러니와 풍자를 솜씨 좋게 활용해서, 스스로 부여한 특별 지위를 즐기고 있는 자기도취적인 고린도의 '강자들'과 글래디에이터 경기장에서 생존을 위해 싸우고 몸부림치는 종 혹은 죄수의 처지에 비견되는 사도 자신의 모습을 잊지 못할 그림으로 서로 대조하고 있다. 이 '그림'은 조지 케어드(George Caird)가 정치적 풍자화 같다고 다른 곳에서 말한 바 있는, 잊지 못할 대조를 제시한다. 마르틴 루터가 종교개혁 시대에, 그리고 케제만이 20세기 후반에 강조했던 것처럼, 투쟁은 정상적인 그리스도인 삶의 핵심에 속한다. 이는 '열광주의자들'의 도취된 환상과 대조를 이루는 부분이다.

바울이 자신의 논증을 위해 9절에서 헬라어 용어 아포데익센(apodeixen, apodeiknumi 아포데이크뉘미의 단순과거형)을 사용하고 있다는 것은 매우 중요한 의미가 있다. 한 영어 역본(NRSV)은 이를 '드러내었다'로 번역했지만(한역은 "두셨으매"), 필자는 이를 '전시물로 내놓았다'로 좀 더 생생하게 번역하기를 원한다. 바울은 지금 대단한 구경거리 장면을 은유의 소재로 사용한다. 죽어야 끝나는 싸움을 싸우기 위해 경기장으로 나가고 있는 범죄자나 포로, 혹은 전문 검투사들의 대열 그 끄트머리에 사도가 서 있는 모습이 그것이다. 바울은 사도 자신이 고린도의 '신령한 자들'의 환상의 세계 앞에 "구경거리"(헬라어 theatron 떼아트론, 9절)로 던져지고 있다고 말한다. 고린도인들은 지금 편안한 자리에 앉아 조소 섞인 고함을 지르는 구경꾼이 되어 있고, 바울은 죽도록 싸워야 하는 구경거리가 되어 있는 것이다. 이런 상황을 바울은 10절과 같은 아이러니로 나타낸다. "우리는 그리스도 때문에 어리석으나 너희는 그리스도 안에서 지혜롭고 우리는 약하나 너희는 강하고 너희는 존귀하나 우리는 비천하여"라는 것이다. 나아가서 바울은 친히 생계를 위해 수고하고 애쓰는 일, 복음으로 말미암아 모욕과 박해를 당하는 일을 언급한다(11-13절). 그리스도의 사도가 세상에서는 더러운 부산물과 신발의 때 같은 취급을 받고 있다. "더러운 것"(헬라어 perikatharmata 페리카따르마타)이나 "찌꺼기"(헬라어 peripsēma 페리프세마) 같은 표현은 바울의 은유를 더욱 충격적이고 강력하게 하며 잊을 수 없게 만든다.

이런 점은 게일도 동의하고 있다. 나아가서 게일은 고린도전서 15:30-32을 하나의 부록처럼 보고 있는데, 여기서는 투쟁하는 검투사의 그림 또는 유비가 4:8-9의 그것과는 사뭇 다르게 적용되는 것으로 보고 있다. 동일한 그림이라도 맥락이 달라질 때 그 적용도 달라지게 된다. 이런 점은 그 어떤 그림도 단순히 자유롭게 부유하는 사물이나 예시물로 머물지 않는다는 것을 보여 주며, 또한 바른 해석이 중요하다는 것을 보여 준다. 고린도전서 15:32에서 바울은 에베소에서 맹수와 더불어 싸운 일을 언급한다. 이 유비 또한 은유적 성격을 가지는데, 이는 바울이 사용하는 카타 안뜨로폰(kata anthrōpon, '사람의 방식대로 말해서')이라는 문구에서도 잘 드러난다. 통상적으로는 로마 시민권자가 글래디에이터 경기장의 죄수나 종의 지위에 떨어지는 일은 잘 일어나지 않는다. 바울이 4:9에서 검투사의 유비를 15장과는 다른 이유에서 사용하고 있다는 것을 게일이 잘 지적한다.[95] 15:32의 경우, 바울은 에베소에서 실제로 싸움에 임하지 않을 수 없었던 상황을 이야기하는데, 다만 이것을 그는 은유적 용어로 표현하고 있을 뿐이다.

95 Gale, *The Use of Analogy*, p. 95.

(10) **고린도전서 5:6**에서 바울은 갈라디아서 5:9에서 사용했던 **누룩과 덩어리** 유비를 재차 사용한다. 여기서 핵심이 되는 은유는 "누룩"(헬라어 zumē 쥐메)이다. 이 용어를 은유적으로 사용하는 일은 바울의 독창적인 고안물은 아니다. 헬라어 사전의 편집자인 단커는 이 용어가 "부정적으로 침투해 들어온 태도나 행위"를 가리키는 경구적 은유로 자주 사용되었다고 말하며, 그 예로 마가복음 8:15, 누가복음 12:1, 마태복음 16:6, 11, 이그나시우스 등을 들고 있다.[96] 고린도전서 5:6-8의 경우 주석가들이 이 유비를 두 가지 방향으로 설명하는 경향이 있다. 하나는 고린도 교회 안에서 부도덕한 행위를 범하고 있는 그 사람의 구체적인 행위나 자세가 고린도 교회의 도덕심을 약화시킨다고 보는 관점이다. 또 하나의 관점은 "묵은 누룩"을 고린도 교회 안에 있는 모든 종류의 부도덕한 행위나 사상을 가리키는 은유라고 보는 관점이다. 5절과 6절이 문제의 당사자를 교회에서 출교 내지 퇴출하도록 요구하는 것을 볼 때, 우리는 전자의 견해가 더 적합한 것이라고 본다. 이 은유를 조금 더 넓게 적용하면 8절에서 보는 것처럼 타락을 야기하는 모든 "악하고 악의에 찬" 것들에까지 확대할 수 있을 것이다.

바울은 "너희가 ~을 알지 못하느냐"라는, 이 서신에 총 열 번 나오는 표현을 6절에서 다시 사용한다. 이는 바울의 관심의 밀도를 나타내면서 동시에 이 가르침이 고린도 교인들에게 친숙하다는 것을 나타낸다. 레슬리 미튼은 이렇게 말한다. "누룩은 효모와 꼭 같은 것은 아니다. … 누룩이 발효시킬 때는 … 새로운 덩어리 속에서도 발효를 일으킨다."[97]

96 BDAG, p. 429.
97 C. Leslie Mitton, *The Gospel According to St Mark* (London: Epworth Press, 1957), p. 61.

누룩과 효모를 구분하지 않으면 혼동이 일어날 수 있다.[98] 볼프강 쉬라게(Wolfgang Schrage)와 랑(F. Lang)도 이를 잘 구분한다.[99] 누룩은 멈출 수 없는 영향을 나타낼 때 사용하는 은유인데, 대체로는 나쁜 방향으로 사용되고, 간혹 좋은 방향으로도 사용된다. 바울은 이 표현을 통해 고린도 교회 안에서 일어나고 있는 용납할 수 없는 죄가 마치 감염을 일으키듯이 전체 공동체를 더럽힐 수 있다는 것을 경고한다. "너희가 오히려 교만하여져서"(2절, 복수 '너희'를 주목)라는 지적을 볼 때 전체 공동체가 이미 침해를 입었다는 것을 보여 준다. 따라서 새로운 누룩이 교회 안의 옛 누룩을 몰아 낼 필요가 있다. 고린도 교회가 교만에 빠져 있는 이유는 그들이 율법으로부터의 자유를 잘못된 방향으로 누리고 있었든지, 아니면 죄를 범한 자의 지원(이를테면 재정적 지원)을 계속 유지하고자 했기 때문인 것으로 보인다.[100] 스트라우브는 갈라디아서 5:9과 고린도전서 5:6의 은유를 함께 취급하면서 누룩에 대한 바이스와 리츠만의 논의를 인용하고, 출애굽기 12:15에 나오는 유월절 관련 규정을 함께 살피고 있다.[101]

누룩과 덩어리 유비 역시 강력하고 생생하며 동시에 마음에 오래 기억되는 유용한 시각적 재현 또는 그림이다. 새로움에 대한 바울의 강조는 7-8절에서 새 유월절과 유월절 양에 대한 언급으로 이어지고 있다.

98 C. Leslie Mitton, 'New Wine in Old Wineskins: 4: Leaven', *ExpTim* 84 (1973), pp. 339-43.

99 W. Schrage, *Der erste Brief an die Korinther* (4 vols), vol. 1 (Zürich: Benziger Verlag, 1991), pp. 379-85; F. Lang, *Die Briefe an die Korinther* (Göttingen: Vandenhoeck & Ruprecht, 1994), pp. 73-4.

100 Anthony C. Thiselton, 'The Meaning of *Sarx* in 1 Cor. 5:5: A Fresh Approach', *SJT* 26 (1973), pp. 204-28.

101 Straub, *Die Bildersprache des Apostels Paulus*, pp. 67 and 80-1.

(11) 고린도전서 3장에서와 같이 고린도전서 9장에도 매우 쉽게 식별할 수 있는 유익한 은유의 예들이 많이 나타난다. 게일은 **고린도전서 9:4-14**에서 그의 방식으로 다섯 번째에 해당하는 유비와 은유의 예들을 선별해 낸다. **군사와 농부의 생활비** 주제가 바울과 바나바 및 그의 동료들의 생활비 문제를 위한 유비로 채용된다. 게일은 바울이 이와 관련하여 세 가지 질문을 던지는 것으로 보고 있다. 첫째, 군사로 복무하는 자(헬라어 strateuetai 스트라튜에타이)가 자기 분량을 받을 권리를 가진다면, 이는 더 넓게 적용될 수 있지 않겠는가?(7절) 두 번째, 포도나무를 심는 자(헬라어 phuteuei ampelōna 퓌튜에이 암펠로나)가 그 열매를 먹을 권리를 가진다면, 이 역시 다른 사람에게도 적용될 수 있지 않겠는가? 세 번째, 양 떼를 기르는 자(헬라어 poimainei poimnēn 포이마이네이 포임넨)가 그 양 떼의 젖을 먹을 권리가 있다면, 이 역시 다른 직업에도 동일하게 적용될 수 있지 않겠는가?[102] 게일은 이런 유비들이 단지 장식적 기능을 가지는 것이 아니라 강한 논증을 이룬다고 말하는데, 이는 리쾨르와 소스키스 등이 은유는 인식 가능한 진리와 실재를 전달한다고 말하는 것과 일맥상통한다. 바울은 이어서 자신의 논증을 모세의 율법에 호소함으로써 더욱 강화하고 있다(8절). 그는 "곡식을 밟아 떠는 소에게 망을 씌우지 말라"라는 신명기 25:4을 인용한다(9절).

게일은 위의 세 가지 유비가 엄밀한 의미에서는 바울과 바나바의 생활비 문제에 국한될 뿐이라고 지적한다. 그러나 좀 더 넓게 원리적 적용을 시도하면 이는 오늘날의 사역자들에게도 동일하게 적용될 수 있다. 명시적 차원에서는 이 유비들이 바울과 바나바에게 적용되는 유

102 Gale, *The Use of Analogy*, p. 101.

비들이지만, 암시적 차원에서는 사역자 전반으로 그 적용 범위를 넓힐 수 있다. 13-14절에서 제시되는 원리는 보다 넓은 적용을 염두에 둔 것으로 보인다. 바울은 여기서 네 번째 유비를 제시한다.

> "성전의 일을 하는 이들은 성전에서 나는 것을 먹으며 제단에서 섬기는 이들은 제단과 함께 나누는 것을 너희가 알지 못하느냐 이와 같이 주께서도 복음 전하는 자들이 복음으로 말미암아 살리라 명하셨느니라."

물론 "제단"이나 이와 관련된 세부 사항들도 일차적으로는 유대인 성전에 적용되는 것들이지만, 원리적 차원에서는 그리스도인의 사역과도 연관성을 가진다.

"곡식을 밟아 떠는 소에게 망을 씌우지 말라"(9절)라는 말씀을 다섯 번째 유비로 볼 수 있을까? 바울은 신명기 25:4을 "우리를 위하여"(10절) 품으신 하나님의 뜻의 계시로 이해하고 있다. 신명기 24장과 25장의 전체 맥락이 인류와 모든 피조물을 위한 하나님의 돌보심과 관심을 주제로 다루고 있기 때문이다. 리처드 헤이스는 바울의 신명기 25:4 사용과 관련한 복잡한 문제를 이와 같이 요약한다.

> [이 구절은] 바울이 강조하고자 하는 요점을 잘 담아내는 멋진 은유의 기능을 가진다. 타작마당을 수없이 돌면서 애쓰는 소에게 그 수고의 값으로 곡식을 조금 먹는 것까지 막아 버리는 잔인한 대우를 해서는 안 된다. … 이는 사도들에 대해서도 마찬가지다.[103]

103 Richard Hays, *First Corinthians* (Interpretation; Louisville: Knox, 1997), p. 151.

또 다른 곳에서 헤이스는 이렇게 말하기도 한다.

> 디 헤마스(di' hēmas, 우리를 위하여)라는 문구는 보다 중립적인 표현인 디 안뜨로푸스(di' anthrōpous, 인류를 위하여)와 동의어가 될 수는 없다. … 바울이 율법의 말씀을 통해 주장하는 것은 … 자신의 사역과 관련한 재정 문제를 일차적인 관심사로 두고 있다는 것을 우리는 이해해야 한다.[104]

슈라게는 이 구절을 고린도전서 10:4이나 갈라디아서 4:24과 함께 알레고리에 근접하는 몇 안 되는 구절 중 하나로 보고 있다.[105] 오게슨은 이 구절이 이중 맥락 혹은 확장된 맥락을 가지는 것으로 본다.[106] 바나바에 대한 언급(6절)은 그가 교회의 필요를 위해 자기 재산을 팔았던 일(행 4:36-37)을 암시한다. 호크는 바울이 가죽공, 천막장이, 또는 납품 제작자로 생계를 유지해야 했던 자신의 비천한 지위를 강조하는 것이라고 주장하기도 한다.[107]

바울은 14절에서 주님의 말씀을 마지막으로 인용한다. "주께서도 복음 전하는 자들이 복음으로 말미암아 살리라 명하셨느니라"라는 말씀은 이 원리가 오늘날 사역자들에게도 꼭 같이 적용될 수 있는 원리임을 말해 준다. 이런 원리를 뒷받침해 주는 많은 구절들을 신명기나 잠언에서 찾아볼 수 있다. 바울은 11-12절에서 영적인 것을 뿌리고 거두

104 Richard Hays, *Echoes of Scripture in the Letters of Paul* (New Haven: Yale University Press, 1989), pp. 165-66.

105 Schrage, *Der erste Brief*, pp. 299-301.

106 J. W. Aageson, *Written Also for Our Sake* (Louisville: Westminster/Knox, 1993), p. 49.

107 R. F. Hock, *The Social Context of Paul's Ministry* (Philadelphia: Fortress, 1980), pp. 50-68.

는 일에 대해서도 언급한다. 바울이 이처럼 자신의 권리를 강조하는 이유는 배럿(C. K. Barrett)이나 헤링(Jean Héring) 등이 잘 지적하는 것처럼 그 정당한 권리조차도 그가 버린다는 데에 그 핵심이 있다. 재정적 후원에 대한 권리를 그가 마땅히 가지지만, 그는 그 권리를 포기하기로 선택한다. 이를 통해 고린도 교회에 약한 자들을 용납하는 원리를 가르치려는 것이다.[108] 게일이 하나의 항목으로 다루는 유비들이 실상은 대여섯 가지 은유 또는 유비로 구성되는데, 스트라우브는 이 각각의 은유를 서로 다른 맥락에서 별도로 다룬다.[109]

(12) 게일은 고린도전서의 다섯 번째 유비의 예로 **고린도전서 9:24-27**에 나오는 **운동 경기자와 자기 절제**(헬라어 egkrateia 엥크라테이아) 은유를 들고 있다. 그는 이 그림의 모든 요소들이 다 적용의 대상이 되는 것은 아니라고 잘 지적한다. 예를 들어 상을 받는 사람이 오직 한 사람이라는 것이 그러하다. 바울이 여기서 제시하는 유비는 자유롭게 부유하는 그림이 아니다. 이 유비는 세밀한 무대 배경 속에서 작용한다.

피츠너는 『바울과 분투 모티프』라는 책에서 이 주제를 상세히 다룬다. 그는 헬레니즘 세계의 아곤(agōn, 투쟁과 분투) 전통에 대한 좋은 연구 자료를 제시한다. 그리스 세계에서는 경쟁과 자기주장이 매우 중요한 역할을 차지한다.[110] 피츠너는 그리스인들의 육체 단련이나 체육학교, 이와 관련된 그리스 철학의 전통 등을 상세히 살핀다. 그가 다루는 철학자들 속에는 아리스토텔레스, 에픽테토스, 세네카 등이 포함된다.

108 Barrett, *First Epistle*, p. 202; Jean Héring, *First Epistle of Paul the Apostle to the Corinthians* (Eng., London: Epworth Press, 1962), p.76.

109 Straub, *Die Bildersprache des Apostels Paulus*, pp. 69, 72-3 and 81-2.

110 Pfitzner, *Paul and the Agon Motif*, pp. 16-22.

나아가서 그는 이 주제가 바울 서신에는 어떻게 나타나고 있는지를 살피면서, 바울이 그리스 사상 세계에 잘 알려진 이미지를 사용하고 있다고 결론짓는다.[111] 그리스 사상에 대한 피츠너의 연구는 매우 철저하다. 고린도전서 9:24에 대한 그의 언급 역시 매우 유용하다. 그는 이렇게 말한다.

> [바울은] 엥크라테이아(egkrateia, 자기 절제)라는 주제를 위한 **무대 설정**을 잘하고 있다. 경기자가 자기 몸을 단련하고, 자신의 신체 조건에 해를 끼칠 수 있는 모든 것을 멀리하지 않으면, 그 모든 수고가 다 허사가 되고 만다.[112]

피츠너는 목회서신에 나타나는 동일한 주제도 세밀하게 잘 살피고 있다. 목회서신에도 전쟁과 분투의 은유가 매우 빈번하게 사용되는 것을 볼 수 있다(딤전 1:18; 4:10; 딤후 2:3 등). 고린도전서 9:24에서 바울은 "너희도 상을 받도록 이와 같이 달음질하라"라고 권면한다. 이와 같은 바울의 은유를 그리스 세계의 특징인 경쟁과 자기주장의 관점에서 이해하는 것은 적합하지 못하다. 이 그림은 다만 자기 절제와 노력에 초점을 맞출 뿐이다. 바로 이런 이유 때문에 피츠너는 이 은유의 세밀한 요소들이 대부분 '무대 장치' 역할을 한다고 말하는 것이다.

그렇다면 바울은 왜 그토록 많은 시간을 단순한 '무대 장치'에 쏟고 있을까? 우리는 이와 관련해서 고린도라는 도시가 이스미아 경기 대회(Isthmian Games)에 얼마나 많은 신경을 쓰고 있었는지를 상기할 필요

111 Pfitzner, *Paul and the Agon Motif*, pp. 165-86.

112 Pfitzner, *Paul and the Agon Motif*, p. 87 (강조는 원문 그대로).

가 있다. 이 경기 대회는 헬라 세계 전체가 참여하는 네 개의 대회 중 하나였고, 그 규모나 지위가 올림픽 경기 대회 다음이었다. 이 경기 대회가 고린도 인근에서 개최되고 있었다. 머피-오코너는 이에 대해 이렇게 말한다.

> 바울이 이스미아 경기 대회를 몰랐을 수는 없을 것이다. 어쩌면 그는 이 경기 대회가 열리는 동안 고린도에 머물렀을지도 모른다. 이 경기 대회는 AD 49년과 51년 봄에 개최된 바 있다. 당대의 대중 철학에서는 운동 경기 은유들이 자주 사용되고 있었다. … 바울이 운동 경기와 관련된 은유를 고린도에 보내는 편지(고전 9:24-27)에서 처음 상세하게 발전시키고 있는 것을 결코 우연이라 할 수는 없을 것이다.[113]

켄트는 고린도가 시 차원에서 이스미아 경기 대회를 위한 재정적 지원을 떠맡았다고 주장한다. 여기에는 건물 보수나 연회 제공 등이 포함된다. 한편 브로니어는 "2년마다 봄에 개최되는 이 경기 대회를 위해 도시에 머무는 수많은 사람들로 인해" 고린도 상인이나 기업인들에게는 막대한 수입이 생겼다고 지적한다.[114] 바울의 편지를 읽는 고린도 독자들은 이 경기 대회에 너무나 익숙한 사람들이기 때문에 바울이 사용하는 유비가 무엇을 말하고자 하는 것인지 생생한 그림으로 다가왔을 것이다.

113 Jerome Murphy O'Conner, *St Paul's Corinth: Texts and Archaeology* (Wilmington: Glazier, 1983), pp. 16-17.

114 J. H. Kent, *Corinth*, VIII/3: *The Inscriptions 1926-50* (Princeton: American School of Classical Studies at Athens, 1966), p. 70; Oscar Broneer, 'The Apostle Paul and the Isthmian Games', *Biblical Archaeologist*, 25 (1962), pp. 2-31.

무대 설정의 세부 사항 가운데 오직 "한 사람"이 상을 받는다고 말하는 것은 실제 상황과는 거리가 멀다. 바울이 '상'에 대해 말하고자 하는 요점은 유사성보다는 대조에 그 초점이 모인다. 이를 그는 명시적으로 밝힌다. "그들은 썩을 승리자의 관(헬라어 phtharton stephanon 프따르톤 스테파논)을 얻고자 하되 우리는 썩지 아니할 것을 얻고자 하노라"(25절). 이스미아 경기 대회에서는 승리자들에게 소나무 잎으로 만든 관을 씌워 주었다. 혹자는 이 관이 셀러리 잎으로 만들어졌다고 주장하기도 한다. 정확히 무엇이 되었든 바울은 이런 썩을 것과 썩지 아니할 것의 두 종류의 '관'을 대비하고 있다. 여기서 '관'은 왕관이 아니라 '승리자의 관'을 의미한다.

바울은 고린도 교인들에 대한 권면을 넘어 자기 자신도 이 유비 속에 포함시킨다. "나는 달음질하기를 향방 없는 것같이 아니하고"라고 말한다(26절). 곧 자신의 눈을 목표에서 한순간도 떼지 않는다는 이야기다. 달리기에 이어 복싱의 은유를 사용하기도 한다. "싸우기를 허공을 치는 것같이 아니하며"라는 말이 그것이다. 27절에서 "내 몸을 쳐"라고 할 때 사용하는 헬라어 단어 휘포피아조(hupōpiazō)를 한 영어 역본(NRSV)에서는 '벌주다'(punish)로 번역했지만, 일차적으로 이 단어는 '눈 아래를 친다'는 의미를 가진다. 헬라어 사전에 따르면 복싱에서는 이 용어가 '얼굴을 치다'나 '누군가를 굴복시키다'를 의미한다. '벌주다'라는 의미는 제일 마지막에 언급된다.[115] 로버트슨과 플러머, 그리고 핀들레이는 "쳐서 멍이 들게 만들다"라는 번역을 제시한다.[116] 바울이 치는

115 BDAG, p. 1043.

116 A. T. Robertson and A. Plummer, *A Critical and Exegetical Commentary on the First Epistle of St. Paul to the Corinthians* (Edinburgh: T&T Clark, 1914), p. 196; G. G. Findlay, 'St. Paul's First Epistle to the Corinthians', in W. R. Nicoll (ed.), *Expositor's Greek*

"몸"은 우리가 다른 곳에서 이야기했던 것처럼 단순히 신체를 가리키기보다 공적 영역에 놓인 자아를 가리키는 용어이다. 스트라우브는 '내가 달려간다'를 의미하는 트레코(trechō)를 자신의 첫 번째 분류 항목인 그림 단어(Bildwörter)에 포함시키고 있다.[117] 이런 분류와 상관없이 달리기와 복싱 유비는 꼭 같이 생생하고도 강력한 그림을 제시한다.

(13) 이어서 게일이 제시하는 유비의 예는 **고린도전서 12:12-30**에 나오는 **몸과 여러 지체 및 기관**(특히 12:12과 12:26)의 유비이다. 이 유비는 게일이 잘 지적한 것처럼 "이것이 속한 전체 단락을 지배한다."[118] 앞의 운동 경기 유비와 마찬가지로 이 그림 역시 고대 헬레니즘 사상 세계에 잘 알려져 있었고 자주 사용되었으며 쉽게 시각화된다.

바울의 몸과 그 지체의 은유에 버금가는 용례들이 플라톤, 리비우스, 플루타르크, 키케로, 할리카르낫소스의 디오니시우스, 에픽테토스 등의 글에서도 발견된다. 리비우스는 원로원 의원인 메네니우스(Menenius)의 입에 이 유비를 실어서 파업에 돌입한 평민들을 설득하여 그들의 일터로 돌려보내려 하고 있다. 손과 발 같은 활동적인 '지체들'이 배 곧 통치 계급들을 먹여야 몸 전체의 건강이 유지될 수 있다는 것이다.[119] 데일 마틴은 바울이 이런 수사를 거꾸로 뒤집어서 교회 공동체에 적용하고 있다고 말한다. 바울은 고린도 교회의 엘리트 그룹에 속하는 사람들, 곧 영적으로나 사회적으로 '강한 자들'로 하여금 그들이 볼 때 '약한 자들', 아마도 사회적으로 낮은 지위에 속하는 사람들을 받으라고 권면한

Testament (Grand Rapids: Eerdmans, 1961; from 1900), p. 856.

117 Straub, *Die Bildersprache des Apostels Paulus*, p. 28.

118 Gale, *The Use of Analogy*, p. 116.

119 Livy, *Ab Urbe Condita*, 2.32.7-11.

다. 이렇게 하는 것이 교회의 전체 몸을 위해 유익하고 또한 필요하다.[120]

한 영어 역본(NRSV)은 12절을 "몸은 하나인데 많은 멤버들을 가지고 있고, 몸의 모든 멤버들이 비록 다수이나 한 몸이다"라고 번역한다. 하지만 로빈슨의 도전적인 저작을 참작할 때 이 '멤버'(member)라는 번역어는 적절하지 못한 것으로 보인다. 헬라어 타 멜레(ta melē)가 엄밀하게 말하면 '멤버들'을 가리키는 것은 사실이다. 그러나 로빈슨이 잘 지적한 것처럼 '멤버'라는 단어가 오늘날에는 통상 사회적 단체와 그 회원을 가리키는 데 사용되고 있다. 이를테면 차량 관리 협회 회원이나 골프 클럽 회원 등과 같은 경우다. 이런 것은 바울이 타 멜레라는 표현으로 나타내고자 하는 것과 거리가 멀다. 몸과 그것을 이루는 눈, 손, 팔, 발 등은 통일체를 이룬다. 이를 강조하기 위해 우리는 '멤버'라는 말보다 '지체와 기관'이라는 용어를 사용하고자 한다.[121] 몸의 한 부분만을 소중히 여기거나 이를 위해 다른 부분을 무시하는 것은 바울의 관점대로 하면 그리스도의 팔다리를 찢어 내는 것과 같다. 왜냐하면 몸은 곧 그리스도이기 때문이다(12절). 로빈슨은 바울이 사용하는 "그리스도의 몸"이라는 어구의 기원이 다메섹 도상에서 그가 부활하신 그리스도를 만났을 때 예수께서 하신 말씀 "사울아 사울아 네가 어찌하여 나를 박해하느냐"(행 9:4)라는 말씀에 있는 것이 아닐까 하는 생각을 하고 있다.

마거릿 미첼은 그녀의 책 『바울과 화해의 수사 *Paul and the Rhetoric of Reconciliation*』에서 고린도전서의 이 단락을 상세히 다룬다. 미첼이 볼 때 바울이 여기서 사용하는 수사의 형태는 공동체의 이익에 호소하는 정치

120 Dale B. Martin, *The Corinthian Body* (New Haven: Yale University Press, 1995), pp. 94-103.

121 John A. T. Robinson, *The Body: A Study in Pauline Theology* (London: SCM, 1952), p. 58.

적 수사(deliberative rhetoric)이며, 그 강조점은 다양성 속에서의 통합이 전체 몸을 유익하게(헬라어 pros to sumpheron 프로스 토 쉼페론, 7절) 한다는 것이다.[122] 미첼은 12:11이 매우 중요하다고 강조한다. "이 모든 일은 같은 한 성령이 행하사 그의 뜻대로 각 사람에게 나누어 주시는 것이니라." 미첼의 관점은 대체적으로 옳지만, 바울의 주된 강조점이 12:12에 나타나는 것처럼 그리스도에게 놓여 있다는 것을 잘 드러내지는 못하고 있다. 바울이 몸과 그 지체의 은유를 이해하고 사용하는 방식은 통상적으로 이해되는 방식과는 다른 점이 있다. 보다 일반적인 이해는 몸을 이루는 지체들이 다 협력적 유대 관계를 가진다는 것, 그래서 바울이 말하는 것처럼 "한 지체가 고통을 받으면 모든 지체가 함께 고통을 받고 한 지체가 영광을 얻으면 모든 지체가 함께 즐거워한다"(12:26)라는 것이다. 그러나 바울이 12:12에서 이 은유를 시작할 때 이 몸의 은유에 그가 부여하는 의미는 이 몸이 특별히 **그리스도**의 몸이라는 사실이다.

우리는 몸 그림을 어떻게 이해할 것인가와 관련해서 두 가지 다른 이해가 있다는 것을 발견한다. 첫 번째는, 이 은유를 엄격하게 바울의 의도에 따라 이해하는 방식이다. 이 관점에서는 "그 몸"이 몸인 이유가 그 지체와 기관들 상호 간의 관계 때문만이 아니라, 무엇보다 그 지체들이 **그리스도**와 관계를 맺고 있기 때문이다. 두 번째는, 많은 사람들이 선호하는 방식으로, 이 은유를 바울의 관점보다는 좀 더 넓게, 준(準)사회학적 차원으로 해석하는 방식이다. 게일은 위의 첫 번째 방식을 잘 이해하고 있다. 그는 이렇게 말한다. "실제로 여기에는 **유사성** 이상의 것이 작용한다. 그리스도인은 **그리스도의 몸**이라는 의식이 놓여 있기

122 Mitchell, *Paul and the Rhetoric of Reconciliation*, pp. 20-64, and 266-82, 특히 268-70.

때문이다. 바울에게 있어서 이것은 단순한 직유가 아니라 하나의 영적 실재이다."[123]

그렇다고 해서 우리는 어떤 사람들이 하는 것처럼 '그리스도의 몸'을 문자적 차원으로 너무 지나치게 과장해서, 보이는 몸에 참여하는 것을 영적 그리스도에게 참여하는 것과 동일시해서는 안 될 것이다. 게일의 기본적 출발점은 매우 좋다. 게일은 다양성 속에서의 일체성이 양면적 방향으로 작용한다고 잘 지적하기도 한다. 몸의 관점에서 접근하면 일체성 또는 하나 됨이 강조된다. 반면 지체들의 관점에서 접근하면 다양성이 강조된다. 미첼은 이 두 가지 관점의 상호성을 잘 포착한다. 하지만 무엇보다 중요한 것은 몸과 그리스도의 관계이다. 이와 같은 기독론적 차원이 이 그림에서 배제되면, 남는 것은 고린도의 아스클레피우스 신전의 전시물과 비슷한 것이 되고 만다. 치료의 신인 아스클레피우스와 인간의 몸 사이의 관계를 보여 주기 위해 몸의 부분들을 나란히 배열해 놓았지만, 그것을 하나의 유기체로 묶어 줄 수 있는 구심점은 찾아볼 수 없다.

우리는 또한 중심 은유와 이를 위한 '상황 설정'에 속하는 것을 잘 구분할 필요가 있다. 바울은 몸의 그림을 통해 한 지체와 다른 지체의 관계를 생생하고도 강력하게 잘 보여 주고 있다. 그 어떤 지체나 기관도 다른 것보다 저급하거나 더 약한(헬라어 asthenestera 아스떼네스테라, 22절) 것은 없다. "내가 너를 쓸 데가 없다"(21절)라고 해서는 안 된다. 그러면서 자신이 다른 지체들보다 더 중요하거나 더 긴요하다고 자랑해서도 안 된다. 바울은 어느 한 지체가 고통스러워할 때 그 부분만 따로

123 Gale, *The Use of Analogy*, p. 117 (강조는 원문 그대로).

아픈 것이 아니라 몸 전체가 아프게 된다는 것을 생생하게 묘사한다. 이는 바울이 처음 고안한 것은 아니다. 플라톤은 바울보다 오래전에 이를 이야기했던 적이 있다. 그는 이렇게 말한다.

> 가장 좋은 조직을 갖춘 정치적 조직체는 한 개인과 유사성을 가진다. 예를 들어 우리의 손가락 하나가 다쳤을 때, 다친 것은 비록 작은 한 부분에 지나지 않지만, 육체 기관의 전체 공동체가 함께 아픔을 느낀다. 따라서 우리는 한 사람이 (그 손가락에) 고통을 느낀다고 말할 수 있는 것이다.[124]

앞의 운동 경기자의 분투 은유와 용납의 원리와 마찬가지로 '상황 설정'의 세부적인 것을 일일이 적용하려 해서는 안 된다. '상황 설정'은 그림에 힘을 더하는 것으로 그 효용 가치가 있다.

(14) 이어서 게일이 제시하는 유비의 예는 **고린도전서 13:12**에 나오는 **거울** 그림이다. "우리가 지금은 거울로 보는 것같이 희미하나 그 때에는 얼굴과 얼굴을 대하여 볼 것이요 지금은 내가 부분적으로 아나 그때에는 주께서 나를 아신 것같이 내가 온전히 알리라." 한 영어 역본(NRSV)은 "거울로 보는 것같이" 부분을 "in a mirror"로 옮긴다. 이는 헬라어 디 에소프트루(di' esoptrou)의 번역인데, 전치사 디아(dia)는 속격(소유격)과 함께 사용되어 '거울을 통하여'를 의미하지만, 동시에 '거울을 수단으로'를 의미할 수도 있다. 이 경우 거울은 인식의 수단 역할을 하

124 Plato, *Repubic*, 5.462.

는 것이다. "희미하나"로 번역된 엔 아이니그마티(en ainigmati)는 불명료함이나 굴절, 또는 수수께끼를 나타내는데, 이는 고대 거울이 가지는 한계 때문에 일어나는 현상이다. 킹 제임스 역(KJV)은 이를 "어둡게"(darkly)로 번역하여 미래에 얼굴과 얼굴을 맞대고 하나님을 뵈올 것과 대비한다. 이런 완벽한 지식은 아직은 미래에 속한다.

고린도는 당시 기준으로 매우 질 좋은 청동 거울의 산지로 유명하다. 로버트슨과 플러머는 당시에 만들어진 볼록한 형태의 거울은 "다소 굴절된 형태의 반사"를 일으킨다고 잘 지적한다.[125] 그럼에도 불구하고 그 반사된 이미지를 아리송하고 불명료하다고 말하는 것은 "현대적 관점에서의 상대적 부정확성"을 다소 과장한 것일 수도 있다고 그들은 덧붙인다. 깨끗하게 잘 닦은 청동 거울은 꽤 괜찮은 이미지를 반사한다. 킹 제임스 역이 채택하고 있는 "어둡게"라는 번역어는 밝기의 질이 떨어진다는 것을 암시한다. 그러나 이것은 헤링과 고든 피가 잘 지적하는 것처럼 바울의 요점을 잘 드러내지 못한다.[126] '뚜렷하지 않게' 정도가 가장 근접한 의미일 것이다.

테르툴리아누스는 거울을 가리키는 에소프트론(esoptron)이 형태를 비출 때 사용하는 반투명한 뿔판을 가리킨다고 보았다.[127] 하지만 헬레니즘 시대의 헬라어에서는 이 단어가 일반적으로 거울을 가리키는 단어였고, 청동 거울이 왕성한 거래 품목이기도 했다. 어쩌면 바울의 용어 배후에는 간접적인 형상 인식과 직접적인 이데아 이해에 대한 플라톤식의 대조가 놓여 있는지도 모른다. 플라톤은 "거울이 인상을 받아들

125 Robertson and Plummer, *First Epistle*, p. 298.

126 Héring, *First Epistle*, p. 142; Gordon Fee, *The First Epistle to the Corinthians* (Grand Rapids: Eerdmans, 1987), p. 646.

127 Tertullian, *On the Soul*, 53.

이고 눈에 보이는 형상을 되돌려 준다"라고 말한다.[128]

바울은 "지금은 내가 부분적으로 아나 그때에는 주께서 나를 아신 것같이 내가 온전히 알리라"라고 선언한다(12절). "부분적으로"에 해당하는 헬라어 에크 메루스(ek merous)는 '일부'를 의미하는데, 이는 전체를 다 알지 못하기에 부분적으로 아는 것들이 쌓여서 생긴 단편적 지식을 가리킨다. 이와 같은 현재의 앎과 대조되는 미래의 지식은 하나님과의 막힘없는 완전한 인격적 친밀함이다. "얼굴과 얼굴을 대하여"에 해당하는 헬라어 프로소폰 프로스 프로소폰(prosōpon pros prosōpon)은 서로 얼굴을 맞대고 있는 상태를 가리키며 이 친밀함의 관계가 지속적임을 나타낸다. 서로 간의 친밀함은 데이비드 포드가 잘 지적한 것처럼 우리가 얼굴을 통해 개개인의 고유성을 잘 포착할 때 더욱 증진된다.[129] 게일은 여기서 바울이 민수기 12:6-8을 암시하는 것일 수도 있다고 제안한다. 하나님께서 선지자들에게는 환상이나 꿈으로, 곧 간접적인 방식으로 자신을 나타내셨지만, 유독 모세와는 "대면하여" 말씀하셨다.[130] 거울의 유비 전체를 두고 볼 때는 바울의 강조점이 거울의 한계와 하나님에 대한 미래 지식 사이의 대조에 놓여 있다는 것을 게일은 잘 지적하고 있다. 그러므로 이 유비를 이와 상관없는 방향으로 발전시킬 수는 없다. 스트라우브는 거울 유비를 그래픽 문구로 분류하는데, 여기에는 눈과 관련된 다른 많은 이미지들이 포함된다.[131]

(15) 게일은 열다섯 번째 그림으로 **군대용 나팔 소리**를 들고 있

128 Plato, *Timaeus*, 71 B.

129 David Ford, *Self and Salvation: Being Transformed* (Cambridge: CUP, 1999), pp. 1-29.

130 Gale, *The Use of Analogy*, p. 128.

131 Straub, *Die Bildersprache des Apostels Paulus*, pp. 44-5.

다. **고린도전서 14:6-12**에 나오는 "음의 분별"이나 "분명하지 못한 소리"가 이와 관련된다. "음"을 가리키는 헬라어 프또고이스(phthoggois)는 솔로몬의 지혜서 19:18(LXX)에도 나타난다. 마거릿 미첼은 6절에 나오는 "너희에게 무엇이 유익하리요"라는 문구 때문에 바울의 논조가 정치적 수사(deliberative rhetoric) 형태를 띤다고 주장한다. 음이 식별되지 않는 소리는 아무에게도 유익을 주지 못한다. 바울은 이 그림을 방언에 적용한다. 통역되지 않은 방언이 그러하다는 것이다. 여기서 바울이 다루고 있는 문제는 하나님의 말씀이 계시나 가르침을 명료하게 전달하는가 하는 것이다.

바울이 8절에서 언급하는 "나팔"은 군대용 나팔로서 '트럼펫'(NJB)으로 번역되기도 한다. 이 나팔 소리의 높낮이만을 가지고는 효과적인 신호를 보내지 못한다. 음의 길이나 리듬 등과 같은 다른 요소들이 잘 배합될 때 제대로 된 의사소통의 신호로 작용하고 이를 듣는 사람들이 전투를 준비할 수 있게 된다. "분명하지 못한 소리"로 번역된 헬라어 아델론 포넨(adēlon phōnēn)은 애매하거나 불명료한 소리를 가리킨다. 이런 소리를 듣고서는 군사들이 즉각적인 행동을 취할 수가 없다. 바울은 설교 혹은 예언을 명료한 의사소통의 범주에 포함시킨다. 반면 방언은 불명료한 소리에 속한다. 소리와 관련된 또 다른 핵심 용어는 9절에 나오는 유세모스(eusēmos)인데, 이는 쉽게 알아들을 수 있다는 것을 말한다. 언어학자들의 표현대로 하자면 그 뜻이 '투명하다'는 것이다.

바울은 14:10-11에서 말하는 자와 듣는 자 간에 쉽게 알아들을 수 있는 말이 왜 필요한지를 예시한다. 서로 간의 의사소통이 투명하고 쉽게 알아들을 수 있는 것이 되지 못하면 두 상대 중 한 사람은 외국인(헬라어 barbarous 바르바루스) 같이 되고 말 것이다. 스트라우브는 피리와 나팔,

그리고 언어적 의사소통을 다루는 자리에서 동일한 요점을 제시한다.[132]

바울은 방언을 결코 비하하지 않는다. 다만 그의 일차적 관심은 그 말을 알아들을 수 있느냐 하는 데 있다. 그리스도인의 모임에 외부인이 왔을 때, 그 귀에 들리는 말이 모두 방언뿐이면 그 외부인은 이 사람들이 다 미쳤다고 생각할 것이다. 바울은 이렇게 결론을 짓는다. "내가 너희 모든 사람보다 방언을 더 말하므로 하나님께 감사하노라 그러나 교회에서 네가 남을 가르치기 위하여 깨달은 마음으로 다섯 마디 말을 하는 것이 일만 마디 방언으로 말하는 것보다 나으니라"(18-19절).

(16) 게일이 고린도전서의 마지막 그림으로 제시하는 예는 **고린도전서 15:35-50**에 나오는 **씨를 심음 및 이와 관련된 은유들**이다. 게일은 이를 "그림들의 조합"이라 부르며, 약 13페이지에 걸쳐 이를 상세하게 다룬다.[133] 대체로 게일은 은유가 전달하는 의미가 단일 의미에 국한된다고 보는 편이지만, 여기서는 하나의 주축 은유가 일련의 연관된 은유들을 유발한다고 잘 지적한다. 최소한 세 개 이상이 서로 연관을 맺고 있다.

첫째로, 땅에 뿌려진 씨앗은 "살아나는" 무언가를 생산한다(36절). 이는 부활의 확실함과 불가피성을 가리킨다. 둘째로, 뿌려진 씨앗은 장래에 생겨나는 '형체'(열매나 꽃)와는 다르다(37절). 이는 부활의 '형체'(몸)가 오늘의 우리 몸과는 근본적으로 다르다는 것을 의미한다. 셋째로, 42-44절에서는 이 두 '형체'(몸)가 어떤 점에서 서로 다른지를 네 쌍의 대조를 통해 설명한다. 이 지상의 몸은 "썩을 것으로" 뿌려지지만,

132 Straub, *Die Bildersprache des Apostels Paulus*, pp. 83-4.

133 Gale, *The Use of Analogy*, pp. 134-37.

부활의 몸은 "썩지 아니함"(헬라어 aphtharsia 아프따르시아)을 그 특징으로 한다. 지상의 몸은 "욕된 것으로" 뿌려지지만, 부활의 몸은 "영광스러운 것으로"(헬라어 en doxēi 엔 독세이) 살아날 것이다. 지상의 몸은 "약한 것으로" 뿌려지지만, 부활의 몸은 "강한 것으로"(헬라어 en dunamei 엔 뒤나메이) 살아날 것이다. 또한 지상의 몸은 "육의 몸"(헬라어 psuchikon sōma 프쉬키콘 소마)으로 뿌려지지만, 부활의 몸은 "신령한 몸"(헬라어 sōma pneumatikon 소마 프뉴마티콘)으로 일으켜질 것이다. 한 영어 역본(NRSV)은 이 마지막 대조를 물질적-영적(physical-spiritual) 대조로 번역하는데, 이는 바울의 의도를 잘 담아내지 못한다. 이 점은 잠시 후에 다시 논의하고자 한다. 위의 세 가지 은유적 그림은 하나의 주축(또는 '뿌리') 은유에서 도출된 것으로, 세 가지 요점을 전달한다.

바울이 사용하는 '뿌리 은유'는 씨를 뿌림과 새로운 성장에 관한 은유이다. 부활의 주제를 다루는 바울의 큰 맥락을 염두에 둔다면 우리는 이 은유를 원인과 결과 관계의 단순히 자연적이고 기계적인 차원에서 이해할 수는 없다. 왜냐하면 고린도전서 15:35-44에는 부활의 주체이신 하나님의 창조적 능력이라는 주제가 항상 배후에서 작용하고 있기 때문이다. 이를 고려하지 않는 사람들을 가리켜 바울은 "어리석은 자"(36절), 또는 "하나님을 알지 못하는 자"(34절)라고 부른다.

바울은 몸의 부활을 우리가 어떻게 이해할 수 있을 것인가 하는 개념적 차원의 문제를 다루고 있다. 어떻게 보면 비이성적이고 이해하기도 어려운 이 문제를 우리는 어떻게 믿을 수 있는가? 바울은 논리적이면서도 동시에 비논리적인 문제를 다루고 있다. 그는 제2 바룩서 49:2에 나타나는 것과 같은 유대인들의 생각, 곧 옛 몸의 분해된 구성물들이 다시 재조립되는 것으로 보는 인식을 거부한다. '씨 뿌림'은 새로운 결과를 내다보면서 죽음을 향하여 감을 가리키는 준(準)은유적 표현이다. "어리석은 자여"(36절)라는 바울의 표현은 '너 어리석은 자' 곧 '너 지각이 없는 자여'라는 함의를 가진다. 씨 뿌림이라는 그림 혹은 모델이 부활의 몸에 대해 어떻게 생각해야 할지의 단서를 분명하게 제시하기 때문이다.

'씨 뿌림'과 관련된 동종의 하부 은유는 다양한 형태를 가지는 '육체'(헬라어 sarx 사륵스) 은유이다. 필자가 다른 곳에서 상세히 논의한 바 있지만, 사륵스는 다중 의미를 가지는 단어이다. 여기서는 이 단어가 사람이나 짐승, 새, 물고기, 곤충, 해, 달, 별 등의 다양한 형태에 적용될 수 있는 하나의 경험적, 물리적 실체를 가리키는 데 사용되고 있다. 하나님은 이미 그가 지으신 다양한 피조물 속에서 자신의 창조적이고 무궁무진하며 주권적인 능력을 나타내신 바 있다. 이 동일한 하나님께서 "그 뜻대로 그에게 형체를 주시되 각 종자에게 그 형체를" 주신다. 사람, 짐승, 새, 물고기의 형체뿐만 아니라, 하늘의 천체의 경우 "별과 별의 영광이 다르"게 하신다(38, 41절). 이처럼 '뿌리 은유'가 또 다른 유비를 발생시키는 방식으로 그림들 혹은 하부 은유들이 이어지고 있다.

우리는 이제 42-44절에서 우리의 지상의 몸과 부활의 몸이 어떻게 다른지를 보여 주는 결정적인 은유에 도달한다. 그중 첫 번째 대조는 "썩을 것"과 "썩지 아니할 것"의 대조다. "썩을 것"에 해당하는 헬라어 프또라이(phthorai)는 시간적 소멸의 의미만 있는 것이 아니라, 질적 가치의 퇴조라는 개념도 있다. 칠십인역에서는 히브리어 헤벨(chebel)이 이 단어로 번역되는데, 헤벨은 일반적으로 공허함, 열매 없음, 허무함, 부패 등을 나타낸다. 바울은 우리 지상의 몸이 경험하는 자질의 퇴조 및 약함의 증가를 주목한다. 이것이 현실적으로 우리에게 소진과 침체,

곧 부패의 증상을 갖게 한다. 이와 대조적으로 썩지 아니함은 부패의 방향을 거꾸로 뒤집어 놓은 것이다. 여기에는 생명의 충만함이 점진적으로, 목표 지향적으로 풍성하게 차고 넘친다. 정적 완전의 상태와 달리 목표 지향적 점진성의 인식을 갖는 것이 우리에게는 꼭 필요하다. 우리의 새로운 '몸'은 무시간적, 정적 진공 상태에 갇히게 되는 것이 아니다.

두 번째 대조는 "욕된 것"과 "영광스러운 것"의 대조다. 많은 영어 역본(NRSV, NIV, KJV 등)은 헬라어 아티미아(atimia)를 '불명예'(dishonour)로 번역한다. 그러나 일부(REB와 볼프)는 이를 비참함과 외로움이 수반되는 '굴욕'(humiliation, 독일어 Niedrigkeit)으로 번역하기도 한다.[134] 단커의 헬라어 사전은 일반적 의미인 '불명예'를 선호한다.[135]

세 번째 대조는 "약한 것"과 "강한 것"의 대조이다. 고린도전서에서 강함 곧 능력은 목적이나 행위를 효과적으로 수행해 내는 자질을 가리킨다. 이런 맥락에서 능력은 무기력한 부패의 뒤집기라 볼 수 있다.

네 번째 대조(44절)는 "육의 몸"(헬라어 psuchikon sōma 프쉬키콘 소마)과 "신령한 몸"(헬라어 sōma pneumatikon 소마 프뉴마티콘)의 대조다. 한 영어 역본(NRSV)은 이를 물질적인(physical) 것과 영적인(spiritual) 것의 대조로 번역해 놓았지만, 이 두 용어는 고린도전서에서 이런 방식으로 사용되지 않는다. 고린도 교인을 향한 권면에서 바울은 프쉬키콘(psuchikon)이라는 용어를 '물질적'이라는 의미로 사용한 적이 없다. 이 용어의 전형적인 용례는 고린도전서 2:6-16과 3:1-4에서 찾아볼 수 있다. 단커의 헬라어 사전이 밝히는 것처럼, 이 용어가 프뉴마(pneuma)와 대비되는 자리에서 사용될 때는 그 의미가 "자연적인, 비영적인, 세상적인"

134 Wolff, *Der erste Brief des Paulus an die Korinther*, p. 407.

135 BDAG, p. 149.

이라는 의미가 된다.[136] 때로 이 단어는 "순전히 인간적인 차원에서"를 의미하기도 한다. 이와 대조적인 자리에 놓인 소마 프뉴마티콘(sōma pneumatikon)이 이런 의미로 이 단어를 보게 만든다. 프뉴마티코스(pneumatikos)는 "하나님의 성령에 속하는 것"의 의미를 가진다.[137] 성령께서 그 자신의 항상 새롭고 또 새롭게 하는 본질을 따라 우리에게 활력을 주며 우리를 독특하고도 새로운 존재로 만드시는 일을 포괄적으로 지칭할 때 이 용어를 사용한다. 라이트(N. T. Wright)도 이런 관점에서 이 주제에 접근하고 있다. 그는 "신령한 몸"을 "참 하나님의 영에 의해 생기와 생명을 얻은 몸"이라고 정의하며, "이 새 몸은 성령 역사의 **결과**"라고 말한다.[138] 피츠마이어 역시 동일한 관점을 취한다. "소마 프뉴마티콘의 의미를 규정함에 있어서 … 소마에 '몸'과는 정반대의 의미를 부여하는 것처럼 접근하는 것이 실질적인 문제이다."[139] 피츠마이어 역시 위의 영어 역본이 취하는 번역을 거부하고 있음이 분명하다. 이런 점을 모두 감안할 때, 우리는 바울의 대조가 단순히 물질적인 것과 영적인 것의 대조가 아니라, 옛 존재와 새 존재 양식 사이의 대조라는 것을 알 수 있다. 프쉬키콘이라는 단어가 다른 맥락에서는 물질적이라는 의미를 가질 수 있다는 것을 전혀 배제하지는 못하지만, 지금 이곳에서 바울은 그런 의미로 이 용어를 취하지는 않는다.

136 BDAG, p. 1100.

137 Thiselton, *First Epistle*, p. 1275; and Anthony C. Thiselton, *Life after Death: A New Approach to the Last Things* (Grand Rapids: Eerdmans, 2012) or *The Last Things: A New Approach* (London: SPCK, 2012), p. 123-25.

138 N. T. Wright, *The Resurrection of the Son of God: Christian Origins and the Question of God,* vol. 3 (London: SPCK, 2003), p. 354 (강조는 원문 그대로).

139 Joseph Fitzmyer, *First Corinthians* (Anchor Bible; New Haven: Yale University Press, 2008), p. 596.

이 단락에서 바울은 자신의 은유를 복합적으로 확장시키고 있는 것을 볼 수 있다. 하지만 가장 주축 역할을 하는 것은 씨를 뿌림과 새로운 창조의 기대에 관한 은유이다. 뿌려진 씨는 하나님의 능력에 의해 전적으로 새로운 몸을 얻는다. 우리가 고린도전서 15장을 전체적 관점에서 보면, 부활 속에는 이전과 이후 상태 사이의 연속도 있고 동시에 차이도 있다는 것을 알 수 있다. 부활의 주제와 관련해서는 다루어야 할 것들이 참 많다. 다른 요소들을 우리는 다른 곳에서 상세히 다루었다(티슬턴의 고린도전서 주석들 참조 — 역주). 이 책에서 우리의 목표는 바울의 그림 혹은 은유를 집중적으로 살펴보고자 하는 것이다. 게일은 고린도전서의 마지막 유비의 예로 위의 씨 뿌림의 예를 들고 있다. 하지만 우리가 지금까지 살펴본 것이 모든 것을 다 아우른다고 말할 수는 없다. 우리는 편의상 게일의 선택을 따라 번호를 붙여 갈 뿐이다.

바울의 초기 서신들에 대한 위의 고찰을 통해 우리는 유비나 은유 혹은 내면적 그림이 명료화나 생생함의 힘을 강화할 뿐만 아니라, 정확한 이해를 촉진시킨다는 것도 알 수 있다. 바울은 사역의 주 무대인 도시의 배경을 바탕으로 예수님께서 시골의 삶과 일상 가정사의 배경에서 나타내셨던 관심을 동일하게 나타낸다. 이 두 경우 모두에서 우리는 유비와 은유, 그리고 내면적 그림이 심각하게 왜곡 해석될 수도 있다는 것을 보았다. 이는 오늘 대중문화의 맥락 속에서 자주 일어나는 현상이다. 유비와 그림을 더 많이 사용하는 것은 매우 바람직한 일이다. 그러나 우리는 무지나 대중적인 곡해로 말미암아 그림을 잘못 적용하는 길로 이끌려가서는 안 된다. 바울 서신은 그림의 힘을 생생히 보여 주면서, 동시에 그림의 유혹에 빠지지 말도록 경고하고 있다.

8장 바울의 후기 서신에 나타난 그림과 유비

: 고린도후서에서 목회서신까지

고린도후서와 로마서에 나타난 바울의 은유

바울은 고린도후서와 로마서, 빌립보서, 그리고 골로새서와 에베소서를 포함한 후기 서신에서도 변함없이 은유와 유비를 많이 사용한다. 저자 문제에 대한 편견을 버리고 접근한다면 우리는 목회서신도 여기에 포함시킬 수 있다. 우리는 앞서 바울의 초기 서신에서 16개의 예들을 살펴보았다. 이 장에서는 고린도후서부터 목회서신까지에 나타나는 은유의 용례를 살펴보도록 하겠다.

(1) **고린도후서 2:14-16**에는 **개선 행진의 그림**이 사용된 것이 거의 확실하다. "우리를 그리스도 안에서 이기게 하시고"로 번역된 헬라어 문구 "뜨리암뷰온티 헤마스 엔 크리스토이"(thriambeuonti hēmas en Christōi)는 번역하기가 매우 까다롭다. 불트만은 이를 네 가지 방식으로 읽고 있으며, 퍼니시는 여섯 가지 방식으로 읽고, 해리스는 심지어 열 가지 가능한 의미를 제시한다.[1] 오늘날 대부분의 주석가들은 킹 제임스

역(KJV/AV)이 제시하는 "우리로 승리하게 한다"라는 번역을 거부한다. 바울이 사용하는 뜨리암뷰오(thriambeuō)라는 동사는 단커의 헬라어 사전에 따르면 일차적으로 "승리 행진 속으로 이끈다"라는 의미를 가진다. 단커는 골로새서 2:15과 고린도후서 2:14을 그 예로 제시하며 NRSV와 REB가 이 의미를 취한다. 두 번째 의미는 "승리 속으로 이끈다"인데, 고린도후서 2:14이 그 예가 될 수 있다. "승리하게 하다"라는 세 번째 의미는 칼뱅과 베자 같은 옛 주석가들이 취하는 것이지만, 단커는 이를 지지하지 않는다. "누구를 이기다"와 "수치를 가하다"의 의미가 골로새서 2:15에 돌려지기도 하지만, 단커는 이 의미도 선호하지 않는다. 마지막 여섯 번째의 의미는 "전시하다, 공표하다, 알리다"라는 보다 일반화된 의미이다.[2]

단어 자체의 의미에 이어서 "우리를"(hēmas 헤마스)이라는 대격 목적어를 사용하는 것도 어려움을 가중시킨다. 전통적으로는 승리하고 돌아오는 로마 장군을 위해 베풀어지던 개선 행진과 같은 행렬에 사도들이 피정복자나 포로가 아니라 승리자로 참여하는 것으로 보아왔다. 그러나 대격 헤마스는 이 "우리"를 개선행진의 축제 분위기를 돋우기 위해 끌고 오던 전리품, 특히 포로들을 가리키는 것으로 볼 것을 제시한다. 최근 많은 주석가들은 바울이 자신을 흔히 그리스도의 종이라 불렀고, 또한 그의 찬양과 감사가 터져 나오고 있는 이 맥락에서 그의 찬양이 오직 하나님과 그리스도께 향하고 있는 점을 고려할 때, 그가 자

1 Rudolf Bultmann, *The Second Letter to the Corinthians* (Eng., Minneapolis: Augsburg, 1985), p. 66; Victor P. Furnish, *II Corinthians* (Anchor Bible; New York: Doubleday, 1984), pp. 174-76; Murray J. Harris, *The Second Epistle to the Corinthians* (NIGTC; Grand Rapids: Eerdmans, 2005), p. 244.

2 BDAG, p. 459.

신을 다메섹 도상의 경험과 부르심에 의거하여 그리스도의 포로로 생각하고 있었다는 데에 더 큰 무게를 두고 있다. 이런 접근을 취하는 주석가들로는 꼴랑쥬, 배럿, 마틴, 윌리엄슨, 해리스, 퍼니시 등을 들 수 있다.[3] 이건(R. B. Egan)은 바울의 표현을 로마의 승리 행진과 연결하지 않는 독법을 취하지만, 이는 소수 의견에 지나지 않으며, 마샬이 이를 논박한다.[4] 한 영어 역본(NJB)은 헤마스의 대격을 어떻게 볼지에 대한 결정을 유보하고 단순히 "개선행진에 우리를 참여시킨다"라는 번역을 제시하기도 한다.

하지만 이런 번역은 마틴, 퍼니시, 해리스 등이 제시하는 강조점을 잘 살리지 못한다. 바울의 터져 나오는 감사와 찬양은 그리스도 안에서 하나님께 집중되고 있다. 그는 자신을 기꺼이 그리스도께 사로잡힌 자로 드리고 있다. 해리스는 바울을 "장군에 의해 정복된 자요 … 그 승리의 전리품이 된 자, 기꺼이 그리고 특권적으로 사로잡힌 자"라고 부른다.[5] 랠프 마틴은 이 표현이 사도에 대한 또 다른 이미지, 곧 보배를 담은 질그릇(고후 4:7)과 일치한다고 말한다.[6]

해리스는 로마의 승리 행진 장면에 대해 매우 생생하고 그림 같은 묘사를 제시한다. 일부 학자들은 바울이 말하는 것이 단순히 '축제 행

3 J-F. Collange, *Enigmes de la deuxième Épitre de Paul aux Corinthiens* (SNTSMS 18; Cambridge: CUP, 1972), pp. 24-5; C.K. Barrett, *The Second Epistle to the Corinthians* (London: Black, 1973), pp. 97-8; Ralph P. Martin, *2 Corinthians* (WBC; Dallas: Word, 1986), pp. 46-8; L. Williamson, 'Led in Triumph: Paul's Use of *Thriambeuo, Int.* 22 (1968), pp. 325-6, cf. 317-32; Harris, *The Second Epistle to the Corinthians*, pp. 244-47; Furnish, *II Corinthians*, pp. 173-76.

4 R. B. Egan, 'Lexical Evidence on Two Pauline Passages'. *NovT* 19 (1977), p.41; cf. pp. 34-620; P. Marshall, 'A Metaphor of Social Shame: *thriambeuein* in 2 Cor.2:14', *NovT* 25 (1983), p. 304; cf. pp. 302-17.

5 Harris, *The Second Epistle to the Corinthians*, p. 245.

6 Martin, *2 Corinthians*, p. 47.

렬'에 지나지 않는다고 보지만, 해리스는 이와 달리 개선행진의 모습을 다음과 같이 그린다.

> 로마 장군들이 매우 성공적인 해외 전투를 마치고 로마로 돌아올 때는 이를 축하하는 승리 행진이 이루어졌다. 제정 로마 시대에는 이 특권적인 승리 행진이 오직 황제의 전유물이 되었다. … 이 행렬의 선두에는 집정관과 원로원 의원들이 섰다. 그 뒤로는 트럼펫 부대가 따랐으며, 전쟁 전리품, 이를테면 금그릇이나 배의 앞머리 등이 뒤따랐다. 피리 연주자들이 신전에 바쳐질 흰 황소를 이끌고 그 뒤를 따랐으며, 정복된 땅에서 사로잡아 온 대표적인 포로들, 이를테면 왕과 같은 고위 신분의 포로들이 사슬에 묶인 채 그 뒤를 이었다. 이들의 뒤에는 장식된 마차에 올라탄 승리자 장군이 있었다.[7]

비록 바울이 하나의 채용된 은유를 사용하고 있지만, 이런 장면을 잘 알고 있는 사람들에게는 이것이 그들의 상상력을 자극하는 매우 강력한 그림으로 작용했으리라는 것을 우리는 충분히 감지할 수 있다.

종교적 축제 행렬이나 군사적 승리 행렬에는 모두 향과 제물이 수반되었다. 배럿이 잘 지적한 것처럼, "향은 정치적이든 종교적이든 승리 행진이나 이에 준하는 행진에 항상 사용되는 물품이었다."[8] 바울은 11-15절에서 파생적 은유인 "냄새"와 "향기"를 사용한다. "향기"는 일반적으로 기분 좋은 냄새를 가리키지만, 경우에 따라서는 치명적이거나 싫은 냄새가 될 수도 있다. "그리스도를 아는 냄새"(14절)라는 표현

7 Harris, *The Second Epistle to the Corinthians*, pp. 243-4.
8 Barrett, *The Second Epistle to the Corinthians*, p. 98.

은 그리스도를 아는 달콤한 지식을 가리키지만, 16절에서는 그것이 사망의 냄새로 작용한다. 해리스는 이 은유적인 표현이 고린도전서 1:18-19에 나오는 믿는 자와 믿지 않는 자의 구분과 일맥상통한다고 잘 지적한다.[9] 개선행진의 시각적 그림에 또 다른 감각(후각)에의 호소가 추가되고 있다. 게일은 이를 "그림의 혼합"이라 부른다.[10] 스트라우브는 "냄새"(헬라어 osmē 오스메) 은유만을 별도로 구분해서 다루며, 이를 바울이 드리는 감사의 제물이라고 보고 있다.[11]

(2) 게일은 **고린도후서 3:1**에 나오는 **추천서**(헬라어 sustatikōn epistolōn 쉬스타티콘 에피스톨론)의 예를 제시한다. 바울은 3:1에서 자기 추천이라는 가시 돋친 주제를 들고 나온다. 소위 "지극히 크다는 사도들"은 제3자의 추천서를 중시하고 요구했던 것으로 보인다. 그러나 바울은 고린도의 회심한 신자들이 자기의 추천서라고 응답한다. 헬라어 쉬니스타노(sunistanō)는 쉬니스테미(sunistēmi)의 후기 형태인데, 이 단어는 일차적으로 '결합시키다'의 의미를 가지며, 더 나아가서는 '친구로 맺어주다'나 '소개하다'의 의미로 통용되었다. 우리 본문에 사용된 '-ikos' 꼬리를 가진 쉬스타티코스(sustatikos)는 이 동사에서 유래한 형용사로서 '소개하는'이라는 의미를 가진다. 이 단어가 추천서와 연관하여 차츰 '추천하는'의 의미로 굳어지게 되었다.

자기 추천 자체만 제외한다면, 그리스도인들에 의해 발행된 '추천서'는 추천의 원천이 하나님이어야지 자기 자신이 되어서는 안 된다는

9 Harris, *The Second Epistle to the Corinthians*, p. 246.

10 Herbert M. Gale, *The Use of Analogy in the Letters of Paul* (Philadelphia: Westminster Press, 1964), p. 150.

11 Werner Straub, *Die Bildersprache des Apostels Paulus* (Tübingen: Mohr, 1937), p. 41.

것을 가리킨다. 자기 추천은 경멸스럽다. 바울은 우리의 자랑이 주님이어야 한다는 것을 강조한다(고전 1:31). 바울은 부정 답변을 유도하는 부정어 메(mē)를 사용하여 "우리가 추천서를 필요로 하는 사람이 아니지 않느냐"라고 묻는다. 그런 생각 자체가 우스꽝스러울 뿐이다. 바울은 그 자신이 고린도 교회의 영적 '아버지'이다(고전 4:14-15).

일반적 차원에서 볼 때 고대 여행자들이나 업무 대리인들은 소개 편지나 추천서를 통해 많은 유익을 얻을 수 있었다. 바울 역시 여러 사람을 위해 추천의 글을 쓰기도 했다. 여기에는 뵈뵈(롬 16:1-2), 디모데(고전 6:10-11), 디도(고후 8:22-23), 오네시모(몬 10-12, 17-19) 등이 포함된다. 배럿이나 퍼니시 등은 고대 세계에서 추천서가 매우 빈번한 현상이었음을 말해 준다. 퍼니시는 이렇게 말한다.

> 이와 같은 소개 편지는 공식적인 것이든(그 사람이 타인을 대리하는 대표자나 사자임을 확인하는 차원) 비공식적인 것이든(친척이나 친구 또는 연관성을 가진 사람임을 알리는 차원) 고대 세계에서는 대단히 큰 역할을 했다. 오늘날과 같이 통신 수단이 발달해 있지 않았고 타지에서의 환대를 기대하기가 훨씬 어려웠던 시대의 상황을 감안할 필요가 있다.[12]

게일은 3:1-3에 "은유들이 다소 혼란스럽게 혼합되어 있다"라고 지적한다.[13] 그렇게 보는 이유는 "너희는 우리로 말미암아 나타난 그리스도의 편지니 이는 먹으로 쓴 것이 아니요 오직 살아 계신 하나님의 영으로 쓴 것이며 또 돌판에 쓴 것이 아니요 오직 육의 마음판에 쓴 것"(3절)

12 Furnish, *II Corinthians*, p. 193; Barrett, *Second Epistle to the Corinthians*, p. 106.
13 Gale, *The Use of Analogy*, p. 152.

이라는 표현이 별개의 은유라고 보기 때문이다. 그는 "바울이 복수의 유비들을 함께 혼합시켜 놓았다"라고 반복해서 말한다.[14] 하지만 우리가 앞에서도 이야기했던 것처럼, 바울은 고린도전서 1:31을 염두에 두면서 추천서는 일차적으로 하나님으로부터 그리스도 안에서 나오는 것임을 분명히 하고 있다. 바울은 추천서에 대한 그의 암시를 더 확대시켜서 그것이 돌판이 아니라 마음판에 기록되는 것이라고 밝히는데, 이는 분명 예레미야 31:31을 반영한다. 이런 연결점을 고려할 때 바울이 별도의 복합적인 은유를 구사한다고 보기는 어렵다. 그는 자신의 회심자들을 통해 그의 추천서를 쓰게 하시는 하나님의 영이 그들의 마음속에 바울의 효력 있는 사역의 증표들을 계속해서 쓰신다는 것을 말하고 있다.

일부 주석가들은 2절의 "우리 마음"과 관련된 사본상의 문제를 거론하기도 하는데, 이는 영어 번역에도 반영되어 있다. 일부 번역은 "우리 마음"을 취하는 반면(NRSV, NJB, NEB 등), 일부 번역(RSV)은 "너희 마음"을 취한다.[15] '너희' 형태의 본문은 시내산 사본과 33번 사본에 나타나는데, 이 형태가 더 선호할 만하다. 왜냐하면 '우리' 형태는 7:3과 동화된 결과로 보이기 때문이다. 바울이 여기서 말하고자 하는 것은, 배럿이 잘 지적한 것처럼, 고린도 교인들 자신이 바울의 사도 됨을 증언하는 '편지'라는 것이다. 바울은 이 편지의 은유를 확장시켜 나가고 있을 뿐, "혼란스럽게" 은유들을 혼합시키고 있는 것은 아니다. 플러머가 잘 지적한 것처럼 이 세 절은 바울의 효력 있는 사역을 하나님께서 인정하심을 통해 그의 사도 직무가 확증되었다는 것을 말해 준다.[16] 일단

14 Gale, *The Use of Analogy*, p. 155.

15 Barrett, *The Second Epistle to the Corinthians,* p. 96.

16 Alfred Plummer, *A Commentary on the Second Epistle of Paul to the Corinthians* (Edinburgh: T&T Clark, 1915), pp. 79-81.

우리가 다중 은유들의 목적과 가치를 안다고 하더라도, 그 함의가 어디서 어떻게 그치는지를 아는 것은 쉽지 않다. 편지가 "먹으로 쓴 것이 아니"라고 할 때, 이는 이 편지가 지워지지 않는다는 것, 곧 그 항구성을 말하는 것인가? 우리는 바울의 의도가 무엇인지에 주목할 필요가 있다. 바울의 강조점은 하나님의 영의 활동에 있다. 모세의 사역과 그리스도의 사역의 대비가 이를 잘 보여 준다. 스트라우브는 이 편지의 유비를 그의 그림 언어의 용례에 포함시키지 않는다.

(3) 게일에 따르면 **고린도후서 5:1-10**에서 바울은 세 개의 은유를 사용한다. "땅에 있는 장막 집"과 대비되는 "**하늘에 있는 집**"(1절), "벗은 자들로 발견"됨과 대비되는 "**하늘로부터 오는 처소로 덧입기**"(2절), 그리고 "주와 함께 있는 그것"(8절)과 대비되는 "**몸으로 있을 때**"(6절)가 그것이다. 이 은유들은 엄격하게 말하면 "혼합 은유들"은 아니다. 왜냐하면 혼합 은유라는 용어는 호환되지 않는 복수의 은유들이 단일 문장의 동일한 한정 동사를 함께 지배하는 경우를 가리키기 때문이다. 게일은 "땅에 있는 장막"과 "입음"(또는 '옷'이나 '덧입기')을 두 개의 별도 '그림'으로 보고 있다.[17] 1절의 집 또는 장막 언어와 별도로 2절과 4절에는 '덧입음'을 의미하는 헬라어 에펜뒤사스따이(ependusasthai)가 사용되고 있다. 이와 별도로 6절과 8절에는 '몸으로 있음'과 '주와 함께 있음'이라는 표현을 사용하는데, 이는 고향 땅과 관련된 유비이다. '집에 있음'을 가리키는 헬라어 엔데메오(endēmeō)와 '집을 떠나 있음'을 의미하는 엑데메오(ekdēmeō)가 서로 대비된다.[18] 이 각각이 우리의 상상 속에 하나

17 Gale, *The Use of Analogy*, p. 158.
18 Gale, *The Use of Analogy*, p. 159.

의 생생한 그림을 제공한다.

해리스는 "명백하게 '집' 은유와 '옷' 은유가 핵심적 위치를 가진다"라고 지적한다.[19] 마틴도 이와 유사하게 이 단락에서의 핵심적인 대조는 "한시적인 것과 영원한 것, 그리고 보이는 것과 보이지 않는 것 사이의 대조"라고 잘 지적한다.[20] 하지만 어려운 점은 왜 바울이 5:2-4에서 은유를 바꾸고 있는가 하는 점이다. 이와 관련하여 마틴은 가능성 있는 설명 세 가지를 제시한다. 첫째는 바울이 그의 종말론적 관점을 미래에서 현재로 바꾸기 때문이라고 보는 견해인데, 마틴은 케네디와 손턴과 함께 이런 주장에는 타당성이 없다고 논박한다. 두 번째는 얼 엘리스(Earle Ellis)가 제시하는 견해인데, 고린도후서 5:1-10이 개인의 몸보다는 집합적 몸을 다루고 있으며, 소위 말하는 중간 상태(죽음 이후 부활 때까지의 상태)와는 이것이 아무런 관련이 없다고 보는 견해이다. 마틴은 이런 설명 또한 설득력이 떨어진다고 보고 있다. 세 번째는 바울이 고린도의 특수한 상황, 곧 그의 대적자들의 신학에 대응하는 입장을 취하고 있다고 보는 견해이다. 이에 대해 마틴은 이렇게 설명한다.

> 그리스도인 됨의 이 두 가지 이해가 서로 어떻게 다른가? [바울의 대적자들에 따르면] 핵심은 죽음과 부활이 아니라, 영혼과 몸 사이의 구분이다. … 그의 대적자들의 관점에서 보자면, 영혼은 오직 신비한 합의를 통해서만 하나님께 도달할 수 있게 된다.[21]

19 Harris, *The Second Epistle to the Corinthians*, p. 366.

20 Martin, *2 Corinthians*, p. 97.

21 Martin, *2 Corinthians*, p.101; cf. E. E. Ellis, 'II Corinthians v.1-10 in Pauline Eschatology', *NTS* 6 (1959-60), pp. 211-24; H.A. Kennedy, *St. Paul's Conception of the Last Things* (London: Hodder & Stoughton, 1904), pp. 264-81; L. S. Thornton, *The Com-*

이에 맞서서 바울은 하나님의 천상의 집이 됨의 비전과 새 창조의 새 옷을 입음의 비전을 제시하고 있다는 것이다. 배럿의 말도 참고해 볼 만하다.

> 어떤 한 사람이 집이나 장막에 거주하는 모습을 생각해 볼 수 있다. 이 사람은 또 다른 것, 다시 말해서 지금 거주하는 것보다 더 큰 집이나 장막을 원한다. 이처럼 바울은 새로운 거처를 얻기를 바라고 있다. 이는 하늘에 마련되어 있는 것이지만, 이를 얻는다고 해서 옛 것을 버릴 필요는 없다. 다시 말해서 그는 옛 장막이 죽음과 함께 허물어지는 것을 원하지 않고, … 새 거처를 그 위에 더하되 마치 겉옷을 껴입는 것처럼 덧보태기를 원하고 있다.[22]

고린도후서 5:6-10에는 위와 연관성을 가지면서도 다소 다른 성격의 은유가 사용되고 있다. 이 단락을 시작하면서 바울은 "우리가 항상 담대하여"(헬라어 tharrountes 따룬테스)라는 말로 자신의 믿음을 밝히고 있다. 바울은 우리의 지상의 몸이 "장막"처럼 약하며 한시적이라는 것을 인정한다. 그러나 이것이 전부가 아니다. 그리스도인의 진정한 집은 주님과 함께함 속에 있다. 이를 위해 바울이 사용하는 표현이 몸을 '떠나' 주와 함께 '집에 있음'이라는 용어이다. 이는 빌립보서 1:21과도 연결되는 주제이다. 귀향의 그림이나 집 떠나 있을 때의 향수병 같은 것은 우리에게 매우 친숙한 그림이다. 스트라우브는 장막과 처소, 그리고 집의 이미지를 그의 그림 언어 또는 유비나 비교의 범주에 포함시키

mon Life in the Body of Christ (London: Dacre Press, 1942), pp. 284-6.

22 Barrett, *The Second Epistle to the Corinthians,* pp. 152-3.

고 있다.[23] 바울은 기억에 오래 남는 세 가지 생생한 시각적 그림을 우리에게 주고 있다.

(4) **고린도후서 9:6**에는 "**적게 심는 자는 적게 거둔다**"(헬라어 ho speirōn … therisei 호 스페이론 … 떼리세이)라는 표현이 있다. 이는 하나의 굳은 은유 혹은 역사 속의 은유이다. 게일이나 다른 주석가들이 지적하는 것처럼 이 표현은 잠언 22:9(칠십인경)에서도 이미 하나의 은유로 사용되고 있다. 바울은 그가 계획하는 헌금 사업에 있어서 더 큰 관대함을 요청할 때 이 옛 표현을 염두에 두고 있었을 것으로 보인다. 여기에 더하여 그는 "하나님은 즐겨 내는 자를 사랑하시느니라"(헬라어 hilaron gar dotēn agaphai ho theos 힐라론 가르 도텐 아가파이 호 떼오스)라고 덧붙이는데, 이는 잠언 22:8(칠십인경)에 뿌리를 누고 있다. 심고 거둠의 원리가 항상 기계적으로 적용되는 것은 아니기 때문에, 게일은 "여기에 소개된 그림은 다만 느슨하게 적용될 수 있다"라고 제안한다.[24] 퍼니시가 보는 것처럼, 이 심고 거둠의 은유는 고대 세계에 매우 친숙한 표현이었다.[25] 바울은 갈라디아서 6:8에서 이미 이 심고 거둠의 은유를 사용한 바 있다.

(5) **고린도후서 10:3-6**에는 "**싸움**"(헬라어 strateuometha 스트라튜오메따, 3절)과 "**싸우는 무기**"(헬라어 hopla tēs strateias 호플라 테스 스트라테이아스, 4절) 그리고 "**견고한 진을 무너뜨림**"(헬라어 pros kathairesin ochurōmatōn 프

23 Straub, *Die Bildersprache des Apostels Paulus*, pp. 84-5.

24 Gale, *The Use of Analogy*, p. 163.

25 Furnish, *II Corinthians*, p. 440.

로스 카따이레신 오퀴로마톤, 4절)이라는 세 개의 은유들이 나타난다. 바울의 어조가 고린도후서 1-9장과는 달리 10장에 들어와서 갑자기 바뀌고 있기 때문에 많은 학자들은 이 두 부분이 별도의 편지를 구성한다고 보고 있다. 전반부에서 언급했던 감사와 화해의 어조는 줄어들고 고린도에 잠입한 그의 대적자들과의 대결이 갑자기 부상한다. 그러나 이런 변화를 너무 과장해서는 안 된다. 바울은 "우리의 싸우는 무기는 육신에 속한 것이 아니"라고 밝힌다(4절). 이는 마틴의 말처럼 그의 무기가 "세상적 차원의 무기"가 아니라는 것을 뜻한다.[26]

바울이 "육신에 속한"(헬라어 sarkika 사르키카) 무기로 싸우지 않는다고 말하는 것은 그의 싸움이 여느 군사적 차원의 대결과 같지 않음을 말한다. 바울의 능력은 하나님께로부터 나오는 것이며, 그는 이 능력이 약함 속에서 경험된다는 것을 이미 밝힌 바 있다(고전 1:21-25; 2:1-5). 따라서 바울이 여기서 사용하는 유비와 은유는 현재 상황에 맞게 조정되고 수정되었음을 알 수 있다. 그럼에도 불구하고 바울의 은유들은 영적 싸움과 전투의 모습을 그림과 같이 생생하게 전달해 준다. 스트라우브는 싸움의 은유들을 매우 간단하게 취급한다.[27] 개인적으로 필자는 고린도후서 10-13장을 1-9장과 별도의 편지로 보는 견해에 동의하지 않는다.

(6) **고린도후서 11:2-3**에는 **중매**(헬라어 hērmosamen 헤르모사멘)와 **결혼**의 그림이 나타난다. 바울은 고린도 교인들을 "정결한 처녀로 한 남편인 그리스도께 드리려고 중매"했다고 밝힌다. 어떤 의미에서 이 역시도 하나의 역사 속의 은유(흔히 '죽은' 은유라고 부르는)라고 볼 수 있다.

26 Martin, *2 Corinthians*, p. 405.

27 Straub, *Die Bildersprache des Apostels Paulus*, p. 92.

왜냐하면 구약과 신약에는 이런 유비가 매우 풍성하기 때문이다. 배럿과 마틴, 퍼니시 등은 하나님께서 이스라엘을 향해 "내가 … 네게 맹세하고 언약하여 너를 내게 속하게 하였느니라"라고 말씀하신 것을 예로 들고 있다(겔 16:8; cf. 겔 16:8-14; 사 50:1-2; 호 1-3장; 엡 5:22-32; 계 19:7; 21:2, 9).[28] 폴 샘플리는 이 주제와 관련해서 에베소서 5:21-33을 자세히 살피고 있다.[29] 게일은 "바울이 이 유비를 상세하게 적용하고자 하지는 않는다"라고 밝히는데, 이는 옳은 판단이라고 본다.[30] 바울이 2절에서 "열심"을 언급하는 것은 신부로서 이스라엘의 불신실함에 대하여 하나님께서 가지셨던 질투와 연결되며, 3절에서 뱀이 하와를 유혹했다는 것은 순결함으로부터의 이탈과 연결된다. 일부 학자들은 과연 바울이 자신을 중매자라는 제3자의 자리에 세웠을지를 의심하지만, 이는 충분히 가능한 일이라고 본다. 중매는 하나님과의 긴밀한 언약적 관계를 담아내는 매우 강력하고 생생한 그림이다.

(7) **고린도후서 11:8**에는 **'탈취**했다'(헬라어 esulēsa 에쉴레사)는 말이 나온다. 바울이 고린도 교회를 섬기기 위해 "다른 여러 교회에서 비용을 받은 것"을 두고 그 교회들을 "탈취한 것이라"고 표현한다. 게일은 이 탈취라는 말이 "패배한 적군의 물건을 탈취하는 일을 가리킬 때 흔히 사용되던 용어"라고 주장한다.[31] '비용을 받는다'(헬라어 labōn opsōnion

28 Barrett, *The Second Epistle to the Corinthians,* pp. 272-74; Martin, *2 Corinthians*, p. 332; Furnish, *II Corinthians*, p. 499.

29 J. Paul Sampley, *'And the two Shall Become One Flesh',: A Study of Traditions in Ephesians* 5:21-23 (Cambridge: CUP, 1971), pp. 34-51.

30 Gale, *The Use of Analogy*, p. 165.

31 Gale, *The Use of Analogy*, p. 167.

라본 오프소니온)는 표현 역시 군인의 급료나 할당품과 관련되는 용어라고 보고 있다. 헬라어 사전의 편집자인 단커는 쉴라오(sulaō)라는 단어에 '훔치다, 약탈하다'의 의미를 돌리고 있다. 고린도후서 11:8과 관련해서는 군사적 연관성을 제시하지 않지만, "점령의 권리"라는 전문적 의미는 언급한다.[32] 해리스는 쉴라오라는 단어의 용례가 매우 드물고, 군사적 의미는 주로 초기의 고전 헬라어에 집중되며, 파피루스 문서에서는 도구를 훔치는 데 이 용어가 사용된다고 밝힌다.[33] 그는 쉴라오와 오프소니온이라는 용어가 우리 본문에서는 상징적, 아이러니적 차원에서 사용된다고 보고 있다. 바울이 실제로 다른 교회들을 탈취했다고 보기는 어려우며, 다만 비유적 차원에서 이런 용어를 쓰는 것일 뿐이다. 이 유비가 하나의 그림을 전달하고 있다고 본다면, 그 강도는 다른 그림들에 비해 매우 약하다고 보지 않을 수 없다. 게일도 인정하고 있는 것처럼, 약탈하는 군사의 '그림'은 여러 가지 측면에서 적합성이나 적용성이 떨어진다.

(8) **고린도후서 12:7**은 바울이 경험한 **지극히 큰 계시들**(헬라어 tē huperbolē tōn apokalupseōn 테 휘페르볼레 톤 아포칼륍프세온)을 언급한다. 이것과 함께 바울은 "내 육체에 **가시**를 주셨다"(헬라어 edothē moi skolops tē sarki 에도떼 모이 스콜로프스 테 사르키)라고 말한다. '가시'로 번역된 스콜로프스는 단커의 사전이 밝히는 것처럼 '가시'나 '파편' 또는 '막대기'의 의미를 가진다.[34] 한 영어 성경(NEB)은 이를 "날카로운 육체적 고통"으로

32 BDAG, p. 955.

33 Harris, *The Second Epistle to the Corinthians*, p. 757; J. H. Moulton and G. Milligan, *The Vocabulary of the Greek Testament* (London: Hodder & Stoughton, 1952), p. 596.

34 BDAG, pp. 930-31.

번역하면서, 대안적으로 "나의 자긍심에 대한 고통스러운 상처(문자적으로는 육체를 위한 막대기 혹은 가시)"라는 번역을 제시한다. 이 번역은 헬라어 본문이 가지는 그림 차원의 생동감을 약화시킨다. 헬라어 본문은 강력하고 구체적인 그림 은유를 구사한다. 게일이 이 두 '그림'을 함께 다루는 이유도 여기에 있다. 게일은 가나안 땅의 원주민을 몰아내지 않으면 그들이 "너희의 눈에 가시와 너희의 옆구리에 찌르는 것"이 되리라는 민수기 33:55의 말씀과, "찌르는 가시와 아프게 하는 가시"에 대해 말하는 에스겔 28:24의 언급을 주목하고 있다. 가시의 은유는 매우 생생하고 강력한 그림임이 분명하지만, 이 이미지를 바울이 처음 사용한 것은 아니다.

바울이 말하는 가시를 무엇으로 볼 것인지에 대해서는 많은 설명이 제시된 바 있다. 마틴은 이와 관련하여 "가시의 정확한 의미는 단언하기 어렵다"고 말하면서 "아직 어느 누구도 보편적으로 수용될 만한 해석을 내놓지 못했다"라고 결론짓는다.[35] 멀린스는 이 가시가 바울을 괴롭히던 그의 개인적인 적들을 가리킨다고 주장한다.[36] 이런 주장은 앞서 나왔던 해석들과 크게 다르지 않다. 또 다른 사람들은 이를 육체적 고통으로 해석한다(대표적으로 테르툴리아누스와 NEB).[37] 필립 휴스는 이와 관련된 해석의 역사를 잘 정리해 주고 있다.[38] 테르툴리아누스로부터 아우구스티누스에 이르기까지 서방 교부들은 이를 육체적 문제로 보는 관점을 취했다. 그러나 루터는 이를 극심한 유혹과 투쟁으로 보는

35 Martin, *2 Corinthians,* p. 413.

36 T. Y. Mullins, 'Paul's Thorn in the Flesh', *JBL.* 76 (1957), pp. 299-303.

37 Tertullian, *De Pudicitia*, 13.17 (Eng., ANF, vol. 4, p. 87).

38 Philip E. Hughes, *Paul's Second Epistle to the Corinthians* (London: Marshall, Morgan & Scott, 1962), pp. 443-7.

관점을 취했다. 보다 최근에는 이를 바울의 눈의 문제로 보는 관점도 제시된 바 있다. 무엇이 되었든 간에 이 가시는 바울의 약함을 상기시키는 도구였고, 그가 경험했던 지극히 큰 계시들 곧 예외적인 신비적, 은사적 경험들로 인해 그가 교만해지지 않도록 겸손을 일깨우는 도구로 사용되었다.

(9) **고린도후서 12:14**에서 바울은 "내가 … 너희에게 **폐를 끼치지** 아니하리라"라고 말한다. '폐를 끼친다'(헬라어 katanarkaō 카타나르카오)는 단어는 매우 드물게 사용되는 용어이다. 신약에서 이 단어는 바울이 네 번 사용할 뿐인데, 모두가 고린도후서 11-12장에 나타나고 있다(고후 11:19; 12:13, 14, 16). 헬라어 사전 편집자인 단커는 이 단어와 관련하여 이렇게 설명을 붙인다. "사도가 풍자적으로 말하고 있는 맥락을 고려할 때 이 단락에서 이 단어의 의미는 흔히 쓰는 말로 '녹초가 되다'에 근접한다."[39] 그러면서 그는 크리소스토무스와 테오도레트가 '짐을 지우다'나 '누구에게 짐이 되다'라는 의미를 매우 당연하게 받아들이고 있다고 소개한다. 람프(Lampe)는 교부들이 이 단어를 '누구에게 중압감을 주다'의 의미로 사용했다고 밝히며, 그 예로 나지안조스의 그레고리우스가 골치 아픈 문젯거리에 이를 적용하는 예를 보여 주고 있다.[40] 그림-세이어(Grimm-Thayer) 사전은 칠십인경에서 이 용어가 '둔감해지다'의 의미로 사용된 용례를 소개하면서도, 신약에서는 '누구에게 짐이 되다'나 '무겁게 짓누르다'의 의미로 사용되었다고 밝힌다.[41] 몰턴과 밀리건은 이

39 BDAG, p. 522.

40 G. W. H. Lampe (ed.), *A Patristic Greek Lexicon* (Oxford: Clarendon Press, 1961), p. 712.

41 Joseph H. Thayer, *Greek-English Lexicon* (Edinburgh: T&T Clark, 4th edn, 1901), pp.

단어의 의미를 특정화하지는 않는다. 히포크라테스의 경우에는 "의학적 용어로 자주 사용되었다"고 밝히지만, 바울은 자신의 독특한 방식대로 이 용어를 사용했고, 그 의미는 문맥에 의존한다고 밝힌다.[42]

이 용어가 하나의 생생한 그림을 제시하느냐 하는 것은 바울의 첫 독자들에게 이 용어가 얼마나 익숙했느냐 하는 점과 직결된다. 거의 대부분의 번역들이 이 용어를 '짐을 지우다'의 의미로 옮기는 것을 볼 때, 첫 독자들이나 그 이후 세대들에 있어서도 이 용어가 하나의 생생한 그림으로 작용했으리라는 것은 분명해 보인다. 스트라우브는 고린도후서 12:14에서 부모와 자녀들의 유비에만 눈길을 돌리고 있다.[43] 단커가 바울의 풍자적 사용을 지적하고 있지만, 그럼에도 불구하고 바울이 말하고자 하는 의도는 명료하다. 고린도에 침입한 소수 대적자들의 빈정거림과 달리 바울의 동기는 물질적 이득을 얻고자 하는 것과는 거리가 멀다. 그는 자신이 계획하는 세 번째 방문이 고린도 교인들에게 짐 지우는 것이 되지 않기를 바라고 있다. 오히려 그들에게 다른 교회들과 함께 연대하여 예루살렘 교회에 할 수 있는 대로 도움을 줄 기회를 주선하려 한다.

고린도후서에서 우리는 문법과 구문론 차원에서의 어려운 문제들을 많이 만난다. 이 때문에 이 서신에 사용된 유비들과 그 의미를 밝히는 데 지면을 다소 많이 할애했다. 이제 우리는 고린도후서에 이어서 집필된 로마서를 살펴보고자 한다.

334-35.

42 Moulton and Milligan, *Vocabulary of the Greek Testament*, p. 330.

43 Straub, *Der Bildersprache des Apostels Paulus*, pp. 65-6.

(10) **로마서 4:4**은 **아브라함**과 함께 **일꾼과 그 삯**이라는 그림을 소개한다. 게일은 여기에 '그림'이라는 이름을 붙이고 있기는 하지만, 이 자체가 하나의 독립성을 가지는 것은 아니라고 보고 있다. 왜냐하면 은혜에 의한 칭의가 내용상 일꾼과 삯의 개념을 뒤집어 놓기 때문이다.[44] 하지만 다른 사람들은 이 그림이 적실성을 가지는 것으로 보고 있다. 하나님은 믿음의 반응을 그의 은혜에 의하여 의로 간주하신다. 믿음으로 말미암은 아브라함의 칭의는 항구적인 적실성을 가진다(창 15:6). 로마서 4:1-5의 문맥은 이를 분명하게 잘 드러낸다.

아브라함이 삯(헬라어 misthos 미스또스)을 얻기 위해 일하는 일꾼이 아닌 것은 분명하다. 바울은 하나님에 대한 아브라함의 믿음이 "그에게 의로 여겨진 바 되었다"라고 이야기한다(롬 4:3). 의는 "은혜로"(또는 '선물로' 헬라어 kata charin 카타 카린) 주어진다. "일을 아니할지라도 경건하지 아니한 자를 의롭다 하시는 이를 믿는 자에게는(헬라어 pisteuonti 피스튜온티) 그의 믿음을 의로 여기신다"라고 말한다(롬 4:5). 제임스 데니(James Denney)는 이 한 구절이 모든 복음의 요약이라고 말한다. 배럿이 강조하는 것처럼, 이 구절은 유대교의 전통이 수용하고 있던 것과는 정 반대의 진리를 가르친다.[45]

일꾼과 삯의 그림은 바울이 말하고자 하는 것과는 반대의 위치에 놓여 있다. 그럼에도 불구하고 이 그림은 예수님의 일부 비유들이 놀람과 충격의 효과를 일으키는 것처럼 그 자체의 강한 효능을 가지고 있다. 바울이 말하고자 하는 핵심을 담고 있는 아브라함의 그림은 항구적

44 Gale, *The Use of Analogy*, p. 173.

45 C. K. Barrett, *From First Adam to Last:A Study in Pauline Theology* (London: Black, 1962), p. 31.

인 그림으로서의 기능을 가진다. 유대교와 기독교 해석 전통 사이의 차이가 이 전체 이미지의 대조를 더 깊게 한다. 고펠트는 기독교 모형론 속에서 아브라함이 갖는 위치가 무엇인지를 잘 보여 주고 있다.[46]

(11) **로마서 5:7**은 **의인**(헬라어 dikaios 디카이오스)과 **선인**(헬라어 agathos 아가또스) 그림을 소개한다. "의인을 위하여 죽는 자가 쉽지 않고 선인을 위하여 용감히 죽는 자가 혹 있"다는 진술이 그것이다. 이 유비에 사용된 '선하다'라는 용어는 '의롭다' 보다 더 강한 용어이다. '선한' 사람은 통상적으로 '의로운' 사람보다 따뜻함과 동정심이 더 많은 사람을 가리킨다. 로버트 주잇은 '선한' 사람이 종종 시혜자의 의미로 사용된다고 밝힌다.[47] 로마서 5:7의 전반적인 요점은 하나님께서 그리스도의 죽음 안에서 자신의 사랑을 나타내셨다는 것이다. 베일리, 융엘, 몰트만 등은 이것이 기독교 신앙에서 얼마나 중요한 위치를 점하는지를 잘 보여 준 바 있다. 이는 성부 하나님이 아들의 죽음에 개입할 수 없다고 보는 어리석은 생각을 부정하며, 하나님의 신격을 분리해서 생각하려는 잘못된 인식을 배격한다.[48] 로마서는 그리스도에게 초점을 맞추는 이상으로 하나님의 역할을 특별히 강조하고 있으며, 이와 함께 곤궁에 빠진 인간의 현실도 강조한다.

46 Leonhard Goppelt, *Typos : The Typological Interpretation of the Old Testament in the New* (Grand Rapids: Eerdmans, 1982), pp. 136-40.

47 Robert Jewett, *Romans: A Commentary* (Minneapolis: Fortress, 2007), p. 360.

48 Donald Baillie, *God Was in Christ* (London: Faber & Faber, 1948), p. 124; Eberhard Jüngel, *God as the Mystery of the World* (Eng., Edinburgh: T&T Clark, 1983), p.229; Jürgen Moltmann, *The Trinity and the Kingdom of God* (Eng., London: SCM, 1981), p. 16.

(12) **로마서 6:1-14**에는 **죽음과 생명**의 유비가 나타난다. 게일은 이 단락의 많은 구절이 하나의 단일 주제를 중심으로 한다고 보기 때문에 이를 하나의 그림 또는 은유로 취급한다. 그는 이렇게 말한다. "6장 1-14절에서 [바울이] 다루는 문제는 … 특별히 사람이 '그리스도 안에서' 새로운 생명 가운데로 들어갔다는 것, 그래서 이제 자신을 죄에 대하여는 '죽은' 것으로 여겨야 한다는 것이다."[49] 죄에 대하여 '죽은' 것으로 자신을 보아야 한다는 것은 "은혜를 더하게 하려고 죄에 거하겠느냐"(1절)라는 가상 질문에 대한 답변이다. 바울은 여기에서 가상의 수사적 질문을 상정하고 실제적인 예를 제시하는 디아트리베(diatribe) 논증 방식을 계속 이어 가고 있다. 이를 위해 사용하는 바울의 질문에는 종종 심사숙고 가정법(deliberative subjunctive) 동사들이 사용되고 있다. "은혜를 더하게 하려고 죄에 거하겠느냐"라는 질문에 나타나는 동사들이 그러하다. 이와 관련해서 불트만이 잘 지적한 것처럼, "'죄가 없음'은 죄의 **가능성**이 없다는 것에 대한 주술적 보증이 아니라 … 죄의 압제로부터의 해방을 이야기한다."[50] '죽음'이 다양한 차원의 의무를 종료시킨다는 인식은 일반적으로 통용되는 법적, 상업적 관례를 반영한다.

여기서 일부 독자들에게 문제가 되는 것은 '죽음'의 용어가 앞서 인용한 불트만의 글에서도 드러나는 것처럼 은유적 용어이지 자연적 용어는 아니라는 점이다. 죄는 여전히 작용하고 있다. 그러나 더 이상 지배력을 갖지는 않는다. 이와 대조를 이루는 '생명'의 은유는 '그리스도와 함께 살리심을 받는다'라는 그림과 연결되며, 새 창조와 새 생명을

49 Gale, *The Use of Analogy*, p. 177.

50 Rudolf Bultmann, *Theology of the Testament*, vol. 1 (London: SCM, 1952), p. 332 (강조는 원문 그대로).

나타내는 세례와도 연관성을 가진다. 그리스도인은 영적, 도덕적 차원에서 이미 '부활 이후'의 삶을 살고 있다. 물론 그 실제적 차원은 마지막 때에 가서 온전히 실현될 것이다. 옛 자아는 '죽고' 새 자아는 새 삶을 시작한다. 배럿과 피츠마이어는 5절의 "그의 부활과 같은 모양으로 연합한 자도 되리라"에 사용된 동사의 시제(미래)를 '논리적 미래'라고 지칭한다.[51] 이는 'x가 일어나면 y도 따른다'와 같은 조건문의 논리를 따른다. 홀랜드와 즈윕은 세례의 집합적 성격을 강조한다.[52] 슈나켄부르크는 바울의 세례 신학을 심도 있게 탐구한 바 있는데, 이는 매우 유용하다.[53]

(13) **로마서 6:15-23**에서 바울은 **종**의 그림을 상세히 다루고 있다. 특히 그는 그리스도인이 죄에 지배당하면 그 사람은 죄에 '순종하는 종'과 같이 되는 것이라고 말한다(16절). 종이 된다는 것은 누군가에게 순종하고 전적으로 섬겨야 한다는 것을 뜻한다. 종의 유비는 복속과 순종의 개념을 강화한다. 로마법의 관점에서 보면 종은 하나의 인격체가 아니라 단순히 하나의 사물(라틴어 res 레스)에 지나지 않는다. 종이 된다는 것은 가학적 행위나 신체적 체벌을 당하는 비참함의 대상이 될 수도 있다는 것을 의미한다. 하지만 남성인 경우에는 자비로운 주인을 만나게 되면 비록 종이라 할지라도 주인의 비서나 관리인 역할을 하면서 꽤

51 C. K. Barrett, *The Epistle to the Romans* (London: Black, 1957), p. 124; Joseph A. Fitzmyer, *Romans: A New Translation with Introduction and Commentary* (New York: Doubleday, 1992), p. 435.

52 Tom Holland, *Contours of Pauline Theology* (Fearn: Mentor, 2004), p. 152; Arie W. Zwiep, *Christ, the Spirit, and the Community of God* (WUNT2; Tübingen: Mohr, 2010), pp. 100-19.

53 Rudolf Schnackenburg, *Baptism in the Thought of St Paul* (Oxford: Blackwell, 1964), 특히 pp. 21-6.

괜찮은 대우를 받을 수도 있었다. 이런 경우 종의 주인은 자기 종의 신분과 안전뿐만 아니라, 그가 죽고 나면 남은 가족의 복지까지도 책임져 주었다. 아돌프 다이스만(Adolf Deissmann)은 신약에 나타나는 종의 신분에서 해방되는 이미지를 이방 신들이 베푸는 해방의 관점에서 접근한 바 있다. 하지만 보다 최근에 데일 마틴은 바울이 이 문제에 접근한 방식은 '종의 신분에서의 해방'에 초점을 맞추기보다는 오히려 악한 주인으로부터 선한 주인 곧 예수 그리스도에게로 옮겨 감에 초점을 맞춘다는 것을 잘 보여 준다.[54] 그리스도인은 전에는 죄와 악의 종이었지만, 이제는 그리스도의 종이 되었다.

(14) **로마서 7:1-6**에서 바울은 **결혼** 그림을 하나의 유비로 사용한다. 이와 관련하여 게일은 이렇게 말한다. "바울은 지금 결혼 그림을 통해서 그리스도인이 더 이상 율법이, 나아가서 죄가 지배하는 상황 아래에서 살지 않는다는 것을 보여 준다."[55] 바울에게 있어서 율법의 개념은 매우 복잡하다. 바울은 최소한 세 가지 다른 의미로 이 용어를 사용한다. 첫째, 바울은 율법을 긍정적 차원에서 이스라엘이 가진 특권 가운데 하나로(롬 9:4) 보고 있다. 율법은 또한 "초등교사"(헬라어 paidagōgos 파이다고고스, 갈 3:24)로서 우리를 그리스도께로 인도하는 기능을 가진다. 둘째, 율법은 때로 하나님의 자기계시 또는 성경과 동의어로(고전 14:21) 사용되기도 한다. 이 경우 율법은 "거룩하고 의로우며 선하"다(롬 7:12). 셋째, 데니스 화이틀리(Dennis Whiteley)가 말한 것처럼 율법의

54 Dale B. Martin, *Slavery as Salvation* (New Haven: Yale University Press, 1990), pp. 15-22, 50-85, 122-4 and 145-9.

55 Gale, *The Use of Analogy*, p. 190.

작용에 근거하여 "악한 일이 의식적 죄로 명료하게 드러나지 않으면 안 된다."[56] 이 경우 율법과 죄는 결코 떼어 놓을 수 없이 서로 연결되어 있다. "율법이 묶는다"(KJV, 한역 "주관")라고 번역된 헬라어 퀴리유에이(kurieuei)는 '주권을 가지다'의 의미를 가진다. 바울은 죽음과 결혼의 유비를 사용하여 "만일 그 남편이 죽으면 남편의 법에서 벗어나느니라"고 말한다(2절). 이 구절을 어떻게 해석할 것인가를 두고는 논란이 일어난다. 배럿은 여기서 남편이 곧 율법을 대변하는 것으로 보아서 죽음과 결혼을 반대적 개념으로 이해하지만, 크랜필드는 이런 관점을 부정한다.[57] 바울은 고린도전서 7:39-40에서 이것과 꼭 같은 유비를 사용하고 있다. 세부적 차이가 어떠하든지 간에 바울이 나타내고자 하는 전반적 의미는 분명하다. 바울은 두 가지 체제를 비교하면서, 우리가 그리스도 안에 있다는 것은 율법의 저주에서 벗어났음을 의미한다는 것을 강조한다.

(15) **로마서 9:20-24**에서 바울은 **토기장이와 진흙** 유비를 사용한다. 이 유비는 비교적 단순한 성격을 갖지만, 게일은 이 유비의 상세한 부분까지 다 적용할 수는 없다고 선을 긋는다. 바울은 하나님께서 자신의 언약적 약속에 대해 끝까지 신실함을 잃지 않는다는 것을 강조한다.

56 D. E. H. Whiteley, *The Theology of St. Paul* (Oxford: Blackwell, 1970), pp. 79-80; J. D. G. Dunn, *Paul and the Mosaic Law* (WUNT 89; Tübingen: Mohr, 1998); J. D. G. Dunn, *The Theology of the Apostle* (Edinburgh: T&T Clark, 1998), pp.128-61; N. T. Wright, *Paul and the Faithfulness of God* (London: SPCK, 2013), pp. 851-79 and 892-914; E. P. Sanders, *Paul, the Law, and the Jewish People* (Philadelphia: Fortress, 1983).

57 Barrett, *The Epistle to the Romans*, p.136; C. E. B. Cranfield, *A Critical and Exegetical Commentary on the Epistle to the Romans*, vol. 1 (ICC; Edinburgh: T&T Clark, 1975), p. 333.

이런 관점에서 보면 이스라엘이 예수 그리스도를 믿지 않는 것은 큰 문제가 아닐 수 없다. 바울은 이와 관련하여 이런 질문을 던진다.

> "하나님께 불의가 있느냐 그럴 수 없느니라 모세에게 이르시되 내가 긍휼히 여길 자를 긍휼히 여기고 불쌍히 여길 자를 불쌍히 여기리라 하셨으니 그런즉 원하는 자로 말미암음도 아니요 달음박질하는 자로 말미암음도 아니요 오직 긍휼히 여기시는 하나님으로 말미암음이니라."(9:14-16)

이어서 20-21절에서 바울은 생생한 유비를 사용해서 이렇게 질문을 던진다.

> "이 사람아 네가 누구이기에 감히 하나님께 반문하느냐 지음을 받은 물건이 지은 자에게 어찌 나를 이같이 만들었느냐 말하겠느냐 토기장이가 진흙 한 덩이로 하나는 귀히 쓸 그릇을, 하나는 천히 쓸 그릇을 만들 권한이 없느냐?"

놀랍게도 도드는 이를 두고 "이 서신 전체에서 가장 취약한 부분"이라고 부르는데, 그 이유는 "기계적인 결정주의가 도덕을 말소하기 때문"이라는 것이다.[58]

그러나 브루스는 "하나님이 인간에게 책임을 지는 분은 아니다"

58 C. H. Dodd, *The Epistle of Paul to the Romans* (London: Hodder & Stoughton, 1932), pp. 158-59.

라고 말한다.[59] 프란츠 레인하르트(Franz Leenhardt)는 이렇게 논평한다.

> 사람이 하나님과 논쟁을 벌이려면 최소한 먼저 그 사람은 하나님께서 가지신 시야를 공유하고자 하는 노력을 기울일 필요가 있다. … 하나님의 섭리적 통치는 인간의 제한된 관점의 한계에 따라 판단되어서는 안 된다. 바울은 자신의 독자들이 하나님께서 가지신 시야에 조금이라도 더 잘 다가올 수 있도록 토기장이 비유를 제시하고 있다.[60]

바울은 이 토기장이 비유를 이사야 29:16에서 자구 그대로 인용하고 있으며, 유사한 형태의 그림이 이사야 44:8, 45:8-10, 예레미야 18:6, 지혜서 12:12, 15:7에 나타난다. 하나님의 주권이 인간의 자유의지와 어떤 상관성을 가지는가 하는 문제는 계속적인 논쟁의 대상으로 남는다. 바울은 로마서 9-11장의 나머지 부분에서 어느 정도 이 문제를 다루고 있다.

(16) **로마서 11:16-24**에는 두 가지 유비가 복합적으로 사용된다. 그중에서 첫 번째 유비는 "떡덩이"(헬라어 to phurama 토 퓌라마)나 "뿌리"(헬라어 hē rhiza 헤 리자)와 "처음 익은 곡식"(헬라어 hē aparchē 헤 아파르케)이나 "가지"(헬라어 hoi kladdoi 호이 클라도이)의 관계에 관한 것이다. 뭉크와 화이틀리는 이스라엘을 뿌리로, 또는 은유를 조금 바꾸어서 이방인들을 들어오게 이끄는 방향타로 보고 있다.[61] 우리는 바울이 이 편지

59 F. F. Bruce, *The Epistle to the Romans* (London: Tyndale Press, 1963), p. 195.

60 Franz Leenhardt, *The Epistle to the Romans* (London: Lutterworth Press, 1961), p. 255.

61 Johannes Munck, *Paul and the Salvation of Mankind* (London: SCM, 1959), p. 45; Whiteley, *The Theology of St. Paul*, p. 87.

를 쓸 시점에 로마 교회에서 유대인들과 이방인들 사이에 일어나고 있던 긴장 관계를 염두에 둘 필요가 있다. 바울의 유비는 이방인 그리스도인들 편에서의 겸손의 자세를 고취하기 위한 것이다. 하나님께서 아브라함에게 주신 약속이 이방인들의 구원의 기초가 된다. 이 유비는 민수기 15:19-21을 암시한다고 볼 수도 있다.

이어서 바울이 사용하는 두 번째 유비는 나무에 새 가지를 이식하는 "접붙임" 유비이다. 이방인 그리스도인들은 유대인들의 뿌리 둥치에 접붙임을 받았다. 가지들이 꺾여서 참감람나무에 다시 접붙임을 받는다는 이 사상은 상당히 많은 해석상의 논란을 야기했다. 대다수 주석가들은 이 유비가 원예술의 관점에서 보면 일어날 수 없는 일로 보고 있다. 하지만 윌리엄 램지는 고대 세계에서는 야생 감람나무를 좋은 감람나무에 접붙이기도 했다는 증거를 제시한다.[62] 리처드 벨은 바울이 "본성을 거슬러"(11:24)라는 말을 쓰는 것은 자기가 묘사하는 상황이 통상적인 관례와는 맞지 않는다는 것을 알고 있었음을 보여 준다고 주장한다.[63] 반면 지슬러와 주잇은 램지의 주장을 더 발전시킨다.[64] 가지를 접붙이고 꺾어 내는 일은 "하나님의 인자하심과 준엄하심"(11:22)을 보여 준다. 게일은 바울의 유비가 그의 목적을 잘 드러내기는 하지만, 이를 떠나 여러 가지 다른 가능한 방식으로 이를 적용할 수는 없다고 선을 긋는다.[65]

62 William Ramsay, *Paul and Other Studies* (New York: Armstrong, 1906), pp. 219-21.

63 Richard Bell, *Provoked to Jealousy: The Origin and Purpose of the Jealousy Motif in Romans 9-11* (WUNT2, 63; Tübingen: Mohr, 1994), pp. 103-4.

64 Jewett, *Romans*, pp. 684-86; John Ziesler, 'Paul and Arboriculture: Romans 11:17-24', *JSNT* 24 (1985), pp. 24-32.

65 Gale, *The Use of Analogy*, pp. 213-15.

빌립보서, 빌레몬서, 골로새서, 에베소서에 나타난 바울의 유비

게일은 빌립보서와 빌레몬서를 바울서신에 포함시켜서 다루지만, 골로새서와 에베소서, 목회서신은 제외한다. 이는 골로새서, 에베소서, 목회서신의 바울 저작성이 논란이 되거나 의심스럽다고 보기 때문이다. 그러나 우리는 게일과 달리 골로새서와 에베소서, 목회서신의 예들도 함께 살펴볼 것이다.

(17) **빌립보서 3:2**에서 바울은 "**개들**을(헬라어 tous kunas 투스 퀴나스) 삼가고 행악하는 자들을 삼가라"라고 경고한다. '개'는 매우 부정적인 인물을 묘사하는 데 사용된다. 스트락과 빌러벡은 가장 경멸스럽고 염치를 모르며, 또한 가장 저속한 자들에게 개라는 이름을 붙인다고 말하며, 오토 미헬 역시 이에 동의한다.[66] 쾨스터는 이런 묘사야말로 가장 강한 모욕적 용어라고 말하면서 "이곳에서의 바울의 논쟁적 언사가 가진 목적은 대적자를 묘사하고자 함이 아니라 그들에게 모욕을 주기 위함"이라고 밝힌다.[67] 오브라이언은 이 표현이 "쓰디쓴 풍자"의 성격을 가진다고 말한다.[68] 개들은 대체로 무리를 지어 도시를 배회하곤 했는데, 이는 오늘날에도 남미나 남유럽의 여러 도시들에서 흔히 목격되는 현상이다. 바울이 정확히 어떤 점을 염두에 두고 이런 표현을 사용했는

66 Hermann L. Strack and Paul Billerbeck, *Kommentar zum Neuen Testament aus Talmud und Midrasch*, vol. 1 (Munich: C. H. Beck, 1926), p. 722; and Otto Michel, *'kuōn'*, *TDNT*. vol. 3, pp, 1101-4.

67 H. Koester, 'The Purpose of the Polemic of a Pauline Fragment (Phil. 3)', *NTS* 8 (1961-2), p. 320; pp. 311-2.

68 Peter T. O'Brien, *The Epistle to the Philippians* (NIGTC; Grand Rapids: Eerdmans, 1991), p. 354.

지 생각해 볼 필요가 있겠지만, 그것이 무엇이든지 간에 이는 "하나님의 성령으로 봉사하는" '참 할례'(3절)와 대비되는 표현이다. 랠프 마틴은 "바울이 이 용어를 사용하는 것은 할례 받지 않은 이방인 신자들과 관련하여 그의 유대인 대적자들이 사용하고 있던 용어를 풍자적으로 되돌려서 하는 말일 가능성이 크다"라고 잘 지적한다.[69] 바울은 빌립보 교회를 어지럽히는 문제아들을 노략질하는 침입자로 보고 있음이 분명하다. 게일은 빌립보서에서 이 하나의 예만을 다루고 있다.

(18) 게일은 **빌레몬서 10절**을 두고 바울의 **아버지와 아들** 유비의 사용이 "그림 이상"이라고 말한다.[70] 모울(C. F. D. Moule)은 이렇게 말한다. "복음 전도자가 회심자를 '얻는' 일을 두고 '아버지' 은유를 사용하는 예는 고린도전서 4:15에도 나타난다. '어머니' 은유는 갈라디아서 4:19에 사용되고 있다."[71] 바울은 '유모'와 '어머니' 유비를 데살로니가전서 2:7에서 사용한다. 바울은 오네시모의 영적 아버지로서 그를 '낳았다'(헬라어 egennēsa 에겐네사)고 말한다. 제임스 던은 이렇게 말한다. "아버지와 아들의 이미지는 학생과 선생의 관계나 … 선택된 지도자에 대한 종교적 의존 상태를 나타낼 때 자연스럽게 사용된다."[72] 엘리자베스 카스텔리는 이런 이미지를 부정적으로 이해한다. '아버지' 용어 사용은 권위주의를 표방하며 바울의 '통제' 의도를 담고 있다는 것이다. 하지만

69 Ralph P. Martin, *Philippians* (NCB; London: Oliphants, 1976), p. 125; F. W. Beare, *The Epistle to the Philippians* (London: Black, 1959), p. 103.

70 Gale, *The Use of Analogy*, p. 220.

71 C. F. D. Moule, *The Epistles to the Colossians and to Philemon* (Cambridge: CUP, 1962), p. 144.

72 James D. G. Dunn, *The Epistles to the Colossians and to Philemon* (NIGNT; Grand Rapids: Eerdmans, 1996), p. 328.

카스텔리의 접근은 모든 형태의 권위적 기구들에 대한 공격을 시도하는 포스트모던 철학자 미셸 푸코의 사상에 기반을 두고 있다.[73]

게일은 유비와 관련해서 이렇게 결론짓는다. "하나의 그림이 도입되는 것은 그것이 속한 직접적인 맥락 속에서의 특정 사상을 예시하거나 강화하는 데 도움이 되는 하나의 단일 요소를 부각하고자 하는 것이 그 목적이다."[74] 물론 때에 따라서는 유비 속의 하나 이상의 요소들이 사용되기도 하며, 또 많은 그림들 속에는 꼭 적용될 필요가 없는 요소들이 많이 포함되기도 한다. 어떤 그림들은 동일한 그림이라도 맥락에 따라 달리 적용될 수도 있다. 이런 다양한 경우들을 우리는 잘 분간할 필요가 있을 것이다. 게일은 바울의 유비들이 제한된 방식으로 적용되도록 고안되었음을 강조한다. 그림은 매우 중요하다. 하지만 그림은 적합한 정확성과 분별력에 따라 이해되고 사용되어야 한다.

(19) 이제 우리는 게일을 넘어 골로새서와 에베소서, 그리고 목회서신에 나타나는 유비의 용례를 살펴보고자 한다. 얼마나 많은 유비를 진정한 의미에서의 유비라고 볼 수 있을 것인지는 매우 까다로운 문제이다. 왜냐하면 많은 유비적인 표현들이 전통 속에서 오랜 사용의 역사를 가지고 있기 때문이다. 예를 들어 바울은 **골로새서 1:12**에서 "우리로 하여금 빛 가운데서 성도의 **기업**의 부분을 얻기에 합당하게 하신 아버지"께 감사하고 있다. 여기서 '기업'이라는 용어는 바울에게는 이미 하나의 고착된 용어이기 때문에 전적으로 유비적으로 사용되었다고 보

73 E. A. Castelli, *Imitating Paul: A Discussion of Power* (Louisville: Westminster/John Knox, 1991), pp. 97-115.

74 Gale, *The Use of Analogy*, p. 223.

기는 어렵다. 제임스 던은 기업이라는 용어가 "그 성격상 명백히 유대적"이라고 못 박는다.[75] 헤스터는 특별히 이 기업 개념을 집중적으로 연구한 바 있다.[76] 이스라엘이 가나안 땅을 기업으로 받은 것에서부터 시작해서 그리스도인의 종말론적 미래를 아우르는 개념으로 이 용어가 폭넓게 사용되고 있다.

(20) 위와 비슷한 어려움을 바울의 **형상**(헬라어 eikōn 에이콘) 용어에서도 만나게 된다. 바울은 **골로새서 1:15**에서 예수 그리스도를 "하나님의 형상"이라고 지칭한다. '하나님의 형상'이라는 표현은 창세기 1:26에 바탕을 두고 있는, 매우 오래 사용된 전통을 가지 문구이다. 랠프 마틴이나 오브라이언, 제임스 던 등이 주장하는 것처럼 골로새서 1:15-20은 바울 이전의 찬양 양식에서 기인했을 가능성이 크다. 여기에 나타나는 주된 사상은 보이지 않는 하나님을 우리가 그의 형상 곧 예수 그리스도를 통해 알 수 있게 된다는 것이며, 나아가서 사도적 그리스도인 공동체를 통해서 이차적으로 알 수 있게 된다는 것이다. 모울은 이 주제가 특별히 지혜 문학에 기반을 두는 것으로 보고 있다.[77] 이 본문에서의 유비 사용은 전통적 용어를 새로운 상황에 접맥시킨다는 점에서 아마도 경계 지점에 속한다고 볼 수 있을 것이다.

(21) **골로새서 2:1**에는 "내가 … 얼마나 힘쓰는지"(헬라어 agōna echō 아고나 에코)라는 표현이 있다. **힘씀 혹은 분투**의 은유는 보다 분명

75 Dunn, *Colossians and Philemon,* p. 75.

76 J. D. Hester, *Paul's Concept of Inheritance* (Occasional Papers 14; Edinburgh: Oliver & Boyd, 1968).

77 Moule, *Colossians and Philemon*, p. 59.

하게 바울의 용어이며 또한 유비적이다. 분투는 바울 사역의 여러 가지 우여곡절 상황을 포괄한다. 제임스 던은 이와 관련해서 이렇게 말한다. "운동 경기자의 분투(agōn 아곤)와 관련된 이 은유는 그 앞 구절에서부터 계속 이어진다. 이 이미지는 바울과 그의 동료들이 그들의 사역에 수반되는 집중적이고 쉼 없는 노력을 어떻게 감당하는지를 나타낼 때 사용된다(빌 1:30; 살전 2:2; 딤전 6:12)."[78] 빅터 피츠너는 이 분투 이미지를 집중적으로 연구한 바 있다.[79]

(22) 바울은 교회를 묘사하기 위해 **골로새서 2:7**에서 "그[그리스도] 안에 **뿌리를 박으며**(헬라어 errizōmenoi 에리조메노이) **세움을 받아**(헬라어 epoikodomoumenoi 에포이코도무메노이)"라는 혼합 은유를 사용하는데, 이 은유들은 서로 호환되지 않는 성질의 것도 아니며 서로 충돌하지도 않는다. '뿌리를 박는다'는 용어는 성장과 관련된 생체적 은유이다. 반면 '세움을 받는다'는 용어는 보다 정적인 건물의 이미지를 품고 있다. 제임스 던은 이 용어들을 "강력한 은유들"이라 부른다.[80] 새로운 식물을 위한 뿌리나 새로운 건물을 위한 기초는 서로 보완적이고 충돌하지 않는다. 뿌리를 내리고 열매를 맺는 것과 이미 세워진 기초 위에(헬라어 접두어 에피[epi]가 함의하는 것처럼) 세워져 가는 것은 둘 다 굳건함과 성장을 나타내는 은유이다.

(23) **골로새서 2:14**에서 바울은 이중 은유를 사용한다. 하나는

78 Dunn, *Colossians and Philemon*, p. 129.

79 Victor C. Pfitzner, *Paul and the Agon Motif: Traditional Athletic Imagery in the Pauline Literature* (Leiden: Brill, 1967).

80 Dunn, *Colossians and Philemon*, p. 141.

"십자가에 못 박음" 유비이다. 이 구절의 문맥은 우리 그리스도인들이 그리스도와 함께 장사되고 또한 세례를 통해 그와 함께 일으킴을 받게 되었다는 것이다. 이와 함께 하나님께서 우리 죄를 용서하여 주셨다는 것이 강조되고 있다. 또 하나의 유비는 우리를 거스르고 불리하게 하는 증서를 "**지움**"이다. 모울은 이 '지움'을 왁스 위에 쓴 것을 문질러 없애는 일이나 "범죄자의 머리 위에 달아 놓은 … 하나의 차용증(IOU)과 같은 … 죄목의 패를 쳐서 무효로 만드는 일"에 견준다.[81] 제임스 던은 이런 설명을 제시한다. "기록을 삭제하는 일은 이 죄과들이 더 이상 우리를 불리하게 하지 않는다는 것을 확실하게 하는 행위이다."[82] 던은 "십자가에 못 박으시고"라는 표현은 "'그것을 십자가에 달아서'를 다르게 말하는 방식"이라고 덧붙인다. 이 배후에는 "십자가에 달리는 사람의 형틀 위에 그 사람의 죄가 무엇인지를 지나가는 사람들이 알아볼 수 있도록 죄패를 붙였던 관행"이 놓여 있다고 말한다.[83] 브루스는 이 구절에 나타나는 은유들의 핵심을 이렇게 요약한다. "하나님은 우리를 우리의 과거로부터 깨끗이 끊어 내셨다."[84] 이 은유들은 주의 깊게 구성된 매우 강한 그림 유비이다.

(24) 골로새서 3:5에 나오는 악한 행실들을 "죽이라"는 표현이 유비 이상의 함의를 가진다는 것을 인정하면서, 우리는 **골로새서 4:3**에 나오는 전도의 "**문**"에 대한 유비에 초점을 맞추어 보고자 한다. 제임스 던

81 Moule, *Colossians and Philemon*, p. 98.

82 Dunn, *Colossians and Philemon*, p. 166.

83 Dunn, *Colossians and Philemon*, p. 166.

84 F. F. Bruce and E. K. Simpson, *The Epistles of Paul to the Ephesians and to the Colossians* (London: Marshall, Morgan & Scott, 1957), p. 238.

은 바울이 문의 은유를 기회 있을 때마다 사용한다는 점을 잘 지적하고 있다. 고린도전서 16:9이나 고린도후서 2:12 등이 좋은 예이다. 바울은 자신의 선교 사역을 위해 기도를 부탁하는 것을 관례로 삼는다. 다이스만은 바울이 말하는 '하나님의 말씀을 위한 문' 유비가 당대의 일상적 이야기에 자주 사용되었던 표현이라는 이유로 이를 경계선상의 은유로 보고 있다.[85] 이상 골로새서까지 우리는 40여 개의 유비 혹은 은유를 살펴보았다. 이들은 일차적으로 매우 생생한 그림의 성격을 가지고 있다.

(25) **에베소서 1:10**에는 만물을 **"통일되게 한다"**(헬라어 anakephalaiōsasthai 아나케팔라이오사스따이)는 잘 알려진 용어가 나오는데, 이는 이레나에우스의 '만유총괄'(recapitulation)이라는 해석어로 인해 더욱 유명해졌다. 이레나에우스와 테르툴리아누스, 히에로니무스 등은 바울이 사용하는 헬라어를 레카피툴라레(recapitulare)라는 라틴어로 번역했는데, 이는 '취합하다'라는 의미가 있다. 바울은 이 용어가 문자적으로 이해되기를 의도한 것으로 보이지만, 그 적용의 측면에서는 이 용어가 일부 은유적 성격을 가진다. 바울은 이 용어를 통해 "모든 만물이 메시아 안에서 연합되고, 창조의 이상에 부합하는 최종적 조화를 이룬 상태"를 나타내려 한다.[86] 바울의 이 표현을 따라 이레나에우스는 "한 아버지 하나님과 한 그리스도 예수는 … 그 자신 안에서 만물을 통합시키셨다"라고 말한다.[87] 그는 또 이렇게 말하기도 한다. "주님께서는 그 자신 안에서 하늘에 있

85 Adolf Deissmann, *Light from the Ancient East* (London: Hodder & Stoughton, 1910), p. 301, n. 2.

86 Brooke F. Westcott, *St Paul's Epistle to the Ephesians: Greek Text* (London: Macmillan, 1906), p. 14.

87 Irenaeus, *Against Heresies*, 3, 16, 7 (Eng., ANF, vol. 1, p. 443).

는 것과 땅에 있는 것의 모든 만물을 아우르시고, … 사람을 사람의 속에 거하시는 성령님과 연합시킴으로써 그[그리스도]는 이 만물을 자신 속에서 총괄하셨다."[88] 다시 한 번 그는 이렇게 말한다.

> 하나님의 아들은 … 성육신하여 사람이 되셨다. 그는 인류의 긴 대열을 새롭게 시작하셨고 … 아담 안에서 잃어버린 것을 되찾게 하셨다. 곧 하나님의 형상을 따른 존재를 그리스도 예수 안에서 회복할 수 있게 하신 것이다.[89]

아미티지 로빈슨은 '통일되게 한다'라는 이 용어를 조금도 주저없이 은유라고 부른다. 그는 이렇게 말한다.

> 전체가 개별 행위자들의 총합의 결과인 것처럼, 일목요연한 사건 요약이 복잡한 개별 논의들을 한눈에 볼 수 있게 하는 것처럼, 하나님의 작정에 있어서는 그리스도께서 모든 것을 아우르는 아들이 되신다.[90]

로빈슨은 "우주의 다양한 것들이 그 부조화와 혼란에도 불구하고" 다 통일의 원리 아래에 놓여 있다고 덧붙인다. 바울은 골로새서 1:17에서 "만물이 그 안에 함께 섰느니라"라고 말한다. 이는 그리스도 안에서 만물이 일체와 통합의 원리를 가진다는 것을 말한다. 이는 "만물이 다 그로 말미암고 그를 위하여 창조되었"기 때문이다. 때로 세상

88 Irenaeus, *Against Heresies*, 5, 20, 2 (Eng., ANF, vol. 1, p. 548).

89 Irenaeus, *Against Heresies*, 3.18.1 (Eng., ANF, vol. 1, p. 446).

90 J. Armitage Robinson, *St Paul's Epistle to the Ephesians* (London: Macmillan, 1987), p. 32.

에 혼란이 일어나는 것처럼 보이는 순간도 있지만, "그것은 본질적인 것이 아니며 영원히 지속되는 것도 아니다."[91]

(26) **에베소서 1:13**에서 바울은 우리 그리스도인들이 "약속의 성령으로 **인 치심을 받았다**"라고 말한다. 이와 관련해서 아미티지 로빈슨은 이렇게 말한다. "모든 의문과 불확실성을 제거하듯이 하나님은 그의 인을 우리 위에 치신다. 원문의 어순은 매우 놀랍다."[92] 웨스트콧은 "'인 치심을 받다'(헬라어 esphragisthēte 에스프라기스떼테)라는 말은 인을 의미하는 헬라어 명사 스프라기스(sphragis)와 연관을 가진다"라고 말하면서 이런 설명을 덧붙인다.

> 인은 영적 사실의 실재를 보이지 않게 확증할 때 사용된다. … 인은 하나님의 종들이 그에게 속한다는 것을 공개적으로 표시하며(고후 1:22), 그들에게 하나님의 보호를 확인시킨다. 따라서 그들은 하나님의 자녀로 엄숙히 인정되고 … 그분을 섬기기로 약조한다.[93]

인은 바울 서신에서 소유의 증표로 사용된다. 현재의 증표는 마지막 때에 가서 그 진정성이 온전히 밝혀질 것이다. 인의 상징 혹은 유비는 상업 세계에서는 매우 익숙한 현상이다. 로빈슨은 이를 사고파는 삶에서 유래한 은유로 보고 있다.[94]

91 Robinson, *Ephesians*, pp. 32-3.
92 Robinson, *Ephesians*, p. 35.
93 Westcott, *Ephesians*, p. 17.
94 Robinson, *Ephesians*, p. 36.

(27) 에베소서에 나타난 그림을 살피면서 직면하게 되는 주된 어려움 가운데 하나는 많은 수의 유비들이 바울의 초기 서신에 이미 등장하고 있다는 사실이다. 이런 면은 바울의 에베소서 저작성과 관련하여 양면의 칼로 작용한다. 어떤 사람들은 에베소서를 바울의 한 제자가 쓴 것으로 보는데, 이 제자는 바울의 진서에 나타나는 표현이나 문체에 최대한 가깝게 다가가려고 노력하고 있다는 것이다. 그러나 또 다른 사람들은 바울이 친히 자신에게 익숙한 유비나 문구들을 사용하는 것이라고 보고 있다. 바울이 반복해서 사용하는 그림들로는 **"기업의 보증"**(**엡 1:14**), "그의 몸"(1:23; 2:16), '죽음'과 '삶'(2:5), "모퉁잇돌"(2:20), "성전"(2:21), "상속자"(3:6), "장성"(4:13), "새 사람을 입음"(4:24), "덕을 세움"(4:29) 등이 있다. 우리는 앞에서 이 대부분의 항목을 다루었기 때문에 여기서 다시 설명을 되풀이할 필요가 없다고 본다. 다만 서너 개 정도의 은유들은 에베소서에서 특징적으로 사용되는데, 이 또한 매우 잘 알려진 것들이다. "외인"이라는 용어와 "중간에 막힌 담" 그리고 하나님의 전신 갑주에 대한 상세한 묘사, 남편과 아내에 대한 전통적인 문구 등이 그것이다.

(28) **"외인"**(**엡 2:12**, 19)이라는 그림은 **"나그네"**(2:19)와 **"멀리 있던"**(2:13)과 같은 용어들과 동반 은유를 이룬다. 이 은유들과 대조를 이루는 용어들이 "화목"과 "가까워졌다"는 표현들인데, 이는 바울의 전형적인 화목 개념이나 히브리서가 강조하는 제의적 차원에서의 가까이 나아감이라는 표현과 연관성을 가진다. 부정적 용어인 "외인" 등은 "그리스도 밖에"(헬라어 chōris Christou 코리스 크리스투, 2:12), 곧 그리스도와의 인격적 관계가 만들어지지 않았던 때의 상황을 묘사한다. "이스라엘 나

라 밖의 사람이라"라는 표현에 사용된 '외인이 되다'(헬라어 apēllotriōmenoi 아펠로트리오메노이, apallotrioō 아팔로트리오오의 완료 수동태 분사)라는 단어는 이스라엘의 집합적 삶에서 소외되어 있는 상태를 나타낸다. 이 용어는 하나님의 생명에서 떠나 있는 상태(엡 4:18)나 배우자를 떠나 있는 상태(1 Clement 6:3)를 나타낼 때 사용된다.[95] 골로새서 1:21에서는 이 단어가 '원수'(헬라어 echthros 에크뜨로스)와 짝을 이루기도 한다. 이와 같은 '떠나 있음'은 '가까워짐'(엡 2:13)과 반대되는 상황을 나타낸다.

(29) **에베소서 2:14**에 나오는 **"중간에 막힌 담"**(헬라어 mesotoichon tou phragmou 메소토이콘 투 프라그무)의 은유 혹은 그림은 예루살렘 성전을 막고 있던 실제적 담을 연상시킨다. 이 담은 유대인의 뜰과 바깥 이방인의 뜰을 구분하는 경계선이었다. 바울 당시에 예루살렘 성전은 여섯 개 구역으로 나누어져 있었다. (a) 가장 안쪽의 지성소는 오직 대제사장만 일 년에 한 번 속죄일에 들어갈 수 있었다. (b) 성소에는 제사장이 매일 들어가서 향을 피우고 아침과 저녁 제사를 드렸다. (c) 제사장들의 뜰에는 번제단이 놓여 있었다. (d) 이스라엘의 아들들의 뜰에는 유대인 남자들이 들어갈 수 있었다. (e) 여인들의 뜰에는 유대인 여인들이 들어갈 수 있었다. (f) 마지막으로 이방인의 뜰에는 이방인들이 들어갈 수 있었지만, '구분하는 담'을 넘어갈 때는 죽음의 경고를 받았다. 이 여섯 개 구역은 은혜의 초청과 거룩함의 단계를 보여 줌과 동시에 일부 사람들을 위해서는 넘어갈 수 없는 벽의 역할을 하고 있었다. 로빈슨은 1871년에 발굴된 헬라어 비문 하나를 소개한다. 거기에는 "이방인은 그 누구도 이

95 BDAG, p. 96.

담과 구역 안으로 들어올 수 없으며 … [그럴 경우] 죽음이 일어난다"라는 경고가 적혀 있다.[96] 이 비문은 처음에 예루살렘 성전 현장에서 발굴되었지만, 지금은 이스탄불의 고고학 박물관에 보관되어 있다.

로빈슨은 "막힌 담"의 허물어짐과 관련해서 이와 같은 생생한 설명을 제시한다.

> 침범하는 자들에게 죽음을 경고하는 비문으로 쌓아 올린 담은 사도 바울이 그리스도께서 그것을 허셨다고 담대히 선포하던 그 순간에도 여전히 성전 뜰 앞에 서 있었다. 그것은 여전히 서 있었다. 그러나 영적 의미의 차원에서 보면 그것은 이미 고대의 것이 되었고 지나가 버린 것이 되었다. 그것은 여전히 서 있었다. 그러나 그것이 가리키던 것은 무너져 내렸다. 그것이 가리키던 것은 이방인과 유대인의 분리였다.[97]

허물어진 담 유비는 에베소서의 중심 메시지를 탁월하게 잘 전달해 준다.

(30) **에베소서 6:11-17**에는 **그리스도인의 전신 갑주**의 세밀한 그림이 소개되고 있다. 이 그림은 주일학교 어린이를 위한 교훈이나 이야기책, 시각 교재 등에 빈번히 등장하는 소재이기도 하다. 바울은 11절에서 "하나님의 전신 갑주를 입으라"(헬라어 endusasthe tēn panoplian tou Theou 엔뒤사스떼 텐 파노플리안 투 떼우)라는 말로 이 단락을 시작한다. 그 목적은 "마귀의 간계를 능히 대적하기 위"함이다. 존 로빈슨은 이와 관련하여 이

96 Robinson, *Ephesians*, p. 60.
97 Robinson, *Ephesians*, p. 60.

런 좋은 지적을 한다. "여기서 대조가 되는 것은 흔히 생각하는 것처럼 보이는 것과 보이지 않는 것의 대조가 아니라, 영적 세계의 '권세들'(헬라어 exousias 엑수시아스)을 대항함에 있어서 인간적 힘으로 맞서는 것의 무능력함과 관련된 대조이다."[98] 그리스도인이 취해야 할 무기들 중에는 "진리의 허리띠"와 "의의 호심경", "믿음의 방패", "구원의 투구", "성령의 검 곧 하나님의 말씀"이 포함된다. 11절의 "대적하기 위하여"라는 표현에는 '서다'(헬라어 stēnai 스테나이)라는 동사가 포함되는데, 이는 자신의 자리를 굳게 지킨다는 의미를 가진다.[99] 12절에서 "씨름"이라는 용어를 사용하는 것과 관련하여 웨스트콧은 이렇게 말한다. "이 씨름(헬라어 palē 팔레) 은유는 인격적, 개인적 투쟁의 측면을 강조하기 위해 도입되고 있다."[100] 이런 각각의 유비들이 전체 논지에 잘 융합되고 있음을 본다.

(31) **에베소서 5:22-33**에 나타나는 **남편과 아내**와 관련된 전통적인 문구를 특정 유비로 보아야 할 것인지, 아니면 이 가르침이 특히 유대교의 배경 속에서는 오랜 전통적 역사를 가지고 있기 때문에 엄밀한 의미에서는 유비로 보기 어렵다는 입장을 취할 것인지, 결정을 내리기가 쉽지 않다. 이 문구가 상당히 권위적인 일련의 명령들과 함께 나타나는 것 때문에 일부 학자들은 바울의 직접 저작성에 의문을 제기하기도 한다. 폴 샘플리는 자신의 책 한 권 전체에서 이 단락을 다루고 있다.[101]

98 John A. T. Robinson, *The Body: A Study in Pauline Theology* (London: SCM, 1957), p. 20.

99 Westcott, *Ephesians*, p. 93.

100 Westcott, *Ephesians*, p. 93; BDAG, p. 752.

101 J. Paul Sampley, *'And the Two Shall Become One Flesh': A Study of Traditions in Ephesians 5:21-33* (SNTSMS 16; Cambridge: CUP, 1971).

샘플리는 이 단락 배후에 "유대교와 초대 교회에서부터 축적된 전통이 놓여 있으며, 이를 저자가 자신의 메시지를 독자들에게 전달하기 위해 사용했을 것으로" 보고 있다.[102] 저자가 취한 전통은 또한 전반적으로 그 자신의 목적과 관심에 부합하는 것이라고 샘플리는 판단한다. 그는 이렇게 덧붙인다. "그리스도인들 간의 결혼은 … 구약의 결혼 제정(창 2:24)의 바탕 위에 굳건하게 자리 잡고 있는 것으로 이해해야 한다."[103] 그와 동시에 저자는 레위기 19:18의 "네 이웃 사랑하기를 네 자신과 같이 사랑하라"라는 말씀에도 빚을 지고 있다고 지적한다. 샘플리는 "에베소서가 분리주의의 도전에 노출되어 있었거나 그 방향으로 기울어 가고 있던 공동체를 대상으로 한다"라는 주장을 내놓기도 한다.[104]

그러나 웨스트콧의 주장이 좀 더 설득력이 있어 보인다. 그는 이렇게 지적한다. "아내가 남편과 맺는 관계는 교회가 그리스도와 맺는 관계와 같다."[105] 교회를 위한 그리스도의 자기희생은 본문에 사용된 결혼의 관계가 어떻게 해석되고 이해되어야 하는지를 진지하고 깊게 진술한다.

어느 정도까지 이 구절들을 다른 유비들과 같은 유비로 인정할 수 있을지의 문제는 여전히 논란의 대상으로 남는다. 에베소서를 바울이 친히 쓴 편지로 보는 관점을 우리가 취한다면, 지금까지 우리는 바울의 유비, 그림, 또는 은유들을 47개 살펴본 셈이 된다.

102 Sampley, '*The Two Shall Become One Flesh*', p. 158.
103 Sampley, '*The Two Shall Become One Flesh*', p. 159.
104 Sampley, '*The Two Shall Become One Flesh*', p. 160.
105 Westcott, *Ephesians*, p. 83.

목회서신에 나타난 그림과 이미지

월터 부처는 '바울의 은유'(The Metaphors of St Paul)라는 글에서 목회서신을 별도 항목으로 다룬다.[106] 우리는 그의 방식을 따르고자 한다. 부처는 목회서신을 포함한 바울의 편지들이 "은유를 풍부하게 사용하며 … 자기 시대의 풍습, 기호, 관습, 방식들과 큰 간격을 두지 않는다"라고 지적한다.[107] 부처는 목회서신에 나타나는 은유들을 몇 가지 범주로 나눈다. 첫 번째는 제국 시대의 전쟁과 관련된 은유, 두 번째는 고전 건축과 관련된 은유, 세 번째는 고대 농업과 관련된 은유, 네 번째는 그리스 경기 대회와 관련된 은유, 다섯 번째는 입양이나 상속 등 로마의 법률과 관련된 은유, 여섯 번째는 의학과 관련된 은유, 일곱 번째는 항해 생활과 관련된 은유, 여덟 번째는 상거래와 관련된 은유, 마지막 아홉 번째는 새 사냥꾼의 기교와 관련된 은유가 그것이다.

(1) **제국 시대의 전쟁**과 관련된 은유에는 다음과 같은 것들이 포함된다.

① **디모데전서 1:18**에는 **"선한 싸움을 싸우라"**(헬라어 strateuē … tēn kalēn strateian 스트라튜에 … 텐 칼렌 스트라테이안)라는 표현이 나타난다.[108] '싸우다'로 번역된 스트라튜오(strateuō)는 군사로 복무하는 일이나 싸움을 벌이는 일을 가리킨다. 이 단어는 확실한 그림 은유이다. 바울은

106 Walter A. Butcher, 'The Metaphors of St. Paul', *Baptist Quarterly 9* (1939), pp. 484-87.
107 Butcher, 'The Metaphors of St. Paul', p. 484.
108 BDAG, p. 947.

디모데가 19-20절에 묘사되고 있는 후메내오와 알렉산더가 걸어간 믿음의 파선의 길로 나아가지 않도록 강한 군사적 용어를 사용해서 그를 권면한다. 이와 관련하여 켈리는 이런 설명을 제시한다.

> 그 본질이 고상한 차원에 속하는 이 전투는 복음 메시지를 변질시키는 형태에 대항하는 싸움이다. 바울은 군사적 은유를 좋아한다. 특히 그는 사도적 지도자를 그리스도인 전사로 묘사하기를 좋아한다(고전 9:7; 고후 10:3; 빌 2:25; 딤후 2:3-4).[109]

② **디모데전서 5:14**에서 바울은 과부들을 향하여 "**대적**에게 비방할 기회를 조금도 주지 말라"고 권면한다. 여기서 '대적'(헬라어 ho antikeimenos 호 안티케이메노스, '대항하다'를 뜻하는 antikeisthai 안티케이스따이의 분사)은 마귀를 의미할 수도 있고, 아니면 교회를 어지럽히는 거짓 인도자들을 뜻할 수도 있는데, 여기서는 전자 곧 마귀가 더 유력해 보인다.[110]

③ **디모데후서 2:3**에는 "그리스도 예수의 좋은 **병사**"라는 군사적 용어가 나타난다.

④ 그리고 **디모데후서 3:6**에서는 "죄를 중히 지고 여러 가지 욕심에 끌"리는 어리석은 여자(헬라어 gunaikaria 귀나이카리아, 조소적 축소형)를 "유인하는"(헬라어 aichmalōtizein 아이크말로티제인, '포로로 잡다') 자들을 언급한다. 켈리는 이 표현을 "강한 조소"라고 부른다. 그러면서 동시에

109 J. N. D. Kelly, *The Pastoral Epistles* (London: Black, 1963), p. 57.
110 Kelly, *The Pastoral Epistles*, p. 219.

"종교적 선전의 간교함에 대한 살아 있는 듯한 그림"이라고 말한다. '포로로 잡는다'라는 말은 은유적 용어로서 본문이 언급하는 상황에 직접, 그리고 명료하게 적용된다. 하지만 이 용어는 거의 죽은(오랜 사용으로 신선함이 떨어지는 — 역주) 은유 급에 속한다.

(2) **고전 건축이나 건물**과 관련된 은유들로는 다음과 같은 것들이 있다.

⑤ **디모데전서 3:13**에서 바울은 "집사의 직분을 잘한 자들은 **아름다운 지위**(헬라어 bathmon heautois kalon 바뜨몬 헤아우토이스 칼론)를 얻는다"라고 말한다. 윌리엄 마운스는 이 표현이 외부 세계 사람들 앞에서 가지는 지위나 명성을 가리키는 것이라고 보고 있다.[111] 헬라어 사전 편집자인 단커는 바뜨모스(bathmos)라는 단어가 물리적인 계단 혹은 "오르거나 내릴 때 발을 놓을 수 있도록 만들어진 구조물"을 가리킨다고 풀이한다.[112] 따라서 이 단어는 건축물에서 나온 은유임을 알 수 있다. 우리 본문에서도 분명히 그렇게 적용된다.

⑥ **디모데전서 3:15**에는 "하나님의 집"(헬라어 en oikō Theou 엔 오이코 떼우)과 관련된 일련의 유관 은유들이 사용된다. 바울은 이 집을 "살아 계신 하나님의 교회요 진리의 기둥(헬라어 stulos 스튈로스)과 터(헬라어 hedraiōma 헤드라이오마)"라고 말한다. 오이코스(oikos)라는 헬라어는 집이나 건물, 또는 가속을 의미한다. "터"라는 단어와 관련하여 켈리는 "헬

111 William D. Mounce, *Pastoral Epistles* (WBC; Nashville: Nelson, 2000), p. 207.
112 BDAG, p. 162.

라어 헤드라이오마(hedraiōma)는 [터보다는] 버팀벽 또는 보강 벽이라고 옮기는 것이 더 정확하다"라고 말한다.[113] 따라서 이 용어를 통해 나타내고자 하는 사상은 각각의 그리스도인 공동체가 교회의 바른 가르침을 지지하고 지탱하며 안전하게 세우는 일을 감당해야 한다는 것이다. 마운스는 많은 주석가들이 집의 은유가 목회서신의 신학에서 주도적인 영향력을 미치고 있으며 그 결과 교회가 이탈 세력에 맞서서 수직적 사회 구조를 갖추는 데 일조하는 것으로 보고 있다고 말한다.[114] 마운스 자신은 이런 견해에 동의하지는 않는다. 집이 교회를 상징하는 것도 아니고, 또 집의 은유가 지배적인 힘을 가지는 것도 아니라는 것이다. 이런 주제는, 딱히 건축의 은유에 관한 것은 아니긴 하지만, 계속되는 논쟁의 대상이 되고 있다. 많은 해석자들이 저마다의 교회 신학을 가지고 본문 해석에 임하는 것이 문제이다.

⑦ **디모데전서 6:19**에는 **"터"**(헬라어 themelios 떼멜리오스) 은유가 사용되고 있다. "이것이 장래에 자기를 위하여 좋은 터를 쌓아 참된 생명을 취하는 것"이라는 문구에 나타나는 표현이다. 마운스는 이와 관련하여 이렇게 말한다.

> 이 구절의 어려움은 은유들의 혼합 때문에 일어난다. 아포떼사우리제인(apothēsaurizein)이라는 동사는 신약에서 오직 여기에만 한 번 나타나는데, '쌓아 올리다'의 의미를 가지는 단어이다. … 떼멜리오스(themelios)는

113 Kelly, *The Pastoral Epistles*, p. 88.

114 Mounce, *Pastoral Epistles*, p.221; D. C. Verner, *The Household of God and the Social World of the Pastoral Epistles* (SBLDS; Chico, CA: Scholars Press, 1983), p. 186.

'터'를 의미하며, 신약에서 문자적으로 건물의 터를 가리킬 때 사용되기도 하고, 비유적으로 그리스도를 선포함으로써 만들어진 터를 가리키는데 사용하기도 한다(롬 15:20). … 은유의 혼합은 다소 혼란스럽다.[115]

그렇다고 해서 이 혼합 은유가 그렇게 혼란스러운 것은 아니다. 켈리는 바울이 종종 혼합 은유를 사용한다고 지적한다.[116] 로버트 월(Robert Wall)은 "스스로를 위하여 좋은 터를 쌓아 올리는 것은 종말론적 목적을 위한 것이다"라고 단순하게 설명한다.[117]

⑧ **디모데후서 2:19**에는 "하나님의 견고한 **터**(헬라어 themelios 떼멜리오스)는 섰으니"라는 표현이 나온다. 후메내오와 빌레도 같은 이단 사상가들의 활동으로 바울이 다소 위축될 수도 있는 상황이지만, 그러나 그는 주 건물이 견고히 서 있는 것에 대해 감사하는 마음을 표현하고 있다. 이와 관련해서 켈리는 이렇게 말한다.

견고한 터를 어떻게 볼 것인지에 대해 다양한 해석들이 제시되고 있다. 그리스도와 그의 사도들, … 복음의 진리, 전체로서의 교회, 에베소의 진실한 그리스도인들의 흔들리지 않는 중심 등으로 보는 관점들이 그것이다. 이 마지막 것을 가리키는 것이 거의 확실하다. 다시 말해서 이는 위대한 기독교 교회의 부분을 이루는 에베소 교회를 가리킨다.[118]

115 Mounce, *Pastoral Epistles*, p. 368.

116 Kelly, *The Pastoral Epistles*, p. 149.

117 Robert W. Wall, *1&2 Timothy and Titus* (Grand Rapids: Eerdmans, 2012), p. 200.

118 Kelly, *The Pastoral Epistles*, p. 186.

(3) **고대 농업**과 관련된 은유로는 다음과 같은 것들이 있다.

⑨ **디모데전서 4:10**에서 바울은 "우리가 **수고하고 힘쓴다**"(헬라어 kopiōmen kai agōnizometha 코피오멘 카이 아고니조메따)라는 표현을 사용한다. 켈리는 이를 농업의 은유보다는 운동 경기자의 은유로 보고 있다.[119] 특히 헬라어 아고니조메따(agōnizometha)는 운동 경기와 관련하여 자주 사용되는 용어이다. 부처가 이를 농업의 범주에 포함시킨 것은 잘못된 판단이라고 본다. 다음 번 범주(운동 경기)로 옮기는 것이 좋겠지만, 일단은 부처의 분류를 그대로 따라가 보자. 부처의 또 다른 예인 디모데전서 5:17도 마찬가지다. 말씀을 가르치는 자들의 수고(헬라어 kopiōntes 코피온테스)에 대해 이야기하는 구절인데, 이때의 수고는 어떤 어려운 과업을 이루기 위해 힘을 쏟아 노력하는 것을 나타낸다. 이 경우 이 단어는 은유적 성격이 희박하다. 너무나 빈번하게 이런 의미로 사용되는 단어이기 때문이다. 따라서 우리는 이 단어를 은유의 목록에 포함시키지는 않았다.

⑩ **디모데전서 5:18**에는 "**일꾼**(헬라어 ho ergatēs 호 에르가테스)이 그 **삯**을 받는 것은 마땅하다"라는 표현이 나타난다. 이는 누가복음 10:7을 자구 그대로 인용한 것이며, 마태복음 10:10에도 약간 다른 형태로 나타난다. 바울은 이를 고린도전서 9:14에도 사용한다. 이 문구가 예수님의 가르침을 반영하는 것이라면 이는 농촌 및 농업 상황을 배경으로 하는 은유적 표현이 된다. 그렇지 않고 이것이 통상적인 격언에서 비롯된

119 Kelly, *The Pastoral Epistles*, p. 102.

것이라고 본다면 이를 상업적 은유로 볼지 아니면 농업적 은유로 볼지 논란이 일어날 수 있다. 이 문구가 예수님의 가르침을 반영하는 것은 분명한 사실이다. 그러면서도 이 은유는 매우 폭넓게 통용되고 있던 은유이다.

⑪ **디모데전서** 6:10에는 "돈을 사랑함이 일만 악의 **뿌리**(헬라어 rhiza 리자)"라는 잘 알려진 표현이 나타난다. 자주 부르는 노래에 "돈이 모든 악의 뿌리"라는 곡이 있는데, 이는 이 구절을 잘못 인용하고 있다. 돈 자체가 아니라 "돈을 사랑함"이 만 악의 뿌리라고 말한다. 뿌리라는 단어가 하나의 은유적 성격을 가진다는 점을 고려하여, 영어 번역은 '그 뿌리(*the* root)'보다 '한 뿌리(a root)'로 이를 옮기고 있다. 다시 말해서 이것만이 만 악의 뿌리라는 것이 아니라 이것이 많은 뿌리 가운데 하나라는 것이다. 이 표현 역시 잘 알려진 격언 형태를 취하고 있는데, 우리는 이를 디오게네스나 필론 등에게서도 찾아볼 수 있다. 마운스는 이를 "비유적" 표현이라고 부른다. 그 이유는 이 '뿌리'라는 말이 너무 폭넓게 비유적으로 사용되고 있어서 이를 더 이상 하나의 창의적인 은유로 보기 어렵다고 생각하기 때문이다.[120] 그럼에도 불구하고 이 용어는 설교자들과 교사들에게 많은 창의적인 생각을 제시한다.

⑫ **디도서** 1:13에는 "그들을 **엄히 꾸짖으라**"라는 표현이 나타나는데, 이는 얼핏 보면 은유 같아 보이지 않는다. 그러나 부처는 헬라어 "엘렝케 아우투스 아포토모스"(elengche autous apotomōs)를 "그들을 날카

120 Mounce, *Pastoral Epistles*, p. 347.

로운 전지 칼로 끊어내라"라는 의미로 읽는다. 단커는 아포토모스(apotomōs)라는 부사를 단순히 '심하게' 또는 '엄하게'의 의미로 정의한다. 형용사 아포토모스(apotomos)는 '단호한'의 의미를 가지며, 명사 아포토미아(apotomia)는 '끊어냄'의 의미가 있지만, 이것이 원예를 기반으로 한다는 언급은 없다. 우리가 이 단어의 역사적 어원을 추적해 본다면 이를 바탕으로 바울이 지금 농업에 기반을 둔 은유를 사용한다고 주장할 수 있을지 모른다. 그러나 이미 이 용어가 농업과는 상관없이 폭넓게 통용되고 있었기 때문에 우리는 이를 은유의 목록에 포함시키지는 않는다. 오히려 디도서 3:14에서 바울은 "열매 없는 자가 되지 않게 하"라는 권면을 주고 있는데, 여기에 사용된 헬라어 아카르포이(akarpoi)가 열매를 맺지 못한 상태를 가리킨다. 따라서 우리는 이 용어를 농업적 혹은 원예적 은유로 볼 수 있을 것이다.

⑬ **디모데후서 2:6**에서 바울은 직유에 해당하는 표현을 사용하고 있다. "**수고하는 농부**가 곡식을 먼저 받는 것이 마땅하니라"라는 말이 그것이다. 이와 관련하여 켈리는 이렇게 해설한다.

> 이 유비는 어떤 사람들이 주장하는 것처럼 멀리서 끌어다 붙여 놓은 그런 표현이 아니다. 왜냐하면 저자는 이를 고린도전서 9:10-11에서도 사용하고 있기 때문이다. … [바울은] 지금 고린도전서 9:10-11에서와 같이, 사도적 지도자가 자신이 수고한 공동체로부터 당연히 기대할 수 있는 사역에의 지원을 염두에 두고 있다.[121]

121 Kelly, *The Pastoral Epistles*, p. 176.

이상 부처가 제시한 고대 농업에 기반을 둔 다섯 개 은유들 가운데서 최소 3개 정도는 적합성을 가지는 것으로 수용할 수 있겠지만, 나머지는 논란의 여지가 있다.

(4) **그리스 경기 대회**와 관련된 은유로는 다음과 같은 것들이 있다.

⑭ **디모데전서 4:7**에는 "경건에 이르도록 **네 자신을 연단하라**(헬라어 gumnaze seauton 귐나제 세아우톤)"라는 표현이 있다. 단커는 여기에 사용된 귐나조(gumnazō) 동사가 통상 '훈련하다'라는 의미를 가지며, 심지어 많은 이방 문학에서는 맨몸으로 훈련하는 상황에 사용된다는 것을 밝힌다. 이 단어는 또한 자기 연단의 은유로 사용되기도 한다.[122] 이 구절과 관련하여 월(Robert Wall)은 이렇게 해설한다.

> 이 단락은 잘 훈련된 운동선수의 습관을 따라하기를 권하는 권면으로 시작된다. 곧 '거룩한 삶을 위하여 스스로를 연단하라'는 것이다. … 훈련을 가리키는 단어는 귐나조(gumnazō)인데, 여기서 '김나지움'이 도출되었다. 이는 육체적 자기 통제를 이루는 훈련과 습관을 생생히 드러내는 단어이다.[123]

이 예는 그리스 운동 경기의 맥락에서 이끌어 낸 은유의 하나로 잘 자리매김 된다.

122 BDAG, p. 208.
123 Wall, *1&2 Timothy and Titus*, p. 121.

⑮ **디모데전서 6:12**에는 "**믿음의 선한 싸움을 싸우라**"(헬라어 agōnizou … to kalon agōna 아고니주 … 토 칼론 아고나)라는 표현이 나타난다. 우리는 빅터 피츠너가 이 주제에 대해 상세히 연구한 것을 이미 살펴본 바 있다. 그는 아곤(agōn) 단어의 용례를 헬레니즘 세계와 유대교 속에서 폭넓게 고찰하고, 이 주제가 목회서신에 어떻게 나타나고 있는지에 대해서도 상당한 페이지를 할애한다.[124] 디모데전서 6:12에서 바울이 하나의 경기 은유를 사용하고 있다고 보는 것은 적절하다. 바울은 복싱 등과 같은 시합을 염두에 둔 것으로 보인다.

⑯ **디모데후서 2:5**에서 바울은 잘 알려진 은유 하나를 제시한다. "**경기하는 자**가 법대로 경기하지 아니하면 승리자의 관을 얻지 못할 것"이라고 말하는 것이 그것이다. 바울은 섬김의 수고를 넘어 거기에 따르는 영광스러운 상으로 관심을 돌린다. 흔히 "규칙을 따라"로 많이 번역되는 "법대로"(헬라어 nominōs 노미노스)라는 문구는 구체적으로 어떤 법이나 규칙을 가리키는 것인지를 두고 논란이 일어나기도 한다. 어떤 사람들은 특정한 경기라고 주장하기도 하고, 또 다른 사람들은 올림픽 경기와 같은 경기 대회라고 말하기도 한다. 하지만 이는 구체적으로 언급되지 않고 있다.

⑰ **디모데후서 4:7**에는 보다 유명한 문구인 "**내가 선한 싸움을 싸웠다**"라는 표현이 나타난다. 바울은 이렇게 술회한다. "나는 선한 싸움을 싸우고 나의 달려갈 길을 마치고 믿음을 지켰으니 이제 후로는 나

124 Pfitzner, *Paul and the Agon Motif*, pp. 23-38, 73-125 and 105-87.

를 위하여 의의 면류관이 예비되었으므로 주 곧 의로우신 재판장이 그 날에 내게 주실 것이며 내게만 아니라 주의 나타나심을 사모하는 모든 자에게도니라." 이와 관련하여 켈리는 이런 해설을 제시한다.

> 이 그림은 전쟁이 아니라 운동 경기를 배경으로 하며, 아마도 레슬링 경기에 기반을 두는 것으로 보인다. 우리는 여기에서 [바울이] 자신을 개인적으로 부각하는 것을 볼지라도 그의 교만의 어조를 찾지는 못한다. 고상함이 집중되는 것은 운동 경기 자체, 곧 그의 사도적 직무와 사역이다. 우리는 "내가 선한 싸움을 싸웠다"라고 말할 때 사용된 완료시제 동사에 강조점이 들어 있는 것을 발견한다. "나는 치러야 할 싸움을 끝까지 다 싸워냈다"라는 것을 그는 말하고 있다.[125]

(5) **로마의 법률**과 관련된 은유의 예로 부처는 단 하나의 예만 제시한다.

⑱ **디도서 3:7**에서 바울은 "우리로 그의 은혜를 힘입어 의롭다 하심을 얻어 영생의 소망을 따라 **상속자**가 되게 하려 하심이라"라고 말한다. 칭의에는 다른 맥락 요소(이를테면 밝히 드러냄 vindication)가 포함되기도 하지만, 법정 선언의 그림이 이 개념의 뿌리를 이룬다는 것은 부정할 수 없다. 우리는 '상속자'라는 단어를 앞에서 이미 살펴본 바 있다. 바울은 이 용어를 매우 자주 사용한다. 그런 면에서 이 용어는 단지 부분적으로만 은유의 성격을 가진다. 우리는 이를 경계선상의 은유의 한 예로 보고자 한다.

125 Kelly, *The Pastoral Epistles*, p. 208.

(6) **의학**과 관련된 은유들로는 다음과 같은 것들이 있다.

⑲ **디모데전서 6:3**은 크게 두드러지지 않는 일상적인 예이다. "바른 말"이라는 문구는 얼핏 보면 은유라고 보기 어렵다. 그러나 여기에 사용된 헬라어 휘기아이누신(hugiainousin)은 휘기아이노(hugiainō)에서 나왔는데, 이는 "좋은 건강 상태에 있다, 건강하다, 건전하거나 바르다"라는 의미를 가진다.[126] 단커는 목회서신에서는 이 단어가 건강보다는 '건전하다'의 의미로 사용된다고 보고 있다. 하지만 "바른 말"을 '건강을 주는', 혹은 '건강하게 하는 교훈'의 의미로 읽는 것도 얼마든지 가능하다. 켈리는 두 가지 뉘앙스를 다 아우르는 '온건한, 건강에 좋은'(wholesome)이라는 말을 사용한다.[127] 마운스는 '건강'을 선호한다.[128] 부처가 이를 의학적 은유라고 부르는 것은 정당성이 있다. 건전한 말(교훈)은 활기와 성장과 건강을 가져온다. 부처는 디도서 1:9에서 "바른 교훈"을 말하는 것도 동일한 은유의 반복적인 사용이라고 보고 있다. 왜냐하면 헬라어 '엔 테 디다스칼리아 휘기아이누세'(en tē didaskaliā hugiainousē)는 '건강한 가르침으로', 또는 '건강을 주는 가르침으로'라는 의미를 가지기 때문이다. 디도서 1:13과 2:1, 디모데후서 4:3에도 동일한 유비가 거듭 반복된다. 이 구절들에 사용된 헬라어는 다 동일한 동사에서 나온 동일한 단어이다. 같은 표현을 네 번이나 반복하는 것을 볼 때, 바울은 이 은유에 대단히 큰 무게를 싣고 있음을 잘 알 수 있다.

126 BDAG, p. 1023.
127 Kelly, *The Pastoral Epistles*, p. 133.
128 Mounce, *Pastoral Epistles*, p. 337.

⑳ 또 다른 의학적 은유 하나가 **디모데후서 2:17**에 나타난다. 바울은 후메내오와 빌레도같이 진리에서 이탈한 사람들의 이단적 사상과 세력이 번져 가는 상황을 언급하면서 17절에 매우 강력한 의학적 은유 하나를 사용한다. "그들의 말은 **악성 종양**(헬라어 ganggraina 강그라이나)이 퍼져 나감과 같"다는 것이다. 단커는 헬라어 사전에서 이 말을 이렇게 정의한다. "그대로 내버려 두면 파괴적 상태가 될 수 있는, 심한 통증을 동반하는 질병, 괴저, 종양, 암 등(히포크라테스 이후로 의학 용어로 사용)."[129] 마운스는 이단자들의 가르침이 "마치 몸 속의 괴저 질환이 그러하듯 교회 전체에 퍼져서 교회를 병들게 하는 결과를 낳는다"라고 말한다.[130] 켈리 역시 이 가르침이 "마치 괴저 질환이 … 인접 조직을 먹어 치우는 것과 같이, 다른 사람들에게 퍼져서 그들을 감염시키는 교활한 경향을 가진다"라고 설명한다.[131]

(7) **항해 생활과 관련된 은유**로 부처는 두 가지 예를 제시하지만, 확실하게 은유의 성격을 갖는 것은 다음과 같은 예이다.

㉑ **디모데전서 1:19-20**에서 바울은 이렇게 권면한다. "믿음과 착한 양심을 가지라 어떤 이들은 이 양심을 버렸고 그 믿음에 관하여는 파선하였느니라(헬라어 enauagēsan 에나우아게산) 그 가운데 후메내오와 알렉산더가 있으니." 여기에 사용된 나우아게오(nauageō) 동사는 '난파를 당하다'나 '파선을 겪다'라는 의미를 가진다. 이와 동족 관계의 명사 나우스

129 BDAG, p. 186.

130 Mounce, *Pastoral Epistles*, p. 527.

131 Kelly, *The Pastoral Epistles*, p. 184.

(naus)는 배를 의미하며, 나우테스(nautēs)는 선원을 의미한다. 영어 형용사 노티컬(nautical, '선박의, 해상의')도 이 단어에서 유래했다.[132] 파선의 용어는 항해 상황에서 가지고 온 은유적 용어임이 분명하다. 그러나 항해 용어인지가 조금 의심스러운 용어도 있다. 디모데전서 6:9의 "사람으로 파멸과 멸망에 빠지게 한다"는 표현이 그것이다. 여기에 사용된 헬라어 동사 뷔띠주신(buthizousin, 원형 buthizō 뷔띠조)은 '가라앉게 하다'라는 의미를 가진다. 연관된 단어 뷔또스(buthos)가 일반적으로 '깊은 물'을 가리키기는 하지만, 동사 뷔띠조는 흔히 '참혹한 결과를 겪게 하다'의 의미로 사용된다.[133] 이 용어는 또 하나의 경계선상의 은유라고 볼 수 있다.

(8) **상거래와 관련된 은유**의 대표적인 예로는 바울이 자주 사용하는 '이익'이라는 단어를 들 수 있다. 하지만 어떤 사람들이 "경건을 이익의 방도로" 생각한다고 할 때(딤전 6:5), 바울이 '이익'이라는 단어를 은유적으로 사용한다고 볼 수 있을까? 또 다른 예로 디모데후서 1:12에서 바울이 "내가 의탁한 것을 그날까지 그가 능히 지키실 줄을 확신함이라"라고 말하는 것을 보는데, 여기서도 '의탁한 것'이라는 단어가 은유적으로 사용된 것인지 의문을 제기할 수 있다. 한 영어 성경(KJV)은 파라떼케(parathēkē)라는 헬라어를 '예탁금'(deposit)이라는 상업적 용어로 번역하지만, 이 단어는 통상 다른 사람에게 믿고 맡겨 둔 물건이나 재산을 의미한다. 이 단어가 여기서 은유적으로 사용되었을 수도 있지만, 그보다는 이 단어의 비유적 부분이 적용된 것이라고 볼 수도 있다.

132 BDAG, pp. 666-67.
133 BDAG, p. 185.

(9) **새 사냥꾼의 기교와 관련된 은유**로는 올무나 덫 같은 용어를 들 수 있다. 앞의 여덟 가지 범주는 오늘날 일상생활에서도 익숙하게 접하는 것들이다. 그러나 이 마지막 범주는 동일한 익숙함을 가지고 있지 않다. 특히 도시 생활에서는 더욱 그러하다. 그뿐만 아니라 이 용어들이 은유적으로 사용되고 있는 것인지에 대해서도 의문이 일어날 수 있다. 부처가 예로 드는 두 가지 예 중 하나는 "마귀의 올무"(딤전 3:7; 딤후 2:26)라는 표현이다. '올무'에 해당하는 헬라어 단어 파기스(pagis)는 동물을 잡기 위해 사용하는 덫이나 올무 같은 것을 가리키는데, 이솝이나 다른 일반 작가들은 이를 새 사냥꾼의 도구를 가리키는 용어로 사용했다. 하지만 이 용어는 누군가로 하여금 예기치 않게 갑자기 위험에 빠지게 만드는 것을 가리키는 일반적인 의미로도 사용되었다. 만일 이 용어가 은유적으로 사용되었다고 본다면, 바울 시대에 와서는 이는 하나의 창백한 은유(그 정도가 매우 약한 차원의 은유 — 역주)에 지나지 않는다. 디모데전서 6:9에서 "부하려 하는 자들은 시험과 올무와 여러 가지 어리석고 해로운 욕심에 떨어지나니"라고 말할 때에도 마찬가지다. 여기서도 '올무'라는 단어가 은유적으로 사용된 것이라고 본다면, 그 위치는 경계선상에 놓여 있다고 말할 수 있을 것이다.

위에서 우리는 목회서신에 나타나는 21개 은유를 살펴보았다. 이 가운데 몇 개는 진정한 의미의 은유라고 볼 수 있는지 논란의 대상이 되는 것들도 있지만, 그 수는 그렇게 많지 않다. 우리가 목회서신을 켈리 등이 보는 것처럼 에베소서와 골로새서와 함께 진정한 바울 서신으로 본다면, 앞에서 다룬 47개 은유들에 21개를 더하여 총 68개 은유를 바울서신에서 찾아볼 수 있다. 이는 우리가 구약성경이나 예수님의 가르침, 그리고 요한계시록에 사용된 그림, 상징 혹은 은유 사용과 비교해서 충분히 예상할 수 있을 만한 풍성한 숫자이다. 바울은 유능한 설교자요 목회자요 의사소통자로서, 자신을 둘러싸고 있는 물리적, 사회적 세계를 깊이 들여다보면서 그 세계와 현실적으로 교류하고, 거기로부터 영적 유비를 끌어내고 있다. 이제 우리는 계시록으로 넘어가 보고자 한다. 우리는 이 놀라운 책에서 시각적 이미지의 잔치를 누릴 수 있을 것이다.

9장 요한계시록에 나타난 그림과 상징과 이미지

계시록의 그림과 이미지, 그리고 이에 대한 서로 다른 해석

요한계시록에는 기술(descriptive) 언어보다 그림과 이미지들이 훨씬 더 많이 나타난다. 그런 점에서 이 책은 신약성경에서도 매우 독특한 문서이다. 로빈 휘터커는 요한이 "우리의 관심을 시각에 집중시킨다"라고 지적한다.[1] 요한은 "자기가 본 것"(헬라어 hosa eiden 호사 에이덴, 계 1:2)을 다 기록하라는 지시를 받는다. 그가 할 일은 "네가 보는 것을"(헬라어 ho blepeis 호 블레페이스, 1:11; grapson ha eides 그라프손 하 에이데스, 1:19) 전달하는 일이다.

계시록에는 나타샤와 앤서니 오히어가 말하는 것처럼 "내가 보았다"라는 말이 60회 이상 나타난다(예, 1:12-13; 19:18; 22:8 등).[2] 어떤 시각적 형상이나 예술 작품을 말로 생생하게, 때로는 극적으로 묘사하는 기법을 엑프라시스(ekphrasis)라고 부른다. 휘터커는 고대의 문화적 맥락

1 Robyn J. Whitaker, *Ekphrasis, Vision, and Persuasion in the Book of Revelation* (WUNT 2, 410; Tübingen: Mohr, 2015), p. 7.

2 Natasha and Anthony O'Hear, *Picturing the Apocalypse: The Book of Revelation in the Arts over Two Millennia* (Oxford: OUP, 2015), p.18.

에서 "엑프라시스, 특히 어떤 신을 엑프라시스 방식으로 묘사하는 일은 말과 이미지 사이의 간격을 이어 줌으로써 신적인 세계에 들어갈 수 있는 통로를 마련해 주었다"라고 말한다.[3] 필자가 살펴본 바에 따르면, **계시록의 총 404절에 440개 정도의 그림 혹은 이미지가 나타난다**. 오히어와 오히어 역시 이렇게 관찰하고 있다.

> 이 책에서 독자는 곧게 뻗어 있는 선형적 내러티브를 따라 나아가는 것이 아니라, 기괴한 이미지와 주제들의 만화경 속으로 텀벙 뛰어들게 된다. … 이런 이미지들은 꿈이 가지는 생생함과 효능을 가진다. 하지만 때로는 꿈에서와 같은 흐릿함의 측면도 나타난다.[4]

휘터커는 이미지와 시각적 장면이 고대 세계에서는 다루는 주제(헬라어 lexis 렉시스)에 어울리는 생생함(헬라어 energeia 에네르게이아)과 선명함(헬라어 saphēneia 사페네이아)을 제공하는 수단이었다고 말한다. **계시록은 그림과 이미지의 힘이 무엇인지를 예시하는 면에 있어서 성경의 그 어떤 책보다 더 뛰어난 적합성을 가진다**. 휘터커는 계시록을 "시각적 잔치"라고 부른다.[5] 리처드 보컴(Richard Bauckham) 역시 "계시록의 이미지들은 이 책의 상징적 세계 속에 상상의 방식으로 참여할 수 있도록 유발하는 힘을 가진 상징들"이라고 말한다.[6]

이 연구를 시작하면서 우리는 계시록과 관련해서 폭넓게 수용되

3 Whitaker, *Ekphrasis*, p. 38.
4 O'Hear and O'Hear, *Picturing the Apocalypse,* p. 15.
5 Whitaker, *Ekphrasis*, p. 4.
6 Richard Bauckham, *The Theology of the Book of Revelation* (Cambridge: CUP, 1993), p. 18.

고 있는 몇 사람들의 입장을 먼저 소개하고자 한다. 첫 번째로, 계시록의 헬라어 본문에 기반을 둔 방대한 주석에서 빌(G. K. Beale)은 "계시록은 추상이 아니라 **그림**이다"라고 못 박는다.[7] 그는 이런 주장을 뒷받침하기 위해 다니엘서 2:28-30, 45에 관심을 돌린다. 여기에 나오는 '알게 하다'의 아람어 동사(yeda 예다)가 헬라어 칠십인경 본문에는 세마이노(sēmainō, '표상하다')의 단순과거형으로 번역되어 있다. 이는 하나의 상징적 의사소통이 이루어지고 있다는 것을 보여 준다. 여기에는 다니엘서에 나오는 금과 은과 놋과 쇠로 이루어진 큰 신상의 시각적 이미지 등이 포함된다. 다른 것들도 많이 있겠지만, 특별히 이것이 빌의 중요한 출발점이다.

두 번째로, 우리는 은유의 본질을 잘 이해할 필요가 있는데, 이런 점은 앞서 3장에서 상세히 살펴본 바 있다. 그림을 통한 의사소통은 명제를 통해서 의사소통할 수도 있었겠다고 생각하는 어떤 계시의 대안물이 아니다. 우리가 3장에서 강조했던 것처럼, 재닛 소스키스와 폴 리쾨르는 은유가 인지적 진리를 전달할 수 있다는 것을 잘 보여 준 바 있다. 반면 조지 케어드는 모든 환상이나 그림을 분해해서 그 의미를 다루려고 하는 것은 "무지개를 해체하려는 것"과 같다고 말한다.[8]

세 번째로, 계시록을 변형된 신화론의 관점에서 다루려고 하는 사람들이 많이 있다. 브레바드 차일즈와 조지 케어드, 그리고 사실상 빌도 신약 저자들이 '부러진' 신화를 사용하는 것으로 보고 있다.[9] '부러진 신

7 G. K. Beale, *The Book of Revelation: A Commentary on the Greek Text* (Grand Rapids: Eerdmans, 1999), p. 51 (강조는 첨가).

8 George B. Caird, *The Revelation of St. John the Divine* (London: Black, 1966), p. 25.

9 Brevard S, Childs, *Myth and Reality in the Old Testament* (London: SCM, 1962); G. B. Caird, *The Language and Imagery of the Bible* (London: Duckworth, 1980), p. 226.

화'(broken myth) 또는 '떨어져 나온 신화'라는 것은 이전에는 신화에 속하는 것이었지만, 그 체계에서 이탈되어 이전과 다른 역사적, 인지적, 문학적 기능을 취하게 된 어떤 요소들을 가리킨다. 차일즈는 성경 저자들이 때로 신화적 이미지를 사용하여 혼동 속에 창조 질서가 부여되는 것을 나타낸다고 주장한다. 하지만 여기에는 본래 그것이 가지고 있었던 신화적 기능은 더 이상 없는 것으로 보고 있다. 신화와 인지적 언어의 주된 차이는 에른스트 카시러의 말과 같이, "신화적 사고가 즉각적 경험에 안착한다"는 데 있다.[10] 신화적 사고는 본질상 비판적 사고와는 거리가 멀다. 어떤 사람들은 신화가 꿈과 같다고 말한다. 거기에는 시각적 이미지가 차고 넘치지만, 그것이 어떤 직접적, 인지적 의미를 가지는지를 알기는 어렵다. 우리는 앞서 오히어가 계시록의 이미지들을 꿈과 비교하고 있는 것을 보았다. 우리가 되돌아가서 그 이미지들을 생각하고 비판적으로 따져 보면 거기에서 혜안을 얻게 되는 때가 많다.

케어드는 요한계시록에 대한 주석을 시작하면서, 현대 독자들은 "보좌, 두루마리, 인, 나팔, 대접, 말 탄 자들, 황충, 용, 짐승 등과 같은 환상들"을 보고 뒷걸음칠 수도 있다고 지적한다.[11] 이런 시각적 재현의 측면 때문에 우리가 놀랄 필요는 없다. 요한은 "네가 보는 것을 두루마리에 쓰라"(계 1:11, 헬라어 ho blepeis grapson 호 블레페이스 그라프손)는 주님의 명령을 따르고 있다. 그가 보는 것은 이런 것들이다. 떨어지는 별들(계 1:20; 6:13; 9:1), 생명나무(2:7; 22:2), 흰 돌(2:17), 흰 옷(3:6, 18; 4:4; 6:11), 생명책(3:5; 17:8), 무지개(4:3), 유리 바다(4:6), 사자(4:7), 날아가는 독수리(4:7), 두루마리(5:1, 3, 7, 8 등), 일곱 인(5:1), 일곱 뿔(5:7), 금 대접

10 Ernst Cassirer, *Language and Myth* (Eng., New York: Harper, 1946), p. 32.

11 Caird, *The Revelation of St. John,* p. 1.

(5:8), 십사만 사천(7:4; 14:1), 쓴 쑥(8:11), 무저갱(9:1, 11; 11:7; 20:1), 황충(9:3, 7), 전갈(9:3), 아볼루온(9:11), 나팔(9:14; 10:7), 큰 붉은 용(12:3; 16:13), 바다에서 나오는 짐승(13:1), 바벨론(14:8; 16:20), 금 대접(15:7; 17:1), 아무도 알지 못하는 이름(19:12), 유황불 붙는 못(19:20), 크고 흰 보좌(20:11), 새 예루살렘(21:2) 등이다.

이 환상들은 단순한 서술의 기능을 하지 않는다. 계시록의 시각적 의사소통 방식을 잘 이해하기 위해서는 최소한 두 가지 대안적 저작 동기를 염두에 둘 필요가 있다. 다른 누구보다 휘터커는 시각적 이미지가 설득의 수단으로 사용된다는 점을 강조한다. 계시록이 설득하고자 하는 핵심 주제는 역사의 알파와 오메가요 전능하신 이이신 하나님의 전적이고도 비교할 수 없는 주권이다. 계시록은 일차적으로 억압받고 핍박받는 성도들을 위한 책이다. 대부분의 주석가들은 계시록의 기록 시기를 네로 시대나 아니면 보다 더 적합하기로는 도미티아누스의 통치 시대로 잡고 있다. 이런 맥락에서 환상은 하나님의 주권에 대한 증거 또는 입증의 기능을 가진다고 휘터커는 강조한다.

2007년도에 출판된 이디스 험프리의 책 이전에는 계시록의 환상이 가지는 수사학적 기능에 대한 연구가 상대적으로 부족했다. 험프리는 고린도후서 12:1-10과 사도행전 7:54-60이 '증거'(proofs) 차원에서 환상이 사용되는 예라고 말한다.[12] 어떤 면에서 보면 시각적 환상은 매우 주관적인 성격을 가진다. 그래서 바울은 고린도전서 15장에서 부활의 '증거'가 시각적 인상의 방식으로가 아니라 역사적 사건의 방식으로

12 Edith M. Humphrey, *And I Turned to See the Voice: The Rhetoric of Vision in the New Testament* (Grand Rapids: Baker Academic, 2007), 특히 pp. 151-95. Cf. Whitaker, *Ekphrasis*, p. 25.

주어졌다는 것을 강조한다. 콘첼만이나 막센이 부활하신 주님을 '봄'이 가지는 '영적' 의미에 대해 많은 말을 하지만, 판넨베르크나 발터 퀴네트, 라이트 등이 강조하는 것처럼 이 '봄'은 빈 무덤의 전승과 같이 '역사적' 성격을 가진다.[13]

리처드 보컴은 시각적 이미지가 가지는 두 번째 대안적(또는 보완적) 기능 또는 목적을 제시한다. 계시록의 그림이나 이미지는 로마의 황제 제의에 사용되던 시각적 장치에 둘러싸여 있던 일차 독자들에게 대항체로서의 역할을 하고 있었다는 것이다. 보컴은 이렇게 말한다.

> 소아시아 지역의 큰 도시들에 거주하던 독자들은 로마의 세계 인식을 나타내는 강력한 이미지들을 끊임없이 접해야 했다. … 이런 모든 것들이 로마 제국의 힘과 이방 종교의 광휘를 나타내는 강력한 시각적 인상들을 던져 주고 있었다.[14]

이런 맥락에서 요한은 자신의 시각 이미지를 대항 이미지로 사용하여 이 세상의 현재와 미래 모습에 대한 대안적 비전을 제시하고 있다.

보컴은 나아가서 계시록에는 구약의 이미지들에 대한 암시가 차고 넘친다고 말한다. 이와 관련해서 그는 이렇게 덧붙인다. "계시록의 이미지를 **시간과 무관한** 상징으로 보는 것은 중대한 실수다. 이 상징들

13 Hans Conzelmann, 'On the Analysis of the Confessional Formula in 1 Cor. 15.3-5', *Int* 20 (1966), pp. 15-25; W. Marxsen, *The Resurrection of Jesus of Nazareth* (Eng., Philadelphia: Fortress, 1970), pp. 82-125; Wolfhart Pannenberg, *Systematic Theology*, vol.3 (Eng., Grand Rapids: Eerdmans, 1998), pp. 555-80; Walther Künneth, *The Theology of the Resurrection* (Eng., London: SCM, 1965), pp. 40-53; N. T. Wright, *The Resurrection of the Son of God* (London: SPCK, 2003), pp. 207-374 and 401-79.

14 Bauckham, *The Theology of the Book of Revelation*, p. 17.

은 계시록의 맥락성과 부합한다."[15] 계시록의 많은 그림이나 이미지가 다니엘서에 기반을 두고 있으며, 재앙 이미지는 출애굽기의 재앙들과 연관성을 가진다는 데 의견의 일치가 모아지고 있다. 메뚜기 떼 이미지는 요엘서와 연관성이 있다. 따라서 이런 이미지들에 대한 해석 작업은 구약성경의 원래 맥락과 그 의미를 염두에 두면서 이루어져야 한다. 초자연적 차원의 지진으로 인해 바벨론이 멸망하는 장면(계 16:17-21)은 파멸 환상의 정점에 해당한다. 이 장면은 하나님의 신현을 수반한다. 보컴은 이를 이렇게 해설한다.

> 짐승과 그 연합 세력들에 의해 바벨론이 도륙당하는 모습은 네로가 돌아와 로마를 멸망시키리라는 당대의 신화를 암시한다. 이는 악이 자멸적 본성을 가진다는 것을 나타내는 이미지이다. 이는 신학적 차원에서 하나님의 심판에 의해 악이 멸망한다고 보는 사상과 모순을 일으키지 않는다.[16]

쾨스터는 계시록에 대한 가장 정평 있는 주석이라 할 만한 거의 900페이지에 달하는 주석을 내놓았다.[17] 이 책의 서론에는 계시록 해석의 방대한 역사와 그 영향에 대한 논의가 포함되어 있다.[18] 이를 보면 계시록이 얼마나 다양한 방식으로 이해되고 해석되어 왔는지를 잘 알 수 있다. 20세기에 이르기까지 합의점은 거의 보이지 않았다. 쾨스터는 이렇게 말한다. "독자의 마음속에 그림을 그려 주는 일은 감정을 불러일으키는 강

15 Bauckham, *The Theology of the Book of Revelation*, p. 19 (강조는 첨가).

16 Bauckham, *The Theology of the Book of Revelation*, p. 21.

17 Craig R. Koester, *Revelation: A New Translation with Introduction and Commentary* (Anchor Bible; New Haven: Yale University Press, 2014).

18 Koester, *Revelation,* pp. 27-65.

력한 수단이다. … 말을 통한 그림은 동시에 다중 의미를 전달한다."[19]

계시록의 그림과 이미지가 가지는 하나님 중심적 특성

보컴은 "계시록의 신학이 지극히 하나님 중심적이다"라고 진술한다.[20] 우리는 이를 여러 곳에서 확인할 수 있다. 계시록 1:8에는 "나는 알파와 오메가라 이제도 있고 전에도 있었고 장차 올 자요 전능한 자라"라는 하나님의 자기 계시가 나타난다. 보컴은 이 선언이 놓인 위치가 대단히 전략적이라고 보고 있다.[21] 계시록에서 하나님께서 자신에 대해 말씀하시는 두 번의 경우 중 하나에 해당한다. 이는 하나님의 자기 현시요 선언이다. 계시록 21:6에 나타나는 두 번째 선언에서도 하나님은 자신을 가리켜 "나는 알파와 오메가요 처음과 마지막이라"고 밝히신다. 나아가서 예수 그리스도 또한 "처음이요 마지막"이며(1:17), "알파와 오메가"이시다(22:13).

계시록에서 성령을 나타내는 "일곱 영"은 "성령"(2:7)이나 "성령에 감동되어"('성령 안에서' 1:10 등)와 같은 표현과 병용되고 있다. "일곱 영"은 '일곱'이라는 상징적 숫자와 함께 사용되어 성령의 충만성을 나타낸다. "일곱 영"과 "땅의 임금들의 머리"이신 예수 그리스도는 "이제도 계시고 전에도 계셨고 장차 오실 이" 전능의 하나님과 더불어 삼위일체를 이루며, 계시록은 이 삼위일체적 인사와 사명 부여로 시작된다(계 1:4-5).

우리가 휘터커를 따라 계시록의 환상을 설득을 위한 증거(또는 입

19 Koester, *Revelation*, pp. 135 and 138.
20 Bauckham, *The Theology of the Book of Revelation*, p. 23.
21 Bauckham, *The Theology of the Book of Revelation*, p. 25.

증) 차원에서 이해하든지, 아니면 보컴을 따라 그 환상들이 모든 역사를 그 시작에서 마지막까지 주관하시는 하나님의 절대적 주권의 표현이라고 보든지, 이 시작 부분의 환상이 하나님의 주권을 중심으로 한다는 것은 분명한 사실이다. 계시록은 성도들이 당하는 압제 경험이나 로마 제국의 힘이 현실을 지배하는 상황 속에서도 하나님의 주권을 분명히 선포하고 있다. 압제 아래 놓인 독자들은 전능하신 하나님께서 역사의 처음과 끝을 통세하고 계신다는 사실을 들을 때 마음에 큰 안위와 확신을 얻을 수 있다. 하나님은 알파와 오메가요 "이제도 있고 전에도 있었고 장차 올 자"이시다(1:8).

이와 동일한 주제가 21:5-8과 22:13에도 되풀이된다. 다른 많은 선언들과 마찬가지로 이런 표현 배후에도 구약성경이 놓여 있다. 특히 이사야 44:6이 그것이다. 하나님은 역사의 기원이며 또한 목적이다. 이에 관해서는 구약 저자들도 동일한 믿음을 가지고 있다.[22] 하나님에 대한 삼중 혹은 이중 호칭 형태는 계시록에서 총 다섯 번 나타난다(1:4; 1:8; 4:8; 11:17; 16:5). 이런 호칭은 하나님께서 모세에게 자신을 나타내실 때 일러 주신 출애굽기 3:14의 "나는 스스로 있는 자이니라"(히브리어 미래 미완료형을 사용하여, 헬라어 칠십인경의 'I Am'과는 차이가 있음)를 반영한다. 피오렌자는 "이 전체 환상의 중심인물은 큰 영광 중에 천사적 정사와 권세들에게 둘러싸여 보좌에 앉으신 하나님임이 분명하다"라고 말한다.[23]

계시록 4장에 나오는 보좌 방의 이미지는 하나님의 주권을 더욱 분명하게 드러낸다. 특히 하나님께 "전능하신 이"(헬라어 pantokratōr 판토

22 Josephus, *Antiquities*, 8.280; Philo, *De Plantatione*, 95.

23 Elisabeth Schüssler Fiorenza, *Revelation: Vision of a Just World* (Minneapolis: Fortress, 1991), p. 59.

크라토르)라는 호칭이 돌려진다. 종교 철학자인 피터 기치(Peter Geach)와 브링크(Gijsbert van den Brink)는 이 헬라어 표현이 라틴어 옴니포텐스(omnipotens)에서 유래한 '전능한'(omnipotent)이라는 단어보다 훨씬 더 적절한 단어라고 말한다. 바울은 이 헬라어 단어를 고린도후서 6:8에서 사용한다. 계시록에서는 이 단어가 1:8; 4:8; 11:17; 15:3; 19:6, 15; 21:22에 사용되고 있다. 브링크는 판토크라토르(pantokratōr)라는 단어는 '~ 위의 능력'(power over)을 의미할 뿐만 아니라 '~을 위한 능력'(power for) 곧 '누군가를 능하게 하는 능력'이라는 의미도 가진다고 말한다.[24] 리처드 스윈번은 "전능(omnipotence)이라는 용어가 의도하지 않은 논리적 모순을 유발할 수 있다"라고 지적한다.[25]

보좌 위에 계신 하나님에 대한 환상은 요한이 하늘로 올리어진 후에 그에게 주어졌다(4:1). 이 환상은 압제 아래에 놓인 그의 백성을 향해 주시는 하나님의 확약, 곧 그가 모든 악과 그의 통치에 반항하는 모든 세력을 다 멸하심으로써 그의 우주적 목적을 반드시 이루시겠다는 확약의 일환이다. 하늘에서는 이미 그의 우주적 통치가 인정되고 있다. 이 환상은 이사야 6장과 에스겔 1:5-14을 연상시킨다. 계시록 4:3은 하나님의 위엄과 광채를 묘사하기 위해 다수의 보석을 시각적 상징으로 사용한다.

하나님의 보좌 방의 환상은 계시록 11:19과 15:5-8에서는 하늘에 있는 성전 속에 배치되기도 한다. 그 안에서 모든 피조물이 하나님과 어린양께 예배를 드린다(5:13). 보좌 방 안에는 "이십사 장로들"이 존재한다. 보컴은 이 용어를 "정치적 용어"로 보고 있으며, 이들은 "천사적

24 Gijsbert van den Brink, *Almighty God: A Study of the Doctrine of Divine Omnipotence* (Studies in Philosophical Theology; Kampen: Kok Pharos, 1993).

25 Richard Swinburne, *The Coherence of Theism* (Oxford: Clarendon Press, 1977), pp. 149-62.

존재로서 하나님을 섬기는 회의체이고 … 그들 자신이 통치자들"이라고 말한다.[26] 이는 그들 역시 보좌와 금관을 가진 것을 통해 잘 드러난다. 쾨스터 역시 비슷한 방식으로 이렇게 해설한다. "이십사 장로들에 대한 묘사는 독자들에게 신실한 자들이 장차 누리게 될 것이 무엇인지를 보여 주는 기능을 가진다. 그리스도께서는 이기는 자들이 흰옷을 입을 것과(3:5), 그들에게 생명의 관을 주실 것과(2:10), 그들을 그의 보좌에 함께 앉게 하실 것을 약속하신다."[27] 네 생물들은 밤낮 쉬지 않고 하나님을 찬양한다(4:8). 하나님의 절대적 주권을 공유하시는 죽임당한 어린양의 그림은 하나님의 주권의 이미지를 부드럽게 만든다. 왜냐하면 주권은 순전히 힘만으로 이루어진 것이 아니라, 자기희생을 통해 이루어지는 것이기도 하기 때문이다.

하나님의 전능하심은 로마 제국의 힘에 대한 요한의 비판과 비교 또는 대조되는 자리에서 또 하나의 면모를 드러낸다. 이와 관련해서 보컴은 이렇게 말한다.

> 계시록은 결코 중립적 인식을 허락하지 않는다. 그것을 읽는 사람은 로마의 이데올로기 편에 서든지 … 아니면 로마의 거짓을 벗기는 하늘의 관점에서 그것을 보든지 할 뿐이다. … 로마를 나타내는 두 개의 주된 상징체는 바다 괴물(13장과 17장의 '짐승')과 음녀 바벨론(17-18장)이다. 이 둘은 로마 제국의 다른 측면들을 나타내고 있다. 짐승은 로마 황제의 군사적, 정치적 힘을 나타낸다.[28]

26 Bauckham, *The Theology of the Book of Revelation*, p. 34.
27 Koester, *Revelation*, p. 368.
28 Bauckham, *The Theology of Revelation*, p. 35.

음녀 바벨론은 로마를 의미한다. 그 번영은 제국의 수탈을 통해 이루어진다. 오히어와 오히어는 이런 해설을 제시한다. "선과 악 사이에는 타협이 있을 수 없다. 불의한 자들을 위해서는 불못이, 의로운 자들을 위해서는 계시록 21-22장의 새 예루살렘이 예비되어 있다."[29] 짐승은 13:3-4을 보면 그 일곱 머리 가운데 하나가 치명적인 상처를 입는 것으로 나타난다. 요한이 보여 주는 하나님에 대한 그리스도인의 인식은 로마의 모든 거짓과 위세를 상대화시키는 비교 불가의 하나님을 중심으로 한다. 이런 면에서 4장의 보좌 방은 계시록 전체를 위한 기초를 제공한다.

계시록에 나타나는 많은 시각적 상징은 이 주제를 드러낸다. 나팔(1:10; 8:6, 10, 12; 9:14; 10:7)은 하나님의 권위 있는 말씀을 상징한다(cf. 출 19:19). 흰 털은 하나님의 지혜와 영원성의 상징이다(1:14; cf. 단 7:9). 우레와 번개와 구름과 연기(4:5; 8:5; 11:19)는 하나님의 위엄과 영광의 상징이다. 생명나무(2:7; 22:2)는 하나님과의 연합을 통해 주어지는 낙원의 행복과 기쁨 등을 나타낸다. 하나님은 또한 열기도 하고 닫기도 하는 "다윗의 열쇠"를 가지고 계신다(3:7). 쾨스터는 이 이미지가 길을 열기도 하고 닫기도 하는 다윗 집의 권위를 이야기하는 이사야 22:22에서 나왔다고 밝힌다.[30] 계시록에서 이 권위를 가지신 분은 하나님이시다.

계시록의 매우 강력한 상징 중 하나는 봉인된 두루마리이다(5:1-5). 하나님 외에는 어느 누구도 이것을 읽을 수 없다. 그것은 일곱 인으로 봉인되어 비밀 가운데 놓여 있다. 이 일곱 인은 두루마리의 내용이 얼마나 중한 무게를 가지는지를 보여 준다. 하나님께서 이 두루마리를

29 O'Hear and O'Hear, *Picturing the Apocalypse*, p. 17.

30 Koester, *Revelation*, p. 323.

가지고 계시며, 어린양이 이것을 받아 그 인들을 떼신다. 그것의 비밀을 밝히실 분은 오직 그리스도뿐이다. 계시록 11장은 두루마리의 내용에 해당하는 것으로 보인다. 그 내용은 한 면에서는 하나님의 대적을 멸하여 무저갱에 던지신다는 것이며, 다른 한 면에서는 하나님의 절대적 주권 선포이다.[31] 계시록 전체가 말하고자 하는 것과 마찬가지로, 이 두루마리는 세상의 역사와 그 이후의 비밀을 드러내어 밝힌다.

이 네 명의 말 탄 자와 일곱 인 환상은 4-5장에 나타나는 보좌 방의 환상에 곧바로 이어진다. 두루마리를 열기에 유일하게 합당하신 어린양이 차례로 인을 떼시는 장면이 6장에 나타난다. 처음 네 개의 인을 떼심과 함께 네 명의 말 탄 자들이 등장한다. 오히어가 잘 지적한 것처럼, 이 네 명의 말 탄 자들은 사탄의 수하들이 아니다. 왜냐하면 그들을 이끌어 들이는 분이 어린양이기 때문이다.[32] 만일 이들을 사탄의 수하로 본다면 심각한 신정론 문제가 일어날 수밖에 없을 것이다. 계시록 6:2에 나오는 첫 번째 말은 흰색 말인데, 그 탄 자가 가진 것은 활이다. 이는 정복과 칼 또는 전쟁을 나타낸다. 쾨스터의 표현대로 "이는 정복 및 승리와 연결된다."[33] 두 번째 말은 붉은 말 또는 불 같은 색깔의 말인데, 그 탄 자는 큰 칼을 가지고 있으며, 이는 전쟁과 기근을 나타낸다. 세 번째 말은 검은색인데, 그 탄 자는 저울을 가졌으며, 이는 기근과 전염병을 나타낸다. 네 번째 말은 청황색(드문 헬라어 chlōros 클로로스) 말인데, 이는 죽음과 들짐승 떼를 나타낸다.[34] 악의 문제와 연관시켜서 이해할 때, 이는 세상 역사가 고통과 축복의 혼합으로 이루어져 있다는 것

31 Koester, *Revelation*, pp. 383-4.
32 O'Hear and O'Hear, *Picturing the Apocalypse*, p. 73.
33 Koester, *Revelation*, p. 393.
34 O'Hear and O'Hear, *Picturing the Apocalypse*, p. 73.

을 보여 준다. 여기에는 그리스도의 고난과 죽으심도 포함된다.

보컴은 계시록의 상징들이 신인동성동형론적 성격을 가지지는 않는다고 지적한다. 오히려 신인동성동형론적 언어를 피하고 있다. 로마의 제국적 힘이 가지는 폭력적인 측면과 하나님의 주권 사이에는 그 어떤 유사성도 없다. 그림 이미지는 "하나님 주권의 비교 불가능성"을 보여 준다.[35] 피오렌자 역시 동일한 점을 지적한다.

> 하나님을 인간의 모습으로 시각화하려는 시도는 전혀 없다. '보좌 위에 앉으신 이'의 영광스러운 임재는 여러 가지 보석에 반사된 찬란한 빛으로 그 스스로의 영광을 드러내고 있다. 언급된 보석들로는 투명한 다이아몬드와 같은 벽옥과 피같이 붉은 홍보석, 그리고 피조계와의 언약을 상징하는 무지개 색깔들을 프리즘처럼 뿜어내는 무색의 에메랄드가 있다.[36]

오히어와 오히어는 9세기 트리어 묵시록(Trier Apocalypse)에는 두꺼운 검은 선 아래 쪽에 네 말 탄 자들을 그린 그림이 있다고 소개한다. 이렇게 함으로써 세상 역사를 선 위쪽에 묘사된 보좌 방의 순결함과 구분하려 하고 있다는 것이다.[37] 12세기에 와서는 이 말 탄 자들이 하나씩 따로 그려지기 시작했는데, 그 예를 13세기 램버스 묵시록(Lambeth Apocalypse)에서 찾아볼 수 있다고 말한다.[38]

그러나 14세기에 오면 계시록 본문에 대한 왜곡이 일어나기 시작한다. 앙제 태피스트리(Angers Tapestry)에는 세 번째 말의 색깔을 틀리게

35 Bauckham, *The Theology of the Book of Revelation*, p. 43.
36 Fiorenza, *Revelation: Vision of a Just World*, p. 59.
37 O'Hear and O'Hear, *Picturing the Apocalypse*, pp. 72 and 76.
38 O'Hear and O'Hear, *Picturing the Apocalypse*, pp. 76 and 77.

묘사해 놓았고, 네 번째 말 탄 자를 해골로 그려 놓았다.[39] 15세기에 와서 멤링(Memling)이 네 말 탄 자를 그려 놓은 것을 보면 "그 모습이 완전히 다른 그림"으로 묘사되고 있는데, 이는 아마도 이들을 계시록 12장의 용과 연결 지으려는 시도 때문인 것으로 보인다.[40] 종교개혁 시대인 16세기에 와서 알브레히트 뒤러(Albrecht Dürer)와 루카스 크라나흐(Lukas Cranach)는 상상력을 사용한 세밀한 묘사들을 많이 첨가했다. 이 시기에 오면 성경화의 목적이 요한이 의도한 것과는 다른 방향으로 흘러가고 있다. 18세기에 오면 창백한 네 번째 말이 하노버 가를 상징하는 말과 뒤섞이기도 했다. 『천년왕국의 전조들 *Presages of the Millenium*』(1795)에서 풍자가 제임스 길레이(James Gillray)는 윌리엄 피트 수상을 앙상한 말을 탄 해골 형태의 묵시적 인물로 묘사해 놓았다. 이와 관련하여 오히어와 오히어는 이렇게 해설한다. "피트 뒤에 앉은 원숭이는 왕세자이다. 피트는 이전에 조지 3세가 정신병을 앓고 있을 때 왕세자가 왕위에 오르는 것을 지지했는데, 이것이 그들을 일종의 동맹 관계로 묶어 놓았다."[41]

윌리엄 블레이크의 『창백한 말을 탄 죽음 *Death on a Pale Horse*』에서는 네 명의 말 탄 자를 둘로 압축하여 하나는 우중충한 피부를 가진 인물로, 다른 하나는 펼쳐진 두루마리를 가진 천사로 그려 놓고 있다.[42] 마지막으로 20세기에 와서는 현대화된 풍자가 등장한다. 『선데이 익스프레스』는 전쟁이 한창 중이던 1943년 8월에 하인리히 힘러(Heinrich Himmler)가 등장하는 풍자화를 실은 바 있다. 아이러니하게 말은 등장하지 않지만, 이

39 O'Hear and O'Hear, *Picturing the Apocalypse*, pp. 76 and 77.

40 O'Hear and O'Hear, *Picturing the Apocalypse*, p. 78, Plate 3 in colour.

41 O'Hear and O'Hear, *Picturing the Apocalypse*, p. 83; p. 85, Figure 3.8도 보라.

42 O'Hear and O'Hear, *Picturing the Apocalypse*, pp. 83-7.

를 통해 나치 정권의 악함을 나타내려 하고 있다. 『선데이 타임즈』는 1977년 5월에 제임스 캘러헌, 지미 카터, 헬무트 슈미트 등이 비공식적인 G7 회합을 가진 것을 언급하기 위해 네 명의 말 탄 자 이미지를 사용한 바 있다. 그들이 들고 있는 깃발은 세계의 위기 상황을 보여 주고 있다.[43] **네 명의 말 탄 자는 강력한 메시지 전달을 하고 있긴 하지만, 그러나 이 이미지는 급진적으로 탈문맥화(decontextualized)의 대상이 되어 버렸다.**

오히어와 오히어는 이런 탈문맥화의 위험성을 잘 지적한다. 그들의 결론은 이것이다.

> 클린트 이스트우드의 1985년도 영화 '페일 라이더 *Pale Rider*'는 이와 같은 탈문맥화된 그림 사용의 좋은 예이다. 이 영화는 1880년대 캘리포니아의 한 금광 마을을 배경으로 한다. 설교자로 알려진, 비밀에 싸인 한 사람이 말을 타고 이 마을에 나타난다. … 그의 주된 적은 보안관 스톡번이라는 사람이다. … 이스트우드는 창백한 말 탄 자의 이름과 사상을 … 다소 빗나간 방식으로 차용한다.[44]

그러나 가장 심한 탈문맥화의 예를 든다면 "새로운 무신론자"로 불리는 리처드 도킨스(Richard Dawkins), 샘 해리스(Sam Harris), 대니얼 데닛(Daniel Dennett), 그리고 작고한 크리스토퍼 히친스(Christopher Hitchens)가 '네 명의 말 탄 자들의 대화'(*The Four Horsemen in Conversation*)라는 이름으로 2007년에 낸 DVD를 들 수 있을 것이다. 그들은 인간의 행동

43 O'Hear and O'Hear, *Picturing the Apocalypse*, pp. 87-9; cf. pp. 89-92.

44 O'Hear and O'Hear, *Picturing the Apocalypse*, p. 91.

을 포획하고 유도하는 '밈'(meme) 또는 '이기적인 유전자'라는 개념을 도입하고 있다.[45] 이상과 같은 예들은 이 책 전체를 통해 우리가 강조하고자 하는 핵심 논지를 잘 보여 준다. **생동감 있는 그림은 매우 강력한 힘을 가지며, 또 그것이 없어서는 안 된다. 그러나 주의 깊은 해석이 동반되지 않을 때 그림은 우리를 오도하거나 미혹시킬 수 있다.**

이 네 명의 말 탄 자 그림은 계시록 6장의 주된 내용을 이룬다. 계시록 7장은 구속받은 하나님의 백성에게 인을 치는 종말론적 대망의 비전을 그린다. 8장은 6:1-17에 나타나는 일곱 인의 암시를 취하여 이를 8:1-11:7에 이르기까지 더 확장시켜 나가고 있다. 그 마지막은 무저갱의 환상으로 이어진다. 일부 주석가들은 일곱 인과 일곱 나팔, 그리고 일곱 대접으로 이어지는 멸망의 장면을 제4 에스라서(4 Ezra)에서와 같이 네 말 탄 자들, 혹은 메시아적 화(woe)의 주기적 반복으로 보기도 한다. 그러나 반복이 꼭 같은 재생 방식으로 일어나는 것은 아니다. 그러면서도 이 진행은 직선적 혹은 연대기적 순서를 따르는 것도 아니다.

이 반복 구조를 연대기적인 것으로 이해하는 다소 드문 현대 주석가 중의 한 사람으로 찰스(R. H. Charles)를 들 수 있다. 그는 계시록의 저자를 "머리가 얕은 광적인 사람"으로 보고 있으며, 계시록의 구조를 다르게 구성할 필요가 있다고 제안한다.[46] 3세기 빅토리누스(Victorinus of Pettau) 이래로 대부분의 학자들은 계시록이 일종의 재취합 방식을 따라 전개되는 것으로 보고 있다. 케어드는 요한의 책에 연대기적 구조를 강요하려는 시도는 "난제의 암초를 만나 무너질 수밖에 없다"라고 말하

45 O'Hear and O'Hear, *Picturing the Apocalypse*, p. 92.

46 R. H. Charles, *A Critical and Exegetical Commentary on the Revelation of St. John* (ICC; 2 vols, Edinburgh: T&T Clark, 1929), vol. 1, p. liv.

면서 이런 관점을 제시한다.

> 요한은 화랑의 전문 안내자와 같다. … 그는 [관객들을] 조금 떨어진 곳으로 인도하여 거기에 서서 먼저 전체적 인상을 맛보게 한다. 그런 다음에 세부적인 것을 더 상세히 살펴보게 한다. … 요한의 책이 가지는 통일성은 연대기적인 것도 아니고 산술적인 것도 아니며, 오히려 예술적인 것이다.[47]

계시록 8-11장에서 나팔 심판이 소개되기 전에, 앞서 짧게 언급하고 지나갔던 대망 장면이 7장에 나타난다. 전투하는 교회가 인을 받고 모든 해로부터 지킴을 받는 것이 그 내용이다.[48] 7장은 인 칠중주의 막간에 해당하며, 청중을 잠시 조바심 나게 만든다. 이 환상의 중심에는 사자와 같은 어린양이 계신다. 이는 부활하신 그리스도를 상징한다. 그는 일곱 뿔과 일곱 눈을 가진 것으로 소개된 바 있는데(5:6), 이는 "능력의 충만함과 온 세상에 대한 전지적 통제"를 상징한다.[49] 하나님의 종들에게 인을 치는 것은 그들이 그리스도께 속하며 그의 보호 아래에 있다는 표시다. 7장 하반부(7:9-17)에는 각 나라와 족속들 가운데서 흰옷을 입고 승리의 종려 가지를 손에 든 셀 수 없는 큰 무리의 모습이 나타난다. 이들은 "어린양의 피에 그 옷을 씻"은 자들이며, 그들 위에 하나님의 임재가 빛나고 있다.

일곱 나팔과 일곱 대접 심판을 다루는 8-11장에는 다소 진전된

47 Caird, *The Revelation of St. John the Divine*, pp. 105-6.
48 W. Hendriksen, *More Than Conquerors* (London: Tyndale Press, 1962), p. 116.
49 Fiorenza, *Revelation : Vision of a Just World*, p. 60.

양상이 나타난다. 그러나 그 중심 내용은 앞에서 소개한 것을 재취합하여 고조시킨 형태이다. 다섯째와 여섯째, 일곱째 인이 확장되고, 메뚜기와 우박을 포함하는 일곱 화는 애굽에 내린 재앙(출 8-11장)을 연상시킨다. 여기에 나타나는 멸망은 계시록 12, 13, 17장에 나오는 짐승들로 말미암아 임하는 것이 아니라 천사들을 통해 임한다. 오히어와 오히어는 이 환상들을 예술의 형태로 시각화하려 했던 역사 속의 몇 가지 시도를 소개한다. 트리니티 묵시록(*Trinity Apocalypse*, 1260년경)은 여섯 번째 인을 그림으로 나타냈는데, 특이하게도 그 장면 속의 해가 어두워지는 현상을 유대인들이 그리스도를 거부한 것 때문에 받는 벌이라는 인식과 결부시키고 있다. 굴벤키안 묵시록(*Gulbenkian Apocalypse*, 1270년경)은 유대인 중에서도 좋은 유대인과 나쁜 유대인을 구분한다. 프랜시스 댄비(Francis Danby)의 『여섯째 인의 개봉 *The Opening of the Sixth Seal*』(1828)에는 거대한 자연의 힘에 부서지는 조그만 인간의 모습을 그리고 있다. 이는 오늘날의 재난 영화를 내다보게 만든다.[50]

일곱 나팔 환상 속에는 데이비드 아우네가 잘 관찰한 것처럼, 우박과 불과 피로부터 시작해서 큰 산이 바다에 던져지는 것과 같은 일련의 재앙들이 담겨 있다.[51] 이는 종말론적 사건들을 묘사한다. 세 번째 나팔은 쓴 쑥(헬라어 apsinthos 아프신또스, 계 8:11)이라 불리는 별이 떨어져 강과 물샘을 오염시키는 장면을 소개한다. 다섯 번째 나팔은 하늘에서 땅에 떨어진 별 하나를 소개하는데, 이 존재가 무저갱의 열쇠를 받아 무저갱을 여니 메뚜기("황충") 떼가 거기로부터 나와 하나님의 인을 받지 아니한 사람들을 해하는 모습을 보여 준다(9:1-12). 아우네는 이를

50 O'Hear and O'Hear, *Picturing the Apocalypse*, pp. 93-102.

51 David Aune, *Revelation 6-16* (WBC; Nashville: Nelson, 1998), p. 495.

마귀의 군대로 보고 있다. 그가 볼 때 요한의 재앙 내러티브는 회개를 그 목적으로 갖지 않는다. 오히어와 오히어도 여기에 동의한다. 그들은 이렇게 말한다.

> 우리는 요한과 여섯 번째 천사가 셀 수 없이 많은 마병대(계 9:16은 그 수를 '이만 만' 곧 2억이라고 말한다)를 보고 있는 장면을 접한다. 계시록 9:17-19이 묘사하는 것처럼 사자의 머리와 전갈의 꼬리를 가진 기괴한 말을 타고 있는 자들은 마귀적 기사들이다.[52]

알브레히트 뒤러의 '묵시록' 시리즈(1498년경)는 이 일곱 나팔 장면을 예술적으로 그려 내고 있다. 뒤러의 그림들은 그 내용이 매우 상세하며 또 사실적이다.

일곱 대접(헬라어 phialē 피알레)은 폭이 넓고 깊이가 얕은 그릇인데, 여기에 물 같은 것이 담겨 있으면 쉽게 쏟아부을 수 있는 형태다. 케어드는 이와 관련하여 이렇게 해설한다.

> 요한이 고대 바벨론의 멸망과 관련된 두 구약 예언[렘 51:25, 42; 사 14:12-20]을 연속해서 사용하는 것은 결코 우연이 아니다. 그러므로 우리는 쓴 쑥이 다름 아닌 새 바벨론의 별을 의미한다고 추정할 수 있을 것이다. 이 새 바벨론은 자신의 우상 숭배와 그 생명의 원천에 의해 오염되었다. … 바벨론의 멸망이 가까웠다.[53]

52 O'Hear and O'Hear, *Picturing the Apocalypse*, p. 104.
53 Caird, *The Revelation of St. John,* p. 115.

계시록 나머지 부분에 나타나는 그림과 이미지

우리는 계시록 모든 부분의 내용과 주제를 다 다룰 수는 없다. 시각화나 이미지와 관련된 것들을 선별해서 다루고 있는데, 이는 주로 대중의 상상력과 예술의 역사에 큰 인상을 남긴 것을 중심으로 한다. 계시록 10:1-11은 펼쳐진 작은 두루마리 책을 소개한다. 11:1-2은 성전 측량을, 11:3-14은 두 증인을 소개한다. 12:1-6은 해를 옷 입은 여인과 메시아 탄생을 이야기한다. 12:7-12은 하늘의 전쟁을 소개한다. 13:1-18은 바다와 땅에서 올라온 짐승들에 대해 이야기한다. 17-18장은 음녀 바벨론과 그 멸망을 소개한다. 19-20장은 아마겟돈 전쟁과 천년왕국과 마지막 심판을 다루고 있다. 마지막 21-22장은 새 하늘과 새 땅 및 새 예루살렘을 이야기한다.[54]

오히어와 오히어는 "해를 옷 입은 여인의 모습(계 12)은 계시록에서 가장 놀랍도록 아름다운 이미지 가운데 하나"라고 말한다.[55] 이 그림은 아마도 창세기 3장의 하와와 뱀 이야기, 출애굽기 14장과 19장의 바로에게 쫓기는 이스라엘 이야기, 복음서에 나오는 마리아와 아기 예수 이야기 등을 복합적으로 반영하는 것일 수 있다. 일부 학자들은 성경 바깥의 자료를 염두에 두기도 한다. 이 여인이 태양으로 옷을 입었다는 것은 그녀의 천상적 지위를 나타낸다. 이 여인은 아기를 낳으려 한다. 그러면서 붉은 용에게 쫓기고 있다. 이 용은 사탄적 삼위일체의 우두머리로, 뒤에 가서 사탄으로 명시된다. 현대 주석가들은 해를 입은 여인이 예수님의 어머니 마리아가 아니라 메시아적 공동체를 가리키는 것으로

54 Caird, *The Revelation of St. John*, pp. 124-281.

55 O'Hear and O'Hear, *Picturing the Apocalypse*, p. 111.

보는 데 대체로 그 의견이 일치하고 있다. 혹은 선과 악의 우주적 투쟁을 상상의 방식으로 하늘의 별들의 세계에 투영한 것일 수도 있다. 일단 이 여인을 마리아가 아닌 것으로 보는 의견은 케어드, 마운스, 키들, 피오렌자, 비즐리-머리, 쾨스터 등에게서 찾아볼 수 있다.[56]

데이비드 아우네는 다양한 해석의 예들을 제시한다. (1) 오이쿠메니쿠스(Oecumenicus)가 옹호하는, 마리아로 보는 견해, (2) 히폴리투스가 제시하는, 기독교 교회로 보는 견해, (3) 현대의 해링턴이 옹호하는, 천상 예루살렘으로 보는 견해, (4) 야브로 콜린스가 옹호하는, 박해받는 하나님의 백성으로 보는 견해, (5) 볼(F. Boll)이 제시하는, 천체의 별자리, 특히 처녀자리로 보는 견해, (6) 버그맨(J. Bergman)이 제시하는, 이집트 신화 속 우주적 여왕인 이시스로 보는 견해 등이 있다.[57] 아우네와 쾨스터는 우주적 투쟁이 이 그림의 주된 주제인 것으로 보고 있다.[58]

중세 시대, 특히 13세기에는 대부분의 주석가들이 이 여인이 동정녀 마리아를 나타낸다고 보았다. 하지만 때로 예외도 있었다. 오히어와 오히어는 밤베르크 묵시록(*Bamberg Apocalypse*, 1000년경)을 그 예로 드는데, 여기에는 이 여인이 태양 바퀴를 머리에 두르고 달을 밟고 서 있는 압도적으로 큰 규모의 인물로 묘사되고 있다. 이 여인은 장차 메시아 왕이 될 한 남자아이를 들고 있다. 이 그림 밑쪽에는 위협적인 모습으로 숨을 내뿜는 용 또는 뱀이 그려져 있다. 오히어와 오히어는 이 여인

56 Caird, *The Revelation of St. John,* pp. 149-50; Robert H. Mounce, *The Book of Revelation* (London: Marshall, Morgan & Scott, 1977), pp. 235-36; Martin Kiddle, *The Revelation of St John* (London: Hodder & Stoughton, 1940), p. 220; G. R. Beasley-Murray, *The Book of Revelation* (London: Oliphants, 1974), p. 197; Koester, *Revelation*, pp. 525-26; Fiorenza, *Revelation: Vision of a Just World,* p. 80.

57 Aune, *Revelation*, p. 680.

58 Koester, *Revelation*, p. 525.

의 크기로 볼 때 이를 동정녀 마리아를 나타내는 것으로 보기는 어렵다고 판단한다. 오히려 "구원 역사를 주관하는 교회"를 나타낸 것으로 보고 있다.[59] 밤베르크 묵시록에는 이 여인이 광야로 도피하는 두 번째 그림이 있다. 이 여인은 투쟁하는 우주적 세력체로 묘사되고, 뱀은 이에 맞서 똬리를 틀고 침을 뱉고 있다.

오히어와 오히어는 베아투스 묵시록(*Beatus Apocalypses*, 1109)의 솔로스 수기 원고를 또한 살피고 있는데, 여기에는 일곱 머리를 가진 거대한 뱀이 묘사되고 있다. 보통 이 뱀은 로마를 나타내는 짐승과 연결된다. 그런데 특이하게도 여기에 묘사되고 있는 뱀은 "8세기까지 스페인의 기독교를 심각하게 위협했던 이슬람과 연결되는데, 이런 특성은 베아투스 수기 원고들에 나타나는 하나의 틀을 따른 것"이다.[60] 삽화 중 하나는 계시록 20장의 두 번째 전쟁을 묘사한다. 이 그림은 악의 교활한 힘을 묘사하지만, 그러나 계시록 본문의 문맥을 따르지는 않는다.

13세기에 오면 트리니티 묵시록(1260년경)은 해를 입은 이 여인을 수녀원 같은 배경 속에 배치시키고 있다.

> 이 여인은 부드러운 자세로 푸른색과 금빛의 외투를 걸친 모습으로 묘사되고 있는데, 이는 동정녀 마리아와 동일시한 형태임이 분명하다. … 이 여인의 고요하고 내적 안정이 배어나는 자태는 동시대에 동정녀 마리아를 묘사하던 전형적인 형태이다.[61]

59 O'Hear and O'Hear, *Picturing the Apocalypse*, p. 116; cf. p. 117.
60 O'Hear and O'Hear, *Picturing the Apocalypse*, p. 118; cf. Plate 23.
61 O'Hear and O'Hear, *Picturing the Apocalypse*, pp. 120-21.

이 시기에는 마리아에 대한 신심이 묵시론적 투쟁과 뒤섞이고 있었다. 이런 양상은 14세기와 15세기까지 계속 이어진다. 성 요한 제단화(St John Altarpiece, 1474-9)에는 이 여인이 짙은 푸른색 외투를 입고 황금관을 쓴 마리아로 묘사되고 있다. 이 그림은 상층과 하층을 나누어서 천상의 영역과 지상의 영역을 구분한다. "이 여인은 천상 보좌 방의 오른쪽에 밝은 노란색 타원형 태양의 모습을 하고 서 있는데, 이는 마리아의 천상 성육신의 모습을 나타낸다."[62] 뒤러가 그린 계시록 12장(1498년)은 "놀랍게도" 이 여인을 마리아로 그리지 않는다. 마리아도 아니고 교회도 아니며, "일종의 모든 여인을 대표하는 여인상"을 그리고 있다.[63]

스페인 화가 디에고 벨라스케스(Diego Velázquez, 1599-1660)는 마리아의 무흠수태 교리를 변호하는 교황 칙서(1617년)에 이어서 '무흠수태'라는 제목의 그림을 그렸다. 이 그림은 마리아의 순결을 상징적으로 나타내려 하고 있으며, 아가서에서 영감을 얻고 있다. 이 그림에 나오는 여인을 교회로 보기는 어렵다. 두 세기 후에 윌리엄 블레이크(William Blake, 1757-1827)는 용에게 공격받는 해를 입은 여인의 이미지를 그린 바 있다(블레이크의 '큰 붉은 용과 해를 입은 여인: 마귀가 무너지다'). 이 그림은 매우 놀랍다. 여기서 그는 "교회의 해석 전통 안에 위치시키기는 어려운 그 자신만의 사적 구도와 해석에 파묻힌 환상적인 모습"을 보여 준다.[64] 이를 "해석하기는 매우 어렵다." 오딜롱 르동(Odilon Redon)의 '해를 옷 입은 여인'(1899년)은 "감각적으로 유혹하는 힘이 크며 반(半)신화

62 O'Hear and O'Hear, *Picturing the Apocalypse*, p. 122.
63 O'Hear and O'Hear, *Picturing the Apocalypse*, p. 122.
64 O'Hear and O'Hear, *Picturing the Apocalypse*, p. 127.

적" 색채를 가진다. 이는 "이미지들의 집약체이고, 세속화된 텍스트의 정점"을 보여 준다.[65] 이 모든 예들은 그림과 이미지가 매우 강력한 힘을 갖지만, 동시에 이들이 그 적합한 맥락을 벗어나면 쉽게 우리를 미혹시킬 수도 있다는 것을 잘 보여 준다.

오히어와 오히어는 이어서 "사탄의 삼위일체"라고 부르는 사탄적 짐승들에게로 초점을 모으고 있다. 계시록 13장에 나오는 두 짐승은 쉽게 구분이 된다. 쾨스터는 이들을 바다로부터의 짐승(13:1-10)과 땅으로부터의 짐승(13:11-18)이라는 이름으로 구분하여 다룬다.[66] 계시록 13:1-2은 이 첫 짐승을 이렇게 소개한다.

> "내가 보니 바다에서 한 짐승이 나오는데 뿔이 열이요 머리가 일곱이라 그 뿔에는 열 왕관이 있고 그 머리들에는 신성 모독 하는 이름들이 있더라 내가 본 짐승은 표범과 비슷하고 그 발은 곰의 발 같고 그 입은 사자의 입 같은데 용이 자기의 능력과 보좌와 큰 권세를 그에게 주었더라."

이어서 3절에서는 이 짐승의 "머리 하나가 상하여 죽게 된 것 같더니 그 죽게 되었던 상처가 나으매"라고 말한다. 이는 종종 네로 환생 신화를 가리키는 것으로 해석된다. 쾨스터는 이렇게 해설한다. "계시록은 네로의 유업이 로마의 통치를 총괄적으로 정의한다는 것을 보여 주기 위해 네로 전설을 이용한다. … 죽은 것 같으나 살아남는다는 이야

65 O'Hear and O'Hear, *Picturing the Apocalypse*, p. 127.
66 Koester, *Revelation*, pp. 568-606.

기는 특별히 큰 박해자(13:7)로 기억되는 네로와 연결된다."[67] 케어드 역시 유사한 방식으로 설명한다. "네로는 새로운 박해자 황제로 재생하여 돌아올 것이다. 그는 일곱 중 하나인 여덟째 왕[17:11]이다."[68] 많은 학자들은 계시록 기록 당대의 황제는 도미티아누스인 것으로 보고 있다.

케어드는 바다에서 나온 짐승이 또한 무저갱에서 올라오는 것으로도 묘사되는 사실(계 11:7)에 주목한다. 요한은 무저갱을 지하세계 또는 우주적 심연과 동의어로 사용한다. 용은 자기의 능력과 보좌를 짐승에게 부여한다. 이 바다 짐승은 "마흔두 달 동안" 자신의 권세를 휘두른다(계 13:5). 땅에서 올라오는 두 번째 짐승은 바다 짐승을 위하여 일하는 존재이다(계 13:14). 오히어는 "계시록 13:8의 심히 신비로운 구절"은 해석하기가 매우 어렵다고 말하면서, "로마 제국의 통치와는 달리 하나님의 법과 통치는 … 영원하다는 것 이상으로 우리는 요한이 정확히 무엇을 의미하는지 잘 모른다"라고 말한다.[69] 땅 짐승은 그리스도의 행위를 일부 흉내 낸다. 어린양 같은 두 뿔을 가지고 있고, 선지자 흉내를 내고 있다. 계시록에 '적그리스도'라는 용어는 나타나지 않지만, 이 짐승의 행위를 바탕으로 중세기에 적그리스도의 언어가 대거 꽃을 피우게 된다. 알브레히트 뒤러는 계시록 13장 두 짐승의 모습을 그림으로 묘사한 바 있다(1498년경).

오히어와 오히어는 바다 짐승과 땅 짐승, 그리고 용이 "사탄의 삼위일체"를 구성한다고 말한다. 트리니티 묵시록(1260년경)은 용이 바다 짐승 곁에 서서 그에게 홀을 건네주는 장면을 그리고 있다. 바다 짐승

67 Koester, *Revelation*, p. 581.

68 Caird, *The Revelation of St. John*, p. 165.

69 O'Hear and O'Hear, *Picturing the Apocalypse*, pp. 134 and 136.

은 표범을 닮았으며(계 13:2), 곰의 발과 일곱 개의 사자와 같은 머리를 가진 것으로 묘사되어 있다. 비슷한 시기의 굴벤키안 묵시록에는 짐승이 바다에서 일어서는 모습을 그리고 있다. 이 짐승은 적그리스도로서 신성모독과 죄를 가르치는 존재이다. 앙제 태피스트리(c.1373-80)에는 짐승에 대한 예배 장면과 세 짐승이 개구리를 토하는 장면(계 16:13)이 그려져 있다. 플레미쉬 묵시록(*Flemish Apocalypse*, 1400년경)에도 바다 짐승과 땅 짐승, 그리고 용이 그려져 있으며, 특히 땅 짐승은 어린양을 흉내내는 것으로 묘사되어 있다.[70]

종교개혁 시대에 와서는 계시록의 짐승들이 반(反)교황 사상을 표현하는 그림에 자주 등장하게 되었다. 어떤 이들은 이 그림들을 반(反)가톨릭 논쟁을 위한 시각 자료라고 부른다. 화란의 화가인 헨드릭 혼디우스(Hendrick Hondius)는 '교황 숭배의 피라미드'(1599년)라는 그림을 그렸는데, 여기에는 로마 가톨릭 모자를 쓴 뱀들이 피라미드를 이룬 모습이 묘사되어 있고, 그 꼭대기에는 교황의 관을 쓴 매우 위협적인 뱀 한 마리가 앉아 있다.[71] 루카스 크라나흐(Lukas Cranach the Elder)는 루터 성경에 삽화를 그린 화가인데, 그 역시 땅에서 올라온 짐승을 반(反)가톨릭 운동의 관점에서 묘사하고 있다. 몇 세기가 지난 후에 윌리엄 블레이크는 '짐승의 수는 666'(1810년경)이라는 그림에서 사탄의 삼위일체를 매우 무시무시한 방식으로 그리고 있다.[72] 그의 또 다른 그림 '큰 붉은 용과 바다에서 나온 짐승'(1805년경)은 용이 바다 짐승을 낳는 모습을 묘사한다. 이 두 짐승은 공통적으로 어린양의 뿔을 가지고 있다.

70 O'Hear and O'Hear, *Picturing the Apocalypse*, Plate 29.

71 O'Hear and O'Hear, *Picturing the Apocalypse*, p. 148.

72 O'Hear and O'Hear, *Picturing the Apocalypse*, Plate 31.

오늘날에 와서는 계시록의 짐승들이 다양한 차원의 기능을 가지는 것으로 그려지고 있다. 오히어와 오히어는 이와 관련하여 이렇게 말한다.

> 계시록 12-13장과 또 다른 곳에서 짐승들을 묘사하는 데 사용된 이미지의 다중성은 많은 다양한 그룹들이 자기들의 압제자를 계시록 13장의 압제받는 나라들의 관점과 동화된 시각에서 바라봄으로 말미암아 그 이미지를 통해 위로를 받을 수 있다는 것을 의미한다. 일차적으로 그 이미지의 다중성은 자신들이 당한 여러 불운한 사건들을 위해 다양한 사람들이 그 이미지를 이용할 수 있다는 것을 의미한다.[73]

오히어 부부는 본문의 문맥을 무시한 가장 자유로운 형태의 이미지 사용은 주로 미국에서 이루어진다고 지적한다. 그들은 1차 세계 대전부터 시작해서 20세기에 이루어진 일련의 '묵시론적' 해석들을 소개한다. 크리그 시리즈(Dix, 1924년)에서는 공포물이 1940년대에는 반나치 운동 이미지들에게, 그리고 전후에는 핵전쟁의 참상과 관련된 그림들에게 그 자리를 내주었다. 여기에는 소위 맨체스터 묵시록(Manchester Apocalypse, 2011년)이라 불리는 채더턴(James Chadderton)의 그림과 '아포칼립스 V2'(2014년, 역시 채더턴) 시리즈가 포함된다. 이 그림들은 핵전쟁 후에 황무지로 변한 맨체스터와 런던의 모습을 묘사한다.[74]

오히어와 오히어는 또한 팀 라헤이(Tim LaHaye)와 제리 젠킨스(Jerry Jenkins)의 '남겨진 자들' 시리즈를 예로 든다. 이는 '휴거'에 대한 특정한 이해를 바탕으로 미국에서 방대한 영향력을 행사했다(약 6천 5백만

73 O'Hear and O'Hear, *Picturing the Apocalypse*, p. 152.

74 O'Hear and O'Hear, *Picturing the Apocalypse*, p. 250.

부가 팔렸다). 또 다른 예는 할 린지(Hal Lindsey)의 『대유성 지구의 종말 *The Late Great Planet Earth*』 같은 책을 들 수 있다.[75] 이런 책들은 마지막 때의 모습을 일반화해서 묘사한다. 이런 세속화된 종말의 그림들에서는 계시록에서 발견할 수 있는 구속의 요소가 거의 사라지고 만다.

계시록의 나머지 장들 속에도 우리가 충분히 다 살펴보지 못한 그림, 은유, 상징들이 많이 나타난다. 11장에서부터 보면 무저갱(11:7), 미가엘(12:7), 666(13:18), 십사만 사천(14:1), 바벨론 멸망(14:8; 17:5; 18:2, 21), 유리 바다(15:2), 세마포 옷(15:6), 아마겟돈(16:16), 자주빛 옷을 입은 여자(17:3-4), 생명책(17:8), 어린양의 혼인 잔치(19:7), 아무도 알지 못하는 이름(19:12), 불못(19:20), 곡과 마곡(20:8), 새 예루살렘(21:2), 생명수 샘물(21:6), 열두 문(21:12), 열두 보석(21:20), 생명수의 강(22:1) 등이 나타난다. 여기서 언급한 항목들 외에도 더 많은 것들이 있지만, 널리 잘 알려진 예들을 열거해 보았다.

우리는 앞서 언급했던 조지 케어드의 말을 빌려서 다시 한 번 주의의 말을 덧붙이지 않을 수 없다. 우리는 순전히 문자주의의 차가운 잣대를 가지고 계시록의 상징들을 하나하나 '해독'하려는 시도를 함으로써 "무지개를 해체하려" 해서는 안 된다. 이런 식의 시도는 전적인 탈문맥화의 길로는 가지 않는다 할지라도, **시각적** 이미지를 제공하는 요한의 목적을 훼손시키는 결과를 피하지는 못할 것이다. 이렇게 되면 시각적인 것은 결국 기록 텍스트로 대체되고 말 것이다.

한편 어떤 이미지들은 외적으로 시각화되기보다는 제시성이 강한 내적, 정신적 이미지로 그대로 남아 있는 것이 더 좋을 수도 있다. 예를

75 O'Hear and O'Hear, *Picturing the Apocalypse*, pp. 245-74.

들어 윌리엄 블레이크는 '생명수의 강'을 시각적으로 묘사한 바 있는데, 내가 볼 때는 요한의 의도를 제시하는 능력이 요한의 문자적 이미지(계 22:1)보다 더 떨어지는 결과를 낳고 말았다.[76] 앙제 태피스트리에 나타나는 '하늘에서 내려오는 새 예루살렘' 그림도 마찬가지다.[77] 이 그림은 새 예루살렘을 하나님의 백성으로 묘사하기보다는 다섯 개 석조 망대를 가진 건물로 그리고 있다. 이는 계시록이 언급하는 예루살렘 도성의 어마어마한 규모를 살리는 것은 고사하고, 이 도성이 전적으로 상징적 성격을 가진다는 것을 놓치고 있다. 로버트 건드리는 새 예루살렘은 구속받은 하나님의 백성을 가리킨다고 힘주어 강조한다.[78] 쾨스터와 매슈슨 역시 같은 관점으로 새 예루살렘과 어린양의 아내 및 신부(헬라어 gynē 귀네와 nymphē 뉨페, 계 21:2, 9) 개념을 폭넓게 살피고 있다.[79]

쾨스터와 매슈슨은 이사야 65:17-19과 예레미야 31:38-40, 그리고 특별히 에스겔 48:30-35, 43:1-5, 47:1, 12과 같은 구약 본문들을 언급하면서 예루살렘이 바벨론과 대립적 위치에 서 있다는 것을 잘 보여준다. 쾨스터는 이렇게 말한다. "신부는 신랑의 집으로 데려감을 받으며 … 하나님의 생명 혹은 임재 안으로 들어간다."[80] 보컴은 바로 이것이 낙원의 의미라고 말한다.[81] 앙제 태피스트리는 이런 사상을 조금도 담아내지 못한다. 어쩌면 간접적인 방식으로 이를 포착하려 했을 수도

76 O'Hear and O'Hear, *Picturing the Apocalypse*, Plate 44를 보라.

77 O'Hear and O'Hear, *Picturing the Apocalypse*, Plate 46를 보라.

78 Robert H. Gundry, 'The New Jerusalem', in Gundry, *The Old is Better* (Tübingen: Mohr, 2005), pp. 399-411.

79 Koester, *Revelation*, pp. 810-25; David Mathewson, *A New Heaven and New Earth: The Meaning and Function of the Old Testament in Revelation* 21:1-22:5 (JSNTSup 238; London: Sheffield Academic Press, 2003).

80 Koester, *Revelation*, p. 812.

81 Bauckham, *The Theology of the Book of Revelation*, p. 133.

있겠지만, 새 예루살렘의 상징적 의미에서 멀리 떨어져 있는 것은 사실이다. 앙제 태피스트리 안에 그려진 생명수의 강 역시 구체화된 그림이 요한의 글로 표현된 환상 장면에 크게 미치지 못한다는 것을 잘 보여준다.[82] 이런 현상은 좋은 책이 영화로 만들어질 때도 종종 일어난다. 고든 청(Gordon Cheung)의 작품 '축복의 강'(Rivers of Bliss, 2007년)은 보다 현대화된 기법을 이용한다. 하지만 이것이 요한의 환상과 적절히 잘 연결된다고 보기는 어렵다.[83]

아마겟돈(Armageddon, 또는 히브리 음에 가깝게 Harmageddon, 계 16:16)은 역사적으로는 므깃도의 언덕을 가리킨다. 이곳은 이집트의 왕 느고와 유다 왕 요시야 사이에 큰 싸움이 벌어졌던 곳이다(대하 35:22). 요시야는 이 싸움에서 전사한다. 상징적 차원에서는 아마겟돈은 우리가 아직 살펴보지 않은 파괴적 재앙에 대한 시각적 재현을 담고 있는 용어다. 오히어와 오히어는 이에 대해 이렇게 말한다.

> 계시록의 용어 가운데 가장 보편적으로 사용되면서 또한 가장 잘못 사용되는 대표적인 용어가 아마겟돈일 것이다. 대중 사상과 문화에서 아마겟돈은 종말 또는 아포칼립스 자체와 동의어로 사용되고 있다. 특히 핵의 참상이 배경에 놓인 이야기에서는 아마겟돈이나 아포칼립스가 세상의 마지막을 가리키는 약어처럼 호환적으로 사용되고 있다. 대중 매체에는 아마겟돈에 대한 언급이 차고 넘친다. '아마겟돈을 원한다면 00000000번을 누르라, 미국의 특급 비밀에 속하는 발사 코드는 놀라울 정도로 간단하다'와 같이 다소 우스꽝스러운 것에서부터, '시리아가

82 O'Hear and O'Hear, *Picturing the Apocalypse*, Plate 47.
83 O'Hear and O'Hear, *Picturing the Apocalypse*, Plate 49.

아마겟돈의 마지막 징조가 아니겠는가?' 같은 성경적 질문에 이르기까지 그 예는 다양하다.[84]

그들의 결론은 이것이다. "이처럼 아마겟돈은 모든 용도에 사용되는 진부한 용어가 되어 버렸다. 실제든 가상이든 환경 재앙이나 핵 문제나 금융 재앙 등을 묘사하기 위해 일종의 반사 작용을 일으키는 충격어로 이 용어가 사용되고 있다."[85]

오히어 부부는 아마겟돈을 지구 온난화 문제에 적용한 2013년 7월자 『인디펜던트 *The Independent*』 기사를 인용한다. 또한 브루스 윌리스가 주연한 영화 '아마겟돈'(1998년)을 인용하기도 한다. 이 영화는 지구를 향해 달려오는 소행성을 폭파시킨다는 이야기를 다루고 있다. 그들은 또한 해마다 뉴질랜드에서 열리는 만화책 전시회 아마겟돈 엑스포(Armageddon Expo)를 언급한다. 그러면서 해마다 열리는 행사에 아마겟돈이라는 이름을 붙인 것이 역설적이라고 지적하기도 한다. 그들은 이와 같이 계시록 16:16을 탈문맥화된 형태로 사용하는 것이 전적으로 잘못이라고 보지는 않는다. 왜냐하면 이 용어는 선과 악의 결정적 싸움과 마지막 재앙을 상징하는 용어이기 때문이다. 하지만 요한은 하나님께서 그리스도를 통해서 사탄과 짐승과 그 따르는 자들을 결정적으로 멸하실 것을 이야기한다. 이런 면에서 보면 아마겟돈은 어두운 어조만 가지는 것이 아니라 기쁨의 어조를 가지기도 한다.

중세 시대에는 아마겟돈이 오늘날과는 다른 방식으로 그려졌다.

84 O'Hear and O'Hear, *Picturing the Apocalypse*, p. 178; and the *Daily Mail,* November 2013 and September 2013.

85 O'Hear and O'Hear, *Picturing the Apocalypse*, p. 178.

1076년경에 만들어진 성 세베르 베아투스 수고(*St Sever Beatus Manuscript*)는 아마겟돈(계 19:11-21; 20:7-10)이라는 이름으로 초기 형태의 간단한 삼단 그림을 보여 준다. 여기에는 심판대에 서신 어린양과 짐승과 사탄의 죽음을 결합시켜 놓고 있다.[86] 램버스 묵시록(*Lambeth Apocalypse*, 1260년경)이 만들어지던 시기에 오면 아마겟돈의 그림이 더욱 복잡해진다. 여기에는 짐승 군대의 패배(계 19:20)가 포함된다. 그뿐만 아니라 사탄 곧 용이 두 짐승과 함께 불못에 던져지는 또 다른 아마겟돈('Armageddon 2')의 모습이 묘사된다.[87] 굴벤키안 묵시록(*Gulbenkian Apocalypse*, 1270년경)에서는 사탄의 군대가 택함받은 성도들에게 패배하는 모습을 그리고 있는데, 사탄의 군대는 중세기의 무기를 들고 있는 반면 성도들은 주교의 관과 문양을 들고 있는 것이 특이하다.[88] 플레미쉬 묵시록(*Flemish Apocalypse*, 1400년경)에는 어린양의 혼인 잔치와 짐승들의 패배, 아마겟돈과 같은 계시록 19-20장의 사건들이 다 묘사되어 있다.[89]

현대에 들어오면 아마겟돈에 대한 이해는 매우 새로운 양상을 띠게 된다. 벨기에 화가 프란스 마서릴(Frans Masereel)은 '인간 위의 비행기'(*Aeroplanes over Mankind*, 1944)라는 작품을 내놓았는데, 이는 계시록을 해석한 것이라기보다는 오히려 종말에 대한 그 자신의 이해에 더 가깝다. 계시록의 메시지나 아마겟돈의 의미를 느슨하게 해석하거나 아예 곡해하는 일은 일반 대중 매체들만 하는 일은 아니다. 다양한 부류의 세대주의자들 역시 마지막 전쟁을 이스라엘 재건과 그 지위를 지지하는 정치적 행위들과 결부시켜 이해하는 방식으로 계시록을 해석하고

86 O'Hear and O'Hear, *Picturing the Apocalypse*, Plate 39.
87 O'Hear and O'Hear, *Picturing the Apocalypse*, Plate 40.
88 O'Hear and O'Hear, *Picturing the Apocalypse*, pp. 185-6, Figure 8.3.
89 O'Hear and O'Hear, *Picturing the Apocalypse*, pp. 186-8, Figure 8.4.

있다. 어떤 사람들은 1918년 9월에 있었던 1차 세계 대전의 한 전투를 부각하기도 한다. 이 전투는 중동에 대한 오토만의 지배가 종식되었음을 확실히 했다. 심지어 어떤 사람들은 알렌비(Allenby) 육군 원수를 므깃도의 자작 알렌비로 부르기도 했으며, 펠릭스토(Felixtowe)를 "시리아의 정복자, 성지의 해방자"로 부르기도 했다. 따라서 1917년의 밸푸어 선언(Balfour Declaration)으로 이스라엘의 국가 재건이 이루어진 일을 어느 정도 아마겟돈과 연결시키는 것도 무리는 아니었을 것이다. 하지만 이 일이 요한의 생각 속에 들어 있지 않았음은 분명한 일이다.

버나드 맥긴(Bernard McGinn)은 종말과 적그리스도, 아마겟돈과 관련된 해석의 역사를 매우 잘 정리해 주고 있다.[90] 그는 미국의 일부 영향력 있는 작가들이 어떻게 이런 계시록의 주제들을 세대주의 사상과 현대 유대인들의 국가 수립이라는 현안과 버무려 내고 있는지를 탁월하게 잘 보여 준다. 그는 존 넬슨 다비(John Nelson Darby)와 같은 사람들의 설교를 예로 든다. 이들은 종말의 사건들을 '전천년주의' 관점으로 설명하려 한다. 천년기설은 사탄이 결박당하고 성도들이 통치하는 천 년의 기간에 대한 믿음을 가리킨다. 이 천 년의 기간을 어떻게 이해할지에 관한 논란은 계시록 20:1-10과 또 다른 본문들, 이를테면 데살로니가전서 4:16-17의 소위 '휴거'를 어떻게 읽을 것인지에 달린 문제이다. 전천년주의자들은 천년기가 재림(그리스도의 미래 다시 오심)에 이어서 오게 될 것이라고 믿는다. 반면 후천년주의자들은 그리스도의 재림 전에 천년기가 올 것이라고 믿는다. 전천년주의 입장은 대표적으로 다비와 스코필드 관주 성경(Scofield Reference Bible, 1909), 존 월부드(John F.

90 Bernard McGinn, *Antichrist: Two Thousand Years of the Human Fascination with the Devil* (San Francisco: Harper, 1994), pp. 250-80.

Walvoord), 그리고 인기 작가인 할 린지(Hal Lindsey) 등이 지지한다. 케어드는 이 이론이 "모범적인 잘못"이라고 부른다. 이 이론은 유대인들의 국가 수립을 위한 시오니스트 운동을 뒷받침하기도 했다. 맥긴은 세대주의 사상과 관련하여 이렇게 논평한다.

> [이 사상에 따르면] 수 세기에 걸쳐서 고대 역사와 관련한 수많은 예언들이 주어진 후에, 갑자기 C. E. 70년 제2 예루살렘 성전 멸망과 1948년 유대 국가 재건에 이르는 근 이천 년의 기간(이방인들의 세대) 동안 성경의 예언은 휴가를 떠났다.[91]

맥긴은 세대주의 종말론이 "마지막 때 유대인들의 지위에 홀려 버렸다"라고 지적한다.[92]

2차 세계 대전 후에 일부 세대주의자들은 원자 폭탄과 유럽 단일 시장 출현, 중동에 대한 러시아 개입 등의 사건들에 눈길을 돌리기 시작했다. 할 린지의 『대유성 지구의 종말』(1970년) 같은 책은 1990년대 중반까지 이천오백만 부 이상이 팔렸다. 어떤 이들은 러시아가 이스라엘을 침공함으로써 아마겟돈의 서막이 펼쳐질 것이라고 예언하기도 했다. 린지는 아마겟돈을 종국적 결과를 빚어내게 될 3차 세계 대전의 상징으로 보고 있다. 또한 곡과 마곡과 같은 상징을 이스라엘에 대한 러시아의 침공으로 해석한다.[93] 맥긴은 이런 현상과 관련해서 이렇게 해설한다. "묵시론적 상징은 원래 그것이 나타내고자 했던 정확한 믿음

91 McGinn, *Antichrist*, p. 253.

92 McGinn, *Antichrist*, p. 255.

93 Hal Lindsey, *The Late Great Planet Earth* (Grand Rapids: Zondervan, 1970), pp. 152-57.

체계가 이제는 옛것이 되어 버린 후에도 시간을 뛰어넘어 그 의미를 나타내는 능력을 유지할 수 있다."[94]

천년기를 문자적 의미의 천 년으로 해석하는 일이 세대주의자들에게 처음 나타나는 현상은 아니다. 바나바서(*Epistle of Barnabas*, 1세기 말에서 2세기 초 사이)도 창조의 날들에 대해 언급하면서 제7일에 "하나님께서 육천 년 동안의 모든 일을 마치실 것"이라고 말한다.[95] 2세기 몬타누스주의자들은 계시록 21장의 새 예루살렘이 자기들의 시대에 지상에 임할 것으로 믿었다. 테르툴리아누스 역시 문자적 의미의 천년기를 믿었다. 그는 "성도들의 부활이 완성되는 그 천 년의 기간이 끝나고 나면 … 세상의 멸망이 올 것이며, 모든 것이 심판에 처하여 불타게 되는 때가 올 것이다"라고 말했다.[96]

반면 오리게네스와 메토디우스, 유세비우스 등은 천년기를 문자적 의미로 받아들이지 않았다. 티코니우스와 아우구스티누스는 천년기가 교회의 전체 역사를 가리킨다고 보았다.[97] 이런 해석의 차이는 이후에도 계속 이어진다. 히에로니무스(Jerome)는 천년왕국을 영적 차원에서 이해했지만, 피오레의 요아킴(Joachim of Fiore)은 그것이 지상에서 완성된다고 믿었다. 문자적 천년기 또는 천년왕국에 대한 비판은 오늘날에도 계속 이어지고 있다. 코박스와 롤런드는 이렇게 말한다.

> 계시록 20:4-6의 난해함은 널리 인정되는 사실이다. … [무천년설 입장

94 McGinn, *Antichrist*, p. 277.

95 *Epistle of Barnabas* 15.3-5 (Eng., ANF, vol. 1, p. 146).

96 Tertullian, *Against Marcion*, Bk 3, ch. 24 (Eng., ANF, vol. 3, p. 343).

97 Cf. Judith Kovacs and Christopher Rowland, *Revelation* (Blackwell Bible Commentaries; Oxford: Blackwell, 2004), pp. 203-7.

에서의] 천년왕국에 대한 비판은 콘스탄티누스 이후 시대의 기독교에서 두드러지게 나타났고, 베자와 함께 다시 부각되었다. … 이는 종교개혁 속에서 완성되어 갔다. … 천년기는 영원을 상징한다.[98]

계시록에 자주 등장하는 또 한 부류의 상징으로 거짓 선지자(계 16:13; 19:20; 20:10, 헬라어 pseudoprophētēs 프슈도프로페테스)와 관련된 상징들을 살펴볼 필요가 있다. 거짓 선지자들은 "가증한 일"(계 21:27; 22:15; 헬라어 pseusma 프슈스마)을 행하는 자들인데, 이런 행위는 거짓말이나 위선과도 관계된다(계 12:19; 13:14; 18:23; 19:20; 20:3, 8, 10). 이는 존 위클리프(John Wycliffe)가 강조하는 것처럼 참신자들의 교회인 불가시적 교회보다는 가시적 교회 안에서 일어나는 현상이기도 하다. '적그리스도'라는 단어가 계시록에 명시적으로 사용되지는 않지만, 후기 중세 시대에는 이 주제가 계시록 이해를 주도한 바 있다. 이런 점은 맥긴의 책에 상세히 소개되어 있다.

크레이그 쾨스터는 거짓 선지자 주제를 계시록 13:11-18의 땅에서 올라온 짐승과 관련하여 상세히 다룬 바 있다. 그는 땅 짐승과 관련된 다섯 가지 해석을 제시하는데, 그중 네 가지는 황제 숭배 예식과 연관성을 가진다. 그의 네 번째 해석은 "이방 의식을 수용하는 그리스도인"이라는 제목이다. 그는 이렇게 말한다.

땅에서 올라온 짐승은 거짓 선지자이다(16:13; 19:20; 20:10). 기독교 공동체 안에도 이세벨이라는 별칭을 가진 거짓 선지자가 있었다. 이세벨

98 Kovacs and Rowland, *Revelation*, p. 211.

은 그리스-로마 신들에게 바쳐진 우상제물을 먹어도 된다고 가르쳤다. … 짐승이 어린양을 흉내 내는 것처럼, 이세벨은 어린양 예수를 따르라고 권하면서 동시에 사람들을 거짓 예배로 이끌었다.[99]

쾨스터는 13:12의 "땅과 땅에 사는 자들을 처음 짐승에게 경배하게 하니"라는 문구와 관련해서도 땅 짐승(거짓 선지자)과 바다 짐승 모두가 기만과 압박을 통해 사람들로 하여금 통치자 숭배에 참여하지 않을 수 없게 했다고 설명한다.[100] 그는 이방 신전을 선전하는 연회를 제공하는 것은 고대 세계에서 사회적으로 매우 존중받는 일이었다고 말한다. 그는 13:14과 관련해서도 고대에 "강요된 예배에 사람들이 참여하도록 유혹하기 위해 거짓 선지자들이 기적을 사용했다"라고 말하는데, 짐승이 행한 "이적"은 이런 것과 연관성이 있다. 13:15에 보면 거짓 선지자가 짐승의 우상에게 생기를 주었다고 말하는데, "신상들에게 숨을 주고 말을 하게 만드는 일은 마술과 동일한 일이었다."[101]

맥긴은 1200년부터 1335년 사이에 계시록을 그림으로 재현하기 위한 노력이 엄청나게 이루어졌음을 잘 지적한다. 피오레의 요아킴은 1200년에 적그리스도를 비판하는 글을 썼고, 한 세기가 조금 지나 프란시스코회 수도사들과 또 다른 무리들은 제왕적 교황이었던 요한 22세(1316-34)를 적그리스도에 가까운 거짓 교황으로 매도했다.[102] 적그리스도는 독재와 기만의 상징이 되었다. 피오레의 요아킴은 적그리스도가 세상을 속이는 네 가지 방식을 소개한다. 곧 교묘한 설득, 기적 행

99 Koester, *Revelation*, p. 589.
100 Koester, *Revelation*, p. 590.
101 Koester, *Revelation*, p. 593.
102 McGinn, *Antichrist*, p. 143.

위, 선물 공세, 그리고 공개적인 고문이다. 13세기와 14세기를 거치는 동안 교황권은 침체기를 겪고 있었다. 때를 같이하여 많은 개혁 그룹이 교황을 적그리스도나 거짓 선지자와 동일시했던 것도 결코 놀라운 일이 아니다.

본격적인 종교개혁 시대가 도래하기 오래전부터 많은 개혁 그룹이 교황권을 맥긴이 말하는 "짝퉁 거룩함"의 원천으로 보았다.[103] 피터 올리비(Peter Olivi, c.1248-98)는 피오레의 요아킴의 신학에 기반을 둔 종말론 선전가요 카리스마 넘치는 지도자였던 보나벤투라의 제자이다. 올리비가 쓴 계시록 주석에는 교황이 "비밀의 적그리스도"요 거짓 선지자 또는 큰 미혹자로 묘사되고 있다.[104] 유사한 방식으로 단테 역시 "성직 매매를 통해 교황이 된 니콜라스 3세, 보니파스 7세, 클레멘스 5세"를 불의 고문으로 공격하고 있으며, 성직 매매의 원흉인 시몬 마구스가 하늘에서 떨어지는 것으로 묘사한다.[105] 1378년에 한 사람의 교황을 두고 또 다른 대립 교황이 선출됨으로써 서구 교회는 둘로 갈라지고 말았다. 이 사건의 중심에 서 있었던 인물이 우르바노 6세였다.

영국에서는 옥스퍼드 발리올 칼리지 출신의 존 위클리프(1330-84)가 가시적 교회와 비가시적 교회를 첨예하게 구분함으로써 교황권을 강하게 공격했다. 맥긴의 표현을 빌리자면 "가시적 교회는 넘치는 기부금과 위선적인 수도사들을 안고 악 속에 깊이 가라앉아 있었으며, 성경과는 명백하게 반대되는 위치에 놓여 있었다."[106] 위클리프는 탁발 수도사들과 화체교리 시작을 알린 교황 이노센트 3세가 사탄의 놓임(계

103 McGinn, *Antichrist*, pp. 143-72.

104 McGinn, *Antichrist*, pp. 159-66.

105 Dante, *Inferno*, XIX. 22-30; cf. XIX. 103-17.

106 McGinn, *Antichrist,* p. 181.

20:7)을 상징하는 것으로 보았다. 또한 곡은 교황을 상징하며 마곡은 그를 따르는 자들을 가리킨다고 보았다. 롤라드파 역시 위클리프의 관점을 따랐다. 프라하 대학교의 얀 후스(Jan Huss, c.1372-1415)도 위클리프의 가르침을 따랐으며, 성경을 권력에 굶주린 교회와 대립적 위치에 둠으로써 보헤미아, 또는 체코 사람들의 국가적 영웅이 되었다. 후스는 1411년에 파문을 당했지만, 그와 그의 추종자들은 교황권에 맞서 적그리스도의 수사를 계속 사용했다.

카렐 스테이스칼(Karel Stejskal)은 수도사들이 떠받드는 교황을 적그리스도의 모습으로 그리고 있다(1500년경). 교황을 적그리스도로 묘사하는 작품들이 많이 생겨난 가운데서도 『피어스 플로우맨 *Piers Plowman*』(14세기 작품으로 알레고리 성격을 가진 이야기 형식의 시 — 역주)은 체스터 지역의 '적그리스도 극 Play of Antichrist'을 낳기도 했는데, 여기서는 적그리스도가 교회를 공격하는 모습을 연극 형태로 묘사하고 있다. 맥긴은 "일종의 적그리스도 초상화가 1335년에서 1500년 사이에 전례 없이 불어났다"라고 말한다.[107] 그는 이와 관련된 몇 가지 그림의 예를 제시한다. 그의 결론은 이것이다. "적그리스도의 죄는 점점 더 종교적 악의 성격을 띠게 되었는데, 특히 교회 안에서 발견되는 위선과 부패가 그것이다."[108]

적그리스도는 타락한 교황뿐만 아니라 유대인, 무슬림, 이단의 상징으로 사용되기도 했다. 종교개혁 시대에 마르틴 루터는 교황을 적그리스도로 나타내는 것은 당연하다고 생각했다. 그러나 영국에서는 이런 경향이 좀 덜한 편이었다. 존 주얼(John Jewel, 1522-71)은 중세적이고

107 McGinn, *Antichrist*, p. 191.
108 McGinn, *Antichrist*, p. 198.

전설적인 것들은 거부하는 입장을 취했다. 루터와 맞섰던 토마스 뮌처(Thomas Müntzer, c.1480-1525) 같은 '급진 종교개혁가들'은 적그리스도 상징의 사용을 옹호했다. 영국 일부 청교도들도 이런 입장을 취했다. 1660년 이후로는 적그리스도의 상징적 사용이 러시아 정교회와 미국의 천년왕국론자들을 제외하고는 급속히 줄어들었다.

우리는 지금까지 계시록에 나타난 그림과 이미지를 충분히 고찰했다고 본다. 이를 통해 우리는 그림에 관한 우리의 책 전체에서 강조하고자 하는 두 가지 논지를 다시 한 번 확인할 수 있다. 하나님은 때로 글만으로는 다 전달할 수 없는 것을 시각적 표현이나 그림을 통해 전달하신다는 것을 보았다. 하지만 어떤 사람들은 요한에게 전해진 것과는 전혀 다른 메시지를 전달하기 위해 그림들을 남용하기도 한다는 것을 보았다. 우리는 이를 바탕으로 당대 의사소통 속에서의 그림 사용을 살펴보고자 한다.

그림의 힘과 그 고유성은 교육이나 설교와 같은 기독교 의사소통 과정에 있어서 결코 없어서는 안 될 필수적인 요소이다. 하지만 그림이 때로는 그 의도된 의미와는 다른 내용을 전달할 수도 있다는 점을 고려한다면, 우리는 그림 해석에 매우 신중한 태도로 임할 수밖에 없다. 우리는 이런 점을 이 책의 마지막 장인 다음 장에서 더 자세히 살펴보고자 한다. 환상이나 내적 구상은 기독교 진리와는 동떨어진 내용을 전달하기도 한다. 우리는 어떤 사람들이 "하나님께서 나에게 이런 그림을 보여 주셨어요. 그러니 우리는 이렇게 저렇게 해야 해요"라고 말하는 것을 많이 접해 보았을 것이다. 때로는 이것이 옳을 수도 있다. 그러나 우리는 그것을 시험해 볼 필요가 있다. 우리는 중세 시대 신비주의자들의 환상도 살펴볼 것이다. 그중 일부는 맞는 것도 있겠지만, 그렇지 않은 것들도 많다. 우리는 영지주의자들과 은사주의자들의 환상도 살펴볼 것이다. 이 역시 그 진리성을 검증할 필요가 있다. 이런 모든 과정은 교회의 건강을 목표로 한다.

제3부 그림과 의사소통, 그 역사와 현재

10장 성경 이후 자료와 오늘날의 기독교 의사소통 속에서 그림과 상징의 위치

상징과 그림을 매우 특이하게 사용하는 세 부류의 전통을 우리는 교회사에서 찾아볼 수 있다. 첫째, 신약 정경이 마감되고 얼마 지나지 않아서 영지주의 문헌들이 나타났는데, 이 문헌들은 성경의 상징을 취해서 여기에다 새롭고 특이한 의미를 부여하기 시작했다. 따라서 영지주의는 상징과 그림이 우리에게 유익을 줄 뿐만 아니라 또 한편에서는 우리를 어떻게 미혹시킬 수 있는지를 보여 주는 매우 좋은 예라고 볼 수 있다. 나아가서 예수님의 비유나 사도 바울의 유비들, 그리고 계시록의 이미지와 상징에 대한 해석의 역사(곧 수용사 reception history) 역시 유사한 많은 예를 우리에게 보여 준다.

둘째, 중세 신비주의자들이 상징과 그림을 특이하게 사용한 예도 많이 찾아볼 수 있다. 신비주의자들은 때로 환상을 보고 이를 시각적 이미지로 표현했다. 이들 중 대다수는 성경 전통의 맥락 안에서 어느 정도의 합리적인 정확성을 가지고 그들의 그림을 사용했지만, 일부 신비주의자들은 아무런 통제에도 얽매이지 않았다. 이들은 자신의 그림에 매우 이상하고 잘못된 의미를 부여했다.

셋째, 오늘날의 일부 오순절 계통이나 은사주의 운동에서도 그림이나 상징 사용과 관련된 과도한 주장을 찾아볼 수 있다. 여기에 속한 어떤 사람들은 환상 경험을 주장하면서 이를 교회나 개인의 실제적 삶과 관련된 하나님의 직접적인 지시라는 방식으로 해석한다. 우리는 교회사에 나타나는 이런 현상을 차례로 살펴보고자 한다.

교부들과 영지주의 문헌에 나타나는 그림과 상징

영지주의 언어 세계에 대한 가장 해박한 저술가로 우리는 자무엘 로이힐리를 들 수 있을 것이다. 그는 『신앙의 언어 *The Language of Faith*』라는 책에서 이렇게 말한다.

> 어떤 용어가 그 원래 맥락에서 가졌던 의미와 새로 위치된 맥락에서 가지는 의미 사이에는 긴장이 있게 마련이다. … 해석자는 성경의 언어를 정확하게 원래 그대로 이야기할 수는 없다. 왜냐하면 해석자 자신이 이미 자신의 환경에 속하는 언어로 말하는 사람이기 때문이다. … 영지주의는 이와 같은 주해적 갈등이 단지 번역의 문제만은 아니라는 것을 보여 준다. … **동일한 단어들이 다른 함의를 띠게 된다. 동일한 문구들이 다른 관점으로 읽힌다.**[1]

로이힐리는 이런 현상을 또 다른 말로 표현하기도 한다. "개념 그 자체만 가지고는 답을 찾지 못한다. 그것이 다른 개념들과 어떻게 관계

1 Samuel Laeuchli, *The Language of Faith: An Introduction to the Semantic Dilemma of the Early Church* (London: Epsworth Press, 1965), p.19 (강조는 첨가).

맺고 있는지를 보아야 한다."[2] 베르틸 게르트너는 이레나에우스를 염두에 두고 이렇게 이야기한다. "그들[영지주의자들]은 성경의 권위를 일정 부분 인정한다. 그것은 사실이다. 다만 그들은 우리 주님의 말씀을 무책임하게 변경하고 재구성하고 재배열함으로써 **그 의미를 통째로 바꾸어 버린다**."[3] 장 도레스(Jean Doresse)는 "때로 도마복음서가 신약의 표현들을 사용하지만, 거기에다 다른 가르침을 결부시킨다"라고 논평한다.[4]

도마복음서에서 우리는 이런 예를 많이 찾아볼 수 있다. 이 책에 나타나는 예수님께 돌려진 몇몇 말씀들은 공관복음서에 나오는 말씀들과 매우 가깝게 재진술되고 있다. 약간의 말을 첨가하기도 하고, 공관복음서에서 읽을 수 있는 의미를 살짝 비틀기도 한다. 예수님의 비유가 그들의 가르침과 관련하여 어떻게 해석되고 있는지의 많은 예를 우리는 영지주의 문헌에서 찾아볼 수 있다.[5] 이런 측면은 영지주의에만 국한되는 것은 아니고, 일부 교부들의 경우에도 유사한 해석의 예들이 나타나는 것을 볼 수 있다. 예를 들어 알렉산드리아의 클레멘스는 영지주의의 언어를 사용하고, 테르툴리아누스와 오리게네스 같은 경우는 영지주의 작가들을 단순히 묘사하거나 그들의 글을 인용하기도 한다.

초기 교부인 이레나에우스(Irenaeus, c.130-c.200)는 영지주의 교사인 발렌티누스(Valentinus)의 성경 해석에 대해 이와 같이 지적한다.

2 Laeuchli, *The Language of Faith*, p. 16.

3 Bertil Gärtner, *The Theology of the Gospel of Thomas* (London: Collins, 1961), p. 78 (강조는 첨가); cf. Irenaeus, *Against Heresies*, 1.8.1 and 3.12.12.

4 Jean Doresse, *The Secret Books of the Egyptian Gnostics* (London: Hollis and Carter, 1960), p. 342.

5 Doresse, *The Secret Books*, pp. 342-43.

> 그들은 성경의 순서와 상호 연관성을 무시한다. 그들 속에 놓여 있는 한, 진리를 해체하고 부순다. 그들은 성경의 문구를 이리저리 옮기고 새로 옷을 입히며 하나로 다른 것을 만들어 낸다. 주님의 말씀을 자기들의 의견에 갖다 붙이는 사악한 방식을 통해 그들은 많은 사람을 미혹시키는 데 성공했다. 그들이 사용하는 방식은 마치 이런 것과 같다. 어떤 솜씨 좋은 장인이 귀한 보석을 사용해서 아름다운 왕의 모습을 만들어 놓았다. 그런데 어떤 사람들이 이를 가져다가 사람의 모습을 다 해체하고 분해해서 보석들을 새로 배열하고 짜 맞추어 개나 여우의 모습을, 그것도 매우 조잡스럽게 만들어 놓았다. 그러면서 이들은 이것이 아름다운 왕의 모습이라고 주장하고 선언한다.[6]

발렌티누스는 누룩 비유를 해석하면서 "가루 서 말"(마 13:33; 눅 13:20-21; 도마 96)이 세 부류의 사람을 가리킨다고 주장한다. 곧 영적인 사람과 짐승 같은 사람과 물질적인 사람을 뜻한다는 것이다.[7] 그리고 누룩은 그리스도 자신을 뜻한다고 보고 있다. 발렌티누스가 해석한 '세 부류의 사람들'은 영지주의 신학의 핵심에 해당하는 내용일 뿐, 이 비유를 통해 예수님께서 가르치고자 하시는 것과는 상관이 없다.

알렉산드리아의 클레멘스(Clement of Alexandria, c.150-215)는 초기 성경 해석자 가운데 별로 달갑지 않은 예에 속하는 사람이며, 동시에 영지주의의 영향을 많이 받은 사람이다. 겨자씨 비유(막 4:30-32; 마 13:31-32; 눅 13:18-19; 도마 20)에 대한 그의 해석은 나쁜 해석의 한 예를 보여 준다. 그는 예수님께서 가르치신 것처럼 하나님의 나라가 그 작은

6 Irenaeus, *Against Heresies*, 1.8.1 (Eng., ANF, vol. 1, p. 326).
7 Irenaeus, *Against Heresies*, 1.8.3 (Eng., ANF, vol. 1, p. 327).

출발에도 불구하고 후에는 크게 번성하리라는 데 초점을 맞추지 않고, 오히려 **겨자씨의 맛과 약효**에 초점을 맞추고 있다. 그는 이렇게 말한다. "겨자씨는 역정 곧 화를 물리치며, 염증 곧 교만을 물리친다." 클레멘스는 겨자씨를 하나님의 나라로 보지 않고, 사람의 영혼을 치유하는 약으로 보고 있다.[8]

탕자의 비유(눅 15:11-32)와 관련해서도 클레멘스는 "제일 좋은 옷"(22절)은 "불멸의 옷"을 뜻한다고 주장하며, 반지는 하나님의 인장 곧 "구별의 표시요 영광의 서명이며 증언의 확증"이라고 주장한다.[9] 새 신을 신겼다는 것은 죄가 인간을 손상시키고 노예로 삼는 것과 달리 소멸되지 않는 영원한 것이 주어졌음을 말한다고 해석한다. 또 다른 두 번째 해석에서는 둘째 아들이 합리적 자질을 낭비함에 따라 그 이성이 어두워졌음을 나타낸다고 보고, 그 손의 반지는 삼위일체의 신비를 나타낸다고 주장한다.[10]

클레멘스가 영지주의와 공감을 나누고 있다는 것을 보여 주는 좋은 예는 마태복음 13:13의 "그러므로 내가 그들에게 비유로 말하는 것은 그들이 보아도 보지 못하며 들어도 듣지 못하며 깨닫지 못함이니라"라는 구절에 대한 해설이다. 영지주의 가르침과 유사하게 클레멘스는 "지식은 모든 사람의 것이 아니다"라고 말한다.[11] 고린도전서 2:6-7의 "그러나 우리가 온전한 자들 중에서는 지혜를 말하노니 … 오직 은밀한 가운데 있는 하나님의 지혜를 말하는 것"이라는 구절에 대한 해설에서

8 Clement of Alexandria, *Fragments from the Hypotyposes*, 4 (Eng., ANF, vol. 2, p. 578).
9 Clement of Alexandria, *Fragments*, 11.1 (Eng., ANF, vol. 2, p. 582).
10 Clement of Alexandria, *Fragments*, 11.2 (Eng., ANF, vol. 2, p. 582).
11 Clement of Alexandria, *Stromata*, Bk 1.1 (Eng., ANF, vol. 2, p. 299).

도 그는 유사한 이야기를 하고 있다.[12] 진리가 일부 특정 부류의 사람들에게만 계시된다는 인식은 영지주의 신학의 핵심을 이룬다. 이는 공적 전통과는 반대되는 비밀 종교의 특성이다. 클레멘스는 이런 인식을 선호하는 반면, 이레나에우스는 계시된 공적 전통을 강조한다.

테르툴리아누스(Tertullian, c.150-c.225)는 '발렌티누스파에 대항하여 Against the Valentinians'라는 글에서 주교로 선출되기를 바라는 마음으로 156년경에 로마에 와서 165년경에 죽은 대표적인 영지주의 신학자 발렌티누스의 오류를 지적한다. 발렌티누스의 가르침은 일차적으로 알렉산드리아의 클레멘스에게 어느 정도 보존되어 있다. 그는 아마도 이집트 출신인 것으로 보이며, 낙 하마디(Nag Hammadi) 문서에 포함된 일부 콥틱어 문헌과도 연관성을 가지는 것으로 보인다. 발렌티누스파는 '진리 복음서'라는 묵시적인 책을 만들어 냈고, '빌립 복음서'도 이들이 만든 것으로 보인다.

테르툴리아누스는 자신의 글에서 "이들이 성경의 내용으로부터 … 가장 헛되고 추악한 것들을 만들어 냈다. 성경의 많은 샘으로부터 많은 오류들이 도출되기도 한다"라고 말한다.[13] 테르툴리아누스는 발렌티누스파가 그리스도인들을 '단순하다'고 말했다고 한다.[14] 또한 그들은 하나님이 '유출물들'을 낳았다고 생각하며, 여기서부터 이 세상과의 다리가 만들어졌다고 보았다.[15] 테르툴리아누스는 발렌티누스가 충만(plērōma 플레로마)이라는 단어를 사용한 것을 두고, 그가 표면적으로는 바울을 흉내 내는 것처럼 보이지만, 그 의미는 전혀 다르게 사용한다고

12 Clement of Alexandria, *Stromata*, Bk 5.12 (Eng., ANF, vol. 2, p. 463).

13 Tertullian, *Against the Valentinians*, 1 (Eng., ANF, vol. 3, p. 503).

14 Tertullian, *Against the Valentinians*, 2 (Eng., ANF, vol. 3, p. 504).

15 Tertullian, *Against the Valentinians*, 7-10 (Eng., ANF, vol. 3, pp. 506-9).

지적한다. 다시 말해서 발렌티누스파가 성경을 '비틀기' 한다는 것인데, 탕자 비유나 잃어버린 양 비유 같은 것들도 그 대상에 포함된다.[16]

테르툴리아누스는 가끔 그 자신이 비유들을 알레고리 방식으로 해석하기도 한다. 예를 들어 잃어버린 동전 비유(눅 15:8-10)에서 그는 동전이 교회 안에서 분실된 것이라고 보고 있다. 탕자 비유에서도 탕자를 고용하여 부려 먹은 먼 나라의 주민을 "이 세상의 임금" 곧 마귀라고 보며, 돌아온 탕자에게 아버지가 준 반지는 세례를 뜻하고 잔치는 성만찬을 의미한다고 보았다.[17]

오리게네스(Origen, c.185-c.254)는 성경 해석 원리를 잘 정리한 사람이지만, 그러면서도 동시에 종종 헬레니즘 철학이나 영지주의 쪽으로 기울고 있다는 점에서 악명이 높다. 예를 들어 그는 자신이 성경을 "삼중적인 방식으로" 해석한다고 말하는데, 이는 몸으로서의 의미, 혼으로서의 의미, 그리고 영으로서의 의미로 구성된다. 이에 대해서 그는 이렇게 말한다.

> 이[성경의 몸 자체]는 통상적인 또는 역사적인 의미이다. … 성경의 혼을 통해 좀 더 많은 교훈을 얻을 수 있다. … 나아가서 여기에는 신비 속에 숨겨진 하나님의 지혜[영의 차원]가 있다. 사람이 몸과 혼과 영으로 구성된 것처럼, 성경 역시 그러하다.[18]

오리게네스는 그의 선배인 클레멘스가 그러했던 것처럼 성경에는

16 Tertullian, *On Modesty*, 9 (Eng., ANF, vol. 4, p. 82).
17 Tertullian, *On Modesty*, 7 and 8 (Eng., ANF, vol. 4, pp. 80-2).
18 Origen, *On First Principles*, Bk 4.1.11 (Eng., ANF, vol. 4, p. 359).

신비와 숨겨진 진리가 가득하다고 보았다. 그래서 밭에 감추인 보화 비유에 대해서도 이 비유가 "그 안에 지혜와 지식의 모든 보화가 감추어져 있"는(골 2:3) 그리스도를 가리킨다고 보았다. 때로 오리게네스는 독신 생활과 같은 자기 개인의 관심사를 표명하기 위해 비유를 사용하기도 한다. 아버지에게 떡이나 생선을 구하는 아들(마 7:7-11)에 대한 말씀과 관련해서 그는 이런 설명을 덧붙인다. "하나님은 온 영혼과 믿음으로 구하는 자에게 좋은 선물을 주실 것이며, 독신과 순결의 삶에 완전한 깨끗함을 주실 것이다."[19]

오리게네스가 선한 사마리아인 비유(눅 10:29-37)와 같이 일상사에 기반을 둔 비유에서 알레고리적 의미를 이끌어 내려 한 것은 잘 알려진 일이다. 그가 볼 때 예루살렘에서 여리고로 내려가는 사람은 불행한 일을 만난 한 여행자가 아니라 낙원에서 세상으로 내려간 아담이다. 그리고 강도들은 강력한 마귀들을 뜻한다. 상처는 죄를 상징한다. 여행자가 거반 죽었다는 것은 인간의 본질이 죽음이라는 것, 그러나 영혼은 불멸이라는 것을 나타낸다. 여행자를 구하지 않은 제사장은 율법을, 레위인은 선지자를 의미한다. 반면 사마리아인은 그리스도를 의미하며, 여관은 교회를 뜻한다. 사마리아인이 주고 간 두 개의 데나리온은 구약과 신약 성경이며, 사마리아인이 다시 오겠다고 말한 것은 그리스도의 재림을 뜻한다.[20] 이런 방식으로 오리게네스는 비유를 교리의 알레고리로 변질시킨다.

19 Origen, *Commentary on Matthew*, 14.25 (Eng., New Advent, Church Fathers, Origen's *Commentary on Matthew*, 14:25).

20 Origen, *Homilies on Luke*, Fragment 71; described in Warren S. Kissinger, *The Parables of Jesus: A History of Interpretation and Bibliography* (London: Scarecrow Press, 1979), p. 18.

니케아 공의회 이후로 교부들은 성경 해석에 보다 절제된 자세를 취했는데, 이런 모습을 가장 잘 보여 주는 사람들이 안디옥 학파에 속한 교부들이며, 특히 요한 크리소스토무스(John Chrysostom, c.347-407)가 대표적이다. 크리소스토무스는 알레고리적 해석 방법을 강하게 반대했다. 그는 또한 실제적인 설교로 유명했으며, 이 때문에 '황금의 입'이라는 명성을 얻기도 했다. 그는 예수님의 비유들이 "그의 이야기를 더욱 생생하게 하고, 그들[청중들] 속에 더욱 완벽한 기억을 남기며, 사물이나 사태를 그들의 시야에 또렷이 전달한다"라고 말한다.[21] 이런 진술은 20세기에 도드와 예레미아스가 예수님의 비유 목적에 대해 했던 말과 거의 완벽하게 일치한다.

겨자씨 비유와 관련하여 크리소스토무스는 이 비유의 목적이 제자들을 격려하기 위함이라고 말한다. 이 비유는 겨자씨가 크게 자라는 큰 힘을 가지고 있는 것처럼 하나님 말씀이 흥왕한다는 것을 보여 주기 때문이다. 크리소스토무스는 이렇게 적고 있다. "겨자씨에 대해 말씀하신 것은 복음의 능력을 염두에 두고 하신 말씀이다. 복음은 분명 온 세상을 이길 것이다. … 복음은 겨자씨와 같이 자신을 펼치며, 누룩과 같이 퍼져 나간다. … 복음은 진주처럼 귀하다."[22]

니케아 공의회 이후 알레고리 방식의 해석이 거부당하긴 했지만, 예외가 없는 것은 아니었다. 아우구스티누스(Augustine, 354-430)는 주로 암브로시우스의 영향으로 알레고리적 해석에 이끌리게 되었다. 열 처녀 비유(마 25:1-13)와 관련하여 아우구스티누스는 등불을 밝히는 기름의 의미가 무엇인지를 밝히려고 노력한다. 그는 기름을 사랑의 필요와

21 Chrysostom, *The Gospel of Matthew*, Homily 44.3 (Eng., NPNF, ser. 1, vol. 10, p. 281).

22 Chrysostom, *The Gospel of Matthew*, Homily 47.2 (Eng., NPNF, ser.1, vol. 10, p. 293).

연결시킨다.[23] 이런 흔적들이 더러 남아 있긴 하지만, 아우구스티누스의 성경 해석은 워낙 방대하기 때문에 이를 일반화하기는 어렵다. 그는 초기 형태의 영지주의와는 아무런 관련이 없다.

이 지점에서 우리는 영지주의 문헌 자체를 좀 더 직접적으로 살펴보는 것이 좋겠다. 우선 '진리 복음서'부터 보도록 하자. 이 문서는 비교적 최근에(1945-6년 사이) 이집트의 낙 하마디에서 발굴된 콥트어 문헌들 속에 포함되어 있었다. 이 문서는 아마도 발렌티누스의 제자들이 만든 것으로 보이며, AD 140년 시기의 사상을 일부 담고 있기도 하지만, 전반적으로 AD 180년 이전에 작성되었을 것으로 보인다. '진리 복음서'는 아버지의 말씀 또는 이름으로서의 예수께서 수행하신 과업을 다루고 있으며, 그의 십자가 죽음도 암시한다. 이 문서는 또한 '오류'(헬라어 Planē 플라네)라는 이름의 의인화된 여성 인물을 등장시키기도 한다. 그뿐만 아니라 이 문서는 성경의 어휘를 취하거나 암시하면서 여기에다가 그 자체의 독특한 의미를 부여하기도 한다. 우리는 그 예를 켄드릭 그로벨(Kendrick Grobel)의 번역을 따라 살펴보고자 한다.[24]

진리 복음서 18:5은 이와 같이 기록한다.

> 아버지의 자비로 은밀한 비밀인 예수 그리스도는 … 그들에게 한 길을 주었고, 그 길은 진리다. 그는 이 진리에 대해 그들을 가르쳤다. 이 때문에 오류(Planē)가 화가 났고, 그를 박해했다. 그녀[오류]는 그에 의해 제압되었다. … 그는 나무에 못 박혔다.

23 Augustine, *Sermons on New Testament Lessons*, 43.5 (Eng., NPNF, ser. 1, vol. 6, p. 402).

24 Kendrick Grobel, *The Gospel of Truth: A Valentinian Meditation on the Gospel* (London: Black, 1960).

그로벨은 "은밀한 비밀"이나 "숨겨진 비밀" 같은 표현들이 골로새서 1:26의 암시일 것이라고 본다. 길이나 진리 같은 표현은 요한복음 14:6에 대한 암시다.[25] 이런 용어들을 사용하기는 하지만, 그 내용이나 가르침은 성경을 따르지 않는다. 성경의 표현들이 다른 문맥에 뒤섞이고 있다. 못 박힘의 이유도 플라네 곧 '오류'의 분노 때문인 것으로 묘사되고 있다.

가장 심각한 문제는 "은밀한 비밀"이나 길과 진리가 예수 그리스도를 가리키는 것이 아니라, 진리 복음서 그 자체를 가리킨다는 점이다. 대부분의 경우 "이것"은 진리 복음서를 지칭한다. 이 문서의 18:40에는 고린도전서 12장과 로마서 12장에 나오는 바울의 '지체'(헬라어 melos 멜로스) 개념이 사용되고 있다. 이와 관련해서 그로벨은 "바울의 교회론이 우주론으로 변환된 것으로 보인다"라고 설명한다.[26] 진리 복음서 16:25에는 플레로마(Plērōma, 충만)라는 단어가 열한 차례나 나오는데, 이는 성경적 의미보다는 영지주의적 의미로 사용되고 있음이 분명하다. 이를 보여 주는 예들은 수없이 많다.

진리 복음서에 나오는 한 구절(24:34-25:3)이 충만(완성)의 의미를 발렌티누스파 사람들이 어떻게 이해하고 있는지를 잘 보여 준다.

> 누군가의 무지의 경우와 마찬가지로, 사람이 무엇을 알게 되면 그때 그 사람의 무지는 녹아 없어지게 된다. 빛이 나타나면 — '부족'[아마도 지식의 부족]의 경우와 마찬가지로, 그것이 완성(Plērōma) 속에서 녹아 없어지게 된다.

25 Grobel, *The Gospel of Truth*, p. 51.
26 Grobel, *The Gospel of Truth*, p. 55.

그로벨은 이런 사상이 바울이 말하는 종말론적 완성이나 완전함을 흉내 내는 것이라 보고 있다.[27] 다르게 표현하자면, 이는 비트겐슈타인이 말하는 개념적 혹은 '문법적' 발화(하나의 개념 체계 전체를 규정하는 명제 — 역자 주)에 해당하는 문제이다. 그런데 그것이 작용하는 영역은 바울의 그것도 아니고 예수님의 그것도 아니다.

진리 복음서는 하나님을 "전체(Totality)를 창조하신 분"이라고 부르면서 "그 안에 전체가 있고, 그를 전체가 결하고(lack) 있다"라고 말한다(18:34-35). 그로벨은 이 '전체'의 의미가 경우에 따라 왔다 갔다 한다고 말한다. "18:34a에서는 이것이 우주를 뜻하는 것으로 보는 것이 가장 자연스럽지만, 34b에서는 이것이 인격적 존재인 사람을 의미하는 것으로 보인다." 언뜻 보면 이런 표현이 바울의 '만물' 개념과 유사해 보이지만, 실제로는 바울의 사상과는 매우 거리가 멀다.

'도마 복음서'는 '진리 복음서'보다는 예수님의 가르침에 더 가까이 다가가는 것처럼 보인다. 이 역시 1945-1946년 사이에 낙 하마디에서 발굴된 콥트어 문헌 가운데 하나다. 이 문서는 맛디아가 기록했다고 여겨지는 예수님의 "비밀 말씀들"을 담고 있는데, 그 기록 장소는 시리아로 보인다. 베르틸 게르트너는 이 문서가 영지주의자들의 특징적인 견해, 곧 그들의 관심은 지상의 예수보다는 부활 후 천상의 그리스도에 있다는 견해를 지지하는 것으로 본다.[28] 라이트(N. T. Wright)는 이 문서와 관련해서 이렇게 논평한다.

> 도마 복음서에는 영지주의 신학의 영향이 뚜렷하게 드러난다. … 도마

27 Grobel, *The Gospel of Truth*, p. 99.
28 Gärtner, *Gospel of Thomas*, pp. 78-9.

복음서에 따르면 가장 근본적인 종교적 경험은 자신의 신적 정체성 확인만이 아니라, 보다 구체적으로는 자신의 기원(곧 빛)과 운명(곧 안식, anapausis 아나파우시스) 확인이다.[29]

라이트는 어록 21(그 '만화경적 이미지 세계')뿐만 아니라, 어록 37과 51도 인용한다. 도마 복음서에 수록된 예수님의 어록 가운데 어떤 것들은 정경 복음서에 나오는 것과 매우 유사하다. 예를 들어, "예수께서 말씀하셨다: 가난한 자들은 복이 있나니 천국이 너희의 것이기 때문이다"(어록 54) 같은 구절이 그러하다. 어록 57에 나타나는 가라지 비유나 어록 9에 나타나는 씨 뿌리는 자 비유도 매우 정확하게 기록되어 있다.[30] 우리가 앞서 6장에서 살펴보았던 것처럼, 예레미아스는 여러 비유들의 경우 도마 복음서에서 그 평행 본문을 찾을 수 있다는 것을 보여주고 있다.[31]

반면 어떤 어록들은 신약에서 그 유사한 어구를 전혀 찾아볼 수 없는 것들도 있다. 예를 들어 어록 47에는 이런 말이 나온다. "예수께서 말씀하셨다: 사람이 두 말을 함께 탈 수 없으며, 두 개의 활을 함께 당길 수 없다." 이는 '두 주인을 동시에 섬길 수 없다'는 말씀을 연상시키기는 하지만, 표현은 전혀 다르다.[32] 정경에 나오는 표현이 섞여 있는 경우도 있다. "예수께서 말씀하셨다: 그 어떤 선지자도 자기 고향 마을에서는 환영받지 못한다. 의사는 자기를 알고 있는 사람을 고치지 못한다"(어록 31). 부분적인 왜곡을 담고 있는 경우도 있다. "[예수께서 말씀하셨다:] 너

29 N. T. Wright, *The Resurrection of the Son of God* (London: SPCK, 2003), p. 534.

30 Gärtner, *Gospel of Thomas,* Logion 57.

31 Joachim Jeremias, *The Parables of Jesus* (Eng., London: SCM, rev. edn, 1963), p. 247.

32 Gärtner, *Gospel of Thomas*, p. 51.

희가 세상에서 금식하지 않으면 너희는 그 나라를 찾지 못할 것이다. 너희가 안식일을 안식일로 지키지 않으면 너희는 아버지를 보지 못할 것이다"(어록 27).

도마 복음서 서문은 이렇게 시작한다. "이 말씀은 살아 계신 예수님의 비밀 말씀들이며, 디두모 도마가 이를 기록했다."[33] 어떤 어록 말씀들은 문맥에서 이탈되어 진정성이 없는 다른 말과 결합되기도 한다. 예를 들어 어록 53은 이렇게 되어 있다. "만일 두 사람이 같은 집에서 서로 평화롭게 지낸다면, 그들은 산을 향해 '움직이라'고 말할 것이고 산은 움직일 것이다."[34] 어록 63에는 이런 표현이 있다. "예수께서 말씀하신다: 수고한 사람은 복되다. 그는 생명을 찾았다."

낙 하마디 문헌에는 '부활에 관하여 Treatise on the Resurrection'나 '레기노스에게 보내는 편지 Letter to Rheginos'와 같은 글들이 포함되어 있는데, 이들 역시 중요한 영지주의 자료에 속한다.[35] 그 핵심 메시지는 '플레로마의 회복'이 '진리의 씨'라는 것이다. 구세주와 관련해서는 "그가 자신을 사멸되지 않는 이온(Aeon)으로 변환시켰고, 보이는 것이 보이지 않는 것에 삼켜짐으로 그가 자신을 일으켰다"라고 이야기한다. 또한 "플레로마의 체계는 견고하다"라는 말을 하기도 한다. 이런 말들은 성경과는 아무런 연관성이 없다. 플레로마에 대한 주장이나 보이는 것들에 대한 평가 절하 같은 것은 명백히 비성경적이며, "자신을 일으켰다"는 표현은 요한을 암시한다고 볼 가능성이 다소 있을지 모르겠지만, 바울의 논리와는 명백히 대립된다. 라이트는 이런 문서들의 중심 메시지가 현

33 Gärtner, *Gospel of Thomas*, p. 95.

34 Doresse, *The Secret Books*, p. 363.

35 Malcolm Lee Peel, *The Epistle to Rheginos: A Valentinian Letter on the Resurrection: Introduction, Analysis and Exposition* (London: SCM, 1969).

세에서 누리는 '영적' 부활에 집중되어 있다고 평가한다.[36]

영지주의가 예수 그리스도를 어떻게 보는가의 문제와 관련하여 일레인 페이절스(Elaine Pagels)는 이렇게 말한다. "영지주의 사상가들은 '다수'(곧 정통 그리스도인들)의 근본적 오류는 그들이 예수의 역사적 실재에 과도하게 매몰되어 있는 것이라고 주장한다."[37] 그뿐만 아니라 "그들은 복음서를 '단순하게' 읽는 것과 함께 '지상의 예수'를 거부한다."[38] '안다'는 단어도 영지주의 문헌에서는 성경과는 다른 의미로 사용된다.

페이절스는 요한복음에 대한 영지주의의 주해는 플레로마 사상과 우주론적 사상에 의해 지배되고 있다고 평가하면서, 그 예로 요한복음 1:3을 들고 있다.[39] 페이절스는 요한복음의 다른 부분에 있어서도 클레멘스와 오리게네스가 적지 않은 어려움을 일으키고 있다는 것을 보여준다. "발렌티누스식 분석[주해]에 따르면 한때 물료적(hylic)이고 전적으로 '감각적'이었던 것이 이제는 정신적인(psychic) 것이 되었다"는 것이다.[40] 영지주의 성경 해석은 물질이나 일상 차원과 관계된 것들을 정신적, 영적인 차원으로 바꾸어 버린다는 지적이다. 요한복음 2장의 성전과 관련해서도 페이절스는 헤라클레온(Heracleon)의 주해 방법을 두고 "그가 자신의 주해가 육적 '이미지들'을 영적 진리로 체계적으로 전환시키는 방법이라고 이해한다"고 지적한다.[41]

바실리데스(Basilides)가 남긴 단편들은 영지주의 문서의 가장 악명

36 Wright, *The Resurrection of the Son of God*, p. 538.

37 Elaine H. Pagels, *The Johannine Gospel in Gnostic Exegesis: Heracleons's Commentary on John* (SBLMS 17; Nashville: Abingdon Press, 1973), p. 11.

38 Pagels, *Johannine Gospel*, p. 15.

39 Pagels, *Johannine Gospel*, pp. 34-5.

40 Pagels, *Johannine Gospel*, p. 54.

41 Pagels, *Johannine Gospel*, p. 67.

높은 예에 해당한다. 다만 우리는 이 단편들을 이레나에우스와 알렉산드리아의 클레멘스, 히폴리투스 등의 글을 통해서만 재구성해 볼 수 있다는 한계를 가진다. 이레나에우스의 진술이 정확하다고 본다면, 바실리데스는 예수께서 십자가에서 죽은 것이 아니라고 주장했다. "그는 고난을 당하지 않았다. 어떤 구레네 사람 시몬이라는 자가 그를 위해 억지로 십자가를 지고 가야 했고, 그[예수]에 의해 이 사람이 예수 자신인 것처럼 보이도록 변신되었다"는 것이다.[42]

위에서 살펴본 예들이 영지주의 문서들을 다 망라한다고 말할 수는 없지만, 우리는 이것만으로도 성경의 용어와 표현들이 그 원래 문맥에서 분리되어 낯선 문맥이나 낯선 해석 체계 속에 놓일 때 어떻게 낯선 의미가 거기에 덧입혀지게 되는지를 충분히 잘 볼 수 있었으리라고 생각한다.

중세 및 중세 이후 열두 신비주의자들과 오순절 및 은사주의 운동의 경험과 주장

대략 1000년에서 1500년 사이를 중세의 절정기로 본다. 이 시기에 시각적인 것이 신심을 자극하는 데 매우 중요한 요인으로 작용했다. 이 시기 동안 많은 신비주의자들이 나타났고, 그들은 이미지와 그림을 통해 큰 영향력을 행사했다. 경우에 따라서는 월터 힐턴(Walter Hilton) 같은 사람이 동료 신비주의자들에게 그림 언어는 한계를 가진다고 주의를 주는 일도 있었다. 우리는 여기서 신비주의자 열두 명을 살펴보고

42 Werner Foerster, *Gnosis: A Selection of Gnostic Texts* (Oxford: Clarendon Press, 1972), vol. 1, p. 60; Irenaeus, *Against Heresies*, 1.24.3-7.

자 한다. 그중에서 일곱 내지 여덟 명은 여성이며, 그들에게 있어서 그림 언어는 다소 과도할 정도로 남용되고 있다.

시작하기 전에 우리는 먼저 '신비주의자'라는 말이 대단히 느슨한 개념이고 정확하게 정의하기 어려운 용어라는 것을 상기할 필요가 있다. 신비주의에 대한 매우 심도 있는 연구를 우리는 윌리엄 잉거(William R. Inge, 1860-1954)에게서 찾아볼 수 있다. 그 자신이 신비주의의 열렬한 옹호자이기도 했던 잉거는 신비주의가 무엇보다 먼저 "외적인 것에 눈을 닫는" 특성을 가진다고 이야기한다.[43] 잉거는 세인트 폴 성당의 주교 보좌직을 거쳐 캠브리지 대학의 레이디 마가렛 신학 교수직을 역임했다. 신비주의자의 정의를 어떻게 내릴 것인지의 문제를 떠나서, 우리는 대체로 다음에 제시하는 사람들이 중세와 중세 이후 시대를 대표하는 신비주의자들이라고 본다.

(1) **클레르보의 베르나르**(Bernard of Clairvaux, 1090-1153)는 클레르보 수도원을 창건하고 그 원장을 지냈다. 여기에서부터 시토 수도회가 생겨났다. 베르나르는 명상과 신비적 삶을 강조했다. 그의 책 『하나님의 사랑 *On the Love of God*』에서 베르나르는 '네 단계'의 사랑(caritas)을 이야기한다. 첫 번째 단계에서는 사람이 하나님을 사랑하되 하나님 자신을 위해서가 아니라 자기 자신 때문에 하나님을 사랑한다. 두 번째 단계에서는 하나님의 다정하심을 알고 자기 이해와 상관없이 하나님을 사랑한다. 세 번째 단계에서는 온전히 하나님 자신을 위해 그를 사랑한다. 네 번째 단계는 말을 초월하는 완전의 단계이다(『하나님의 사랑』 8-10장).

43 William Ralph Inge, *Christian Mysticism* (London and New York: Scribner, 1899), p. 4.

베르나르는 『겸손과 교만의 발자취 *On the Steps of Humility and Pride*』라는 책에서도 유사한 과정을 이야기한다. 이 밖에도 그는 솔로몬의 아가서에 대한 설교를 남기기도 했다. 베르나르는 아벨라르(Peter Abelard)와 안셀름(Anselm)의 신학을 반대했고, 제2차 십자군 원정을 지지했다. 전반적으로 볼 때 베르나르는 그래도 가장 균형 잡히고 절제된 신비주의자라 볼 수 있으며, 우리의 논지(미혹당함의 위험성)와 관련해서도 다른 신비주의자들보다는 그 위험성이 덜한 편이다.

(2) **빙겐의 힐데가르트**(Hildegard of Bingen, 1098-1179)는 글과 설교, 음악 작곡 외에도 많은 환상 체험으로 유명하다. 그녀는 1136년에 자신이 속한 수녀원의 원장이 되었다. 클레르보의 베르나르는 그녀에게 조언을 주고 또 격려하기도 했다. 힐데가르트는 1141년부터 『시비아스 *Scivias*』 또는 『주의 길을 알라 *Know the Ways of the Lord*』라는 글을 쓰기 시작했다. 그녀의 환상은 '그림들'로 구성된다. 그중에서도 불과 화염은 성령을 나타내며(*Scivias*, 2.2), 그 역할은 죄를 몰아내는 것이다(*Scivias*, 1.6, 3.9). 불과 빛은 때로는 예수 그리스도를 나타내기도 한다.

힐데가르트는 그녀의 책에서 간간이 성경을 인용하기도 한다. 그녀는 성경을 위배한다기보다는 성경을 넘어가는 경향이 있다. 예를 들어, 힐데가르트는 자신의 환상 속에서 "하늘에 있는 영혼들의 큰 군대가 복된 삶을 누리며 빛을 내는 장면"을 본다.[44] 넓게 보면 이런 환상은 계시록과 유사성을 가진다고 볼 수도 있지만, 이런 것들을 '본다'는 그녀의 주장은 단지 주장일 뿐이다. 또 한 가지 예는 지옥 환상이다. 힐데

44 Hildegard, *Scivias*, 1.

가르트는 지옥이 "매우 넓고 깊은 구덩이"라고 말하며, 그 입에서는 "엄청난 악취가 나는 불의 연기를 뿜어내며 … 영혼들을 삼키고 … 검은 연기와 함께 타오르는 불이 뿜어져 나오고, 부글부글 끓는 치명적인 악취가 진동한다"라고 이야기한다.[45] 그녀는 가톨릭 전통에 의거하여 "당신의 모든 죄를 위해 참회하라"라고 촉구하기도 한다.[46]

인간의 타락과 하와의 미혹에 대해 논하는 자리에서 힐데가르트는 이런 말을 한다. "그[사탄]는 남자의 힘에 비해 여자가 더 쉽게 굴복할 취약성을 가진다는 것을 알았기에" 하와를 유혹의 대상으로 삼았다는 것이다. 이런 주장은 당대의 대중적인 인식을 반영하는 것일지는 모르겠지만, 성경과는 아무런 상관이 없고, 하와에 대한 그녀의 상상의 산물에 지나지 않는다. 그녀의 책 제3권, 9번째 환상에 따라오는 그림에는 힐데가르트가 그린 건물 그림이 있다.

> 그 안에는 각각의 높이가 일곱 규빗인 대리석 일곱 기둥이 있는데, 이들이 철로 된 둥근 돔 하나를 떠받치고 있다. 이는 하나님의 지혜를 나타낸다. … 일곱 개의 흰 대리석 기둥은 성령의 일곱 은사를 나타내는데, 이는 모든 역풍을 몰아내는 성령의 정결케 하는 일곱 가지 영감의 방식을 나타낸다.[47]

이 밖에도 다양한 환상들이 소개되고 있다. 심지어 친척과의 성관계 이야기도 있다. 이 모든 것을 힐데가르트는 자기가 직접 '보았다'고

45 Hildegard, *Scivias*, 5.

46 Hildegard, *Scivias*, 8.

47 Stanley M. Burgess, *The Holy Spirit: Mediaeval Roman Catholic and Reformation Traditions* (Peabody, MA: Hendrickson, 1997), p. 94.

주장한다.[48] 이런 점에서 클레르보의 베르나르보다 힐데가르트가 이 책의 이중적 주장을 더 잘 뒷받침한다.

(3) **마르그리트 포레테**(Marguerite Porete, 1250-1310)는 프랑스의 비(非)서원 수녀(beguine)였다. 그녀는 『단순한 영혼의 거울 *The Mirror of Simple Souls*』이라는 책을 통속 불어로 출판했다. 이 책에서 마르그리트는 인간이 자신이기를 그치고 실제로 하나님이 될 수 있다고 주장한다. 인간의 불안과 야망, 인간적 의지 등을 벗어 버릴 때 인간은 인간이기를 그치고, 다시 육체의 몸으로 돌아오기 전에 비록 잠깐이나마 실제로 신적 존재가 될 수 있다는 것이다. 마르그리트는 자신의 책에서 인간이 하나님 안에 온전히 흡입되는 것은 강이 바다로 흘러가 바다에 온전히 섞이는 것과 같은 것이라고 주장한다. 이처럼 자신이 신인합일을 단지 아는 차원만이 아니라, 친히 그 경지에 도달했다는 주장을 바탕으로 그녀는 자기 책의 영적 권위를 내세우고 있다. 마르그리트는 1310년에 이단 혐의로 체포되었지만, 심문 기간 동안 아무런 증언도 하지 않았다. 파리 대학은 그녀의 책을 조사한 후에 그녀의 이단성을 인정했다. 마지막으로 체포되기 이전에도 그녀는 몇 차례 이단 물의를 일으켰다. 다른 여성 신비주의자들과는 달리 마르그리트는 자신이 '계시'로 받았다는 메시지를 공개적으로 사람들에게 가르쳤다. 마르그리트는 최종적으로 이단 재판소에서 유죄 판결을 받고 1310년에 화형을 당했다.

마르그리트는 『단순한 영혼의 거울』에서 영혼의 상태에 대해 이와 같이 적고 있다.

48 Hildegard, *Scivias*, 17-22.

> 그러므로 이 영혼은 오직 그분만을 알고, 오직 그분만을 사랑하며, 오직 그분만을 찬양한다. 왜냐하면 오직 그분만 계시기 때문이다. 존재하는 것은 다 그의 선하심으로 말미암아 있기 때문이며, 하나님은 그의 선하심을 베푸실 때마다 그것을 사랑하시기 때문이며, 그가 베푸신 그의 선하심은 하나님 자신이기 때문이며, 또한 하나님은 그것이 그의 안에 거하지 못하도록 자기의 선하심을 떠나실 수 없기 때문이다.

마르그리트는 이어서 이렇게 이야기한다. "따라서 그는 선하심 자체이며, 선하심은 하나님 자신이다. 그러므로 선하심은 그의 선하심을 통하여 그 자신을 보고 … 신령한 빛을 통해 영혼은 정화된다." 이 책의 8장과 16장, 17장은 사랑과 이성, 영혼과 덕 사이의 대화를 다루고 있으며, 12장은 영혼의 소멸에 대해 이야기한다. 마르그리트는 사람들 사이에서 극심한 비판을 받기도 하고 추앙을 받기도 하기 때문에 그녀에 대한 평가는 양극을 달린다. 그러나 그녀가 정통적인 성경적 그리스도인이 아닌 것은 분명하다.

(4) **헬프타의 거트루드**(Gertrude of Helfta, 1256-1301)는 26살 되던 해부터 죽을 때까지 일련의 환상들을 받았다. 1281년에 그녀는 갑작스럽게 예수의 환상을 본 후 모든 세속적인 공부를 버리고 성경을 진지하고 부지런히 연구하기 시작했다. 거트루드는 다섯 권으로 구성된 『성 거트루드의 계시들 *The Revelations of Saint Gertrude*』이라는 책을 지었다. 이 책들은 그녀의 생애와 신적 축복을 기록하고 있지만, 그녀가 직접 쓴 것은 제2권뿐이다. 그녀는 또한 『영적 훈련 *Spiritual Exercises*』이라는 책에 7개의 긴 글을 남겼다. 거트루드는 성경을 매우 주의 깊게 연구한 사람이

기 때문에 중세기 여느 신비주의자들 가운데서도 가장 성경적인 특성을 가진다는 것이 결코 놀라운 일이 아니다. 그녀는 다른 신비주의자들보다 상상이나 환상에 의존하는 비율이 훨씬 낮다. 『영적 훈련』에서 그녀는 이렇게 말한다. “생명의 샘이신 예수여, … 나를 당신의 영으로 채우시고, 나의 전 존재를 몸과 영혼의 순결 가운데 취하소서. … 내가 영생에 이르도록 당신의 영으로 기름 부어 주소서.”[49]

(5) **스웨덴의 브리지타**(Brigitta[Bridget/Brigit] of Sweden, 1303-73) 역시 영향력이 큰 신비주의자였으며, 브리지타 수녀회 및 수사회를 설립했다. 많은 사람들이 그녀를 스웨덴의 성자요 유럽의 수호성인으로 추앙하기도 한다. 하지만 루터는 그녀를 “미친 브리젯”이라 불렀다. 1344년경에 그녀는 종교적 공동체 하나를 만들 생각을 하게 되었다. 그녀는 로마와 예루살렘으로 순례 여행을 다녀왔다. 그녀가 처음 환상을 본 것은 열 살 때였고, 그 내용은 십자가 위의 그리스도였다. 그 후로 그녀는 여러 차례 “하늘의 계시들”을 보았다고 전해진다.

브리지타가 이야기하는 계시의 경험들 가운데 일부는 논란의 여지가 크다. 예를 들어 그녀는 예수님의 탄생 장면을 보았다고 말한다. 그러면서 동정녀 마리아를 금발의 여인으로 묘사하고, 아기 예수가 빛을 발하면서 땅바닥에 누워 있는 것으로 묘사한다. 마리아와 요셉이 아기 예수께 기도를 하고 있다. 이는 성경 이야기에 상상으로 자신을 투사해 넣는 방식인데, 이런 방식은 보다 후대의 심상 영성(imagination spirituality)에 자주 등장한다. 브리지타는 십자가에서 예수님께서 얼마나

49 Gertrude, *Gertrude of Helfta: The Herald of Divine Love* (New York: Paulist Press, 1993), 2.23 and 3.30 (Exercises 1, Prologue 4.1, quoted by Burgess, *The Holy Spirit*, p. 101).

많은 고난을 받으셨는지 알고 싶다고 기도했고, 예수님은 "몸에 매를 5480번 맞았다"라고 대답하셨다고 말한다. 그리고 예수님께서 그녀에게 주기도 15번과 성모송 15번을 외움으로써 그의 상처에 합당한 경의를 돌릴 수 있다고 말씀하셨다는 것이다. 이몬 더피(Eamon Duffy) 같은 일부 사람들은 그녀가 실제로 그런 주장을 했는지 의문을 표시한다.[50] 이런 예들은 대사(indulgence)와 같은 가톨릭 교리와 긴밀한 연관성을 가지며, 루터와 다른 종교개혁자들은 이런 교리를 맹렬하게 반대한다.

교황 요한 바오로 2세는 1999년에 브리지타를 유럽의 수호성인으로 책봉했다. 많은 사람들이 그녀의 신심을 높이 사기는 하지만, 우리가 볼 때 브리지타는 성경적 정통에 의존하기보다 시각적 환상에 더 의존한 인물이다.

(6) **월터 힐턴**(Walter Hilton, c.1343-96)은 환상이 '상상의' 오용에 노출될 수 있으며, 악한 천사에게 속을 수도 있다는 것을 경고한다.[51] 그의 책 『완전의 사다리 *The Scale of Perfection* (또는) *The Ladder of Perfection*』에서 힐턴은 마귀가 너무나 쉽게 "거짓 환상과 상상물"을 만들어 낼 수 있다고 이야기한다.[52] 『완전의 사다리』 첫 번째 부분은 "왜곡된 환상 경험"을 가진 은둔 수녀 출신의 한 여인을 바로잡고, "땅 위의 일들에 대한 사랑과 경의를 일깨우기 위해" 기록되었다.[53] 이 책의 두 번째 부분에서도 힐턴은

50 Eamon Duffy, *The Stripping of the Altars: Traditional Religion in England c.1400-1580* (New Haven: Yale University Press, 1992), p. 249.

51 Walter Hilton, *The Scale of Perfection* (Kalamazoo, MI: Mediaeval Institute Publications, 2000), ch. 10.

52 Hilton, *The Scale of Perfection*, ch. 11.

53 Hilton, *The Scale of Perfection*, ch. 1.

이렇게 적고 있다. “밝은 낮에 두루 다니는 마귀를 조심하라. 그는 자신의 거짓된 빛이 예루살렘에서 나오는 것처럼 가장한다. … 그는 깨어 있지 않은 사람들을 속이기 위해 참빛 대신 거짓된 빛을 보여 준다.”[54]

힐턴은 이에 대한 대안으로 합당한 명상을 권유한다. “명상의 삶은 완전한 사랑과 은총으로 이루어진다.” 그러면서 그는 사다리 은유를 사용한다.[55] 그는 “하나님을 아는 것”은 “성경 연구”를 포함할 수밖에 없다는 것을 강조한다.[56] 힐턴은 그 자신이 신비주의 전통 안에 서 있으면서 동시에 그것을 신중하게 비판했던 사람이다. 그는 캠브리지 대학교의 초창기 학생이었다. 『완전의 사다리』는 그의 생애 후반인 1390-96년 사이에 나온 것으로 보이며, 이 책 외에도 그는 『혼합된 삶 *Mixed Life*』, 『일곱 대죄에 대한 묵상 *Meditation on Seven Deadly Sins*』 같은 책들을 썼다.

(7) **노르위치의 율리아나**(Julian of Norwich, 1342-1416)는 세상으로부터 고립되어 홀로 명상과 기도의 삶을 살았던 은둔 수녀(anchoress)였으며, 신비주의의 전형을 보여 준다. 그녀가 쓴 주요 저작은 『하나님께서 보이신 계시들 *Revelations of Divine Showings*』이다.[57] 여기서 그녀는 이렇게 적고 있다. “하나님은 머리에서 많은 피를 흘리고 있는 그리스도의 육체 장면을 보여 주셨다. … 가시관 아래에서 많은 핏방울이 떨어져 내렸다.”[58] 율리아나가 “육체의 장면”을 이야기한 것에서는 시각적 의사

54 Walter Hilton, *The Ladder of Perfection* (London: Penguin, 1957), Bk 2, ch. 26, p. 170.

55 Hilton, *The Scale of Perfection*, ch. 3.

56 Hilton, *The Scale of Perfection*, ch. 4.

57 Julian of Norwich, *Revelations of Divine Showings* (London: Penguin, 1998), ed. and trans. Clifton Wolters.

58 Julian, *Revelations*, 7, pp. 50-1.

소통의 의도가 명확히 드러난다. 『계시들』에는 긴 판본과 보다 짧은 축소판이 있는데, 우리는 여기서 월터스(Clifton Wolters)가 편집한 긴 판본을 사용하고자 한다.

율리아나는 특이하게도 "우리 구주는 그 안에서 우리가 영원히 태어난 우리의 참어머니"라고 말한다.[59] 한 면에서 보면 『계시들』은 환상 묘사의 그림으로 이루어져 있다. 또 다른 한 면에서 이 책은 특히 1-26장에서 볼 수 있는 것처럼 성경적, 역사적 기초에 의거하여 그리스도의 고난을 묘사하는 데 초점을 맞추고 있다. 상상의 요소가 많이 가미된 부분은 율리아나와 하나님의 대화를 소개하는 부분일 것이다. 개신교 신비주의자인 에이미 카마이클(Amy Carmichael)의 글에서도 이런 형태의 하나님과의 대화 장면을 많이 볼 수 있다.

율리아나에게 '보여 주심'이 시작된 것은 1373년 5월부터였던 것으로 보인다. 가장 초기 환상들 중 하나에 대해 말하면서 율리아나는 어둠이 그녀를 두르는 가운데 "십자가 형상이 빛을 발했다"라고 이야기한다.[60] 이어서 그녀는 이렇게 회상한다.

> 즉시 나는 그 화환 아래로 붉고 뜨거운 선혈이 많이 흘러내리는 것을 보았다. 이는 그 가시관이 나를 위해 고난당하신 신인(God-and-Man)의 고귀한 머리를 짓누를 때 그의 수난의 시간에 일어났던 것과 꼭 같았다.[61]

좀 더 뒤에 가서 율리아나는 다시 이렇게 회상한다. "나는 그 머리

59 Julian, *Revelations*, p. 57.

60 Julian, *Revelations*, ch. 3, p. 65.

61 Julian, *Revelations*, ch. 4, p. 66.

에서 피가 마구 흘러내리는 것을 보았다. … 나는 그 여인, 곧 그의 사랑하는 어머니를 보았다."[62]

율리아나는 자신의 두 번째 환상에서 "우리의 추악한 행위들이 일으킨 수치의 그림과 형상"을 보았다고 말한다.[63] 세 번째 환상에 대해서는 이렇게 말한다. "나는 하나님 전체가 하나의 단일한 점 같은 것 속에 모아지는 것을 보았다. … 하나님은 모든 것의 핵심 요점이다. … 그는 결코 변하지 않는다."[64] 그녀는 이어서 이렇게 말한다.

> 그의 수난을 나에게는 무엇보다 그의 복된 얼굴을 통해, 그리고 특히 그의 입술을 통해 보여 주셨다. 거기서 나는 이 네 가지 색깔을 보았다. … 신선하고, 붉으며, 사랑스러웠다. … 그러나 그의 고귀한 몸은 죽음 속에서 말라붙어 검은 갈색으로 변했다.[65]

율리아나는 이렇게 덧붙인다. "얼굴의 피부는 조그만 주름들로 덮여 있었고, 볕에 그을린 색깔이었다."[66] 이는 피가 마르고 몸이 죽어 가는 순간에 일어나는 현상을 문자적으로 묘사하고자 할 때의 경험을 반영하는 것으로 보인다.

우리는 율리아나의 깊은 신심을 부정하지는 않는다. 그녀의 성경적 신학도 대체적으로는 문제가 되지 않는다. 그러나 율리아나는 당시에 흔히 하던 방식대로 상상을 통해 자신을 성경 이야기 속에 투사하고

62 Julian, *Revelations*, ch. 8, p. 73.
63 Julian, *Revelations*, ch. 10, p. 77.
64 Julian, *Revelations*, ch. 11, pp. 80-1.
65 Julian, *Revelations*, ch. 16, pp. 87-8.
66 Julian, *Revelations*, ch. 17, p. 89.

있다. 우리는 이런 종류의 예를 더 살펴볼 필요는 없다고 본다.

(8) **마저리 켐프**(Margery Kempe, c.1373-c.1438)는 노르위치의 율리아나와는 많은 면에서 다르다. 두 사람 다 신비적 환상을 보았고, 둘 다 노포크 지역 출신이다(율리아나는 노르위치, 마저리는 킹스 린). 하지만 마저리는 평생 평신도로 살았고, 또 그녀의 환상이나 그리스도와의 대화 묘사는 아무런 제약이 없고 때로는 기괴하기까지 하다. 그녀는 자신의 환상 경험을 구술해서 기록했는데, 그 책이 『마저리 켐프의 책 *The Book of Margery Kempe*』이라는 제목으로 남아 있다. 그녀는 자신이 "그리스도와 큰 친밀함을 누리도록" 부르심을 받았다고 주장한다. 그녀는 여러 차례 환상을 경험했다.

마저리 켐프는 킹스 린의 중류층 가정에서 자라났다. 결혼하고 첫 아이를 출산한 후에 신경쇠약증을 앓았다. 그녀는 자기 주변에 숨어 있는 많은 마귀들을 '보았다'고 주장한다. 오늘날 같으면 이는 정신병의 한 부류로 취급되어 정신과 치료를 받았을 것이다. 하지만 그녀는 예수 그리스도의 환상을 '본' 후 회복되었고, 자신의 삶을 그리스도께 드리기로 결심하였다. 그녀의 '책'은 자서전적인 이야기들과, 그리스도에 대한 깊은 헌신을 담고 있다. 그녀는 여러 차례 환상을 경험했는데, 그때마다 통제할 수 없는 울음과 흐느낌이 따라왔다. 그녀는 남편에게 금욕의 삶을 요청했지만, 자녀 14명을 낳은 후에야 이것이 이루어졌다. 그녀의 환상 내용은 그리스도와 동정녀 마리아, 그 밖에 일부 성인들을 포함한다. 그녀에게는 많은 적이 생겼다. 그녀의 신비주의적 방식이 많은 사람들을 분개하게 만들었다. 하지만 자신의 자서전적 글에서 언급한 것처럼 그녀는 모든 것을 "성령께 맡기며" 하나님의 뜻에 순종하는 절대적인 헌신의 자세를 취하고 있다. 그녀는 빈번히 자신을 '그 피조물'("앞서 말한 그 피조물"이라는 식으로)이라고 지칭한다. 가끔씩 그녀는 성경을 인용하기도 하는데, 대표적인 구절이 "만일 하나님이 우리를 위하시면 누가 우리를 대적하리요"와 같은 구절이다. 그녀는 롤라드파로 몰렸다.[67]

(9) **시에나의 카타리나**(Catherine of Siena, c.1347-80)는 도미니카 수녀회에 속한 수녀였으며, 생애 대부분을 고립과 침묵 속에서 보냈다. 그녀의 주 저작인 『대화 *The Dialogue of Divine Presence*』는 1377-8년에, 그녀가 황홀경에 빠져 있는 사이 구술을 통해 기록되었다고 전해진다.[68] 이 책에는 단편 논술 네 개가 포함되어 있다. 첫 번째 글은 하나님의 섭리를 다루고, 두 번째 글은 근신을, 세 번째 글은 기도를, 네 번째 글은 순종을 다룬다. 그녀의 첫 번째 환상 경험은 대여섯 살 어린 나이에 있었다고 한다. 그 내용은 그리스도께서 베드로, 바울, 요한과 함께 영광 중에 앉아 계신 모습이었다. 일곱 살 때 그녀는 자신의 삶을 전적으로 그리스도께 드렸다. 열여섯 살 때 결혼을 하지 않을 수 없는 상황이 닥쳤지만 그녀는 자기 주변에 '내적 벽'을 쌓았다고 말한다. 스물한 살 때 그녀는 자신이 그리스도와 신비적으로 결혼을 했다고 믿게 되었다. 이 신비적 경험 속에 어떤 식으로든 '육체적' 차원이 수반되는 것인지를 두고 논란이 일어나기도 한다. 그녀는 과도할 정도로 음식과 잠을 멀리하였다.

카타리나는 1370년에 그녀가 말하는 "신비적 죽음"을 경험했다. 명백하게 생명이 끊긴 네 시간 동안 그녀는 하나님과의 "황홀한 연합"

67 Margery Kempe, *The Book of Margery Kempe*, Pt 2, sect. 2 (based on Robbins Digital Projects).

68 Catherine of Siena, *The Dialogue of Divine Presence* (London: Kegan Paul, Trench, Trübner, 1907; digitalized, 1995).

을 체험했다고 말한다. 이 일 후에 그녀는 일부 정치적 현안들에 개입되기 시작했다. 수많은 서신 교환을 감당해야 했고, 플로렌스와 피사를 방문하였으며, 1376년에는 교황 그레고리오 11세로 하여금 로마로 돌아가도록 촉구하는 환상을 보기도 했다. 1377년에 그녀는 여러 차례의 환상을 경험했는데, 그중에서 어떤 것은 5일 동안 연속된 황홀경 상태에서 주어지기도 하였다.

카타리나가 경험한 환상들 가운데 많은 것은 시각적 이미지와 은유의 형태로 주어졌다. 특히 사다리와 다리 이미지가 두드러진다. 카타리나는 땅에서 하늘까지, 그리고 하늘에서 땅까지 이어지는 다리를 보았다고 말한다. 다리는 지상과 천상의 관계를 나타내는 생생한 표현물로 볼 수 있다. 후에 루터는 하나님께서 인간에게 주신 신적 은혜의 다리에 전적인 우선권을 부여했다. 카타리나는 자신이 본 다리가 "[그리스도의] 피로 적셔져 있었다"고 이야기한다.[69] 카타리나는 신비주의자 그 자체였다. 그녀는 하나님께서 자신에게 이렇게 말을 건네신다고 상상했다. "오, 최고로 사랑받는 자, 가장 귀한 자, 가장 다정한 딸, 나의 배우자여, 너 자신으로부터 일어나라."[70] 카타리나는 과도한 자기 부인과 탈진으로 33세에 죽었으며, 1461년에 시성되었다.

(10) **제노바의 카타리나**(Catherine of Genoa, 1447-1510)는 연옥에 대한 환상으로 잘 알려졌다. 그녀는 연옥을 외적 장소로 보기보다 사람들이 자기 안에서 경험하는 내적인 불로 이해했다. "영혼은 아직도 죄에서 비롯되는 욕망과 고통에 묶인 채 그 자신을 하나님께 내놓는데, 이

69 Catherine of Siena, *Dialogue,* 11.

70 Catherine of Siena, 'Treatise on Prayer', in *Dialogue*, 18.

때문에 영혼이 하나님의 복된 임재를 누리는 것이 불가능하다"라고 그녀는 말한다. 교황 베네딕토 16세는 이를 하나님과의 친밀함과 가까움을 의미하는 "결합적 삶"(unitive life)이라 부른다. 카타리나 역시 자신의 삶을 병든 자들을 돌보는 데 바쳤고, 이 일을 죽을 때까지 계속했다. 연옥 교리를 부정하는 개신교인들은 그녀의 주장에 대해서도 당연히 거부감이 일어날 것이다.

(11) **아빌라의 테레사**(Teresa of Avila, 1515-82)는 스페인의 카르멜회에 속한 수녀였다. 신비주의자로서 그녀는 영혼의 여행에 대해 이야기하기를 좋아했다. 그녀는 빈번히 상징과 그림을 사용한다. 1562년에 짓기 시작한 그녀의 책 『완전에 이르는 길 *The Way of Perfection*』은 1577년에 시작한 더 유명한 책 『내면의 성(城) *The Interior Castle*』으로 이어졌다.[71] 테레사는 성의 일곱 집을 통과해서 나아간다. 첫 번째 집과 관련해서 테레사는 이렇게 적고 있다. "이 성으로 들어가는 문은 기도와 명상"인데, 이 단계에서는 "모든 종류의 속임수에 휘둘리기 쉬우므로" 주의 깊은 자기 성찰을 필요로 한다.[72] 두 번째 집은 무엇보다 끝까지 견딤을 필요로 한다. 왜냐하면 "세상은 거짓으로 가득하고, 마귀가 그려서 보여 주는 쾌락은 시험과 근심과 성가심을 동반하기 때문이다."[73] 네 번째 집에는 보다 깊은 기도의 달콤함과, 솔로몬의 애가가 보여 주는 것과 같은 신랑과 신부 관계의 달콤함이 가득하다. 성경은 그리스도와의 친밀한 관계를 나타내기 위해 종종 신랑과 신부 이미지를 사용한다. 하지만 이

71 Teresa of Avila, *Interior Castle* (New York: Dover, 1946), p. 9.

72 Teresa of Avila, *Interior Castle*, First Mansions, ch. 1, p. 18 and ch. 2, p. 24.

73 Teresa of Avila, *Interior Castle*, Second Mansions, ch. 3, p. 30.

런 관계는 개인적 차원보다는 신자들의 전체 공동체가 참여하는 연합적 성격을 가진다는 점을 우리는 잘 고려할 필요가 있다(예를 들어 신부처럼 단장한 새 예루살렘, 계 21:2; 비교, 엡 5:27-32; 계 22:17). 테레사는 이런 결합의 관계에 대한 이해의 부족으로 인해 영혼이 누리는 좋은 것들을 잃어버리지 않도록 해야 한다고 경고한다.[74] 마지막으로 일곱 번째 집에서는 마귀의 공격이 있음에도 불구하고 영혼이 "최고 희열의 상태"를 누리게 된다. 여기에 대하여 테레사는 이렇게 묘사한다.

> 때로 몸은 영혼이 [하나님의] 포도주 창고에서 영혼의 배우자가 꺼내온 포도주를 마시고 활력을 받아서 누리는 힘 외에 다른 어떤 것도 느끼지 못하는 것처럼 보인다.[75]

테레사는 성의 이미지를 매우 상세하게 묘사한다. 방들과 정원의 샘들, 미로 등도 여기에 포함된다. 이런 이미지들은 읽는 사람들의 상상력을 자극한다. 한 면에서 이런 이미지들은 요한복음 14:2의 "내 아버지 집에 거할 곳이 많도다"라는 말씀과 간접적으로 연결되기도 한다. 전반적으로 볼 때 테레사의 영적 세계는 다른 신비주의자들보다는 상상에 덜 의존하는 편이고 좀 더 분명히 성경적인 색채를 띤다. 그녀는 십자가의 성 요한과도 협력 관계를 유지했다.

(12) **십자가의 성 요한**(John of the Cross, 1542-91) 역시 스페인 출신의 신비주의자로서, 『영혼의 어두운 밤 *The Dark Night of the Soul*』이라는 책

74 Teresa of Avila, *Interior Castle*, Fourth Mansions, ch. 3, p. 60.
75 Teresa of Avila, *Interior Castle*, Seventh Mansions, ch. 4, p. 165.

을 썼다. 그는 영혼이 "더 높은 곳으로 옮겨졌고, … 성령에 의해 양육과 사랑의 돌봄을 받는다"라고 이야기한다.[76] 영혼의 '어두운 밤'은 하나님과의 합일을 향해 나아가는 과정에서 통과해야만 하는 정화의 경험을 이야기한다. 힐턴과 마찬가지로 십자가의 성 요한 역시 신비주의적 환상에 대한 자의적 해석을 시정하는 노력을 기울인다.

위에서 우리가 살펴본 열두 가지 예를 통해 우리는 신비주의자들 안에도 여러 가지 변이가 있다는 것을 알 수 있다. 스펙트럼의 한쪽 끝에는 월터 힐턴과 헬프타의 거트루드처럼 환상이나 이미지, 그림 등을 성경적 관점에서 해석하고자 하는 보다 신중한 신비주의자들이 있다. 반면 스펙트럼의 또 다른 끝에는 마저리 켐프나 빙겐의 힐데가르트, 스웨덴의 브리지타, 노르위치의 율리아나, 시에나의 카타리나 등과 같이 성경과 자신의 상상적 이미지를 뒤섞어 버리는 신비주의자들도 있다. 로마 가톨릭 독자라면 연옥이나 마리아 숭모에 거부감을 가지는 개신교인들보다 이들이 제시하는 이미지나 그림에 좀 더 친밀감을 느낄 것이다.

반면 성경적 이미지의 합당한 적용으로 볼 수 있는 것들도 많이 있다. 우리는 일부 청교도들처럼 성경적 그림과 이미지 외에는 모든 것을 다 배제하려는 입장을 가져서는 안 된다. 다만 성경적 가르침에 부합하지 않는 것들은 배제해야만 한다. 성공회 소속의 독자라면 39개조 신앙고백의 제6조 원리에 익숙할 것이다. "그[성경] 안에 있지 않는 것은 무엇이든지 … 믿도록 … 요구해서는 안 된다." 환상들은 성경적 전례가 있다. 계시록이나 일부 구약의 선지자들에게서 그 예를 볼 수 있

76 John of the Cross, *The Dark Night of the Soul*, ed. Alison Peters (Image Books, 3rd edn., 1959), 1.1.2.

다. 그러나 이런 이유 때문에 환상에 대한 비판적 검토를 면제할 수 있는 것은 아니다.

현대 오순절 운동과 은사주의 운동에 대해서는 보다 간단하게 살펴보고자 한다. 이 운동의 공식 문서에는 우리가 생각하는 것보다 '환상'에 대한 언급이 많지 않고, 오히려 보다 비공식적인 지역 공동체에서 이에 대한 언급을 더 많이 만나볼 수 있다. 은사주의를 추구하는 지역 교회 그룹들 속에서 우리는 하나님으로부터 주어졌다고 주장하는 그림이나 비전을 오순절이나 은사주의적 신학자들의 글에서보다 더 자주 만나게 된다. 이는 아마도 후자가 전자보다 환상 주장에 개입될 수 있는 상상의 가능성을 더 크게 의식하기 때문인 것으로 보인다. 예를 들어, 오순절 및 은사주의 운동에 대한 한 사전(*New International Dictionary of Pentecostal and Charismatic Movements*)을 보면 색인이나 기고 항목의 목차에서 '그림'이나 '이미지' 또는 '시각적 재현'을 전혀 찾아볼 수 없으며, 심지어 '환상'의 항목조차도 수록되어 있지 않음을 볼 수 있다.[77]

이에 반해 인터넷에서 은사주의 운동을 추구하는 지역 교회 블로그를 검색해 보면 이와 관련된 경험들이 적지 않게 소개되고 있는 것을 볼 수 있다. 하나의 예만 인용해 보고자 한다. 채리티 버클러 카옘베(Charity Virkler Kayembe)의 말이다.

> 나는 하늘의 동행을 즐긴다. 낮에는 환상을 통해 예수님과 그의 거룩한 천사들과 함께하는 삶을 살고 있다. 밤의 꿈과 환상을 통해서는 하나님의 나라 안으로의 삶을 살고 있다. 우리는 하나님의 형상으로 창조되었

77 Stanley M. Burgess and Eduard M. van der Mass (eds), *New International Dictionary of Pentecostal and Charismatic Movements* (Grand Rapids: Zondervan, 2002).

다. 하나님은 영이시다(요 4:24). 따라서 우리 역시 초자연적인 것을 위해 창조되었다. 우리는 영의 영역 안으로 들어가서 그것을 살아 내도록 지음을 받았다. … 내가 가장 좋아하는 일은 지금 여기에서 하늘의 삶을 사는 것이다. 내가 두 번째로 좋아하는 것은 이와 같은 계시적 만남을 다른 사람들과 나누는 것이다.

이와는 대조적으로 역동적인 침례교 설교자 스펄전은 다음과 같은 정반대 입장을 표명한 바 있다.

나는 많은 광신적인 사람들이 성령께서 자신에게 이것저것을 계시하셨다고 말하는 것을 들었다. 그러나 그것이 헛소리라는 것이 대체로 밝혀지고 있다. 성령은 오늘날 새로운 어떤 것을 계시하지 않으신다. 그는 옛것을 우리가 기억하도록 이끄신다. "그가 너희에게 모든 것을 가르치고 내가 너희에게 말한 모든 것을 생각나게 하리라"(요 14:26). 정경의 계시는 이제 닫혔다. 더 이상 첨가되지 않는다. 하나님은 새로운 계시를 주시지 않는다. … 새로운 교리는 없고, 옛것이 새롭게 재생될 뿐이다. … 성경에는 당신이 그 위에서 영원히 살아가기에 필요한 모든 것이 충분히 들어 있다.[78]

사실 스펄전은 전적인 은사중단론자(cessationalist, 모든 성령의 은사들이 정경의 완성과 함께 중단되었다고 보는 견해를 가진 사람)는 아니다. 그는 자신의 설교에서 자주 그의 메시지를 특별히 필요로 하는 사람들이 있다

78 Charles Haddon Spurgeon, *The New Park Street Pulpit*, vol. I (1855), p. 38.

고 지목하곤 했다. 그가 했던 그런 일을 오늘날 은사적 차원에서 이름을 붙인다면 '지식의 은사'라 부를 수 있을 것이다. 그가 은사를 부정하지는 않았지만, 그럼에도 불구하고 그는 인간의 정신이 쉽게 미혹되어 상상의 신앙으로 빠질 수 있다는 것을 분명히 경고하기도 했다.

'환상'의 문제가 오순절 및 은사주의 진영 안에서 다소 덜 공식적이고 덜 학문적인 차원에서 활발한 토론의 주제가 되었던 적이 있다. 켄 매토(Ken Matto) 같은 사람은 이와 관련하여 일련의 질문을 제기하는데, 그가 볼 때 그 답은 썩 긍정적일 것 같지 않은 질문들이다. 우리의 관심과 가장 관계가 깊은 그의 지적 하나를 인용해 보기로 하자.

> [은사주의 운동 진영 안에서] 어느 누구도 질문을 던지지 않는 것 한 가지가 있다면 그것은 꿈과 환상에 관한 것이다. 특히 그 환상 이야기가 전국 TV에 나온 사람의 것인 경우에 있어서는 더욱 그러하다. … 문제는 환상과 꿈으로 말미암아 하나님의 말씀이 이차적 자리로 밀려나게 되고, 모든 사람의 눈이 이런 주장을 하는 사람 개개인에게 돌려지게 된다는 점이다. … 사탄은 속임을 목적으로 대규모 환상을 얼마든지 줄 수 있는 존재이다. 바울은 셋째 하늘에 이끌려 간 경험을 상세히 묘사하라는 허락을 받지 못했다.[79]

케빈 리브스(Kevin Reeves)는 구약의 선례를 내세우면서 환상의 긍정적 중요성을 옹호한다. 그는 이렇게 주장한다. "아마도 환상처럼 강력한 것이 없을 것이다. 하늘이 열리고 우리의 눈이 지금껏 감춰졌던

79 Ken Matto, online article: 〈www.scionofzion.com/18dangers.htm〉.

저 기이한 일들을 보게 될 때, 이 일은 우리 삶의 과정을 뒤바꾸어 놓을 수 있다."[80] 그러면서 리브스는 "웃시야 왕이 죽던 해에 내가 본즉 주께서 높이 들린 보좌에 앉으셨는데 그의 옷자락은 성전에 가득하였고 스랍들이 모시고 섰"더라고 말하는 이사야 6:1-2을 인용한다. 이와 함께 리브스는 자기 교회에서 일어난 현시대의 환상 현상에 대해 이와 같이 언급하고 있다.

> 내가 그 교회에 몸담고 있는 기간 내내 교회에서는 '내가 보았다!'라는 외침이 그치지 않았다. 때로 환상은 이차원적이기도 하고 삼차원적이기도 했으며, 때로는 계시록에서 사도 요한이 천상의 영역으로 이끌려 갔던 것과 마찬가지로, 환상을 경험하는 그 사람도 실제로 하늘로 이끌려 가기도 했다. 그들은 환상 속에서 걷기도 하고 느끼기도 하는 등 실제 참여자가 되어 활동하기도 했다. 우리 교회 목회자가 회중에게 그들의 선지자적 소명에 대해 지속적으로 강조함에 따라, 교회 안에서 꿈과 환상은 가장 중요한 일로 자리매김하기 시작했다. 꿈과 환상이 우리 회중이 가는 길을 도식처럼 보여 주었고, 거기에 대해 조금이라도 저항하거나 의심의 말이 나오면 심하게 눈치를 받거나 공개적으로 일축되었다.

우리는 '환상을 봄'의 문제와 관련해서 일어나는 논의 또는 논쟁을 살펴보기 위해 각 진영을 대표하는 두세 개 예를 인용해 보았다. 이 예들은 우리가 중세 신비주의자들을 살펴볼 때 발견했던 것과 동일한 문제를 드러낸다. 어떤 사람들에게는 '봄'이 결정적인 의미를 가진다.

80 Kevin Reeves, 'The Lighthouse Trail Blog', 11 May 2008.

그러나 본 것에 대한 해석은 애매하거나 논란의 대상이 될 수 있고, 때로는 미혹시키거나 오도하는 결과로 이어질 수도 있다.

이 책 전체를 통해서 우리가 제시하고자 했던 논지가 바로 이것이다. 한 면에서 그림과 이미지는 매우 강하고 생생한 힘을 가지며 꼭 필요하기도 하다. 그러나 또 다른 한 면에서 어떤 그림은 미혹시키고 오도하는 결과로 이끌기도 한다. 문제가 가장 크게 일어나는 경우는 어떤 환상가가 자신의 '그림'이 회중에게 실제적 지시를 내리도록 하나님으로부터 왔다고 주장하고 나서는 경우이다. 이 환상이나 그림의 진정성을 아무도 시험하려 하지 않을 때 그 위험성은 더 크게 고조된다.

오늘날 교회에 있어서 시각적 의사소통의 필요와 그 위험성

『설교의 신비 *The Mystery of Preaching*』라는 책을 쓴 제임스 블랙은 이런 말을 한 적이 있다. "사상보다는 그림을 사용해서 평균적인 사람들의 마음에 보다 쉽게 다가갈 수 있다는 것은 분명한 사실이다. 아랍 격언에 '귀를 눈으로 바꾸는 사람이 최고의 이야기꾼이다'라는 말이 있다."[81] 블랙은 예수님의 가르침에 비유와 예화가 등장하는 비율과 오늘날의 평균치 설교 중에 예시적 이미지가 등장하는 비율을 비교한다. 그러면서 그는 "예화는 공기와 빛이 들어오는 창문과 같다"라고 말한다.[82] 그는 매일의 삶에서나 아니면 다양한 종류의 책에서 찾을 수 있는 예화들을 수집하고 잘 정리해 놓은 '예화집'을 직접 만들어 보라고 권한다. 실제로 오늘날 설교에 관한 책들은 예수님과 바울이 제시하는 것보다 예

81 James Black, *The Mystery of Preaching* (London: James Clarke, rev. edn, 1934), p. 110.
82 Black, *The Mystery of Preaching*, p. 111.

화나 유비, 은유 등을 훨씬 덜 강조하는 경향이 있다.

설교와 의사소통에 있어서 우리의 궁극적인 스승은 예수 그리스도 자신이다. 그는 설교와 가르침의 모범적인 선생이다. 그는 자신이 가르치고자 하는 개념과 그가 마주한 일상의 세계 사이에 간격을 조금도 남기지 않으셨다. 이런 점에 대해서는 에른스트 푹스가 가장 잘 이야기한 바 있다. 앞서 6장에서도 보았던 것처럼, 예수님은 청중의 '통상적 세계'를 구성하는 그림과 이미지를 사용하셨다. 푹스의 글을 다시 한 번 인용해 보자.

> 의심의 여지 없이 예수의 가르침은 평화롭고 평범한 시대의 일상적인 가정 및 지역사회의 삶의 배경을 바탕으로 한다. 이런 삶의 상황 속에서 일어나는 일들이 그의 비유의 소재가 되고 있다. 길거리를 걸어가 창문을 두드리는 사람들도 볼 수 있고, 축제일을 맞아 시끌벅적하게 떠드는 사람들의 목소리를 들을 수도 있다. 농부가 자기 밭에 나가 씨를 뿌리고 곡식을 거두어들이기도 한다. 주부가 자기 집에 딸린 조그만 땅에 식물을 심기도 한다. 부자도 있고 가난한 자도 있으며, 정직한 사람도 있고 사기꾼도 있다. 행복도 있고 궁핍도 있으며, 슬픔도 있고 감사도 있다. 하지만 이런 모든 것들이 단지 … '원자료'나 … 일종의 '접촉점'으로 그치는 것은 아니다. 오히려 예수는 정확히 이 '세상'을 그의 마음에 두고 있다.[83]

83 Ernst Fuchs, 'The New Testament and the Hermeneutical Problem', in James M. Robinson and John B. Cobb (eds), *New Frontiers in Theology*, vol.2, *The New Hermeneutic* (New York: Harper & Row, 1964), p. 126; cf. pp. 111-45.

예수님은 청중이 그의 신학적 세계 속에 직접 들어오기를 기대하기보다, 오히려 그들의 세계 속에 온전히 들어감으로써 푹스가 말하는 "상호 이해"(Einverständnis)에 도달하고자 하셨다. 여기서 푹스는 이렇게 주장한다. "그[예수]는 믿음 곧 결단을 요구하신다."[84] 로버트 펑크는 C. H. 도드를 따라 그림이나 비유의 의미와 적용이 "듣는 사람이 자기 스스로 적용을 하도록 자극하기 위해 얼버무린 상태로 남겨지기도 한다"라고 지적한다.[85] 이런 지적은 넓게 보면 옳은 말이지만, 우리가 앞에서도 이야기했던 것처럼, 무엇이 '옳은' 해석인가의 문제를 야기하기도 한다.

예수님의 실행이 우리에게 보여 주는 것은 우리가 전달하고자 하는 메시지나 개념이 잘 갖추어졌다고 해서 가르침과 설교의 과제가 다 끝난 것은 아니라는 점이다. 가르침이나 설교가 어떤 방식을 통해 듣는 사람들 속에서 어떤 효과를 자아내는지를 우리는 생각해 보아야만 한다. 문학 이론에서는 1980년대 이후로 대두된 독자 반응 이론이 이런 문제에 집중적인 관심을 쏟고 있다. 이 이론은 볼프강 이저(Wolfgang Iser) 등을 통해 잘 정립된 바 있다. 이 이론의 원리는 후설의 지각 이론에서 비롯되었고, 그의 제자인 로만 잉가르덴(Roman Ingarden)이 이를 발전시켰으며, 최근에는 로베르트 야우스(Robert Jauss)에 의해 더욱 잘 정리되었다. 의사소통 행위에 있어서 우리는 화자뿐만 아니라 청자를 반드시 고려해야 한다. 이런 점은 예수님께서 하나님 나라 비유를 가르치고 설교하실 때 취하셨던 방식에 그대로 드러난다.

이 책에서 우리가 전반적으로 강조하고자 하는 것은 예수님께서

84 Fuchs, 'The Hermeneutical Problem', p. 129.

85 Robert Funk, *Language, Hermeneutic and Word of God* (New York: Harper, 1966), p. 133.

그림과 이미지를 사용하신 것은 독자에 대한 이와 같은 관심을 반영한다는 것이다. 필자의 첫 번째 주 저작인 『두 지평』(1980)에서 강조하고자 했던 것도 바로 이런 점이다. 곧 성경 텍스트의 지평과 현대 독자의 지평이 교류하고 상호 작용을 이루어야 한다는 것이다. 해석학에 관한 이 첫 번째 저작은 이런 문제가 가진 철학적, 해석학적 논의를 집중적으로 다루고 있다. 두 번째 주 저작인 『해석의 새로운 지평』(1992)은 성경 텍스트의 특정 장르가 특정 부류의 독자들에게 어떤 연관성을 가지는지를 더 구체적으로 보여 주고자 하는 목적을 가진다.[86] 이런 시도는 오늘날 조직신학이 성경과 현대 독자의 관계를 지나치게 일반화하려는 경향을 보이는 것에 대한 일부 반발의 성격을 가지기도 한다. 이 두 번째 책은 어떻게 성경 텍스트와 현대 독자의 두 지평이 보다 효과적으로, 그리고 올바르게 교류하고 상호 작용할 수 있을 것인지를 살핌에 있어서 절대적인 특수성이 필요하다는 것을 강조한다. 따라서 이 책은 현대 독자들의 상황과 연관하여 지식사회학뿐만 아니라 성경 본문 연구를 통해 제시된 특수한 사항들에 더 집중적인 관심을 기울였다.

우리가 앞서 6장에서 살펴보았던 것처럼, 예수님의 가르침에 있어서 비유의 이미지 세계는 결코 추상적이지 않고 매우 구체적이거나 특수하다. 예를 들어 예수님은 "구제할 때에 … 너희 앞에 나팔을 불지 말라"(마 6:2)라고 말씀하신다. 만일에 이것을 '자선 행위는 과시적이어서는 안 된다'라고 말했다면 메시지는 전달될 수 있었겠지만, 한 방을 날리지는 못했을 것이다. 도드는 "낙타가 바늘귀로 들어가는 것이 부자가

86 Anthony C. Thiselton, *The Two Horizons: New Testament Hermeneutics and Philosophical Description* (Grand Rapids: Eerdmans, 1980), and Anthony C. Thiselton, *New Horizons in Hermeneutics: The Theory and Practice of Transforming Biblical Reading* (London: Harper Collins, and Grand Rapids: Zondervan, 1992 and 2012).

하나님의 나라에 들어가는 것보다 쉬우니라"(마 19:24)라는 인상적인 말씀에 주목한다. 가르침이나 설교에 있어서 이와 같은 이미지가 강력한 힘과 쉽게 기억을 사로잡는 효과를 가진다는 것은 의문의 여지가 없다.

아모스 와일더는 다양한 비유들이 가지는 기능을 몇 가지로 분류한다. '비유'라는 말은 "은유, 직유, 수수께끼, 비밀, 예시 등 다양한 것을 포괄한다. 이 가운데 일부는 짧은 비유적 어구[예를 들어 "세상의 소금"과 같은]도 있지만, 많은 유대식 비유들이 내러티브 성격을 가지는데, 복음서의 많은 비유들도 그러하다." 여기에 속하는 대표적인 예는 선한 사마리아인 비유, 어리석은 부자 비유, 바리새인과 세리 비유 등을 들 수 있다. 와일더는 이어서 "상징적 내러티브가 아닌 '예시 이야기'가 있다"라고 말한다. 그는 또 이렇게 덧붙인다. "반면 잃어버린 양 비유에 있어서는 … 우리는 하나의 확장된 이미지, 곧 목자가 잃어버린 양을 찾고 기뻐하는 장면을 보게 된다."[87] 예레미아스는 공관복음서에서 총 40개 정도의 비유를 구별하여 정리한다.[88]

사도 바울의 유비와 은유 사용을 살펴보고 내리게 되는 놀라운 결론은 그의 유비 사용이 예수님의 경우나 특별히 시각 이미지에 중점을 두는 계시록 같은 책에 필적할 만큼 그 빈도와 용례가 풍부하다는 사실이다. 허버트 게일(Herbert Gale)의 경우처럼 목회서신을 제외한 바울 문헌에 한정했을 때 바울이 사용한 유비나 은유의 숫자는 47개 정도이며, 월터 부처(Walter Butcher)처럼 목회서신을 포함할 경우 그 숫자는 무려 68개 정도나 된다. 우리가 앞에서 보았던 것처럼 목회서신만 하더라도 제국의 전쟁, 건축과 건물, 농업과 원예, 그리스식 경기 대회와 운동선

87 Amos N. Wilder, *Early Christian Rhetoric* (London: SCM, 1964), p. 80.

88 Jeremias, *The Parables of Jesus*, pp. 247-48.

수, 로마 법률, 의학과 의료 등에 기반을 두는 유비와 은유들이 풍성하게 등장하는 것을 볼 수 있다. 이 자체만 하더라도 오늘날 설교자와 교사들을 위한 유익하고 알찬 본이 되고도 남는다.

바울의 주 서신 중에서 고린도전서만 해도 대략 10개의 유비나 은유를 찾아볼 수 있다. 여기에는 심고 물 주고 자라게 하는 일(고전 3:6-7), 젖과 단단한 음식(3:1-2), 밭과 집(3:9), 검투사와 경기장(4:9), 효모와 누룩(5:6), 운동경기자의 다툼(9:24-27) 등이 포함된다. 로마서에 나타나는 8개의 유비와 은유도 이에 못지않다. 여기에는 일하는 자와 그 삯(4:4), 의인과 선인(5:7), 종으로 드림(6:15-23), 죽음과 생명(6:1-14), 결혼(7:1-6), 토기장이와 진흙(9:20-24), 첫 열매와 뿌리, 그리고 접붙임(11:16-24) 등이 포함된다. 바울의 주요 네 서신 중 갈라디아서에서는 4개, 고린도전서에서는 10개, 고린도후서에서 9개, 로마서에서 8개의 용례들을 찾아볼 수 있다. 예수님의 가르침에 더하여 이런 많은 예들이 오늘날 설교자와 교사들에게 주는 함의는 매우 풍부하다.

우리는 바울의 유비와 그림 사용의 용례가 어떤 문화적, 선교적 함의를 가지는지를 또한 생각해 보아야 한다. 바울은 유대식 랍비 전통 속에서 훈련을 받은 사람이지만, 그의 사역 대부분의 시간을 헬레니즘 문화에 더 익숙한 디아스포라 유대인들에게나, 아니면 처음부터 구약성경에 대한 지식이 없거나 희박한 이방 사람들에게 설교하는 데 쏟았다. 바울이 유비와 은유를 빈번하게 사용한 것은 단순히 자신의 요점을 더 명확히 하거나 예시하기 위해서만 그런 것이 아니라, 그리스와 이방 세계에 다리를 놓기 위한 목적을 가지기도 한다. 이는 오늘날 주로 교회나 신학교 같은 교회 기관 안에서 훈련받고 자란 설교자와 교사들을 위해 시사하는 바가 매우 크다. 우리는 이 걷잡을 수 없이 세속화된 세상 속에서 어떻게 다리를 놓는 일을 해야 할 것인지 고민하지 않으면 안 된다.

바울의 의사소통에 주목하는 학자들이 많이 있지만, 그중에서도 우리는 특히 윌프레드 녹스(Wilfred L. Knox)의 책 세 권과 그레고리 딕스(Gregory Dix)의 기본적인 연구, 그리고 프란시스 비어(F. W. Beare)의 논문 하나를 눈여겨볼 필요가 있다.[89] 녹스는 바울이 사용하는 헬레니즘 계통의 주제들을 살피고 있다. 바울은 헬레니즘 세계에 흩어져 있던 디아스포라 유대교 회당과 늘 교류했고, 그들과의 공통점을 찾기 위해 신적 지혜나 일신교 등과 같은 주제들을 사용했다. 녹스는 이렇게 주장한다. "하나님의 '형상'으로서의 신적 지혜는 유대-헬레니즘 전통 속에 빈번히 등장하는 주제이며, 신적 지혜는 또한 모든 피조물 가운데 처음 난 것으로 이해되고 있었다."[90] 만일 바울이 이방인 청중을 향해 "새 세대가 밝았다"거나 "하나님의 나라가 임했다"(막 1:15)라는 방식으로 다가갔다면 그들은 어리둥절했을 것이다. 예루살렘의 유대인 청중들 같으면 바울의 말이 무엇을 의미하는지 즉각적으로 알아차렸겠지만 말이다. 바울은 이방인들을 향한 그의 설교에서 유대인들에게 익숙한 하나님의 나라라는 개념보다는 그리스도의 주권(고전 12:3)이나 구원(고후 1:6), 화목(고후 5:20), 우상을 버리고 하나님께로 돌아옴(살전 1:9)과 같은 용어들을 주로 사용했다. 이 용어들은 다 하나님 나라의 특성을 안고 있는 용어들이다.

89 Wilfred L. Knox, *St Paul and the Church of the Gentiles* (Cambridge: CUP, 1939); Wilfred L. Knox, *St Paul and the Church of Jerusalem* (Cambridge: CUP, 1925); Wilfred L. Knox, *Some Hellenistic Elements in Primitive Christianity* (London: CUP, 1944); Gregory Dix, *Jew and Greek: A Study in the Primitive Church* (London: Dacre Press, 1953), and F. W. Beare and others, *The Communication of the Gospel in New Testament Times* (London: SPCK Theological Collections, 1961).

90 Knox, *St Paul and the Church of the Gentiles*, p. 159.

바울이 이방인들에게 사용한 이런 이미지나 개념들은 별다른 설명을 필요로 하지 않는다. 바울은 이 밖에도 양자 됨(롬 8:14; 갈 4:6; 고전 6:20), 건지심(롬 7:24; 골 1:13; 살전 1:10), 종으로부터의 구속(롬 8:15) 등과 같이 이방인들이 쉽게 이해할 수 있는 은유들을 사용했다. 딕스는 '하나님의 아들'이나 '인자' 같은 용어들이 그리스 사람들에게는 별 의미가 없는 말이든지 아니면 심각한 오해의 대상이 될 수도 있다는 것을 잘 보여 준다.[91] 바울은 이런 용어들 대신에 '주'라는 용어에 오히려 중점을 두었다는 것을 딕스는 잘 지적하고 있다.

우리는 가장 초기 바울의 설교의 예를, 사도행전의 간접적인 소개를 제외하면, 데살로니가전서에서 찾아볼 수 있다. 바울은 자신이 아첨의 말을 결코 사용하지 않는다고 못 박으며(살전 2:5), "너희 가운데서 유순한 자가 되어 유모가 자기 자녀를 기름과 같이 하였"다고 밝힌다(살전 2:7). 이런 모습은 오늘날의 설교자 가운데 회중에게 고함을 치고 몰아세우면서 그렇게 하는 것이 마치 자신의 권력이나 권위를 보여 주는 것인 양 착각하는 사람들이 많은 것과 큰 대조를 이룬다. 이와는 달리, 크래프턴이 잘 지적한 것처럼, 바울과 다른 사도들은 자기 자신을 주목의 대상으로 삼지 않고, 오히려 스스로를 투명한 유리처럼 만들어 이를 통해 성도들이 그리스도를 볼 수 있도록 만들었다고 말한다.[92] 칼 돈프리드 역시 바울이 그의 청중과 매우 긴밀한 우애와 인격적 관계를 유지했다고 보고 있다. 그래서 그는 데살로니가전서를 "우정의 편지"라 부른다.[93] 오토 메르크 역시 바울의 설교는 그의 깊은 목회적 관심에서

91 Dix. *Jew and Greek*, pp. 77-8.

92 J.A. Crafton, *The Agency of the Apostle* (JSNT Sup 51; Sheffield: Sheffield Academic Press, 1991), pp. 53-103.

93 Karl P. Donfried, 'The Christology and Rhetorical Context of 1 Thessalonians 2:1-12', in

우러나오는 것이라고 진단한다.[94] 조지 라이언스는 크래프턴보다 앞서서 바울이 자기 자신에게 조명을 비추거나 자기 이야기에 매몰되지 않고 다만 예수 그리스도에게 초점을 맞추었으며, 그 자신은 그리스도의 복음의 화신이 되게 했을 뿐이라는 점을 잘 지적한 바 있다.[95] 다시 한번 우리는 오늘날 설교자들이 바울의 모범을 통해 많은 것을 배워야 한다는 것을 알 수 있다.

우리는 예수님과 바울의 예 위에 요한계시록의 예를 덧붙일 수 있을까? 이 책의 2부에서 우리는 이 세 영역을 다 살펴보았고, 특히 계시록과 관련해서는 이 책이 얼마나 자주 곡해의 대상이 되어 왔는지를 잘 살펴보았다. 계시록을 통해 우리가 배울 수 있는 교훈은 아마도 예수님과 바울을 통해 배우는 것과는 정반대의 것이 아닐까 생각해 본다. 예수님과 바울의 가르침 방식을 통해서는 그림의 힘이 얼마나 큰지, 그리고 우리가 왜 그것을 필요로 하는지를 배울 수 있다면, 계시록의 해석 역사를 통해서는 적절한 성경적 훈련이 없이 그림과 이미지, 그리고 시각적 재현물을 관념적으로 이해하게 될 때, 그 미혹의 힘이 얼마나 큰지를 잘 배울 수 있다.

위에서 이미 살펴본 예들을 여기서 다시 되풀이하지는 않겠다. 다만 여러 가지 다른 방식으로 이해되어 온 하나나 둘 정도의 잘 알려진 예를 간단하게 언급해 보고자 한다. 아마도 가장 대표적인 예는 계시록

Karl P. Donfried and Johannes Beutler (eds), *The Thessalonians Debate: Methodological Discord or Methodological Synthesis?* (Grand Rapids: Eerdmans, 2000), pp. 31-60.

94 Otto Merk, '1 Thessalonians 2:1-12', in Donfried and Beutler (eds), *The Thessalonians Debate*, p. 89; cf. pp. 89-113.

95 George Leroy Lyons, *Pauline Autobiography: Toward a New Understanding* (SBLDS 73; Atlanta: Scholars Press, 1985).

20:4-6에 나오는 천년왕국과 사탄의 결박에 관한 이야기일 것이다. 존 베일(John Bale, 1495-1563)은 용의 결박이 문자적인 천 년 동안, 다시 말해 그리스도의 탄생에서 시작하여 AD 1000년이 되는 해까지 지속된다고 보았다. 이런 인식에 따라 그는 사탄이 교황 실베스테르 2세(Sylvester II, 재위 999-1003) 때에 풀려났고, 그때 이후로 모든 교회 교사들이 오류에 빠졌다고 주장했다.[96] 영국에서는 사탄이 캔터베리 대주교 던스턴(Dunstan)을 통해 10세기에 풀려났다는 주장이 유행하기도 하였다.

토머스 브라이트먼(Thomas Brightman, 1562-1607)은 사탄의 결박이 콘스탄티누스 황제가 306년에 기독교로 개종할 때 시작되어 1300년에 오토만 투르크의 침공과 함께 끝이 났다고 주장했다. 이런 방식의 계시록 해석은 미국의 대중적인 작가인 할 린지(Hal Lindsay)가 취했던 방식과 크게 다르지 않다. 그 역시 하나님의 주권적 행위와 사탄의 저항이라는 관점에서 '세상의 사건들'을 읽고 예언하는 입장을 취하는데, 여기에는 러시아, 미국, 3차 세계 대전, 이스라엘 정부 수립 같은 것들이 포함된다. 그는 1980년대에 아마겟돈의 카운트다운이 있을 것으로 보았다.[97] 린지는 "아프리카 나라들이 러시아와 연합하고 동맹을 맺어 이스라엘을 침공할 것"이라고 생각했다.[98]

'음녀 바벨론'의 정체와 관련해서도 해석상의 많은 논란이 있어 왔다. 윌리엄 블레이크(1757-1827)는 도시화에 맞서서 목가적 이상을 회복하고자 하는 자신의 정신에 따라 음녀 바벨론을 런던과 동일시했

96 Judith Kovacs and Christopher Rowland, *Revelation: The Apocalypse of Jesus Christ* (Oxford: Blackwell, 2004), p. 211.

97 Hal Lindsey, *The Late Great Planet Earth* (Grand Rapids: Zondervan, 1970), p. 55.

98 Lindsey, *Late Great Planet*, p. 68.

다.[99] 스코필드 관주 성경(Scofield Reference Bible)은 두 개의 바벨론을 구분한다. 하나는 "교회적 바벨론인데, 이는 교황이 이끄는 배도한 기독교 왕국을 가리키며, 다른 하나는 정치적 바벨론인데, 이는 짐승의 연합 왕국이요 이방인들의 세계 통치의 최종 형태를 가리킨다." 이 두 바벨론 중 '큰 음녀' 곧 교회적 바벨론은 정치적 바벨론에 의해 멸망당하며(계 17:15-18), 나중에는 짐승이 홀로 "경배의 대상"이 된다고 스코필드 관주 성경은 말한다.[100]

코박스와 롤런드(Kovacs and Rowland)에 따르면 여호와의증인은 "음녀 바벨론이 전 세계적 차원의 종교적 단일체(참조, 계 17:15, 18), 곧 거짓 종교의 전 세계적 제국으로서, 국제연맹 및 UN과 결탁되어 있다"라고 주장한다.[101] 제칠일안식일예수재림교에서는 대체로 음녀 바벨론을 로마 가톨릭교와 배도한 개신교의 모든 잘못을 수용하는 극도로 신성모독적인 종교 체계라고 보고 있다.

요한계시록에 '적그리스도'라는 용어가 명시적으로 사용되지는 않지만, 짐승과 바벨론을 악의 상징으로 묘사하는 계시록의 언어 배후에 이 개념이 암시되어 있다고 본다. 피오레의 요아킴(Joachim of Fiore, c.1135-1202)은 『묵시록 해설 *Exposition of the Apocalypse*』이라는 책을 썼는데, 이 책에서 그는 적그리스도가 세상 역사에 다중적인 방식으로 출현하며 역사 속에서 그 역할을 수행하는 것으로 보고 있다. 그는 적그리스도를 자기 권세를 짐승에게 주는(계 13:2) 용의 일곱 머리(계 12:3)와 동일시하면서, 이를 악이 연속적으로 정치적 출현을 시도하는 것으로 이

99 Kovacs and Rowland, *Revelation*, p. 187.

100 Kovacs and Rowland, *Revelation*, p. 187.

101 Kovacs and Rowland, *Revelation*, p. 187, and *Watchtower Bible*, p. 235.

해한다. 용의 머리 가운데 하나인 로마 제국은 그 마지막 국면에서는 바벨론과 동일시된다. 계시록 13장에 나오는 두 짐승은 모두가 적그리스도의 현신이며, 세계 역사의 두 번째 단계 마지막에, 또는 여섯 번째 인의 때에 일어나게 되는데, 바다로부터의 짐승은 정치적 지도자를, 땅으로부터의 짐승은 종교적 지도자를 가리키는 것으로 보고 있다.

'급진 프란치스코파'의 지도자였던 피에르 올리비(Peter John Olivi, c.1248-98)는 아시시의 프란치스코를 여섯 번째 인의 천사로 보았고, 세속 지도자들에게 지원받는 로마 가톨릭교회에 대한 공격적인 비판을 시도하면서, 가톨릭교회를 넓은 의미에서 적그리스도와 동일시했다. 종말론적 상징에 대한 기괴하고도 놀라운 해석의 예들을 들자면 끝이 없을 것이다. 그림과 상징은 비트겐슈타인 등이 경고하는 것처럼 적합한 해석의 체계나 전통 안에서 다루어지지 않으면 제멋대로 해석될 수 있는 위험성을 가진다.

이제 우리는 그림과 이미지가 오늘날의 설교와 가르침에 어떤 적극적인 도움을 줄 수 있는지를 조금 더 살펴보고자 한다. 아우구스티누스는 좋은 설교의 모범으로 크리소스토무스와 암브로시우스를 들고 있다. 물론 이들은 이론보다는 실제적 차원의 모범이다. 크리소스토무스는 "이미지를 쌓아 놓는" 방식을 피했다. 그는 이미지 사용을 지나칠 만큼 과도하게 하지는 않았다. 그뿐만 아니라 "나쁜 취향"도 잘 피했다. 그에게 있어서 그리스도는 살아 있는 실체였고, 그리스도를 설교함에 있어서 그는 "자기 청중과 전적으로 공감을 이루었다." 그가 '황금의 입'이라는 별명을 가진 것은 괜히 된 일이 아니다.

아우구스티누스는 『기독교 교양 *On Christian Doctrine*』 제4권에서 설교의 예술이라는 주제를 다룬다. 그는 기독교 교사의 의무가 무엇인지를 이렇게 기술한다.

> 일단 자신의 청중이 우호적이 되고 귀를 열어 배우고자 하는 자세를 가지게 되면 … 자신이 취급하는 주제를 … 내러티브 방식을 통해 온전히 다 알려 주어야 한다. … 반면 청중이 가르침보다는 각성이 필요한 상태에 있을 때에는 … 그들의 감정이 진리와 조화를 이루도록 … 더 활기찬 말이 필요하다. 간청과 책망, 권면과 칭찬 … 등이 필요하다.[102]

그러면서 아우구스티누스는 키케로의 말을 인용한다. "웅변이 없는 지혜는 별로 도움이 되지 못한다. … 그러나 지혜가 없는 웅변은 종종 적극적인 해를 입힌다."[103]

아우구스티누스는 말의 내용과 관련해서뿐만 아니라 감정과 의지를 일깨우는 면에 있어서도 명료함과 분명함이 있어야 한다고 강조한다. 설교자의 목표는 가르치고, 기쁨을 주고, 감동케 하는 일이다. 그는 다시 한 번 키케로의 말을 인용한다. "가르침은 필수적이다. 기쁨을 주는 일은 아름답다. 설득하는 일은 승리이다."[104] 아우구스티누스는 설교자가 성도들이 알아야 할 것을 "반드시 가르쳐야 할 뿐만 아니라 … 또한 그 의지를 복속시키도록 그들의 정신을 흔들어야만 한다"라고 말한다.[105] 그는 설교 전에 먼저 기도할 것을 요청한다. 또한 상황에 따라 각기 다른 설교 스타일을 사용하라고 권한다. 아우구스티누스는 서양 중세기의 설교 이해에 매우 강한 영향력을 미쳤으며, 그 대표적인 예가

102 Augustine, *On Christian Doctrine*, 4.4.6-7 (Eng., NPNF, ser. 1, vol. 2, p. 576).
103 Augustine, *On Christian Doctrine*, 4.5.7 (Eng., NPNF, ser. 1, vol. 2, p. 576).
104 Augustine, *On Christian Doctrine*, 4.12.27 (Eng., NPNF, ser. 1, vol. 2, p. 583).
105 Augustine, *On Christian Doctrine*, 4.13.29 (Eng., NPNF, ser. 1, vol. 2, p. 584).

릴의 알랑(Alan of Lille)이 쓴 『설교의 예술 *The Art of Preaching*』이라는 책이다.[106] 12세기에 들어오면서 설교는 스콜라 철학 방식에 따라 정확성에 큰 강조를 두게 되었으며, 서구 대학들이 이런 방식의 설교를 가르쳤다.

종교개혁 시대에 와서 설교와 가르침은 교회의 중심 자리에 서게 되었다. 칼뱅은 교회를 '어머니'로 보는 동시에 성도의 친교로 보는 맥락 안에서 설교를 다루고 있다. 그가 생각하는 설교의 목표는 성도들로 하여금 "그리스도의 장성한 분량이 충만한 데까지" 이르도록 돕는 것이다(엡 4:10-13).[107] 그는 이렇게 말한다.

> 우리가 하나님 자신의 말씀을 듣는 것처럼 그분의 사역자들의 말을 들을 때 우리의 순종이 입증된다. … 광신자들이 이를 지키기를 거부할 때, 그들은 스스로를 많은 치명적인 함정들 속으로 몰아가게 된다. … 사적으로 묵상하고, 따라서 공적 모임을 멸시하며, 설교를 불필요한 것으로 여긴다.[108]

초기 근대기에 프리드리히 슐라이어마허는 설교를 신학 교육의 핵심적인 요소 가운데 하나로 생각했다.[109] 그는 자신이 쓴 『종교론』에서 이런 말을 하고 있다. "믿음을 일깨우기 위해 회중을 향해 설교하는 일은 내 생애 중 가장 달콤한 욕구였다." 그러면서 그는 설교가 "청중을

106 Alan of Lille, *The Art of Preaching*, trans. Gillian R.Evans (Collegeville, MN: Liturgical Press, Cistercian Press, 1981); and *The Art of Preaching* (London: Clarke, 1939).

107 John Calvin, *Institutes of the Christian Religion*, ed. Henry Beveridge (London: James Clarke 1957), Bk 4, ch. 1, sect. 5; vol. 2, p. 284.

108 Calvin, *Institutes*, Bk 4, ch. 1, sect. 5; vol. 2, p. 285.

109 Friedrich Schleiermacher, *A Brief Outline of the Study of Theology* (Eugene, OR: Wipf & Stock, 2007).

감동시키기 위해 … 음악을 연주하는 것"과 같고, "꺼져 가는 불길을 되살리는 일"이라고 말한다.[110] 우리와 좀 더 가까운 시기에 와서는 포사이스(P. T. Forsyth), 제임스 블랙(James Black), 존 스토트(John Stott) 등이 설교에 대한 좋은 책을 저술했다.

설교학의 역사 자체가 우리의 주된 관심사는 아니다. 이 책에서 강조하고자 한 것은 예수님과 바울의 설교와 가르침에서 볼 수 있는 것처럼, 그림과 이미지, 유비 등이 얼마나 큰 힘을 가지고 있는지, 그리고 그것이 왜 꼭 필요한지의 문제이다. 나아가서 그림과 이미지, 상징 등이 바르게 해석되지 않을 때는 그 미혹의 힘이 또한 매우 크다는 것도 보아야 한다. 우리는 이런 예들을 계시록 해석의 역사나 영지주의 문헌, 중세 신비주의자들, 현대 은사주의 운동 등을 통해서 살펴본 바 있다. 이와 관련된 해석의 원리들을 좀 더 체계적으로 살펴보기 원하는 독자들은 필자의 책 『두 지평』과 『해석의 새로운 지평』, 기타 다수의 논문들이나 기고문들을 참고하기 바란다.

이 책에서 다룬 우리의 주된 논지는 우리가 예수님과 바울의 정신을 바르게 알고 배우며, 계시록을 포함하여 성경 전체에서 사용되고 있는 수많은 시각 이미지와 상징들을 배워서 사용하지 않으면 오늘날 우리의 설교와 가르침, 의사소통이 심히 낙후될 수밖에 없다는 것이다. **그림과 예시, 유비 등은 말만 가지고는 효과가 떨어지는 곳에서 생생함과 힘을 수반한 효력을 발휘한다.** 그림과 이미지 사용은 성육신의 신학을 반영한다.

110 Friedrich Schleiermacher, *On Religion: Speeches to Its Cultured Despisers* (Eng., New York: Harper, 1958); quoted by Karl Barth, *The Theology of Schleiermacher* (Eng., Grand Rapids: Eerdmans, 1982), p. xviii.

반면 어떤 사람들은 **그림과 이미지에 자유로운 독자적 의미를 부여**하고 그것을 지나치게 과신하기도 한다. 이런 식으로, 보다 수동적이고 취약한 청중에게 하나님의 지시나 계시를 준답시고 그림이나 이미지를 자의적으로 해석하고 사용할 때는 그림이 교회에 의도치 않은 큰 해나 상처를 입힐 수 있다. 앞서 언급했던 크래프턴 등이 강조한 것처럼, 바울은 자신의 가르침과 자신의 그림과 이미지가 청중 또는 독자들이 예수 그리스도를 볼 수 있게 하는 투명한 창처럼 작용하기를 원했다. 예수님은 우리가 하나님을 보고 또한 이해할 수 있도록 그렇게 설교하고 가르치셨다.

참고 문헌

Aageson, J. W., *Written Also for Our Sake* (Louisville: Westminster/Knox, 1993).

Advertisement for Piqua Auto Supply House, Piqua, Ohio, USA.

Alan of Lille, *The Art of Preaching,* trans. Gillian R. Evans (Collegeville, MN: Liturgical Press, Cistercian Press, 1981), and *The Art of Preaching* (London: Clarke, 1939).

Ambrose, *Of the Christian Faith* (Eng., NPNF, ser. 2, vol. 10).

Amiot, F., *The Key Concepts of St. Paul* (Eng., Freiburg: Herder, 1962).

Aquinas, Thomas, *Commentary on St Paul's First letter to the Thessalonians and Letter to the Philippians* (Albany: Magi Books, 1969).

Aquinas, Thomas, *Summa Theologiae* (Eng., 60 vols, London: Eyre and Spottiswoode, 1963).

Aristotle, *Poetics* (London: Penguin, 1996).

Auerbach, Erich, *Mimesis: The Representation of Reality in Western Literature* (Eng., Princeton: Princeton University Press, 1953).

Augustine, *City of God* (Eng., NPNF, ser. 1, vol. 2).

Augustine, *On Christian Doctrine* (Eng., NPNF, ser. 1, vol. 2).

Augustine, *On the Catechizing of the Uninstructed* (Eng., NPNF, ser. 1, vol. 3).

Augustine, *On the Trinity* (Eng., NPNF, ser. 1, vol. 3).

Augustine, *Sermons on New Testament Lessons* (Eng., NPNF, ser. 1, vol. 6).

Augustine, *Sermons on Selected Lessons of the New Testament* (Eng., NPNF, ser. 1, vol. 6).

Aune, David, *Revelation 6–16* (WBC: Nashville: Nelson, 1998).

Baillie, Donald, *God Was in Christ* (London: Faber & Faber, 1948).

Barfield, Owen, "Poetic Diction and Legal Fiction," in Max Black (ed.), *The Importance of Language*, pp. 51–71.

Barr, James, *The Semantics of Biblical Language* (Oxford: OUP, 1961).

Barrett, C. K., *A Commentary on the First Epistle to the Corinthians* (London: Black, 2nd edn, 1971).

Barrett, C. K., *The Epistle to the Romans* (London: Black, 1957).

Barrett, C. K., *From First Adam to Last: A Study in Pauline Theology* (London: Black, 1962).

Barrett, C. K., *The Second Epistle to the Corinthians* (London: Black, 1973).

Barth, Karl, *Church Dogmatics* (Eng., 14 vols, Edinburgh: T&T Clark, 1957–75).

Barth, Karl, *The Theology of Friedrich Schleiermacher: Lectures at Göttingen, 1923–24* (Eng., Grand Rapids: Eerdmans, 1982).

Barthes, Roland, *The Pleasure of the Text* (Eng., New York: Hill & Wang, 1975).

Bauckham, Richard, *Jesus and the Eyewitnesses: The Gospels as Eyewitness Testimony* (Grand Rapids: Eerdmans, 2006).

Bauckham, Richard, *The Theology of the Book of Revelation* (Cambridge: CUP, 1993).

Bazin, André, 'The Ontology of the Photographic Image', in Jean Renoir (ed.), *What Is Cinema?* (Berkeley: University of California Press, 1967).

Beale, G. K., *The Book of Revelation: A Commentary on the Greek Text* (Grand Rapids: Eerdmans, 1999).

Beardsley, Monroe, *Aesthetics: Problems in the Philosophy of Criticism* (Indianapolis: Harcourt, Brace & World, 1958; reprinted 1981).

Beare, F. W., and others, *The Communication of the Gospel in New Testament Times* (London: SPCK Theological Collections, 1961).

Beare, F. W., *The Epistle to the Philippians* (London: Black, 1959).

Beasley-Murray, G. R., *The Book of Revelation* (London: Oliphants, 1974).

Bede, *Excerpts from the Works of St. Augustine*, ed. David Hurst (Cistercian Publications, 1999).

Bell, Richard, *Provoked to Jealousy: The Origin and Purpose of the Jealousy Motif in Romans 9 –11* (WUNT 2, 63; Tübingen: Mohr, 1994).

Best, Ernest, *The First and Second Epistles to the Thessalonians* (London: Black, 1972).

Betz, Hans Dieter, *Galatians* (Hermeneia; Philadelphia: Fortress, 1979).

Bevan, Edwyn, *Symbolism and Belief* (London: Allen & Unwin, 1938).

Black, James, *The Mystery of Preaching* (London: James Clarke, rev. edn, 1934).

Black, Max, *Models and Metaphors: Studies in Language and Philosophy* (Ithaca: Cornell University Press, 1962).

Black, Max (ed.), *The Importance of Language* (Englewood Cliffs, NJ: Prentice- Hall, 1963).

Bligh, John, *Galatians: A Discussion of St Paul's Epistle* (London: St. Paul Publications, 1969).

Blomberg, Craig L., *Interpreting Parables* (Leicester: Apollos, 1990).

Boman, Thorlief, *Hebrew Thought Compared with Greek* (Eng., London: SCM, 1954).

Boucher, Madeleine, *The Mysterious Parable: A Literary Study* (Washington, DC: Catholic Biblical Association of America, 1977).

Brink, Gijsbert van den, *Almighty God: Study of the Doctrine of Divine Omnipotence* (Studies in Philosophical Theology; Kampen: Kok Pharos, 1993).

Broneer, Oscar, 'The Apostle Paul and the Isthmian Games', *Biblical Archaeologist* 25 (1962), pp. 2–31.

Brown, Francis, Driver, S. R., and Briggs, Charles A. (eds), *The New Hebrew and English Lexicon* (Lafayette, IN: Associated Publishers, 1980).

Bruce, A. B., *The Parabolic Teaching of Christ* (London: Hodder & Stoughton, 1882).

Bruce, F. F., *The Epistle to the Galatians: A Commentary on the Greek Text* (Grand Rapids: Eerdmans, 1982).

Bruce, F. F., *The Epistle to the Romans* (London: Tyndale Press, 1963).

Bruce, F. F., and Simpson, E. K., *The Epistles of Paul to the Ephesians and to the Colossians* (London: Marshall, Morgan & Scott, 1957).

Bryson, Norman, *Word and Image: French Painting of the Ancient Regime* (Cambridge: CUP, 1981).

Bultmann, Rudolf, 'Adam, Where Art Thou?' in Rudolf Bultmann, *Essays Philosophical and Theological* (Eng., London: SCM, 1955), pp. 119–32.

Bultmann, Rudolf, 'New Testament and Mythology', in Hans-Werner Bartsch (ed.), *Kerygma and Myth* (2 vols, London: SCM, 1953), vol. 1, pp. 1–44.

Bultmann, Rudolf, 'The Problem of Hermeneutics', in *Essays Philosophical and Theological*, pp. 243–61.

Bultmann, Rudolf, *The Second Letter to the Corinthians* (Eng., Minneapolis: Augsburg, 1985).

Bultmann, Rudolf, *Theology of the New Testament*, vol. 1 (Eng., London: SCM, 1952).

Bunyan, John, *The Pilgrim's Progress* (London: The Religious Tract Society, no date given).

Burgess, Stanley M., *The Holy Spirit: Mediaeval Roman Catholic and Reformation Traditions* (Peabody, MA: Hendrickson, 1997).

Burgess, Stanley M., and van der Mass, Eduard M. (eds), *New International Dictionary of Pentecostal and Charismatic Movements* (Grand Rapids: Zondervan, 2002).

Burton, Ernest de Witt, *The Epistle to the Galatians* (ICC; Edinburgh: T&T Clark, and New York: Scribner, 1920).

Butcher, Walter A., 'The Metaphors of St. Paul', *Baptist Quarterly* 9 (1939), pp. 484–7.

Caird, George B., *The Language and Imagery of the Bible* (London: Duckworth, 1980).

Caird, George B., *The Revelation of St. John the Divine* (London: Black, 1966).

Calvin, John, *1 and 2 Thessalonians* (Wheaton, IL: Crossway, 1999).

Calvin, John, *Institutes of the Christian Religion* (Eng., 2 vols; London: James Clarke, 1957).

Campbell, Joseph, *The Flight of the Wild Gander: Explorations in the Mythological Dimension: Selective Essays, 1944–68* (Novato, CA: New World Library, 1969).

Cassirer, Ernst, *An Essay on Man* (New Haven: Yale University Press, 1944).

Cassirer, Ernst, *Language and Myth* (Eng., New York: Harper, 1946).

Castelli, Elizabeth A., *Imitating Paul: A Discourse of Power* (Louisville: Westminster/John Knox, 1999).

Catherine of Siena, *The Dialogue of Catherine of Siena* (Eng., London: Kegan Paul, Trench,

Trübner, 1907)

Catherine of Siena, *The Dialogue of Divine Presence* (London: Kegan Paul, Trench, Trübner, 1907; digitalized, 1995.)

Charles, R. H., *A Critical and Exegetical Commentary on the Revelation of St. John* (ICC; 2 vols, Edinburgh: T&T Clark, 1929).

Childs, Brevard S., *Exodus: A Commentary* (Eng., London: SCM, 1974).

Childs, Brevard S., *Myth and Reality in the Old Testament* (London: SCM, 1962).

Chladenius, Johann Martin, *Introduction to the Correct Interpretation of Reasonable Discourses and Writings* (Eng., Düsseldorf: Stern-Verlag, 1985).

Chrysostom, John, *The Gospel of Matthew* (Eng., NPNF, ser. 1, vol. 10).

Chrysostom, John, *Homilies on Thessalonians* (Eng., NPNF, vol. 13).

Clarke, Andrew D., *Secular and Christian Leadership in Corinth* (Leiden: Brill, 1993).

Clement of Alexandria, *Fragments from the Hypotyposes* (Eng., ANF, vol. 2).

Clement of Alexandria, *The Instructor* (Eng., ANF, vol. 2).

Collange, J.-F., *Enigmes de la deuxième épitre de Paul aux Corinthiens* (SNTSMS 18; Cambridge: CUP, 1972).

Congar, Yves, *The Meaning of Tradition* (San Francisco: Ignatius Press, 1964).

Conzelmann, Hans, 'On the Analysis of the Confessional Formula in 1 Cor. 15:3–5', *Int* 20 (1966), pp. 15–25.

Crafton, J. A., *The Agency of the Apostle* (JSNTSup 51; Sheffield: Sheffield Academic Press, 1991).

Craigie, Peter, *Psalms 1–50* (Waco: Word, 1983).

Cranfield, C. E. B., *A Critical and Exegetical commentary on the Epistle to the Romans*, vol. 1 (ICC; Edinburgh: T&T Clark, 1975).

Crossan, John Dominic, *Finding Is the First Act: Trove Folktales and Jesus' Treasure Parable* (Philadelphia: Fortress, and Missoula: Scholars Press, 1979).

Crossan, John Dominic, *In Parables: The Challenge of the Historical Jesus* (New York: Harper & Row, 1973).

Crossan, John Dominic, *Raid on the Articulate: Comic Eschatology in Jesus and Borges* (New York: Harper & Row, 1976).

Cullmann, Oscar, 'The Tradition', in Cullmann, Oscar, *The Early Church* (Eng., London: SCM, 1956), pp. 55–99.

Cyprian, *Treatises* (Eng., ANF, vol. 5).

Danker, Frederick W. (with Walther Bauer, W. F. Arndt and F. W. Gingrich, eds), *A Greek-English Lexicon of the New Testament and Other Early Christian Literature* (3rd edn, Chicago: University of Chicago Press, 2000).

Dean, Peter, *The Power of Symbols* (William Pitt & Foursquare Books, 2010; also e-book, 2013).

Deissmann, Adolf, *Light from the Ancient East* (London: Hodder & Stoughton, 1910).

Deluz, Gaston, *Companion to 1 Corinthians* (Eng., London: Darton, Longman & Todd, 1963).

Derrida, Jacques, "White Mythology", in Derrida, Jacques, *Margins of Philosophy* (Eng., New York: Harvester Wheatsheaf, 1982; Fr, 1972).

Derrida, Jacques, *Writing and Difference* (Chicago: University of Chicago Press, 1978; Fr., 1967).

Descartes, René, *Discourse on Method and the Meditations* (London: Penguin, 1968).

Descartes, René, *Discourse on Method, Optics, Geometry, and Meteorology* (Cambridge, MA: Hackett Publishing, 2001).

Dillistone, Frederick W., *Christianity and Symbolism* (London: Collins, 1955).

Dillistone, Frederick W., *The Power of Symbols* (London: SCM, 1986).

Dilthey, Wilhelm, *Dilthey: Selected Writings* (Cambridge: CUP, 1976).

Dilthey, Wilhelm, *Gesammelte Schriften*, vol. 5 (Leipzig: Teuber, 1927).

Dix, Gregory, *Jew and Greek: A Study in the Primitive Church* (London: Dacre Press, 1953).

Dodd, C. H., *The Epistle of Paul to the Romans* (London: Hodder & Stoughton, 1932).

Dodd, C. H., *The Parables of the Kingdom* (London: Nisbet, 1953).

Donfried, Karl P., 'The Christology and Rhetorical Context of 1 Thessalonians 2:1–12', in Karl P. Donfried and Johannes Beutler (eds), *The Thessalonians Debate*, pp. 31–60.

Donfried, Karl P., and Beutler, Johannes (eds), *The Thessalonians Debate: Methodological Discord or Methodological Synthesis?* (Grand Rapids: Eerdmans, 2002).

Doresse, Jean, *The Secret Books of the Egyptian Gnostics* (London: Hollis and Carter, 1960).

Dudley-Smith, Timothy, *A Functional Art: Reflections of a Hymn Writer* (Oxford: OUP, 2017).

Duffy, Eamon, *The Stripping of the Altars: Traditional Religion in England c.1400– 1580* (New Haven: Yale University Press, 1992).

Dunn, James D. G., *The Epistles to the Colossians and to Philemon* (NIGNT; Grand Rapids: Eerdmans, 1996).

Dunn, James D. G., *Paul and the Mosaic Law* (WUNT 89; Tübingen: Mohr, 1998).

Dunn, James D. G., *The Theology of Paul the Apostle* (Edinburgh: T&T Clark, 1998).

Dunn, James D. G., 'Was Paul Against the Law? The Law in Galatians and Romans: A Test Case of Text in Context', in T. Fornberg and D. Hellholm (eds), *Texts and Contexts: Biblical Texts in Their Textual and Situational Context* (Oslo: Scandinavian University Press, 1995) pp. 455–75.

Egan, R. B., "Lexical Evidence on Two Pauline Passages", in *NovT* 19 (1977), pp. 34–620.
Eichrodt, Walther, *Ezekiel: A Commentary* (London: SCM, 1970).
Eichrodt, Walther, *Theology of the Old Testament*, vol. 1 (London: SCM, 1961).
Ellis, E. E., "II Corinthians v.1–10 in Pauline Eschatology", *NTS* 6 (1959–60), pp. 211–24.
Ellul, Jacques, *The Humiliation of the Word* (Grand Rapids: Eerdmans, 1985).
Evans, Donald, *The Logic of Self-Involvement* (London: SCM, 1963).
Farbridge, Maurice H., *Studies in Biblical and Semitic Symbolism* (London: Kegan Paul, Trench, Trübner & Co., 1923).
Fawcett, Thomas, *The Symbolic Language of Religion* (London: SCM, 1970).
Findlay, G. G., "St. Paul's First Epistle to the Corinthians", in W. R. Nicoll (ed.), *Expositor's Greek Testament* (Grand Rapids: Eerdmans, 1961; from 1900).
Fiorenza, Elisabeth Schüssler, *Revelation: Vision of a Just World* (Minneapolis: Fortress, 1991).
Fitzmyer, Joseph, *First Corinthians* (Anchor Bible; New Haven: Yale University Press, 2008).
Fitzmyer, Joseph A., *Romans: A New Translation with Introduction and Commentary* (New York: Doubleday, 1992).
Foerster, Werner, *Gnosis: A Selection of Gnostic Texts* (Oxford: Clarendon Press, 1972).
Ford, David, *Self and Salvation: Being Transformed* (Cambridge: CUP, 1999).
Foster, Richard J., and Smith, James B. (eds), *Devotional Classics: Selected Readings* (San Francisco: Harper, rev. edn, 1990), pp. 264–70.
Fuchs, Ernst, *Hermeneutik* (Tübingen: Mohr, 1970).
Fuchs, Ernst, "The New Testament and the Hermeneutical Problem", in James M. Robinson and John B. Cobb (eds), *New Frontiers in Theology, vol. 2: The New Hermeneutic* (New York: Harper & Row, 1964), pp. 111–45.
Fuchs, Ernst, *Studies of the Historical Jesus* (London: SCM, 1964).
Funk, Robert, *Language, Hermeneutic and Word of God* (New York: Harper & Row, 1966).
Funk, Robert, "Saying and Seeing: Phenomenology of Language and the New Testament", *Journal of Bible and Religion* 34 (1966), pp. 197–213.
Furnish, Victor P., *II Corinthians* (Anchor Bible; New York: Doubleday, 1984).
Gadamer, Hans-Georg, "Reflections on my Philosophical Journey", in Lewis E. Hahn (ed.), *The Philosophy of Hans-Georg Gadamer* (La Salle, IL: Open Court, 1997).
Gadamer, Hans-Georg, *Truth and Method* (2nd Eng. edn, London: Sheed & Ward, 1989).
Gale, Herbert M., *The Use of Analogy in the Letters of Paul* (Philadelphia: Westminster Press, 1964).
Gärtner, Bertil, *The Theology of the Gospel of Thomas* (London: Collins, 1961).
Genova, Judith, *Wittgenstein: A Way of Seeing* (London: Routledge, 1995).

Genova, Judith, "Wittgenstein on Thinking: Words or Pictures?" in Roberto Casati and Graham White (eds), *Philosophy and the Cognitive Sciences* (Kirchberg am Wechsel, 1993), pp. 63–167.

Gertrude, *Gertrude of Helfta: The Herald of Divine Love* (New York: Paulist Press, 1993).

Glock, Hans-Johann, "Aspect-Perception", in *A Wittgenstein Dictionary* (Oxford: Blackwell, 1996).

Gombrich, Ernst H., *Art and Illusion: A Study in the Psychology of Pictorial Representation* (London: Phaidon Press, 1960).

Goodacre, Mark, *The Case Against Q* (London: Continuum, 2002).

Goppelt, Leonhard, "*tupos*" in G. Kittel and G. Friedrich, *TDNT*, vol. 8, pp. 236–60.

Goppelt, Leonhard, *Typos: The Typological Interpretation of the Old Testament in the New* (Eng., Grand Rapids: Eerdmans, 1982).

Gregory of Nazianzus, *Fifth Theological Oration: On the Holy Spirit* (Eng., NPNF, ser. 2, vol. 7, pp. 318–23).

Gregory of Nyssa, *Against Eunomius* (Eng., NPNF, ser. 2, vol. 5).

Gregory of Nyssa, 'On Not Three Gods' (Eng., NPNF, ser. 2, vol. 5, pp. 331–6).

Grenfell, E. P., *An Alexandrian Erotic Fragment and Other Greek Papyri* (Oxford: Clarendon Press, 1896).

Grobel, Kendrick, *The Gospel of Truth: A Valentinian Meditation on the Gospel* (London: Black, 1960).

Grosseteste, Robert, *On Six Days of Creation* (London: British Academy, 1996).

Gundry, Robert H., "The New Jerusalem: People as Place, Not Place for People", in Robert H. Gundry, *The Old Is Better: New Testament Essays in Support of Traditional Interpretations* (WUNT 178; Tübingen: Mohr, 2005), pp. 399–411.

Hanson, Richard P. C., *Allegory and Event: A Study of the Sources and Significance of Origen's Interpretation of Scripture* (London: SCM, 1959).

Hanson, Richard P. C., *Tradition in the Early Church* (London: SCM, 1962).

Harré, Ron, *The Principles of Scientific Thinking* (London: Macmillan, 1970).

Harris, Murray, *The Second Epistle to the Corinthians* (NIGTC; Grand Rapids: Eerdmans, 2005).

Hays, Richard, *Echoes of Scripture in the Letters of Paul* (New Haven: Yale University Press, 1989).

Hays, Richard, *First Corinthians* (Interpretation; Louisville: Knox, 1997).

Hegel, Georg W. F., *Lectures on the Philosophy of Religion* (3 vols, London: Kegan Paul, Trench, Trübner, 1895).

Heidegger, Martin, *Being and Time* (Eng., Oxford: Blackwell, 1962).

Heidegger, Martin, *Introduction to Metaphysics* (Eng., New Haven: Yale University Press, 1959).

Heidegger, Martin, *On the Way to Language* (Eng., New York: Harper & Row, 1971).

Hendriksen, W., *More Than Conquerors* (London: Tyndale Press, 1962).

Hengel, Martin, *The Cross of the Son of God* (Eng., London: SCM, 1986).

Hepburn, Ronald, 'Demythologizing and the Problem of Validity', in Antony Flew and Alasdair MacIntyre (eds), *New Essays in Philosophical Theology* (London: SCM, 1955), pp. 227–42.

Héring, Jean, *First Epistle of Paul the Apostle to the Corinthians* (Eng., London: Epworth Press, 1962).

Hesse, Mary B., *Models and Analogies in Science* (Notre Dame, IN: Notre Dame University Press, 1966).

Hester, J. D., *Paul's Concept of Inheritance* (SJT Occasional Papers 14; Edinburgh: Oliver & Boyd, 1968).

Hildegard of Bingen, *Scivias* (Eng., Abbey of Regina Laudus, 1990).

Hilton, Walter, *The Ladder of Perfection* (London: Penguin, 1957).

Hilton, Walter, *The Scale of Perfection* (Kalamazoo, MI: Medieval Institute Publications, 2000).

Hock, R. F., *The Social Context of Paul's Ministry* (Philadelphia: Fortress, 1980).

Holland, Tom, *Contours of Pauline Theology* (Fearn: Mentor, 2004).

Hughes, Philip E., *Paul's Second Epistle to the Corinthians* (London: Marshall, Morgan & Scott, 1962).

Humphrey, Edith M., *And I Turned to See the Voice: The Rhetoric of Vision in the New Testament* (Grand Rapids: Baker Academic, 2007).

Hunter, A. M., *Interpreting the Parables* (Philadelphia: Westminster Press, 1960).

Inge, William Ralph, *Christian Mysticism* (London and New York: Scribner, 1899).

Irenaeus, *Against Heresies* (Eng., ANF, vol. 1).

Iser, Wolfgang, *The Act of Reading: A Theory of Aesthetic Response* (Baltimore: Johns Hopkins University Press, 1978 and 1980).

Iser, Wolfgang, *The Implied Reader* (Baltimore: Johns Hopkins University Press, 1974).

Iser, Wolfgang, 'Indeterminacy and the Reader's Response in Prose Fiction', in J. Hillis Miller (ed.), *Aspects of Narrative* (New York: Columbia University Press, 1971), pp. 1–45.

Ivins, William M., *Prints and Visual Communication* (Cambridge, MA: Harvard University Press, 1953).

Jay, Martin, *Downcast Eyes: The Denigration of Vision in Twentieth-Century French Thought* (Berkeley: University of California Press, 1993).

Jay, Martin, 'The Rise of Hermeneutics and the Crisis of Ocularcentrism', in *Force Fields: Between Intellectual History and Cultural Critique* (New York: Routledge, 1993), pp. 99–113.

Jeremias, Joachim, *The Parables of Jesus* (Eng., London: SCM, rev. edn., 1963).

Jewett, Robert, *Romans: A Commentary* (Minneapolis: Fortress, 2007).

John Chrysostom, *Homilies on the Gospel of Matthew* (Eng., NPNF, ser. 1, vol. 10).

John of the Cross, *The Dark Night of the Soul,* ed. Alison Peters (Image Books, 3rd edn, 1959).

Jonas, Hans, *The Phenomenon of Life: Toward a Philosophical Biology* (Chicago: Northwestern University Press, 1982, reprinted 2001).

Jones, Geraint Vaughan, *The Art and Truth of the Parables: A Study in Their Literary Form and Modern Interpretation* (London: SPCK, 1964).

Josephus, *Antiquities* (Eng., London: Bibliophile, 1996).

Julian of Norwich, *Revelations of Divine Love* (London: Penguin, 1998).

Julian of Norwich, *Revelations of Divine Showings,* ed. and trans. Clifton Wolters (London: Penguin, 1998).

Jülicher, Adolf, *Die Gleichnisreden Jesu* (2 vols, Freiburg: Mohr, 1888 and 1899).

Jung, Carl G., *Psychological Types* (London: Routledge, 1971).

Jüngel, Eberhard, *Collected Works* (London: Bloomsbury/Clark, 2014).

Jüngel, Eberhard, *God as the Mystery of the World* (Eng., Edinburgh: T&T Clark, 1983).

Jüngel, Eberhard, *Theological Essays* (2 vols, Edinburgh: T&T Clark, 1989).

Kelly, J. N. D., *The Pastoral Epistles* (London: Black, 1963).

Kennedy, H. A., *St. Paul's Conception of the Last Things* (London: Hodder & Stoughton, 1904).

Kenny, Anthony, *Wittgenstein* (London: Penguin, 1973).

Kent, J. H., *Corinth*, VIII/3: *The Inscriptions 1926–50* (Princeton: American School of Classical Studies at Athens, 1966).

Kiddle, Martin, *The Revelation of St John* (London: Hodder & Stoughton, 1940).

Kierkegaard, Søren, *Concluding Unscientific Postscript* (Eng., Princeton: Princeton University Press, 1974).

Kissinger, Warren S., *The Parables of Jesus: A History of Interpretation and Bibliography* (London: Scarecrow Press, 1979).

Kloppenborg, John S., *The Formation of Q Transcripts in Ancient Wisdom Collections* (Philadelphia: Fortress, 1987).

Knox, Wilfred L., *St Paul and the Church of Jerusalem* (Cambridge: CUP, 1925).

Knox, Wilfred L., *St Paul and the Church of the Gentiles* (Cambridge: CUP, 1939).

Knox, Wilfred L., *Some Hellenistic Elements in Primitive Christianity* (London: OUP, 1944).

Koester, Craig R., *Revelation: A New Translation with Introduction and Commentary* (Anchor Bible; New Haven: Yale University Press, 2014).

Koester, H., "The Purpose of the Polemic of a Pauline Fragment (Phil. 3)", *NTS* 8 (1961–2), pp. 317–32.

Kovacs, Judith, and Rowland, Christopher, *Revelation* (Blackwell Bible Commentaries; Oxford: Blackwell, 2004).

Künneth, Walther, *The Theology of the Resurrection* (Eng., London: SCM, 1965).

Laeuchli, Samuel, *The Language of Faith: An Introduction to the Semantic Dilemma of the Early Church* (London: Epworth Press, 1965).

Lakoff, George, and Johnson, Mark, *Metaphors We Live By* (Chicago: University of Chicago Press, 1980).

Lampe, W. H. (ed.), *A Patristic Greek Lexicon* (Oxford: Clarendon Press, 1961).

Lanci, J. R., *A New Temple for Corinth: Historical and Archaeological Approaches to Pauline Imagery* (New York and Bern: Lang, 1997).

Lang, F., *Die Briefe an die Korinther* (Göttingen: Vandenhoeck & Ruprecht, 1994).

Latimer, Hugh, *Sermons* (New York: Dutton, 1906).

Leenhardt, Franz, *The Epistle to the Romans* (London: Lutterworth Press, 1961).

Lewis, C. S., "Bluspells and Flalansferes", in Max Black (ed.), *The Importance of Language*, pp. 36–50.

Lindsey, Hal, *The Late Great Planet Earth* (Grand Rapids: Zondervan, 1970).

Linnemann, Eta, *Parables of Jesus: Introduction and Exposition* (Eng., London: SPCK, 1966).

Locke, John, *An Essay Concerning Human Understanding* (2 vols, Oxford: Clarendon Press, 1894).

Luther, Martin, *Letters of Spiritual Counsel*, ed. T. G. Tappert, (London: SCM, 1965).

Lyons, George Leroy, *Pauline Autobiography: Toward a New Understanding* (SBLDS 73; Atlanta: Scholars Press, 1985).

McGinn, Bernard, *Antichrist: Two Thousand Years of the Human Fascination with the Devil* (San Francisco: Harper, 1994).

Malherbe, Abraham, "Gentle as a Nurse: The Cynic Background of 1 Thess. 2:2", *NovT* 12 (1970), pp. 203–17.

Malherbe, Abraham, *Paul and the Thessalonians: The Philosophic Tradition of Pastoral Care* (Philadelphia: Fortress, 1987).

Malherbe, Abraham, *The Letters to the Thessalonians* (Anchor Bible; New Haven: Yale University Press, 2000).

Margery Kempe, *The Book of Margery Kempe* (based on Robbins Digital Projects).

Marshall, P., "A Metaphor of Social Shame: *thriambeuein* in 2 Cor. 2:14", *NovT* 25 (1983), pp. 302–17.

Martin, Dale B., *The Corinthian Body* (New Haven: Yale University Press, 1995).

Martin, Dale B., *Slavery as Salvation* (New Haven: Yale University Press, 1990).

Martin, Ralph P., *2 Corinthians* (WBC; Dallas: Word, 1986).

Martin, Ralph P., *Philippians* (NCB; London: Oliphants, 1976).

Marxsen, W., *The Resurrection of Jesus of Nazareth* (Eng., Philadelphia: Fortress, 1970).

Mathewson, David, *A New Heaven and New Earth: The Meaning and Function of the Old Testament in Revelation 21:1–22:5* (JSNTSup 238; London: Sheffield Academic Press, 2003).

Merk, Otto, "1 Thessalonians 2:1–12: An Exegetical-Theological Study', in Karl P. Donfried and Johannes Beutler (eds), *The Thessalonians Debate*, pp. 89–113.

Michel, Otto, "*naos*", in *TDNT*, vol. 4, pp. 880–90.

Milton, John, *Paradise Lost* (London: Simmons, 2017).

Mitchell, Margaret M., *Paul and the Rhetoric of Reconciliation* (Tübingen: Mohr, and Louisville: Westminster/Knox, 1992).

Mitchell, W. J. T., *Picture Theory* (Chicago: University of Chicago Press, 1994).

Mitton, C. Leslie, *The Gospel According to St Mark* (London: Epworth Press, 1957).

Mitton, C. Leslie, "New Wine in Old Wineskins; 4: Leaven", *ExpTim* 84 (1973), pp. 339–43.

Moltmann, Jürgen, *The Crucified God: The Cross of Christ as the Foundation and Criticism of Christian Theology* (Eng., London: SCM, 1974).

Moltmann, Jürgen, *The Trinity and the Kingdom of God* (Eng., London: SCM, 1981).

Moore, Arthur L., *1 and 2 Thessalonians* (NCB; London: Nelson, 1969).

Moule, C. F. D., *The Epistles to the Colossians and to Philemon* (Cambridge: CUP, 1962).

Moulton, J. H., and Milligan, G., *The Vocabulary of the Greek Testament* (London: Hodder & Stoughton, 1952).

Moulton, W. F., and Geden, A. S., *A Concordance to the Greek Testament* (Edinburgh: T&T Clark, 1899).

Mounce, Robert H., *The Book of Revelation* (London: Marshall, Morgan & Scott, 1977).

Mounce, William D., *Pastoral Epistles* (WBC; Nashville: Nelson, 2000).

Mullins, T. Y., "Paul's Thorn in the Flesh", *JBL* 76 (1957), pp. 299–303.

Munck, Johannes, *Paul and the Salvation of Mankind* (Eng., London: SCM, 1959).

Murphy O'Connor, Jerome, *St Paul's Corinth: Texts and Archaeology* (Wilmington: Glazier, 1983).

Nietzsche, Friedrich, *The Antichrist* (London: Penguin Classics, 1990).

Nietzsche, Friedrich, *Complete Works* (18 vols, London: Allen & Unwin, 1909–13).

Nietzsche, Friedrich, *Notebooks* (Cambridge: CUP, 2003).

Nietzsche, Friedrich, *The Portable Nietzsche,* ed. W. Kaufman (New York: Viking Press, 1968).

Nietzsche, Friedrich, *Thus Spoke Zarathustra* (London: Penguin, 1961).

Nietzsche, Friedrich, *The Twilight of the Idols* (London: Penguin Classics, 1990).

Nietzsche, Friedrich, *The Will to Power*, vol. 2, in *The Complete Works* (18 vols, London: Allen & Unwin 1909–13, vol. 15).

Nyíri, Kristóf, "Image and Metaphor in the Philosophy of Wittgenstein", *Image and Imaging in Philosophy, Science and the Arts* (Symposium: Kirchberg, 8–14 August 2010), pp. 1–15.

Nyíri, Kristóf, "Wittgenstein's Philosophy of Pictures", Conference Paper at the HIT Centre, University of Bergen, December 2001.

O'Brien, Peter T., *The Epistle to the Philippians* (NIGTC; Grand Rapids: Eerdmans, 1991).

O'Hear, Natasha and Anthony, *Picturing the Apocalypse: The Book of Revelation in the Arts over Two Millennia* (Oxford: OUP, 2015).

Origen, *Commentary on Matthew* (Eng., ANF, vol. 4).

Origen, *Commentary on Matthew (*Eng., New Advent, Church Fathers, *Origen's Commentary on Matthew*).

Origen, *Homilies on Luke*, Fragment 71 (described in Warren S. Kissinger, *The Parables of Jesus: A History of Interpretation and Bibliography*, London: Scarecrow Press, 1979, p. 18).

Origen, *On First Principles* (Eng., ANF, vol. 4).

Pagels, Elaine H., *The Johannine Gospel in Gnostic Exegesis: Heracleon's Commentary on John* (SBLMS 17; Nashville: Abingdon Press, 1973).

Pannenberg, Wolfhart, *Systematic Theology* (Eng., 3 vols, Edinburgh: T&T Clark, 1991–8).

Paul, Ian, "Metaphor", in Kevin J. Vanhoozer (ed.), *Dictionary for Theological Interpretation of the Bible* (London: SPCK, and Grand Rapids: Baker Academic, 2007), pp. 507–10.

Peel, Malcolm Lee, *The Epistle to Rheginos: A Valentinian Letter on the Resurrection: Introduction, Analysis and Exposition* (London: SCM, 1969).

Perrin, Norman, *Jesus and the Language of the Kingdom: Symbol and Metaphor in New Testament Interpretation* (London: SCM, 1976).

Pfitzner, Victor, *Paul and the Agon Motif: Traditional Athletic Imagery in the Pauline Literature* (NovTSup; Leiden: Brill, 1967).

Philo, *De Plantatione* (Paris: Cerf, 1963).

Platt, Verity, "Virtual Visions: *Phantasia* and the Perception of the Divine in the Life of Apollonius of Tyana", in E. L. Bowie and J. Elsner (eds), *Philostratus* (Cambridge: CUP, 2009).

Plummer, Alfred, *A Commentary on the Second Epistle of Paul to the Corinthians* (Edinburgh: T&T Clark, 1915).

Pogoloff, Stephen, *Logos and Sophia: The Rhetorical Situation of 1 Corinthians* (SBLDS 134; Atlanta: Scholars Press, 1992).

Prat, F., *The Theology of St. Paul* (Eng., 2 vols, London: Burns & Oates, 1945).

Ramsay, William, *Paul and Other Studies* (New York: Armstrong, 1906).

Ramsey, Ian T., *Christian Discourse* (Oxford: OUP, 1965).

Ramsey, Ian T., *Models and Mystery* (Oxford: OUP, 1964).

Ramsey, Ian T., *Models for Divine Activity* (London: SCM, 1973).

Ramsey, Ian T., *Religious Language: An Empirical Placing of Religious Belief* (London: SCM, 1957).

Reeves, Kevin, "The Lighthouse Trail Blog", 11 May 2008.

Reid, Thomas, *An Enquiry into the Human Mind on the Principles of Common Sense* (Edinburgh: Bell & Greech, 1801).

Ricoeur, Paul, "Biblical Hermeneutics", in *Semeia: An Experimental Journal for Biblical Criticism* (1975), pp. 29–145.

Ricoeur, Paul, *Freud and Philosophy: An Essay on Interpretation* (Eng., New Haven: Yale University Press, 1970).

Ricoeur, Paul, *Interpretation Theory: Discourse and the Surplus of Meaning* (Fort Worth: Texas Christian University Press, 1976).

Ricoeur, Paul, *Oneself as Another* (Chicago: University of Chicago Press, 1992).

Ricoeur, Paul, *The Rule of Metaphor: Multi-disciplinary Studies of the Creation of Meaning in Language* (London: Routledge & Kegan Paul, 1978).

Ricoeur, Paul, *The Symbolism of Evil* (Eng., Boston: Beacon Press, 1967 and 1969).

Ricoeur, Paul, *Time and Narrative* (Eng., 3 vols, Chicago and London: University of Chicago Press, 1984–8).

Rigaux, Beda, *Les Épitres aux Thessaloniciens* (Paris: Gabalda, 1956).

Robertson A. T., and Plummer, A., *A Critical and Exegetical Commentary on the First Epistle of St. Paul to the Corinthians* (Edinburgh: T&T Clark, 1914).

Robinson, J. Armitage, *St Paul's Epistle to the Ephesians* (London: Macmillan, 1987).

Robinson, James M., Kloppenborg, John S., and Hoffmann, Paul (eds), *The Critical Edition of Q* (Hermeneia; Minneapolis: Fortress, 2000).

Robinson, John A. T., *The Body: A Study in Pauline Theology* (London: SCM, 1952).

Rogers, Eugene F., *After the Spirit* (London: SCM, 2006).

Rorty, Richard, *Philosophy and the Mirror of Nature* (Princeton: Princeton University Press, 1979).

Rorty, Richard, *Truth and Progress: Philosophical Papers*, vol. 3 (Cambridge: CUP, 1998).

Routledge, Fleming, *The Crucifixion: Understanding the Death of Jesus Christ* (Grand Rapids: Eerdmans, 2015).

Sampley, J. Paul, *"And the Two Shall Become One Flesh": A Study of Traditions in Ephesians 5:21–33* (SNTSMS 16; Cambridge: CUP, 1971.

Sanders, E. P., *Paul, the Law, and the Jewish People* (Philadelphia: Fortress, 1983).

Sanders, Tess (ed.), "Speakers Give Sound Advice", *Syracuse Post Standard* (28 March 1911).

Schleiermacher, Friedrich, *A Brief Outline of the Study of Theology* (Eugene, OR: Wipf & Stock, 2007).

Schleiermacher, Friedrich, *Hermeneutics: The Handwritten Manuscripts* (Eng., Missoula: Scholars Press, 1977).

Schleiermacher, Friedrich, *On Religion: Speeches to Its Cultured Despisers* (Eng., New York: Harper, 1958).

Schnackenburg, Rudolf, *Baptism in the Thought of St Paul* (Oxford: Blackwell, 1964).

Schrage, W., *Der erste Brief an die Korinther* (4 vols), vol. 1 (Zürich: Benziger Verlag, 1991).

Schroeder, Severin, "A Tale of Two Problems: Wittgenstein's Discussion of Aspect Perception", in J. Cottingham and P. M. S. Hacker (eds), *Mind, Method, and Morality: Essays in Honour of Anthony Kenny* (Oxford: OUP, 2010) pp. 352–71.

Shanor, J., 'Paul as Master Builder: Construction Terms in 1 Corinthians', *NTS* 34 (1988), pp. 461–71.

Soskice, Janet Martin, *Metaphor and Religious Language* (Oxford: Clarendon Press, 1985).

Spurgeon, Charles Haddon, *The New Park Street Pulpit,* vol. I (1855).

Staley, Lynn (ed.), *The Book of Margery Kempe* (Kalamazoo, MI: Mediaeval Institute Publications, 1996).

Stein, Robert H., *An Introduction to the Parables of Jesus* (Philadelphia: Westminster John Knox Press, 1981).

Strack, Hermann L., and Billerbeck, Paul, *Kommentar zum Neuen Testament aus Talmud und Midrasch*, vol. 1 (Munich: C. H. Beck, 1926).

Straub, Werner, *Die Bildersprache des Apostels Paulus* (Tübingen: Mohr, 1937).

Swinburne, Richard, *The Coherence of Theism* (Oxford: Clarendon Press, 1977).

Taylor, Jeremy, *The Golden Grove* (London: Royston, 1665).

Taylor, Vincent, *The Atonement in New Testament Teaching* (London: Epworth Press, 1940).

Taylor, Vincent, "The Original Order of Q", in A. J. B. Higgins (ed.), *New Testament Essays* (Manchester: Manchester University Press, 1959), pp. 246–69.

Teresa of Avila, *Interior Castle* (New York: Dover Publications, 1946).

Tertullian, *De Pudicitia* (Eng., ANF, vol. 4).

Tertullian, *On the Resurrection* (Eng., ANF, vol. 3).

Tertullian, *Prescription against Heretics* (Eng., ANF, vol. 3).

Teselle, Sallie McFague, *Speaking in Parables: A Study of Metaphor and Theology* (London: SCM, 1975).

Thayer, Joseph H., *Greek-English Lexicon* (Edinburgh: T&T Clark, 4th edn, 1901).

Thiselton, Anthony C., *The First Epistle to the Corinthians: A Commentary on the Greek Text* (NIGTC; Grand Rapids: Eerdmans, 2000).

Thiselton, Anthony C., *Life after Death: A New Approach to the Last Things* (Grand Rapids: Eerdmans, 2012; or *The Last Things: A New Approach* (London: SPCK, 2012).

Thiselton, Anthony C., "The Meaning of *Sarx* in 1 Cor. 5:5: A Fresh Approach", *SJT* 26 (1973), pp. 204–28.

Thiselton, Anthony C., *New Horizons in Hermeneutics: The Theory and Practice of Transforming Biblical Reading* (London: HarperCollins, and Grand Rapids: Zondervan, 1992 and 2012).

Thiselton, Anthony C., *Systematic Theology* (Grand Rapids: Eerdmans, 2015).

Thiselton, Anthony C., *The Two Horizons: New Testament Hermeneutics and Philosophical Description* (Grand Rapids: Eerdmans, 1980.)

Thornton, L. S., *The Common Life in the Body of Christ* (London: Dacre Press, 1942 and 1950).

Tillich, Paul, *Dynamics of Faith* (London: Allen & Unwin, 1957).

Tillich, Paul, *On Art and Architecture* (New York: Crossroad, 1989).

Tillich, Paul, "The Religious Symbol", in S. Hook (ed.), *Religious Experience and Truth* (Edinburgh: Oliver & Boyd, 1962).

Tillich, Paul, *Systematic Theology* (3 vols, Chicago: University of Chicago Press, and London: Nisbet, 1953, 1957 and 1963).

Tillich, Paul, *Theology of Culture* (Oxford: OUP, 1964).

Tolbert, Mary Ann, *Perspectives on the Parables* (Philadelphia: Fortress, 1979).

Tolbert, Mary Ann, "The Prodigal Son: An Essay in Literary Criticism from a Psycho-Analytical Perspective", in *Semeia* 9 (1977), pp. 1–20.

Trench, Richard C., *Notes on the Parables of Our Lord* (Westwood, NJ: Revell, 1953).
Turgenev, Ivan, *Fathers and Sons* (1862; Eng., Oxford: OUP, 1991 and 2008).
Vaughan, Henry, "The Rainbow", in H. C. Beeching (ed.), *Lyra Sacra: A Book of Religious Verse* (London: Methuen, 1903); online since 2011.
Verner, D. C., *The Household of God and the Social World of the Pastoral Epistles* (SBLDS; Chico, CA: Scholars Press, 1983).
Via, Dan Otto, "The Parable of the Unjust Judge: A Metaphor of the Unrealized Self", in *Semiology and the Parables* (Pittsburgh: Pickwick, 1976), pp. 1–32.
Vielhauer, P., *Oikodomē. Aufsätze zum N.T.*, II: *Theologische Bücherei*, vol. 65 (Munich: Kaiser, 1979).
Voltaire, *Philosophical Dictionary* (Eng., New York: Knopf, 1924 and 1972).
Wall, Robert W., *1 & 2 Timothy and Titus* (Grand Rapids: Eerdmans, 2012).
War advertisement, *San Antonio Light* (10 January 1918).
Wenham, Gordon, *The Book of Leviticus* (Grand Rapids: Eerdmans, 1979).
Wenham, Gordon, *Genesis 1–15* (WBC 1; Texas: Word, 1987).
Westcott, Brooke F., *St Paul's Epistle to the Ephesians: Greek Text* (London: Macmillan, 1906).
Wheelwright, Philip, *The Burning Fountain: A Study in the Language of Symbolism* (Tulamore: Midland Books, 1954).
Whitaker, Robyn J., *Ekphrasis, Vision, and Persuasion in the Book of Revelation* (WUNT 2, 410; Tübingen: Mohr, 2015).
Whiteley, D. E. H., *The Theology of St. Paul* (Oxford: Blackwell, 1970).
Wickenhauser, Alfred, *Pauline Mysticism* (Edinburgh: Nelson, 1960).
Wilder, Amos N., *Early Christian Rhetoric* (London: SCM, 1964).
Williamson, L., 'Led in Triumph: Paul's Use of *Thriambeuō*.', *Int* 22 (1968), pp. 317–32.
Wire, Antoinette, *The Corinthian Women Prophets* (Minneapolis: Fortress, 1990).
Witherington, Ben, III, *1 and 2 Thessalonians: A Socio-Rhetorical Commentary* (Grand Rapids: Eerdmans, 2006).
Wittgenstein, Ludwig, *The Blue and Brown Books: Preliminary Studies for the Philosophical Investigations* (Oxford: Blackwell, 2nd edn, 1969).
Wittgenstein, Ludwig, *Last Writings on the Philosophy of Psychology* (2 vols, Oxford: Blackwell, 1982 and 1992).
Wittgenstein, Ludwig, *On Certainty* (Eng. and Ger., Oxford: Blackwell, 1969).
Wittgenstein, Ludwig, *Philosophical Grammar* (Berkeley: University of California Press, 1974).
Wittgenstein, Ludwig, *Philosophical Investigations* (Eng. and Ger., Oxford: Blackwell, 1958).

Wittgenstein, Ludwig, *Remarks on the Philosophy of Psychology* (2 vols, Oxford: Blackwell, 1980).

Wittgenstein, Ludwig, *Tractatus Logico-Philosophicus* (Eng. and Ger., London: Routledge & Kegan Paul, 1922 and 1961).

Wittgenstein, Ludwig, *Zettel* (Oxford: Blackwell, 1967).

Wolff, C., *Der erste Brief des Paulus an die Korinther* (Leipzig: Evangelische Verlagsanstalt, 1996).

Wright, N. T., *Paul and the Faithfulness of God* (London: SPCK, 2013).

Wright, N. T., *The Resurrection of the Son of God* (London: SPCK, 2003).

Wycliffe, John, *On the Pastoral Office*, in Matthew Spinka (ed.), *Advocates of Reform* (LCC 214, London: SCM, 1963).

Ziesler, John, "Paul and Arboriculture: Romans 11:17–24", *JSNT* 24 (1985), pp. 24–32.

Zimany, Roland D., *Vehicle for God: The Metaphorical Theology of Eberhard Jüngel* (Atlanta: Mercer University Press, 1994).

Zwiep, Arie W., *Christ, the Spirit, and the Community of God* (WUNT 2; Tübingen: Mohr, 2010).

성경 색인

신구약 중간기 문서

신약 성경

사도행전

로마서

고린도전서

고린도후서

갈라디아서

에베소서

빌립보서

골로새서

정경 이후 문헌

인명 색인

※ 일러두기: 굵은 글씨로 표시된 학자는 특히 중요하다.

주제 색인

※ 일러두기: 굵은 글씨로 표시된 주제는 특히 중요하다.